AF664662

Dietrich Kammer

Formalisierung gestischer Eingabe für Multitouch-Systeme

TUD*press*

Impressum

Herausgeber: Prof. Dr.-Ing. habil. Rainer Groh

Erscheinungsort: Dresden

Adresse: Technische Universität Dresden
Institut für Software- und Multimediatechnik
Professur für Mediengestaltung
Prof. Dr.-Ing. habil. Rainer Groh
01062 Dresden

Telefon: +49 (0)351 463 - 38550
Telefax: +49 (0)351 463 - 39261
E-Mail: info@technische-visualistik.de
Webseite: http://mg.inf.tu-dresden.de/forschung-technische-visualistik

ISBN: 978-3-944331-55-3

TECHNISCHE UNIVERSITÄT DRESDEN

Formalisierung gestischer Eingabe für Multitouch-Systeme

Dissertation

zur Erlangung des akademischen Grades Doktoringenieur (Dr.-Ing.)

vorgelegt an der
Technischen Universität Dresden
Fakultät Informatik

eingereicht von
Dipl.-Medieninf. Dietrich Kammer
geboren am 29.01.1984 in Dresden

Betreuender Hochschullehrer und Gutachter:
Prof. Dr.-Ing. habil. Rainer Groh (Technische Universität Dresden)

Gutachter:
Prof. Dr. Beat Signer (Vrije Universiteit Brussel)

Fachreferent:
Prof. Dr.-Ing. Raimund Dachselt (Technische Universität Dresden)

Tag der Verteidigung: 31.01.2014

Dresden im März 2014

Danksagung

Bei allen Menschen, die zur Entstehung dieser Dissertation beigetragen haben, möchte ich mich an dieser Stelle bedanken.

Mein Dank gilt zunächst Prof. Dr.-Ing. habil Rainer Groh für die fachliche Betreuung der Arbeit. Die offene und konstruktive Arbeitsweise an der Professur Mediengestaltung hat entscheidend zum Gelingen beigetragen. Meinem Fachreferenten Prof. Dr.-Ing. Raimund Dachselt danke ich für die inhaltlichen Hinweise und die frühe Motivation zur Beschäftigung mit dem Dissertationsthema bei einem Treffen in Saarbrücken im November 2010. Prof. Dr. Beat Signer danke ich für die Bereitschaft zur Begutachtung der vorliegenden Arbeit sowie die sorgfältigen methodischen und fachlichen Anmerkungen.

Ein besonderer Dank gilt meinen Kolleginnen und Kollegen an der Professur Mediengestaltung der Technischen Universität Dresden. Der fachliche und persönliche Austausch hat entscheidend zum Entstehen der vorliegenden Dissertation beigetragen. Jan Wojdziak, Ingmar Franke und Martin Zavesky haben mich stets konstruktiv und verlässlich begleitet. Mit Mandy Keck, Marius Brade und Christian Lambeck entstanden aus der wissenschaftlichen Arbeit heraus zahlreiche gemeinsame Publikationen. Franziska Hannß, Esther Lapczyna und Grit Koalick stellten eine konsequente grafische Gestaltung aller visuellen Artefakte sicher, die während der Anfertigung der Arbeit entstanden. Sandra Großmann war eine große Unterstützung bei allen organisatorischen und administrativen Belangen.

Außerhalb des Kollegenkreises bedanke ich mich bei Severin Taranko und Georg Freitag für die hilfreichen Diskussionen im Zusammenhang mit dem Dissertationsthema, insbesondere im frühen Stadium der Bearbeitung.

Ohne die zahlreichen engagierten und fähigen Studentinnen und Studenten, die ich in Seminaren, Praktika und Abschlussarbeiten betreuen durfte, wäre die vorliegende Dissertation nicht in endlicher Zeit fertiggestellt worden. Stellvertretend möchte ich mich bei Benjamin Bach, Christin Henzen und Dana Henkens bedanken, die zahlreiche Beiträge zur Entstehung der Arbeit geleistet haben (in chronologischer Reihenfolge).

Ein großer Dank für die Unterstützung und den persönlichen Rückhalt gebührt meiner Familie und Freunden.

Zusammenfassung

Die Mensch-Computer-Interaktion wird dank neuer Eingabemöglichkeiten jenseits von Tastatur und Maus reicher, vielseitiger und intuitiver. Beispielsweise ermöglichen berührungsempfindliche Oberflächen eine direkte Eingabe mit den Fingern ohne weitere Peripheriegeräte. Nutzer können mit deren Hilfe die dargestellten digitalen Inhalte direkt und unmittelbar mit den Händen manipulieren. Für präzisere Eingaben finden auch digitale Stifte zunehmend Verwendung. Frei im Raum ausgeführte Gesten erhöhen die Bandbreite der Eingabeformen für den Menschen immer weiter. Durch den Verzicht auf zusätzliche Geräte beim Umgang mit Computern geht seitens der Eingabeverarbeitung jedoch eine erhöhte Komplexität einher. Das Beherrschen dieser Komplexität stellt eine Herausforderung an die Entwickler der notwendigen Tracking-Hardware, aber auch an die Programmierer und Gestalter von Benutzungsoberflächen dar.

Die Programmierung gestischer Eingabe für Multitouch-Systeme ist in derzeitigen Frameworks abgesehen von den verfügbaren Standard-Gesten mit hohem Aufwand verbunden. Für komplexere Gesten, die sich insbesondere bei großflächigen Tabletops mit Multitouch-Oberflächen anbieten, müssen die durch die Hardware aufgezeichneten Rohdaten durch den Programmierer selbst ausgewertet werden. Das führt zu einem hohen Programmieraufwand, einer geringen Wiederverwendbarkeit von Code und Fehlern in der Programmierung. Bestehende Modelle und Werkzeuge für die Programmierung von Benutzungsschnittstellen sind auf die Bedienung mit Tastatur und Maus ausgelegt.

Die Beiträge der vorliegenden Arbeit bestehen in einer semiotischen Auseinandersetzung mit dem Themengebiet der gestischen Eingabe für die Mensch-Computer-Interaktion. Dafür werden in einer interdisziplinären Grundlagenbetrachtung die Mittel der Semiotik und Erkenntnisse der Gestenforschung aufgearbeitet. Für die Formalisierung gestischer Eingabe wird ein allgemeines semiotisches Modell vorgeschlagen.

Dieses Modell wird auf flächige Gesten im Bereich der Multitouch-Interaktion praktisch angewendet. Die entwickelte Gestenformalisierung für Multitouch (GeForMT) definiert eine domänenspezifische Sprache zur Beschreibung von Multitouch-Gesten. Im Gegensatz zu anderen Formalisierungsansätzen liegt dieser Beschreibungsform ein bildhafter Ansatz zugrunde. Statt detaillierte Filter für die Rohdaten zu definieren, bedient sich GeForMT geometrischer und topologischer Parameter, um Gesten zu beschreiben. Die Konzeption von Gesten wird unterstützt, indem beispielsweise in einem frühen Stadium der Entwicklung Konflikte zwischen ähnlichen Gesten aufgedeckt werden. Die formalisierten Gesten lassen sich direkt in den Code einbetten und vereinfachen damit die Programmierung. Das zugrundeliegende Framework sorgt für die Verbindung zu den Algorithmen der Gestenerkennung.

Die Übertragung des semiotischen Ansatzes zur Formalisierung auf andere Formen der gestischen Eingabe wird abschließend diskutiert. Räumliche Gesten, die über einem Multitouch-Tisch ausgeführt werden, bieten sich für die multimodale Kombination mit flächigen Gesten an. Des Weiteren inspiriert die Untersuchung des Interaktionsverhaltens natürlicher Substanzen des Alltags neuartige interaktive Elemente für flächige Gesten. Schließlich werden elastische Oberflächen betrachtet, die mit der Tiefe eine weitere Dimension für die Interaktion erschließen und differenzierteres haptisches Feedback bieten als herkömmliche Multitouch-Oberflächen.

Inhaltsverzeichnis

1 Einleitung

Die Benutzung von Computern unterliegt einer stetigen Veränderung. Der frühe Umgang war von einer zur Eingabe zeitversetzten Ausgabe geprägt (vgl. [Norman und Draper 1986, S. 292]). Lochkarten als Eingabe für die ersten Großcomputer erforderten eine sehr genaue Programmierung und lange Wartezeiten bis zur Ausgabe beziehungsweise Berechnung der gewünschten Ergebnisse. Auf Fehler oder Abweichungen konnte daher nur zeitversetzt reagiert werden. Die Einführung zunächst der Tastatur in Kombination mit Kommandozeilen führte zur direkteren Interaktion mit Computern. Zeichenketten aus Befehlen und Parametern stellten die ausschließlichen Eingabemöglichkeiten dar. Als Grundlage diente das Alphabet der natürlichen Sprache und die eingegebenen Zeichen wurden direkt auf dem Bildschirm dargestellt. Um diese Interaktion zu erlernen mussten die verfügbaren Befehle in teilweise sehr umfangreichen Handbüchern studiert werden.

Mit den grafischen Benutzeroberflächen soll die Einarbeitung in die zur Verfügung stehenden Befehle erleichtert werden. Grundelemente sind Fenster, Icons, Menüs und Zeiger, im Englischen abgekürzt zu WIMP – Windows, Icons, Menus, Pointers (vgl. [Dix u. a. 2003, S. 145]). Als Vorbild für die meisten grafischen Benutzeroberflächen dient der klassische Schreibtisch mit Dokumenten und Ordnern. Das daraus resultierende Desktop-System besitzt mit Maus und Tastatur spezialisierte Eingabegeräte, die der Anwender für eine Interaktion beherrschen muss. Diese Hardware stellt formal korrekte Eingaben sicher: Ein erfolgreicher Tastendruck kann immer durch das System interpretiert werden.

Eine sehr direkte und intuitive Interaktion wird dagegen mit den sogenannten natürlichen Benutzeroberflächen angestrebt (vgl. [Wigdor 2011]). Da der Mensch dabei ohne Zuhilfenahme von weiteren Eingabegeräten in seinem Verhalten erfasst wird, wurde der Begriff der gestischen Eingabe in diesem Zusammenhang etabliert. Unter anderem werden Bewegungen der Arme, Hände, Finger und sogar Augenbewegungen zur Interaktion genutzt.

Durch den Verzicht auf zusätzliche Geräte beim Umgang mit Computern geht seitens der Eingabeverarbeitung jedoch eine erhöhte Komplexität einher. Das Beherrschen dieser Komplexität stellt eine Herausforderung an die Entwickler der notwendigen Tracking-Hardware, aber auch an die Programmierer und Gestalter von Benutzeroberflächen dar. Wie kann dieser Herausforderung begegnet werden? Einerseits ist eine grundsätzliche Auseinandersetzung mit dem Thema der gestischen Eingabe notwendig, um seitens der Mensch-Computer-Interaktion diese Form der menschlichen Kommunikation zu verstehen. Andererseits müssen die technischen Voraussetzungen geschaffen werden, um eine effektive Programmierung dieser Interaktionsmodalitäten zu ermöglichen.

Bild 1.1: Große interaktive Oberflächen erlauben eine Vielzahl sogenannter flächiger Gesten zur Eingabe (nach [Kammer u. a. 2010b])

Die vorliegende Arbeit setzt sich grundlegend mit gestischer Eingabe auseinander, indem verschiedene Sichtweisen auf die Gestenforschung beleuchtet werden. Dabei wird deutlich, dass der Austausch zwischen verschiedenen wissenschaftlichen Disziplinen auf diesem Gebiet notwendig ist. Als verbindendes Mittel zur Strukturierung von Wissensgebieten wird daher die Semiotik für den Bereich der gestischen Eingabe aufgearbeitet. Auf dieser Basis wird eine Formalisierung flächiger Gesten entwickelt, um deren effektive Programmierung zu unterstützen. Darüber hinaus wird eine Übertragung des vorgeschlagenen semiotischen Modells zur Formalisierung gestischer Eingabe auf räumliche Gesten diskutiert. Dabei steht die Kombination mit der entwickelten Formalisierung flächiger Gesten im Fokus, um die Entwicklung multimodaler Anwendungen zu unterstützen. Abschließend werden zwei Erweiterungen für flächige Gesten besprochen, die weitergehende Formalisierungsarbeiten motivieren. Einerseits werden Substanzen des Alltags untersucht, um neue Klassen von interaktiven Elementen zu entwickeln. Andererseits wird eine neuartige Interaktionsform mit elastischen Oberflächen diskutiert.

1.1 Motivation

Bei herkömmlichen Desktop-Systemen lassen sich die syntaktisch unterscheidbaren Eingaben leicht darstellen, die zur Kommunikation mit dem Computer genutzt werden. Mit der Maus verfügt der Nutzer über ein Werkzeug, dessen Position auf einer horizontalen Oberfläche in das Interface übersetzt wird. Das Verändern der Position und die Aktivierung von Funktionen durch die Mausknöpfe schränken den Reichtum der dazu notwendigen Gesten stark ein. Im Zusammenspiel mit der Tastatur entsteht ein durch die Hardware definiertes, abgeschlossenes System der Eingabe: Der Nutzer muss sich an die Eingabegeräte anpassen. Die Vorteile traditioneller Eingabegeräte zeigen sich vor allem bei Anwendungen mit umfangreicher Texteingabe über die Tastatur, beispielsweise in der Textverarbeitung. Mit der Maus lassen sich präzise Manipulationsaufgaben ausführen, beispielsweise die Modellierung dreidimensionaler Szenen in CAD-Programmen. Tastatur und Maus sind spezialisierte und nach ergonomischen Aspekten optimierte Werkzeuge zur Eingabe von Text, Steuerungszeichen und Positionsdaten.

Die Mensch-Computer-Interaktion wird mit neuen Eingabemöglichkeiten jenseits von Tastatur und Maus jedoch reicher, vielseitiger und intuitiver (vgl. [Lee 2010; Norman und Nielsen 2010]).

	Räumliche Gesten	Flächige Gesten	Sketching	Keyboard-Maus-System
Spektrum	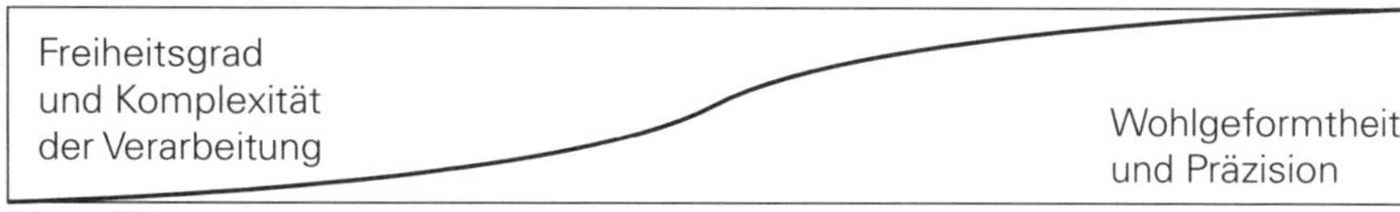			
Trackingdaten	Bilddaten oder Motion Capturing	Bild- oder Positionsdaten	Positions- und Druckdaten	Tastendruck und Positionsdaten
Rohdaten	Skelett (3D-Koordinaten)	Pfade (2D-Koordinaten)	Ein Pfad (2D-Koordinaten)	Tasten und Position (2D-Koordinaten)
Kontext	Freier Raum	Oberfläche	Stift und Papier	Peripheriegeräte
Technischer Aufbau		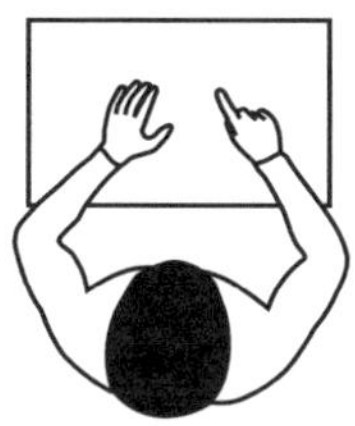		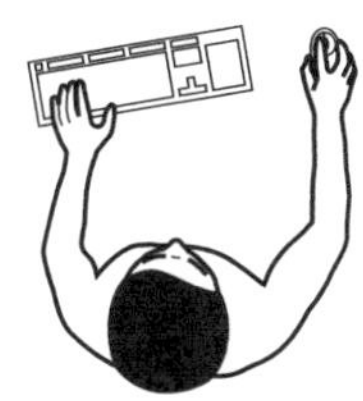

Tabelle 1.1: Abgrenzung zwischen Formen gestischer Eingabe

Beispielsweise ermöglichen neuartige Technologien den Einsatz berührungsempfindlicher Oberflächen für eine direkte Eingabe mit den Fingern ohne weitere Peripheriegeräte (siehe Bild 1.1). Nutzer können mit deren Hilfe die dargestellten digitalen Inhalte direkt und unmittelbar mit den Händen manipulieren. Bei Bedarf finden auch digitale Stifte zunehmend Verwendung. Diese ermöglichen präzisere Eingaben und mit Hilfe von Handschrifterkennung eine schnelle Eingabe von Texten. Frei im Raum ausgeführte Gesten erhöhen die Bandbreite der Eingabeformen für den Menschen immer weiter (siehe Tabelle 1.1).

Auch der Aspekt der kollaborativen Arbeit mehrerer Nutzer an einer Problemstellung kann durch neuartige Eingabetechnologien besser abgebildet werden. Dies wird beim Legen eines Puzzles deutlich: Dabei können mehrere Teilnehmer eine Aufgabe schneller lösen als eine einzelne Person. Für die Übertragung solcher Effekte in digitale Arbeitsprozesse bieten sich beispielsweise große berührungsempfindliche Oberflächen an, die das parallele Bearbeiten digitaler Inhalte erlauben.

Mit Gesten werden »kommunikative Bewegungen der Hände und Arme […] zur Darstellung von Gegenständen und Sachverhalten« [Müller 1998, S. 13] bezeichnet, die jedoch vorwiegend im Bereich sprachbegleitender Gesten oder nonverbaler Kommunikation untersucht werden. Eine Grundvoraussetzung für die Bezeichnung einer Aktion als Geste ist die absichtsvolle Ausführung einer sichtbaren Bewegung, mit der eine Aussage verbunden werden kann [Kendon 2004, S. 14]. Mit dem Aufkommen neuartiger Eingabetechnologien beginnen Forscher den Begriff der Geste auch in der Mensch-Computer-Interaktion zu etablieren.

Das Potenzial gestischer Eingabeformen liegt darin, grundlegende menschliche Fähigkeiten aufzugreifen und in die Gestaltung interaktiver Anwendungen einzubeziehen. Jacob et al. sprechen dabei von einer Interaktion, die auf der Realität basiert und wesentliche physikalische Gesetze beachtet [Jacob u. a. 2008]. Darüber hinaus wird das Körperempfinden und individuelle sowie soziale Fähigkeiten des Menschen adressiert. Natürliche Benutzungsschnittstellen beziehen demnach das Wissen und die Fertigkeiten der Nutzer ein, die im Laufe des Lebens erworben werden (vgl. [Rasmussen 1983]). Das langfristige Ziel der Forschung im Bereich natürlicher Benutzungsschnittstellen ist die Entwicklung neuartiger Bedienkonzepte für die bereits verfügbaren und zukünftig erhältlichen Endgeräte und Eingabetechnologien. Die auf Tastatur und Maus beruhenden Konzepte für die Gestaltung von Benutzungsoberflächen sind dabei unzureichend.

Die Formalisierung der verschiedenen Eingabeformen und deren multimodale Kombination ist eine Grundlage für die Entwicklung von Gestaltungskonzepten, Programmierwerkzeugen und Standards. Dadurch werden Anwendungen ermöglicht, welche die verschiedenen Möglichkeiten gestischer Eingabe durch Nutzer effektiv berücksichtigen. Die dafür zu entwickelnden Modelle müssen sowohl technische als auch didaktische Aspekte einbeziehen. Die technisch effektive Einsetzbarkeit ist genauso wichtig wie die Verständlichkeit für Programmierer, Gestalter und letztlich den Anwender. Dafür sind die Bestandteile gestischer Eingabe zu identifizieren und zu formalisieren. Diese werden den Entwicklern zur Verfügung gestellt und vereinfachen durch die Abstraktion komplexer Auswertungsalgorithmen die Implementierung.

In der Informatik sind formale Systeme die theoretische Grundlage sowohl in der Lehre als auch beim Umsetzen betriebssystemnaher oder eingebetteter Software. Formal spezifierte Systeme besitzen in der Regel einen hohen Effizienzgrad und verifizierbare Eigenschaften. Die Entwicklung von Programmiersprachen verlangt die intensive Beschäftigung mit Aspekten der Syntax, die von Parsern bis hin zu Compilern eine wichtige Rolle spielen. Zur ganzheitlichen Betrachtung gestischer Eingabeformen bieten die verfügbaren formalen Systeme der Informatik jedoch keinen geeigneten Zugang.

Zeichensysteme, mit denen Menschen untereinander kommunizieren, werden traditionell mit Hilfe der Semiotik analysiert. Die Lehre der Semiotik dient dem Verständnis von Zeichen, ihren Bedeutungen und Interpretationen durch den Menschen [Nöth 2000]. Obwohl viele wissenschaftliche Bereiche die Semiotik aufgrund ihrer formalen Vorgehensweise zur Strukturierung ihrer Wissensbereiche erfolgreich nutzen [Eco 1986; Schönrich 1999], haben sich Forscher im Bereich der Mensch-Computer-Interaktion dieser Aufgabe kaum angenommen (vgl. [Souza 2005, S. 3]). Neben Bertins graphischer Semiologie [Bertin 1974] findet die Semiotik auch Verwendung in der Produktsprache [Steffen 1999] und Interfacegestaltung [Groh 2007]. Da es sich bei Gesten auch um Zeichen handelt, wird in der vorliegenden Arbeit geklärt, wie die Mittel der Semiotik zur Systematisierung gestischer Eingabeformen genutzt werden können.

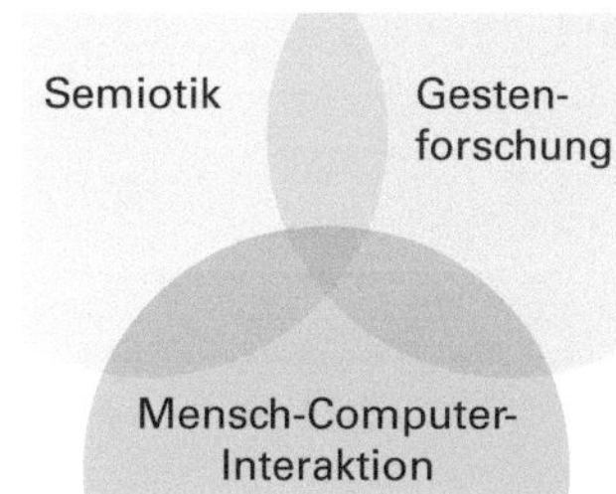

Bild 1.2: Betrachtete Fachgebiete

1.2 Zielstellung und Abgrenzung

Existierende Werkzeuge zur Gestaltung und Programmierung traditioneller grafischer Benutzeroberflächen sind für die Bedienung durch Tastatur und Maus optimiert und daher für neuartige gestische Eingabeformen unzweckmäßig. Um einen formalen Zugang zum komplexen Themengebiet der gestischen Eingabe zu schaffen, erfolgt eine theoretische Auseinandersetzung mit den Instrumenten der Semiotik. Das auf dieser Grundlage entwickelte semiotische Modell hat die Vermittlung von Anwendungs- und Entwicklungswissen zum Ziel und eignet sich zum Austausch mit anderen Wissenschaftsdisziplinen. Eine Zuordnung von Techniken und Methoden der Informatik zu den Begriffen der Semiotik verdeutlicht Experten in unterschiedlichen Wissensgebieten, mit welchen Aspekten sich diese auseinandersetzen. Die Semiotik bietet nicht nur ein formales Grundgerüst, sondern unterstützt weiterhin die formale Dokumentation, Übertragbarkeit und Erweiterbarkeit von Erkenntnissen. Das semiotische Modell zur Formalisierung gestischer Eingabe wird an flächigen Gesten für berührungsempfindliche Oberflächen erprobt. Dadurch wird die praktische Anwendung eines mit Hilfe der Semiotik formalisierten Zeichenvorrats für die Interaktion zwischen Mensch und Computer nachgewiesen.

Die Auseinandersetzung mit einem bestimmten Gebiet der gestischen Eingabe verlangt eine präzise Definition des betrachteten Gegenstands. Die vorliegende Arbeit konzentriert sich auf die berührungsbasierte Eingabe mit Fingern auf Multitouch-Oberflächen ohne weitere Hilfsmittel. Flächige Gesten werden zu diesem Zweck für die vorliegende Arbeit wie folgt definiert: Es handelt sich um Bewegungen von Fingern oder Händen auf einer planaren Oberfläche, wobei der direkte Kontakt und die Unterbrechungen dieses Kontakts mit der Fläche entscheidende Parameter sind. Gebräuchliche Synonyme sind »Multitouch-Gesten« beziehungsweise »Oberflächengesten« (engl. surface gestures). Der Arbeitsbegriff »flächige Gesten« verdeutlicht unter anderem den zweidimensionalen Charakter und ist in der Benennung konsistent zu den »räumlichen« Gesten.

Tabelle 1.1 zeigt das breite Spektrum gestischer Eingabeformen auf. Dabei nehmen die Freiheitsgrade bei der Ausführung von Bewegungen sowie die Komplexität der benötigten Verarbeitung durch den Computer ausgehend von den räumlichen Gesten bis zum Keyboard-Maus-System immer weiter ab. Die wohlgeformte Ausführung und die erreichbare Präzision gewinnt in diesem Spektrum dagegen immer mehr an Bedeutung. In der Grafik in der ersten Zeile von Tabelle 1.1 werden diese zunehmenden und abnehmenden Tendenzen durch die geschwungene Linie innerhalb des Kastens verdeutlicht, die in folgenden Grafiken dieser Art genauso verwendet wird. Räumliche Gesten beruhen auf umfangreichen dreidimensionalen Positionsdaten, die gegebenenfalls in einer Datenstruktur zu einem Skelett zusammengefasst werden. Dazu werden Techniken der Bildverarbeitung und des Motion Capturings (Bewegungserfassung) verwendet. Bei flächigen Gesten werden gleichzeitig ausgeführte Pfade verarbeitet, die jedoch nur aus zweidimensionalen Punkten auf einer Oberfläche bestehen. Ähnlich verhält es sich beim Sketching, dem digitalen Skizzieren, wobei typischerweise jedoch die Eingabe eines einzelnen Stifts verarbeitet wird. Das Keyboard-Maus-System beruht auf den Daten, die durch die Peripheriegeräte geliefert werden. Zwischen den verschiedenen Formen der gestischen Eingabe bestehen Überschneidungen. Beispielsweise besitzt eine flächige Geste in ihrer Ausführung auch räumliche Aspekte, die jedoch von geringerer Bedeutung sind und teilweise von der Sensorik nicht aufgezeichnet werden. Andererseits können flächige Gesten mit den Fingern auch komplexere Formen annehmen, die denen im Sketching mit digitalen Stiften ähneln.

Die Dissertation befindet sich im Schnittgebiet von drei Fach- beziehungsweise Wissensgebieten (siehe Bild 1.2). Neben der Semiotik findet eine Auseinandersetzung mit der Gestenforschung unter verschiedenen Blickwinkeln statt. Diese Forschung wird zum Beispiel von Geisteswissenschaften oder der Kognitionspsychologie durchgeführt. Das Kerngebiet der vorliegenden Arbeit ist die Informatik, insbesondere die Mensch-Computer-Interaktion. Zielstellung ist die Entwicklung eines bildhaften Repertoires zur Beschreibung flächiger Gesten. Ein bildhaftes Repertoire besteht aus Bausteinen, die grafisch vermittelbar sind und sich insbesondere auf die sichtbare Ausführungsform der Gesten beziehen. Basierend auf der notwendigen Formalisierung von Gesteneigenschaften werden im Rahmen der vorliegenden Dissertation Werkzeuge entwickelt, welche die Programmierung deutlich vereinfachen und beschleunigen.

Die Beiträge der Arbeit sind im Einzelnen:

- Literaturrecherche zu Begriffen der Semiotik und Einsatz der Semiotik in der Mensch-Computer-Interaktion sowie angrenzenden Wissenschaftsdisziplinen
- Literaturrecherche zur Gestenforschung und Abgrenzung verschiedener Typen von Gesten
- Recherche und Vergleich existierender Formalisierungsansätze für gestische Eingabe
- Entwicklung eines semiotischen Modells zur Formalisierung gestischer Eingabe
- Entwicklung einer Gestenformalisierung für flächige Gesten basierend auf dem semiotischen Modell
- Entwicklung von Werkzeugen zur praktischen Anwendung der Gestenformalisierung
- Ansätze zur Weiterentwicklung der Formalisierung für räumliche Gesten und Interaktion mit Substanzen des Alltags sowie elastischen Oberflächen

Als Zielgruppe für die vorgeschlagene Formalisierung werden zunächst Entwickler von Software für Multitouch-Systeme betrachtet. Dabei kann es sich jedoch um Personen mit unterschiedlichen Kompetenzen handeln. Die moderne Software-Entwicklung erfolgt interdisziplinär unter Beteiligung von Programmierern, Gestaltern und weiteren Berufsgruppen (vgl. [Preim und Dachselt 2010, S. 3]). In einem zweiten Schritt dient die Formalisierung auch als Schnittstelle zu den Anwendern einer Software. Diese müssen Gesten zur Ausführung von Aktionen beherrschen, die mit der vorgeschlagenen Gestensprache entwickelt wurden. Die Gebrauchstauglichkeit von Gesten steht bei der Formalisierung der syntaktischen Bestandteile zunächst nicht im Vordergrund. An erster Stelle sind Ausdrucksmittel notwendig, damit Gestalter und Programmierer die von ihnen konzipierten Gesten ausdrücken und austauschen können.

Die vorliegende Dissertation konzentriert sich ausschließlich auf den Autorenprozess bei der Entwicklung von Gesten. Daher werden keine Studien zur Gebrauchstauglichkeit gestischer Benutzungsschnittstellen durchgeführt und keine neuen Algorithmen der Gestenerkennung entwickelt. Die Entwicklung von Richtlinien zur konkreten, gebrauchstauglichen Gestaltung von Schnittstellen kann aufbauend auf der in dieser Arbeit erfolgten Modellbildung im Rahmen zukünftiger Arbeiten erfolgen. Der Schwerpunkt der vorliegenden Arbeit liegt auf den Ausführungsaspekten gestischer Eingabe. Daher werden Fragestellungen der visuellen Gestaltung von Benutzungsschnittstellen nur angerissen und nicht tiefergehend behandelt.

1.3 Aufbau der Arbeit

Die in der Einleitung motivierte Formalisierung gestischer Eingabe für Multitouch-Systeme baut auf der interdisziplinären Grundlagenbetrachtung in Kapitel 2 auf. In Kapitel 3 werden existierende Formalisierungsansätze aus verwandten Arbeiten beschrieben und verglichen. Dabei werden für räumliche Gesten und Sketching jeweils drei exemplarische Ansätze herausgegriffen und für flächige Gesten eine umfangreiche Betrachtung von sechs verschiedenen verwandten Arbeiten vorgenommen. Aus den gewonnenen Erkenntnissen wird in Kapitel 4 ein semiotisches Modell zur Formalisierung gestischer Eingabe vorgeschlagen. Kapitel 5 widmet sich der Anwendung des semiotischen Modells auf den Bereich flächiger Gesten. Für die dabei entwickelte Gestenformalisierung für Multitouch (GeForMT) wird in Kapitel 6 eine Referenzarchitektur und -implementierung beschrieben. Diese Werkzeuge ermöglichen die praktische Anwendung der entwickelten Modelle. In Kapitel 7 wird GeForMT zunächst als Analysewerkzeug genutzt. Zu diesem Zweck werden zehn Anwendungsbeispiele, die im Rahmen der universitären Lehre entstanden sind, mit ihrer Funktionalität und den eingesetzten formalen Gesten vorgestellt. Darüber hinaus wird der praktische Einsatz von GeForMT anhand von zwei zusätzlichen Praxisbeispielen demonstriert. Weitere Einsatzfelder für das semiotische Modell und mögliche Kombinationen mit GeForMT werden in Kapitel 8 diskutiert. In Kapitel 9 wird die Arbeit zusammengefasst und ein Ausblick auf zukünftige Forschungsarbeiten im Bereich der gestischen Eingabe gegeben.

2 Interdisziplinäre Grundlagenbetrachtung

Dieses Kapitel stellt die zur Formalisierung gestischer Eingabe notwendigen Grundlagen aus den Bereichen Semiotik, Gestenforschung und Mensch-Computer-Interaktion dar. In Abschnitt 2.1 werden auch angrenzende Fachgebiete betrachtet, um ein Verständnis für die Anwendung der Semiotik in verschiedenen Wissenschaftsdisziplinen zu schaffen. Die in Abschnitt 2.2 behandelten Taxonomien untersuchen Gesten aus verschiedenen Blickwinkeln. Dabei werden für die gestische Eingabe in der Mensch-Computer-Interaktion wichtige Erkenntnisse herausgearbeitet, die in Abschnitt 2.3 behandelt wird. Dieser Abschnitt beschreibt außerdem die für das Verständnis dieser Arbeit notwendigen Grundlagen im Bereich der domänenspezifischen Modellierung. Die Zusammenfassung in Abschnitt 2.4 stellt Querverbindungen zwischen den betrachteten Gebieten her, insbesondere zwischen Semiotik und Mensch-Computer-Interaktion.

2.1 Semiotik

Gesten als Form der Kommunikation können als Zeichen verstanden werden, die unterschiedlich stark konventionalisiert sind und verschiedene Aussagen vermitteln können. Damit beruht auch die gestische Eingabe in der Mensch-Computer-Interaktion auf einem System von Zeichen. Die Semiotik als Wissenschaft von den Zeichenprozessen in Natur und Kultur ist unter anderem auf Sprache, Literatur, Ästhetik, Medien, Musik, Medizin und das Alltagsleben anwendbar. Eine enzyklopädische Zusammenstellung befindet sich im Handbuch der Semiotik von Nöth [Nöth 2000]. Weitere einführende Werke zur Zeichentheorie wurden durch Morris [Morris 1988] oder Eco [Eco 2002] vorgelegt.

Die folgenden Abschnitte widmen sich den Grundbegriffen und Konzepten der Semiotik sowie vier unterschiedlichen Fachbereichen und deren semiotischer Erschließung: Linguistik, Graphik, Formgestaltung und Interfacegestaltung. Dabei werden die für die Formalisierung gestischer Eingabe beispielgebenden Herangehensweisen herausgestellt. Die ausgewählten Disziplinen besitzen eine hohe Relevanz für die Gestaltung von Benutzungsschnittstellen. Die Interfacegestaltung bildet den inhaltlichen Rahmen für die Formalisierung gestischer Eingabe, die in Benutzungsschnittstellen der Mensch-Computer-Interaktion eingesetzt wird. Die Linguistik untersucht Texte als ein wichtiges Medium zur Vermittlung von Informationen in diesen Benutzungsschnittstellen. Weiterhin spielen visuell orientierte Disziplinen eine wichtige Rolle für die grafische Gestaltung. Dabei nähert sich die graphische Semiologie den visuellen Variablen in Diagrammen, Netzen und Karten auf wissenschaftliche Art und Weise. Die Produktsprache dient als rationales Hilfsmittel in der gestalterischen Praxis, indem diese ein visuelles Repertoire präzise beschreibbar macht. Zunächst wird mit einer Begriffsklärung zur Semiotik begonnen. Danach werden die vier Fachbereiche mit ihrer semiotischen Erschließung betrachtet.

Bild 2.1: Das Zeichenkonzept von Saussure besteht aus einer Dyade (nach [Nöth 2000, S. 74])

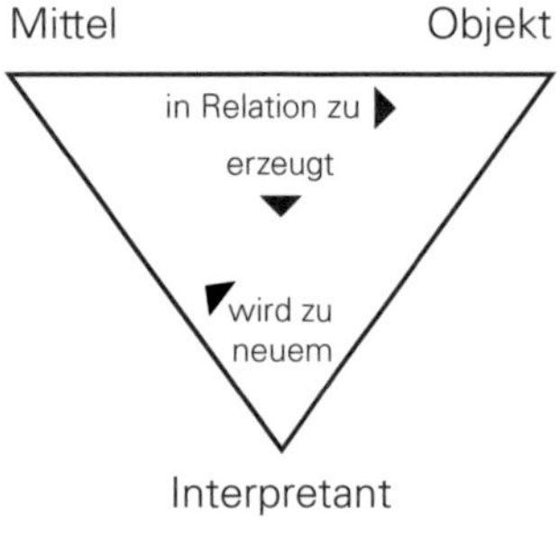

Bild 2.2: Das Zeichenkonzept von Peirce besteht aus einer Triade (nach [Cobley 1997, S. 21])

2.1.1 Begriffe und Zeichenklassen

In diesem Abschnitt werden zum weiteren Verständnis der Arbeit grundlegende Konzepte der Semiotik aufgeführt und wesentliche Begriffe erläutert. Das Verständnis der verschiedenen Zeichenklassen dient auch zur Abgrenzung gegenüber geisteswissenschaftlichen und philosophischen Konzepten. Zum wirksamen Austausch zwischen unterschiedlichen Wissenschaftsdisziplinen sind diese Kenntnisse jedoch essentiell.

Obwohl die Semiotik bereits bei den griechischen Philosophen Platon und Aristoteles sowie den Stoikern eine Rolle spielt (vgl. [Morris 1988, S. 20; Cobley 1997, S. 4]), entwickelt sich diese als Wissenschaft erst Ende des 19. Jahrhunderts. Ein wichtiger und erster Vertreter der Semiotik ist Saussure. In seine Betrachtung menschlicher Zeichen, die im Diskurs eingesetzt werden, griffen unter anderem auch Kristeva, Baudrillar, Foucault, Derrida, Lévi-Strauss und Barthes ein [Cobley 1997, S. 37]. Deren spezifische Vertiefungen dieser semiotischen Theorie werden jedoch im Folgenden nicht vorausgesetzt. Saussure begreift ein sprachliches Zeichen als Zusammenspiel zwischen einem Bezeichner (engl. *signifier*) und einem Bezeichnetem (engl. *signified*). In Bild 2.1 werden dafür die auch gebräuchlichen Begriffe Signifikant und Signifikat verwendet. Der Bezeichner ist der materielle Aspekt, zum Beispiel das geschriebene oder ausgesprochene Wort. Das Bezeichnete ist ein mentales Konzept, beziehungsweise die Vorstellung, die mit dem Bezeichner verbunden wird [Nöth 2000, S. 74ff]. Eine wichtige grundsätzliche Erkenntnis ist, dass die Verbindung zwischen einem Bezeichner und einem Bezeichnetem beliebig sein kann. Beispielsweise kann der Bezeichner »Baum« einen konkreten Baum in einem Park bezeichnen, aber auch eine Datenstruktur wie in der Informatik. Auf was sich ein Bezeichner bezieht ist also vom Kontext abhängig sowie der Person, die den Bezeichner interpretiert.

Peirce vertritt eine triadische Theorie der Zeichen als Verhältnis zwischen einem Mittel (Representamen), einem Objekt und einem Interpretant (siehe Bild 2.2). Der Interpretant ist dabei keinesfalls mit dem Interpretierenden gleichzusetzen. Der Begriff bezieht sich auf den zeichenhaften Effekt, der bei einer Person ausgelöst wird. Der Interpretant ist also selbst eine Art Zeichen,

	Erstheit (Möglichkeit, Instinkt)	Zweitheit (Existenz, Erfahrung)	Drittheit (Denken, Gesetz)
Erstheit (Mittel)	Qualizeichen	Sinzeichen	Legizeichen
Zweitheit (Objekt)	Ikon	Index	Symbol
Drittheit (Interpretant)	Rhema	Dicent	Argument

Tabelle 2.1: Zeichen als Relation zwischen Mittel, Objekt und Interpretant nach Peirce (siehe [Nake 1993, S. 24ff; Cobley 1997, S. 27; Nöth 2000, S. 66])

das entweder immer unmittelbar verstanden wird oder sich in seiner Bedeutung dynamisch verändert. In diesem Fall wird von einer anhaltenden Auswirkung auf den Menschen gesprochen, da sich dieser dauerhaft mit dem Interpretanten beschäftigt. Ein finaler Interpretant existiert relativ selten und beschreibt ein Zeichen, das bei jeder Anwendung eindeutig funktioniert [Cobley 1997, S. 23f].

Dadurch dass ein Interpretant wiederum zum Mittel werden kann, ergibt sich aus der Triade von Peirce eine Spirale, die zu immer neuen Beziehungen zwischen Mittel, Objekt und Interpretant führt. Dieses Phänomen wird als »unbegrenzte Semiose« bezeichnet [Nöth 2000, S. 64]. Die Ansicht von Peirce, dass das Universum im Allgemeinen von Zeichen durchdrungen ist, wird unter anderen auch von Richards, Ogden, Fisch und Sebeok vertreten [Cobley 1997, S. 37]. Deren spezifische Beiträge besitzen für die vorliegende Arbeit allerdings keine weiterführende Relevanz.

Nake stellt fest, dass seit Mitte der 1980er Jahre in Zeitschriften-Aufsätzen erste Gemeinsamkeiten von Semiotik und Informatik aufgezeigt werden, umfassendere Betrachtungen aber selten sind [Nake 1993, S. 11]. In Abschnitt 2.4, Seite 55 wird auf einige dieser Anhaltspunkte und aktuellere Entwicklungen eingegangen. Nake und Nöth [Nöth 2002] weisen auf den Grundgedanken Newells hin, dass die maschinelle Bearbeitung von Zeichen und menschliches Denken wesentlich gleichartige Prozesse sind. Computer werden von Newell auch als »physical symbol systems« bezeichnet [Nake 1993, S. 12]. Das Verständnis eines Computerprogramms in Zeichenkategorien ermöglicht die Vermeidung fundamentaler Unklarheiten und Verwirrungen in der Daten-, Informations- und Wissensverarbeitung [Nake 1993, S. 13].

Als geeignetste Form der Semiotik für die Informatik schlägt Nake die Theorie von Peirce vor. In dieser Theorie wird einem Zeichen eine Erstheit, Zweitheit und Drittheit zugeordnet. Die sogenannte Erstheit eines Zeichens reflektiert immer nur auf sich selbst und verweist auf nichts darüber hinaus, während die Zweitheit eine Beziehung zwischen zwei Sachverhalten herstellt. Die Drittheit vermittelt darauf aufbauend zwischen diesen beiden Sachverhalten [Nake 1993, S. 24ff]. Daraus ergibt sich die Matrix von Zeichenklassen in Tabelle 2.1. In den Zeilen befinden sich die Elemente der triadischen Theorie von Peirce, auf die sich die Kategorien Erstheit, Zweitheit und Drittheit in den Spalten beziehen. Die Erstheit ist dabei eine instinktiv begriffene Möglichkeit für ein Zeichen, das erst im Prozess der Semiose realisiert wird. Folglich existieren diese Art Zeichen nur rein theoretisch und finden in realen Kommunikationsprozessen kaum Verwendung. Die Zweitheit benötigt dagegen Fakten, deren Existenz aufgrund von Erfahrungen bekannt ist. Die Drittheit bezieht sich auf allgemeine Gesetze, die durch Denkprozesse verinnerlicht werden.

Bei Nöth werden die Zeichenklassen von Peirce aus Tabelle 2.1 wie folgt zusammengefasst [Nöth 2000, S. 65f]. In der ersten Zeile befinden sich die Klassen, die das Zeichen an sich bestimmen. Ein Qualizeichen steht für eine bestimmte Qualität, die an sich bereits das Zeichen ist. Wie bereits festgestellt, handelt es sich dabei nur um eine theoretische Möglichkeit für ein Zeichen. Eine bestimmte Form, wie zum Beispiel ein Kreis, muss erst im Prozess der Semiose konkret realisiert werden. Dann handelt es sich um ein Sinzeichen, also ein singuläres Zeichen, wie der konkret abgebildete Kreis auf einem Papier. Mit einem Legizeichen wird ein Gesetz oder eine Konvention verdeutlicht, die einem allgemeinen Typ eine bestimmte Bedeutung zuordnet. Damit ist jedes Wort einer Sprache ein Legizeichen, aber auch ein Kreis, der generell für runde Formen steht.

Die zweite Zeile in Tabelle 2.1 bestimmt ein Zeichen in Bezug auf sein Objekt und ist die »grundlegendste Einteilung der Zeichen« [Nöth 2000, S. 66]. Auch für die gestische Eingabe sowie die Mensch-Computer-Interaktion im Allgemeinen spielen diese Zeichenklassen eine entscheidende Rolle (vgl. [Souza 2005, S. 46f]). Ein Ikon stellt eine Beziehung zwischen zwei Objekten her, die auf Ähnlichkeit zwischen Mittel und Objekt beruht. Ein Kreis in einem Gemälde kann beispielsweise ein Ikon für die Sonne sein. Ein Index hingegen beruht auf unmittelbarer räumlicher, zeitlicher oder kausaler Verbindung. Beispielsweise könnte ein Kreis eine bestimmte Gruppe von Menschen bezeichnen. Der Bedeutung eines Symbols liegt ein Gesetz oder eine Gesetzmäßigkeit zugrunde. Das zugrundeliegende Gesetz kann auch willkürlich gewählt sein, zum Beispiel ein Kreis als Kennzeichen für eine politische Partei.

In der dritten Zeile in Tabelle 2.1 werden mögliche Interpretanten eines Zeichens behandelt. Rhemas sind Begriffe wie Wörter oder Zahlen, die für die Qualität eines Objekts stehen und sonst keine weiteren Verbindungen besitzen. Damit lassen diese viele unterschiedliche Interpretationen zu. Ein Dicent hat einen bestimmten Objektbezug, ist aber noch offen für die Auswahl eines bestimmten Interpretantens. Zum Beispiel kann ein einfacher Aussagesatz auf Wahrheit oder Falschheit geprüft werden, ohne dass dieser weitere Gründe liefert. Diese Gründe liefert das Argument, dass durch Rhemata und Dicents ein Objekt durch ein Gesetz repräsentiert. Dafür werden Prämissen und Schlussfolgerungen angeboten und der Interpretationsspielraum dadurch deutlich eingegrenzt.

Die beschriebenen Zeichenklassen und Herangehensweisen zeigen das große Spektrum der Semiotik auf. Im Verlauf dieser Arbeit werden geeignete Begriffe ausgewählt und für den Bereich der gestischen Eingabe konkretisiert. Die Weiterentwicklung der Theorie von Peirce durch Morris [Nöth 2000, S. 89ff], der die Begriffe Syntax, Semantik und Pragmatik prägt, ist der Ansatzpunkt für das in dieser Arbeit vorgeschlagene semiotische Modell zur Formalisierung gestischer Eingabe. Die Syntax betrachtet die Zeichen und ihre gegenseitigen Beziehungen, die Semantik die Relation zwischen den Zeichen und dem Bezeichneten und die Pragmatik die Relation zwischen Zeichen und Interpretierenden [Cobley 1997, S. 118]. Für den Begriff der Syntax wird häufig das Synonym »Syntaktik« (engl. *syntactics*) verwendet. Der gebräuchlichere Begriff »Syntax« wird insbesondere von Linguisten in Bezug auf sprachliche Zeichensysteme verwendet, während Syntaktik laut Morris eine allgemeinere Untersuchung von Zeichen und Zeichenkombinationen beschreibt [Nöth 2000, S. 90ff]. Eine vergleichbare semiotische Herangehensweise basierend auf den Arbeiten von Peirce und Morris wurde auch für die Produktsprache formuliert [Steffen 1999, S. 23], die in Abschnitt 2.1.4 thematisiert wird.

2.1.2 Linguistik

Informationen werden in nahezu jeder Benutzungsschnittstelle durch Mittel der Linguistik, also Sprache und Texte, vermittelt. Daher ist ein Einblick in die Verwendung der Semiotik in diesem Wissensgebiet aufschlussreich. Darüber hinaus sind auch Schlüsse für das zu entwickelnde semiotische Modell zur Formalisierung gestischer Eingabe zu ziehen. Eco beschäftigt sich in seiner semiotischen Forschung schwerpunktmäßig mit dem Bereich der Linguistik und dem Verständnis von Texten [Eco 1978; Eco 1979]. Ecos Anliegen ist das Finden eines finalen Interpretanten in einem gegebenen Text. Die Semiotik wird damit zum Werkzeug für die Vorhersage von Interpretationen, sofern mit ausreichendem Scharfsinn gearbeitet wird [Cobley 1997, S. 162].

Spezifische Semiotik	Allgemeine Semiotik
Grammatik eines spezifischen Zeichensystems	kohärente Sichtweise auf viele Zeichensysteme
wissenschaftlich	philosophisch
eine Domäne	mehrere Domänen
nutzt Kategorien der allgemeinen Semiotik	eine spezifische Semiotik kann Ausgangspunkt sein
untersucht Erscheinungen, die sich durch Beobachtung kaum ändern	setzt ein zentrales Konzept oder Objekt voraus, das allen Systemen zugrunde liegt
besitzt Vorhersagefähigkeit und konstruktive Fähigkeiten	beeinflusst das praktische Handeln

Tabelle 2.2: Unterscheidung zwischen spezifischer und allgemeiner Semiotik (nach [Eco 1986, S. 4ff])

Für die Interpretation von Texten wird durch den Menschen enzyklopädisches Wissen eingesetzt. Bei dem semantischen Konzept der Enzyklopädie handelt es sich um ein theoretisch unbegrenztes Labyrinth oder multidimensionales Netzwerk [Eco 1986, S. 80]. Ein gegebener Text verstärkt oder schwächt Informationen in dieser Enzyklopädie, wodurch es dem Leser ermöglicht wird, zum Verständnis lediglich auf eingeschränkte lokale Wörterbücher zurückzugreifen [Eco 1986, S. 85]. Diese lassen sich durch eine Baumstruktur an Ober- und Unterbegriffen beschreiben und sind im Gegensatz zur Enzyklopädie endlich [Eco 1986, S. 52]. Durch das pragmatische Hilfsmittel des Wörterbuchs ist es möglich, einen Text effizienter zu verstehen als mit Hilfe der gesamten Enzyklopädie an kulturellem Wissen [Eco 1986, S. 85]. Auf Grundlage dieser Erkenntnisse erläutert Eco das Dekodieren von Metaphern [Eco 1986, S. 87ff] sowie von Symbolen, wobei letztere keine endgültige kodierte Bedeutung besitzen, dafür aber eine ästhetische Komponente, die durch die Semiotik jedoch nicht erklärt werden kann [Eco 1986, S. 142].

Für die weiteren Betrachtungen sind insbesondere die über die Linguistik hinaus bedeutsamen Konzepte interessant, die von Eco beschrieben werden. Zunächst ist die Unterscheidung in eine spezifische und allgemeine Semiotik zu beachten: »a specific semiotics aims at being the ›grammar‹ of a particular sign system« [Eco 1986, S. 5]. Damit beschäftigt sich die spezifische Semiotik mit einer singulären Domäne, während die allgemeine Semiotik Gemeinsamkeiten im Zeichenprozess in einer Vielzahl unterschiedlicher Bereiche untersucht. Diese eine einheitliche Sicht auf viele Zeichensysteme setzt ein zentrales Konzept voraus, das allen Systemen zugrunde liegt. In den meisten Fällen handelt es sich um das Konzept des Zeichens als Paar von Bezeichner und Bezeichnetem, das durch einen Nutzer interpretiert wird [Eco 1986, S. 1].

Eco betont dabei den philosophischen Charakter der allgemeinen Semiotik, im Gegensatz zum wissenschaftlichen Anspruch der spezifischen Semiotik, die mit den Mitteln der Syntax, Semantik und Pragmatik ein zuvor ungeordnetes Feld empirischer Daten studiert [Eco 1986, S. 5]. Dabei ist allerdings sicherzustellen, dass sich das studierte Feld möglichst unabhängig gegenüber der Beobachtung verhält. Zudem handelt es sich nicht um eine Naturwissenschaft, sondern um eine Humanwissenschaft [Eco 1986, S. 5]. Damit bietet sich diese Herangehensweise auch für die Mensch-Computer-Interaktion an, die sich im Schnittgebiet zwischen Technik und Mensch befindet. Coy formuliert für die Informatik unter anderem den Anspruch, sich insbesondere humanwissenschaftlichen Fragestellungen zu öffnen, um den an sie gestellten gesellschaftlichen Ansprüchen und Anwendungsfeldern gerecht zu werden [Coy u. a. 1991, S. 21].

Die Unterscheidung zwischen den beiden Herangehensweisen, die in Tabelle 2.2 zusammengefasst wird, ist allerdings nicht immer scharf und es kommt zur gegenseitigen Beeinflussung. Die spezifische Semiotik nutzt die Kategorien der allgemeinen Semiotik und diese kann wiederum durch eine spezifische Semiotik als Ausgangspunkt motiviert sein. Zuletzt ist die Unterscheidung in praktische und konstruktive Aspekte von Bedeutung. Die spezifische Semiotik ermöglicht es, auf Grundlage der festgestellten Regelhaftigkeiten, Vorhersagen über zukünftige Entwicklungen zu treffen oder auch Verbesserungen vorzuschlagen und damit Veränderungen zu steuern [Eco 1986, S. 6]. Zum Beispiel kann ein Zeichensystem aus Piktogrammen basierend auf den bestehenden syntaktischen Regeln und grafischen Bestandteilen leicht erweitert werden. Bei der allgemeinen Semiotik als Philosophie werden gemeinsame systematische Gesetze aufgezeigt. Dadurch kann das praktische Handeln beeinflusst werden, wodurch sich über die Zeit Veränderungen auf globaler Ebene ergeben können. Diese Veränderungen lassen sich jedoch nicht mit Bestimmtheit vorhersagen. Als Beispiel nennt Eco dafür die marxistischen Theorien, deren Umsetzungen große Veränderungen bedeuteten, diese jedoch in ihren Ausprägungen nicht vorhersagbar waren.

Für die Informatik, speziell die Informationstheorie nach Shannon und Weaver [Shannon und Weaver 1949], findet sich bei Eco die Aussage, dass hierbei nicht der Zusammenhang zwischen Signalen und ihrer Bedeutung untersucht wird, sondern lediglich der ökonomischste und eindeutigste Weg, wie eine Nachricht übermittelt werden kann [Eco 1986, S. 169]. Das geschieht beispielsweise durch das Hinzufügen von Redundanzen. Damit entsteht zwar eine interne Syntax, diese stellt jedoch lediglich ein sogenanntes monoplanares System dar. In einem monoplaneren System wird kein Zusammenhang zwischen der Syntax und einer inhaltlichen Bedeutung hergestellt. Erst eine Sprache korreliert Einheiten eines bestimmten Codes mit anderen Systemen auf einer inhaltlichen Ebene. Die Unzulänglichkeit des Modells der Kommunikation von Shannon in diesem Zusammenhang wird auch von Nadin festgestellt [Nake 1993, S. 69].

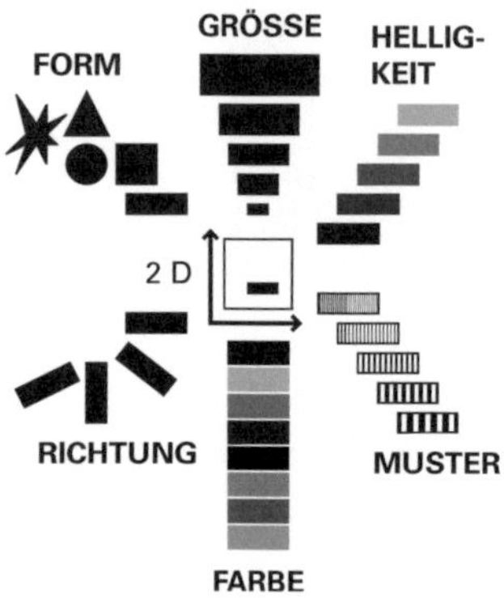

Bild 2.3: Visuelle Variablen der Ebene (nach [Bertin 1974, S. 51])

Zusammenfassend ist für die Formalisierung einer bestimmten gestischen Eingabeform festzuhalten, dass eine spezifische semiotische Betrachtung notwendig ist und dabei die von Eco formulierten Implikationen zu beachten sind (siehe Tabelle 2.2). Um flächige Gesten zu systematisieren wird daher in der vorliegenden Arbeit eine spezifische Semiotik entwickelt (siehe Kapitel 5). Jedoch wird auch ein Beitrag zu einer umfassenderen semiotischen Betrachtung im Bereich der gestischen Eingabe geleistet, indem dafür ein allgemeines semiotisches Modell vorgeschlagen wird (siehe Kapitel 4).

2.1.3 Graphische Semiologie

Neben der im vorherigen Abschnitt thematisierten Vermittlung von Informationen durch Sprache und Texte spielt in der Gestaltung von Benutzungsschnittstellen insbesondere die Verwendung grafischer Elemente eine Rolle. Dabei stellt sich die Frage, wie Informationen optimal vermittelt werden können. Für den Bereich der Graphik, insbesondere Diagramme, Netze und Karten, stellt Bertin ein eigenes Zeichensystem auf, das er als monosemiotisch einordnet. Das heißt »die Betrachtung einer Zeichen-Verbindung [setzt] die Kenntnis der Bedeutung jedes einzelnen Zeichens voraus« [Bertin 1974, S. 10]. Die Legende einer Graphik entscheidet daher darüber, ob eine Graphik verstanden werden kann oder nicht. Damit grenzt sich Bertin gegenüber sogenannten polysemiotischen Systemen ab. Bei der Linguistik ergibt sich beispielsweise die Zeichenbedeutung aus der Abfolge und der Stellung von Wörtern. Auch bildhafte Darstellungen für den visuellen Sinn sind polysemiotisch, da sich die Bedeutung aus den Relationen der dargestellten Figuren und Elemente ergibt. Die sogenannten pansemiotischen Systeme sind schließlich nicht mehr bildhaft darstellbar und daher existiert eine Vielzahl unterschiedlicher Möglichkeiten, um deren Bedeutung zu erschließen. Beim auditiven Sinn ist als Beispiel die Musik zu nennen.

Bertin stellt für die Graphik fest, dass es möglich ist, für einen bestimmten Bereich eine konsensfähige Menge von Zeichen und deren Bedeutung festzulegen, um damit »die Verwirrung auf ein Minimum zu reduzieren« [Bertin 1974, S. 10]. Für diesen Vorgang wird die Information von der Form, also den konkret verwendeten Mitteln des grafischen Systems getrennt [Bertin 1974, S. 12]. Die so entstehenden visuellen Variablen bestehen aus der Position und Ausdehnung eines »sichtbaren Flecks« in der Ebene als Punkt, Linie oder Fläche sowie der Art und Weise wie dieser gezeichnet wird in Bezug auf seine Größe, Helligkeitswert, Muster, Farbe, Richtung und Form [Bertin 1974, S. 50] (siehe Bild 2.3). Allen dieser acht Variablen wird je nach Verwendung eine bestimmte Bedeutung zugeordnet. Im Sinne von Eco stellt Bertin also eine spezifische Semiotik auf (siehe Abschnitt 2.1.2), die unter anderem Aussagen darüber zulässt, welche Erscheinungsbilder für Karten existieren und welche davon möglichst effektiv sind. Im Bereich der Informationsvisualisierung mit dem Computer greift beispielsweise Carpendale die visuellen Variablen wieder auf [Carpendale 2003].

Für die in Kapitel 5, Seite 103 vorgenommene Formalisierung flächiger Gesten ist einerseits die Konzentration Bertins auf ein flächiges Referenzsystem vorbildgebend [Bertin 1974, S. 54], andererseits die Beschränkung auf die Entwicklung eines monosemiotischen Systems. Dieses ist für ein bestimmtes, abgeschlossenes System gestischer Eingabe ausgelegt und belastbar. Dadurch wird verhindert, dass zu viele Konzepte verallgemeinert werden, die bei verschiedenen Formen gestischer Eingabe große Unterschiede aufweisen. Beispielsweise müssen flächige Gesten nur zwei Dimensionen betrachten und nicht drei Dimensionen wie räumliche Gesten (siehe Abschnitt 8.1, Seite 213).

2.1.4 Formgestaltung und Produktsprache

Berührungsempfindliche Oberflächen mit verschiedenen Größen werden bei sehr unterschiedlichen Geräten eingesetzt. Die Gestaltung dieser Endgeräte beeinflusst daher die Gestaltung der Benutzungsschnittstellen. Im Umkehrschluss beeinflussen aber auch die Möglichkeiten der Software die Gestalt eines Produkts. Daher wird in diesem Abschnitt aufgezeigt, wie die Semiotik im Bereich der Produktgestaltung angewendet wird. Als zentrale Schule kann der sogenannte Offenbacher Ansatz angesehen werden.

Der Offenbacher Ansatz ist eine disziplinäre, geisteswissenschaftlich orientierte Herangehensweise an die Designtheorie, der entscheidend von der Hochschule für Gestaltung Offenbach geprägt und praktiziert wurde [Steffen 1999, S. 9]. Dabei beinhaltet die »Bezeichnung von Design als Produktsprache beides. Form und Inhalt, so wie Semiotik und Linguistik auf Syntaktik und Semantik beruhen« [Steffen 1999, S. 15]. In diesem Zusammenhang weist Gros darauf hin, dass eine dreidimensionale Verkörperung andere Formen erlaubt, als eine zweidimensionale Benutzeroberfläche, wie diese im Digitalen vorzufinden ist. Hier besitzen alphabetische und grafische Bezeichnungen den Vorrang [Steffen 1999, S.

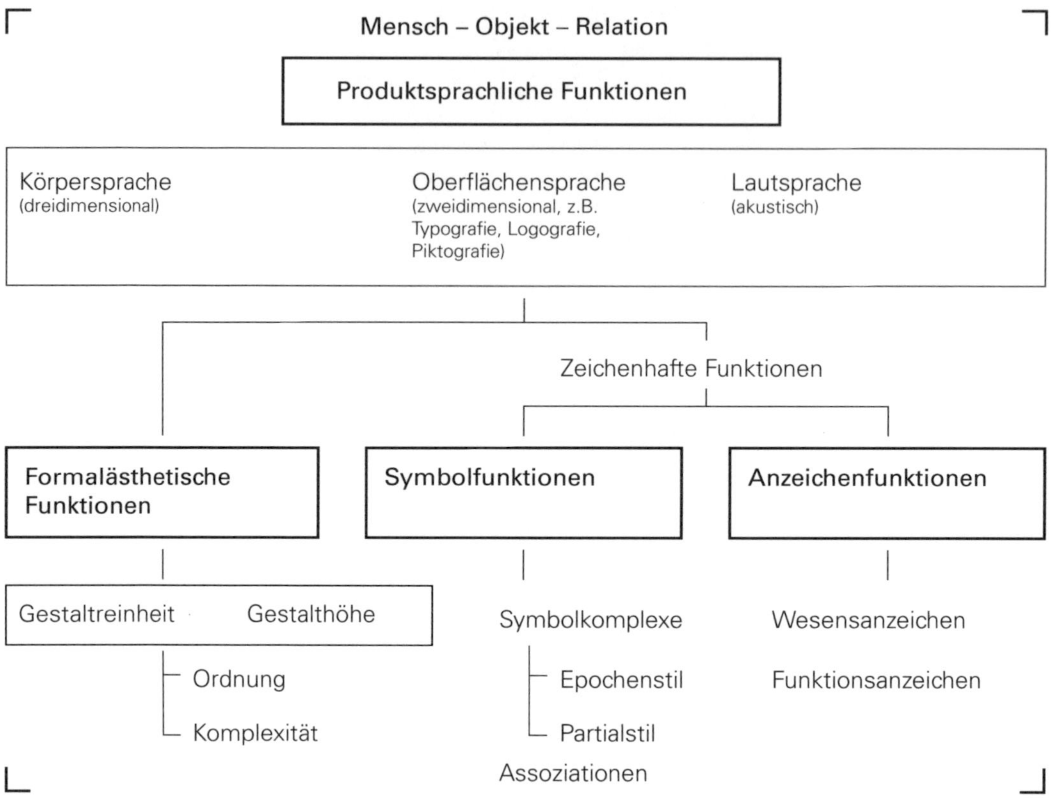

Bild 2.4: Grundbegriffe der Theorie der Produktsprache (nach [Steffen 1999, S. 94f])

15f]. Mit dem Ziel, Fach- und Präzisionssprachen zu entwickeln, werden unterschiedliche geisteswissenschaftliche Methoden zum Sinnverstehen und Interpretieren angewendet [Steffen 1999, S. 11]. Dabei ersetzt der rationale Zugang zum Entwurf keinesfalls die Kreativität und Intuition des Gestalters [Steffen 1999, S. 32f].

Das zentrale Anliegen des Offenbacher Ansatzes ist es, die Designpraxis mittels einer Begriffsbildung zu verbessern. Bild 2.4 zeigt die dafür vorgeschlagenen Kategorien. Für die Semiotik in der Design-Theorie hebt Vihma die Zeichenklassen von Peirce (ikonisch, indexikalisch, symbolisch) hervor sowie die Einteilung von Morris in Syntax, Semantik und Pragmatik [Steffen 1999, S. 23]. Die Syntax beschäftigt sich in der Produktsprache mit dem Bereich der Formalästhetik. Wie bei Bertin dienen den syntaktischen Elementen der Produktsprache die Gestaltgesetze der Wahrnehmungspsychologie als Vorbild [Steffen 1999, S. 38ff].

Die Semantik erklärt die zeichenhafte Funktion, wobei diese Funktion in der Produktsprache auch Aspekte der Pragmatik und über die Pragmatik hinausgehende Überlegungen einschließt [Steffen 1999, S. 24]. Die sogenannte Anzeichenfunktion steht für die Denotation, also eine direkte Beziehung zwischen Anzeichen und

Objekt. Die Symbolfunktion steht für die Konnotation, also den Verweis auf mit einem Objekt verbundene Vorstellungen [Steffen 1999, S. 83f]. Die Anzeichengestaltung ist dann gelungen, wenn praktische Produktfunktionen vermittelt werden sowie Vertrauen in Zuverlässigkeit, Sicherheit und Bedienkomfort – die Wechselwirkung mit der Formalästhetik und der Produktsymbolik ist dabei jedoch stets zu beachten [Steffen 1999, S. 80].

Zwar klärt die Semiotik Referenzbeziehungen und Dimensionen von Zeichen auf. Für die Entschlüsselung der Bedeutung und des Sinns konkreter Zeichen werden jedoch in der Produktsprache auch die Hermeneutik, die historische Methode und die Phänomenologie herangezogen [Steffen 1999, S. 11]. Da diese Mittel im weiteren Verlauf der vorliegenden Arbeit keine Rolle spielen, wird darauf nicht näher eingegangen. Eine besondere Bedeutung kommt auch der Darstellung von Präzedenzfällen zu, die den Graben zwischen Praxis und Theorie überbrücken können. Die Illustration dient dabei der Festigung und Erweiterung der Begriffsbildung [Steffen 1999, S. 33]. In diesem Sinne werden in Abschnitt 5.3, Seite 127 auch für die in der vorliegenden Arbeit entwickelte Formalisierung flächiger Gesten Präzedenzfälle dargestellt.

Die Entwicklung von natürlichen Benutzungsoberflächen findet bei Steffen explizite Erwähnung: »Technische Innovationen wie Mikroelektronik, Folientastaturen, Touchscreens, Infrarot-Sensoren und demnächst die Spracherkennung bedingen Revision und Erweiterung einer Anzeichengestaltung.« [Steffen 1999, S. 65] Als Beispiel wird angeführt, dass auf diesen Oberflächen die Verwendung grafisch gestalteter Drucktasten aufgrund der Vorerfahrungen mit solchen Tasten den Anwender derzeit noch intuitiv zum Drücken anregt. Jedoch wäre die Gestaltung einer sogenannten Berührungszone statt einer Drucktaste angemessener, um die tatsächlich notwendige Interaktion zu veranschaulichen [Steffen 1999, S. 71]. In diesem Zusammenhang warnt Bürdek, dass »das oft bemühte Schlagwort von der ›intuitiven Bedienbarkeit‹ elektronischer Produkte [...] zur Worthülse der neunziger Jahre [wird], wie es der Begriff ›formschön‹ in den sechziger und siebziger Jahren einst war.« [Steffen 1999, S. 158] Das Feld der Produktsprache bewegt sich schließlich laut Bürdek immer weiter in die digitale Welt: »Bei Geräten der Elektrotechnik und der Elektronik nimmt der Anteil der Display-Flächen zu. Die grafische Gestaltung dieser Oberflächen gehört künftig zu unseren wichtigsten Aufgaben.« [Steffen 1999, S. 161]

Im Geist des Offenbacher Ansatzes entwickelte Groh syntaktische Prinzipien für die Formgestaltung [Groh 1989]. Dabei liegt der Fokus auf einer zeichentheoretisch orientierten Gestaltungslehre, mit der unter anderem die Handhabung und Verhaltensinformationen eines Gegenstands kommunizierbar werden [Groh 1989, S. 11f]. Dabei schlägt der Gestalter gewisse Verweisungszusammenhänge durch Anzeichen vor, die kausal beziehungsweise indexikalisch auf eine gewisse Bedeutung verweisen. Die eigentliche Zeichenbildung und Konventionalisierung solcher Zeichen ist in der Folge jedoch ein gesellschaftlicher und sehr dynamischer Prozess [Groh 1989, S. 7f].

Auch bei Groh wird ein Mangel an theoretischem Fundament festgestellt, von dem aus sich Richtlinien entwickeln lassen [Groh 1989, S. 13]. Die Gestaltungsaufgabe wird darin gesehen, die Erkennbarkeit von Strukturmerkmalen, Funktionsmerkmalen und Umweltbeziehungen zu optimieren. Dafür steht die Syntaktik zur Analyse von Zeichenstrukturen und der sinnlichen Wahrnehmung der Strukturmerkmale zur Verfügung. In enger Verbindung damit erlaubt die Semantik die Darstellung von Zusammenhängen zwischen dem was als Zeichen wirkt und dem worauf es verweist. Die Pragmatik behandelt schließlich die Nützlichkeit von Konventionen für den Interpretierenden [Groh 1989, S. 18ff].

Aus den Betrachtungen ergeben sich unmittelbare technische Zweckzeichen, die auf Strömung, Fließen und Speichern, Relativbewegungen zwischen festen Körpern, Wirkung der Schwerkraft, Formänderung sowie Kompensation von Kraftwirkungen verweisen [Groh 1989, S. 32f]. Weiterhin verweisen unmittelbare Handlungszeichen auf die aktive Rolle des Menschen im Gebrauch des Produkts, also die Nutzungsposition, Arm- und Handstellungen, Greifstellen und Greifräume [Groh 1989, S. 37]. Dabei geschieht eine synchrone sensorische Rückkopplung zum Nutzer beispielsweise durch Hebel, Kurbeln und Pedale, wobei Kräfte mechanisch vermittelt werden. Gleichermaßen synchron, jedoch mit elektromechanischer Kräftevermittlung funktionieren Schalter, Schaltknüppel und Anzeigen für physikalische Größen.

Bei Tastaturen, Bildschirmen und digitalen Datenträgern ist der Mensch aus dem Regelkreis körperlich herausgelöst und wird dadurch erheblich energetisch entlastet, jedoch mit dem Wirken seiner Handlungen nur noch rein informationell gekoppelt [Groh 1989, S. 38f]. Diese Entkopplung ermöglicht die Übersetzung zeitlicher Beziehungen in räumliche, also flächige und bildhafte Ganzheiten, zum Beispiel Graphen, Programmabläufe und Diagramme. Der dafür notwendige hohe Grad der Konventionalisierung bedingt im Gegensatz zu den unmittelbaren Handlungsanzeichen, die ein direktes Steuern erlauben, die Erzeugung mittelbarer Handlungszeichen, die ein automatisiertes Steuern ermöglichen [Groh 1989, S. 57f]. Um die Mensch-Computer-Interaktion besser in Beziehung mit der Produktgestaltung insgesamt zu setzen, sind noch entsprechende semiotische Betrachtungen vorzunehmen (siehe folgender Abschnitt und Abschnitt 2.4).

2.1.5 Interfacegestaltung

Gestische Eingabe findet stets im Zusammenhang mit einer Benutzungsschnittstelle statt. Dieses Interface muss für eine effektive Mensch-Computer-Interaktion entsprechend gestaltet werden. In der Theorie des Interaktions-Bilds schlägt Groh vier syntaktische Felder zur Strukturierung verschiedener Medientypen für die Interfacegestaltung vor [Groh 2007, S. 99ff]. Das Ziel ist die gegenstandsnahe und konkrete Ausnutzung der Theorie der Semiotik, um zu einer abstrakt beschriebenen Kompositions- und Montagelehre zu gelangen. Die Felder Gestalt und Bewegung verkörpern dabei konkret messbare Kategorien, die das eigentliche syntaktische Material darstellen, während Raum und Dauer sich potentiell unendlich beziehungsweise ewig fortsetzen (siehe Bild 2.5). Für einen Betrachter ergeben sich aus den Medien in den Feldern Raum und Dauer qualitative statt quantitative Bewertungen. Erst die angemessene Verknüpfung von Medien aus unterschiedlichen syntaktischen Feldern führt zu einer konsistenten Interfacegestaltung: »In ein und demselben zu gestaltenden bildhaften Sachverhalt (Detail eines Werkes) können sich alle syntaktischen Felder überlagen.« [Groh 2007, S. 100f]

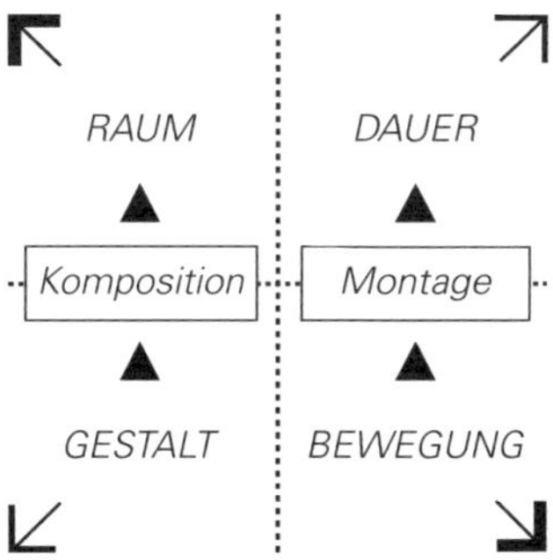

Bild 2.5: Syntaktische Felder nach Groh zur Einordnung und Relation verschiedener Medientypen im Bereich der Interfacegestaltung (nach [Groh 2007, S. 109])

Während Raum und Gestalt statische Medien wie Orte, Knoten, Situationen und Gegenstände beschreiben, sind Dauer und Bewegung dynamische Kategorien wie Beziehungen, Verknüpfungen, Wege, Relationen, Übergänge und Transformationen. Grundmuster des Komponierens und Montierens werden von Groh vorgeschlagen, um zukünftig ein systematisch entwickeltes Repertoire zur Verfügung stellen zu können [Groh 2007, S. 111ff]. Dazu gehören Fahrten und Zooms für Elemente der Klasse Gestalt, oder das Verschieben des Rahmens sowie harte Schnitte zwischen Elementen der Klasse Dauer.

Als einfaches Beispiel führt Groh eine Kugel auf, die Gestalt besitzt [Groh 2007, S. 101f]. Diese Gestalt kann beispielsweise fotografisch dokumentiert werden. Wird die Kugel durch Bewegung zum Rollen gebracht, kann dies durch ein ungeschnittenes Video erfasst werden. Größe und Proportion sind im syntaktischen Feld Gestalt messbar, während Zeit und Bahnkurve Parameter der Bewegung sind. Im Gegensatz zu diesen quantitativen Dimensionen besitzt die Kugel bei Dauer und Raum einen qualitativen Wert. Als Raum könnte die Kugel ein Planetarium sein, das in einer interaktiven Anwendung als Entscheidungs- und Handlungsraum genutzt wird. Das syntaktische Feld der Dauer beschreibt zu einem Film montierte Einzelsequenzen von Bewegungen der Kugel, um beispielsweise eine zusammenhängende Geschichte über die Kugel zu erzählen.

Die Entwicklung der syntaktischen Felder folgt einer bildwissenschaftlichen Motivation [Groh 2007, S. 104]. Den Begriffen PANOFSKYS folgend [Panofsky 1998, S. 694], werden den Kategorien Raum und Dauer die bildnerische Praxis des »Aggregatraums« zugeordnet, die vor allem in den künstlerischen Darstellungen des Mittelalters vorzufinden ist. Als Aggregatraum wird die Organisation von Bildelementen je nach ihren konkreten Inhalten bezeichnet. In mittelalterlichen Bildern sind Beziehungen zwischen den Elementen entscheidend für ihre Anordnung und Größenverhältnisse, nicht geometrische Projektionsbedingungen. Dadurch entsteht vielfach keine räumliche Wahrnehmung, sondern eine symbolische Wirkung, die dem Lesen von Texten ähnlich ist.

Den Kategorien Gestalt und Bewegung wird der »Systemraum« zugeordnet. Dieser wurde insbesondere in der Renaissance genutzt und bezeichnet die Vorherrschaft geometrischer Konstruktionsbedingungen in Gemälden, die jedoch auch gezielt verletzt werden können [Groh 2007, S. 37ff]. Die Dialektik zwischen räumlich wirkendem Systemraum und dem in der Fläche arbeitenden Aggregatraum ist für die ikonographische Einordnung von flächigen Gesten in Abschnitt 5.1.1, Seite 103 von Bedeutung.

VOLPERT betont, dass Gestaltung nie das pure, rationale, nicht auf das Ästhetische blickende Hervorbringen von Dingen bedeutet, sondern die Schaffung nutzbarer Artefakte zum Ziel hat, und damit nah am Design ist [Coy u. a. 1991, S. 174]. Der Gestaltungsdrang von Ingenieuren beziehungsweise Informatikern ist jedoch oft nicht ausreichend begründet und führt zur Entstehung von fehlerhaften Artefakten und für den Menschen nachteiligen Entwicklungen. Heutige Missstände bei der Gestaltung digitaler Arbeitsprozesse sind vielfach das Ergebnis einer eindimensionalen, fortschrittsgläubigen Denkweise. Die sich lohnende Frage nach dem Erhaltenswerten wird hingegen oft nicht gestellt [Coy u. a. 1991, S. 175]. Die Beantwortung dieser Frage kann die Handlungsspielräume des Menschen im Arbeitsprozess erhalten oder erweitern [Coy u. a. 1991, S. 175]. Das bedeutet, dass eigene Entwicklungswege möglich sind und das leibliche In-der-Welt-sein durch das Ansprechen vielfältiger Sinne unterstützt wird. Auf diese Weise kann die Welt be-griffen werden. Ebenso ist die soziale Eingebundenheit in Kultur und Gesellschaft zu berücksichtigen [Coy u. a. 1991, S. 180]. Diesen genannten Ansprüchen widmet sich insbesondere das Teilgebiet der begreifbaren Interaktion in der Mensch-Computer-Interaktion, das in Abschnitt 2.3.2, Seite 51 umrissen wird. Der nächste Abschnitt beschreibt zunächst Erkenntnisse aus der Gestenforschung, die aus verschiedenen Wissenschaftsgebieten stammen.

2.2 Gestenforschung

Die grundsätzliche Unterscheidung von Nespoulous in semiotisches und nichtsemiotisches Verhalten bei Gesten [Nespoulous u. a. 1986, S. 12] ist der Ausgangspunkt für eine Formalisierung gestischer Eingabe. Bei nichtsemiotischen Verhalten wird von praktischen Aktionen ausgegangen, während semiotisches Verhalten eine Kommunikationsabsicht und damit einen formalisierbaren Code voraussetzt (vgl. [Kendon 2004, S. 9]). Praktische Aktionen sind in diesem Zusammenhang beispielsweise Essen, Rauchen oder Nähen, wobei der Einsatz der Hände in den meisten Fällen in keinem kommunikativen Zusammenhang steht. Gesten, die zur Mensch-Computer-Interaktion dienen, werden in der vorliegenden Arbeit folglich als semiotisches Verhalten begriffen. Kendon gibt in »Gesture: Visible Action as Utterance« einen umfassenden historischen Überblick über die Gestenforschung seit der Antike [Kendon 2004]. Für die vorliegenden Betrachtungen wurde eine Auswahl an Begriffen und Taxonomien getroffen, die in das Schnittgebiet der Mensch-Computer-Interaktion überleiten.

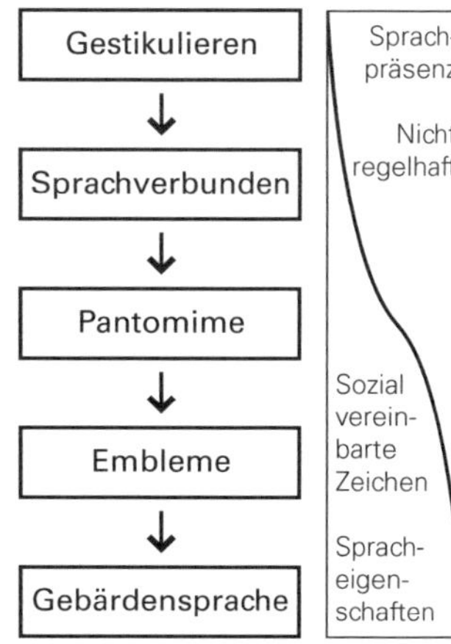

Bild 2.6: Menschliche Gesten lassen sich in Kendons Kontinuum einordnen (nach [Kendon 2004, S. 104ff])

2.2.1 Kendons Kontinuum für Gesten

Gesten werden in unterschiedlichen Wissenschaftsdisziplinen untersucht, beispielsweise der Kognitionspsychologie, Philosophie, Kommunikationswissenschaft und weiteren Natur- und Geisteswissenschaften. Aufgrund dieser großen Breite ist das Finden einer alleingültigen Definition des Begriffs sehr schwierig. Daher definieren Forscher den Begriff der Geste sehr allgemein. Müller spricht von »kommunikative[n] Bewegungen der Hände und Arme [...] zur Darstellung von Gegenständen und Sachverhalten« [Müller 1998, S. 13]. Kendon formuliert in ähnlicher Weise einige Grundvoraussetzungen, damit eine Aktion als Geste bezeichnet werden kann. Zum einen muss die Bewegung absichtsvoll und nicht zufällig ausgeführt werden. Zum anderen muss diese Aktion durch andere sichtbar sein und mit einer Aussage verbunden werden können [Kendon 2004, S. 15]. Bewegungen der Arme und Hände, die zum Beispiel beim Essen oder Rauchen notwendig sind, werden von Kendon als praktische Aktionen und nicht als Gesten bezeichnet.

Im Bereich der Gestenforschung muss für die wissenschaftliche Arbeit »Klarheit über den Gegenstandsbereich, an dem die Forschung interessiert ist« geschaffen werden [Müller 1998, S. 101]. Da in den meisten Fällen eine spezifische Ausprägung von Gesten untersucht wird, teilt McNeill menschliche Gesten in ein Kontinuum ein, das von Kendon erstmals beschrieben wurde [McNeill 1995, S. 37; Kendon 2004, S. 104ff]. Kendons Kontinuum ist damit ein Hilfsmittel, um zu klären welche Art von Gesten untersucht wird. Bild 2.6 zeigt die dabei vorgenommene, wesentliche Unterscheidung zwischen spontan ausgeführten und zeichenhaften Gesten. Bei den spontan ausgeführten Gesten spielt die gesprochene Sprache eine erhebliche Rolle. Im Gegensatz dazu können zeichenhafte Gesten das Sprechen vollständig ersetzen.

Beim sogenannten Gestikulieren handelt es sich um sprachbegleitende Gesten, bei denen zusätzliche, beispielsweise komplementäre Informationen, zum Gesagten vermittelt werden. Diese Gesten werden spontan und nicht regelhaft ausgeführt, wodurch keine Standards oder Konventionen entstehen. McNeill beschäftigt sich hauptsächlich mit dem Gestikulieren, worauf in Abschnitt 2.2.2 näher eingegangen wird.

Sprachverbundene Gesten werden anders als das Gestikulieren auch ohne zeitgleiches Sprechen in den Diskurs eingebaut. Die Andeutung einer runden Form mit den Händen kann beispielsweise das Wort »Kugel« in einem Satz ersetzen. Die Verbindung zum Sprechen löst sich auf diese Weise entlang des Kontinuums von Kendon immer weiter auf.

Pantomime sind Gesten, die vollständig ohne Sprechen verstanden werden können. Die Bezeichnung leitet sich von der Kunstform ab, bei der Darsteller ohne gesprochene Worte Geschichten und Sachverhalte erzählen. Während das Sprechen immer mehr an Bedeutung verliert, nehmen die verwendeten Gesten selbst Spracheigenschaften an. Pantomime werden beispielsweise in Sequenzen ausgeführt, aus denen sich Sinneinheiten ergeben. Der Übergang zwischen den Klassen in Kendons Kontinuum ist dabei jedoch fließend und eine eindeutige Abgrenzung ist nicht immer möglich.

Die wohlgeformte Ausführung wird ausgehend vom Gestikulieren bis hin zu den sogenannten Emblemen immer wichtiger, damit eine Geste verstanden wird. Ein Beispiel für Gesten, die als Embleme bezeichnet werden, ist das Hochhalten des Daumens, um Zustimmung zu signalisieren. Dafür ist eine gesellschaftlich gewachsene Tradition beziehungsweise Konvention ausschlaggebend. Embleme können zu einem gewissen Grad segmentiert und in Sequenzen aneinandergereiht werden.

Bei der Gebärdensprache nehmen Gesten endgültig vollständige Spracheigenschaften an. Dazu gehört das Kompositionalitätsprinzip (vgl. [Werning 2005]), das besagt, dass sich eine Bedeutung erst aus der Zusammensetzung mehrerer Gesten ergibt. Dafür müssen Gesten wohlgeformt und voneinander unterscheidbar ausgeführt werden. Letztlich entsteht eine vollständige Syntax einer Sprache, wodurch einem Zeichen eine beliebige Bedeutung zugeordnet werden kann.

Für die unterschiedlichen Sichtweisen auf Gesten, die mithilfe der Taxonomien im nächsten Abschnitt beschrieben werden, ist eine Zuordnung zu den Klassen in KENDONS Kontinuum hilfreich. Während sich beispielsweise Kognitionspsychologen und Soziologen vor allem mit dem Gestikulieren beschäftigen, sind die Gesten der Mensch-Computer-Interaktion eher als Embleme zu begreifen.

2.2.2 Taxonomien

Für die semiotische Untersuchung von Gesten fordern NESPOULOUS und LECOURS einerseits methodologische Entscheidungen zu treffen, andererseits unterschiedliche Klassen gestischen Verhaltens zu identifizieren [Nespoulous u. a. 1986, S. 53]. In diesem Abschnitt werden exemplarisch fünf Taxonomien von Gesten dargestellt, welche die Vielfalt der möglichen Betrachtungsweisen verdeutlichen. Während zunächst drei Taxonomien für Gesten aus dem vielfach untersuchten Bereich der Gestikulation betrachtet werden, folgen ebenso eine Taxonomie aus dem technischen Bereich der Bildverarbeitung und eine aktuelle für flächige Gesten aus der Mensch-Computer-Interaktion.

Die Notationsform der Taxonomien orientiert sich dabei an der UML-Notation für Klassendiagramme, wodurch Ober- und Unterklassen leicht identifiziert werden können. Diese sind durch Kanten mit einem Pfeil verbunden, der auf die Oberklasse zeigt. Abstrakte Oberklassen werden durch kursive Schrift des Bezeichners gekennzeichnet und gruppieren verschiedene Gestenklassen mit gemeinsamen Eigenschaften. Des Weiteren wird die Komposition von verschiedenen Gestenklassen genutzt, wenn sich eine bestimmte Kategorie aus verschiedenen anderen zusammensetzt. Eine Komposition besteht aus einer Kante, die in einer Raute endet. Bestimmte entscheidende Eigenschaften von Gestenklassen werden im unteren Teil des Kastens angegeben. Unterklassen können diese Eigenschaften gegebenenfalls konkretisieren.

Kulturelle Betrachtung

EFRONS Gestentaxonomie wurde 1941 in »Gesture and Environment« veröffentlicht [Efron 1941]. Die Studie von Gesten sollte insbesondere rassistische Theorien widerlegen, die unterschiedliche Gestik auf die genetisch bedingte Zugehörigkeit zu einer Volksgruppe zurückführten (vgl. [Müller 1998, S. 91]). EFRONS Studien belegen dagegen die starke kulturelle Prägung, die eine

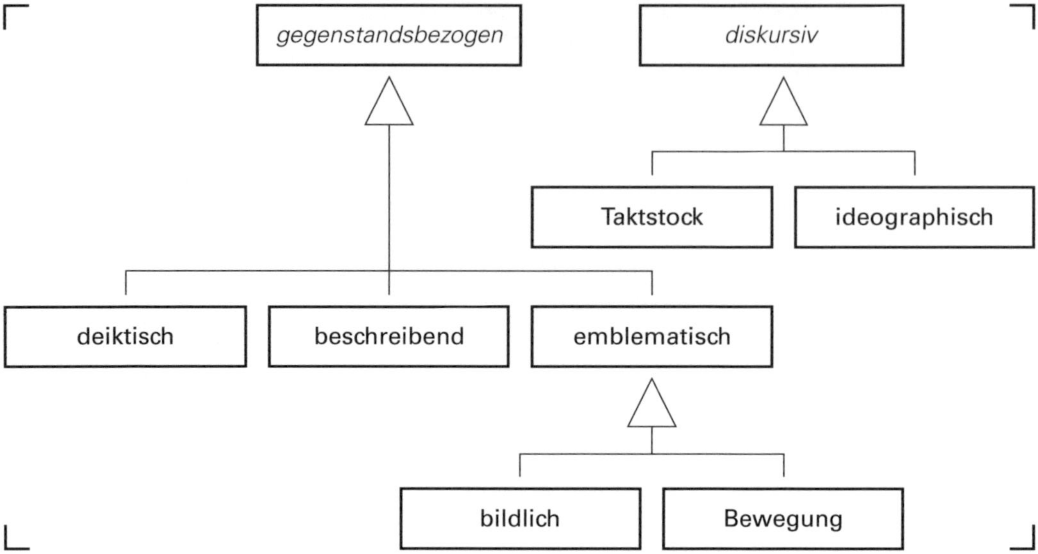

Bild 2.7: Gestentaxonomie von Efron (nach [Müller 1998, S. 91ff])

bestimmte Gestik determinieren [Murphy 1942]. Während große Unterschiede zwischen italienischen und jüdischen Einwandern aus Osteuropa bestehen, die jeweils in einer geschlossenen Gemeinschaft leben, verschwinden diese Unterschiede bei assimilierten Einwanderern.

Efrons Einteilung von Gesten differenziert erstmals explizit zwischen diskursiven und gegenstandsbezogenen Gesten, die unabhängig vom Sprechen verständlich sind (siehe Bild 2.7). Die Klasse der emblematischen Gesten, die das Sprechen ersetzen und Spracheigenschaften besitzen, wird ebenso erstmals von Efron beschrieben [McNeill 1995, S. 38]. Emblematische Gesten sind Bewegungen und Hand- oder Armzeichen, die eine bestimmte festgelegte Bedeutung besitzen. Diese werden in Kendons Kontinuum zu einer eigenen Kategorie zusammengefasst (siehe Bild 2.6).

Unter den sprachunabhängigen beziehungsweise autonomen Gesten werden von Efron neben den emblematischen auch deiktische und beschreibende Gesten erfasst. Unter den beschreibenden Gesten dienen die bildlichen zum zeichnenden Nachbilden von Größenverhältnissen und Umrissen. Gesten in der Klasse Bewegungen ahmen dagegen konkrete Bewegungsabläufe nach.

Bei den diskursiven, also sprachabhängigen Gesten, finden sich Taktstock-Gesten (engl. *beat gestures*), welche die Rede rhythmisch begleiten. Dabei handelt es sich um kleine, kontinuierlich fließende Auf- und Abbewegungen, die das Gesagte gliedern und bestimmte Passagen hervorheben. Ideographische Gesten markieren durch geradlinige oder kreisförmige Bewegungen der Hände Richtungswechsel in einer Argumentation und veranschaulichen so den Gedankenfluss des Redners [Müller 1998, S. 92].

Die Kritik an EFRONS für die Gestenforschung wegweisender Taxonomie bezieht sich insbesondere auf die nicht ausreichend berücksichtigte Rolle der Sprache, die in vielen Fällen die Mehrdeutigkeit einer Geste beseitigt (siehe [Müller 1998, S. 93]). Im Folgenden werden basierend auf dieser grundlegenden Taxonomie neue Klassen identifiziert und die von EFRON vorgeschlagenen neu geordnet.

Anthropologische Sichtweise

Gesten erlauben auch weiterführende anthropologische Rückschlüsse auf die biologische und psychologische Entwicklung beziehungsweise den aktuellen Zustand von Menschen. Das Ziel von EKMAN und FRIESEN ist die differenzierte Beschreibung nonverbalen Verhaltens auf Grundlage von kulturvergleichenden Studien sowie Untersuchungen zur Beurteilung von Emotionen und Haltungen durch das Beobachten von Gesten (vgl. [Kendon 2004, S. 95]). Die Autoren ordnen Gesten die drei Dimensionen Ursprung (engl. *origin*), Gebrauch (engl. *usage*) und Transport (engl. *coding*) zu. Dabei kann der Ursprung beziehungsweise der Erwerb biologisch oder kulturell sein. Beim Gebrauch können verschiedene Begleitumstände identifiziert werden und der Transport mit unterschiedlichen Kodierungen erfolgen, die das »semiotische Verhältnis zwischen Form und Bedeutung« bestimmen (vgl. [Müller 1998, S. 94f]).

EKMAN und FRIESEN erweitern EFRONS grundlegende Taxonomie um weitere Klassen. Zunächst findet bei diesen Autoren eine Unterteilung in sprachbegleitende und autonome Gesten statt. Den autonomen Gesten werden die bereits beschriebenen Embleme zugeordnet, die sprachersetzend eingesetzt werden können und stark kulturell geprägt sind. Als weiteres Beispiel für Embleme ist das Berühren der Spitzen von Daumen und Zeigefinger zu nennen, wobei ein Kreis geformt wird. Dadurch kann Zustimmung signalisiert werden, wenn das Emblem als »O.K.« verstanden wird. In anderen Kulturen kann diese Geste aber auch als Beleidigung interpretiert werden.

Des Weiteren modifizieren die Autoren EFRONS Emblem-Begriff, der darunter ausschließlich Gesten mit einer willkürlich festgelegten Bedeutung versteht. Embleme können nach EKMAN und FRIESEN auch ikonische Beziehung zu ihrer Bedeutung haben, besitzen jedoch immer eine direkte verbale Übersetzung oder Definition. Um in einer bestimmten Gruppe effektiv verwendbar zu sein, müssen Embleme wie die Geste für O.K. erlernt werden [Ekman

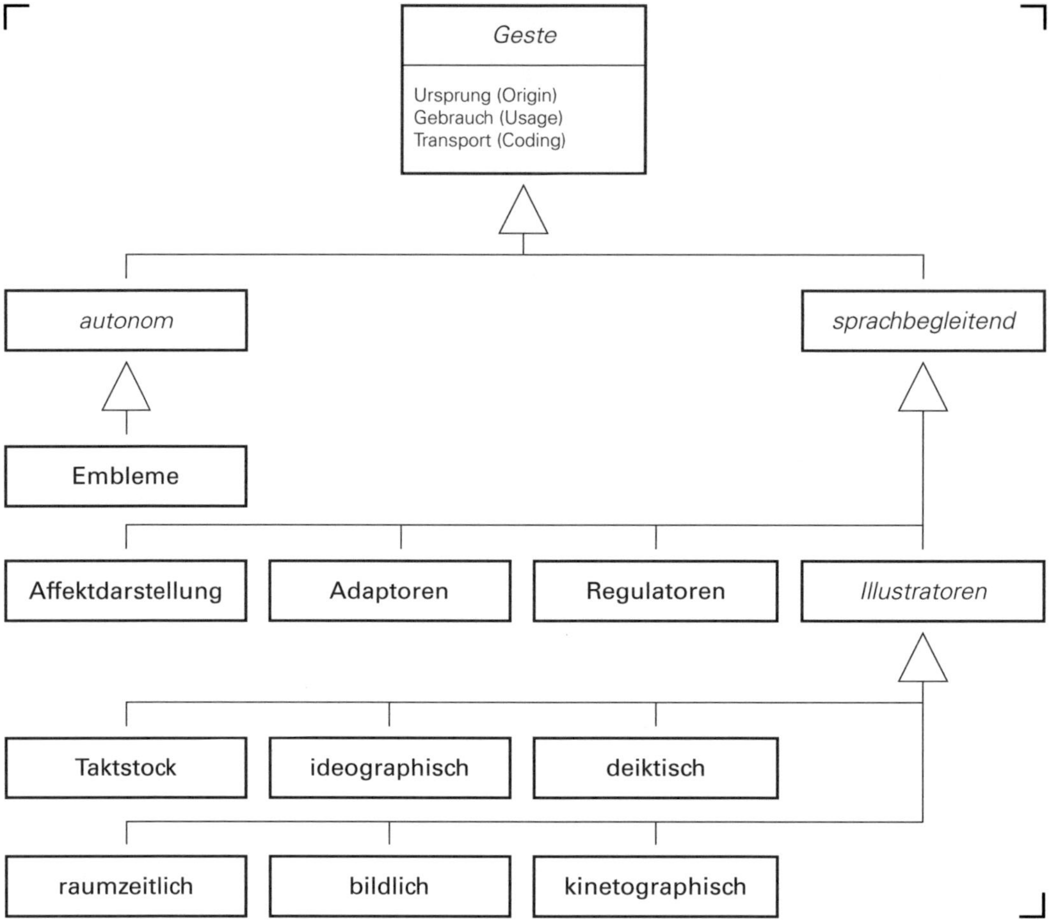

Bild 2.8: Gestentaxonomie zum nonverbalen Verhalten von Ekman und Friesen (nach [Ekman und Friesen 1969, Müller 1998])

und Friesen 1969, S. 63]. Embleme finden oft Verwendung, wenn aufgrund von äußeren Bedingungen wie Lärm oder auch große Entfernung kein verbaler Austausch möglich ist. Durch Embleme werden weniger individuelle Informationen über den Kommunikationspartner als mit sprachbegleitenden Gesten transportiert [Ekman und Friesen 1969, S. 64].

Für sprachbegleitende Gesten werden Affektdarstellungen identifiziert, die beispielsweise unwillkürliche Gesichtsausdrücke umfassen und deren Ursprung biologisch motiviert ist. Adaptoren sind Selbstberührungen und Berührungen anderer sowie von Gegenständen zur Steuerung der zwischenmenschlichen Kommunikation. Regulatoren dienen zur Selbstregulierung des Körpers und werden dabei meistens unbeabsichtigt oder unbewusst ausgeführt (vgl. [Nespoulous u. a. 1986, S. 153]). Es handelt sich dabei oft um Selbstberührungen wie Kratzen oder Trommeln mit den Fingern.

Illustratoren werden im direkten Zusammenhang mit der Rede eingesetzt und laut Ekman und Friesen durch Nachahmung erlernt. Diese Gesten umfassen Taktstock-Gesten, die bestimmte Phrasen der Rede akzentuieren, und ideographische Gesten, die den Weg der Gedanken nachzeichnen. Beide Klassen wurden durch Efron den diskursiven Gesten zugeordnet. Zu den Illustratoren zählen Ekman und Friesen allerdings auch die gegenstandsbezogenen Gesten aus Efrons Taxonomie, ohne dessen Unterscheidung zu übernehmen. Wie bei Efron verweisen deiktische Gesten auf ein spezielles reales Objekt, bildliche zeichnen bildhafte Informationen nach und kinetographische Gesten beschreiben körperliche Handlungen. Die von Ekman und Friesen neu eingeführte Klasse der raumzeitlichen Gesten dient der Darstellung räumlicher Verhältnisse.

In der Gestenforschung besteht Kritik an der Taxonomie von Ekman und Friesen insbesondere wegen der vielfältigen zugrundeliegenden Klassifikationskriterien, die nicht eindeutig voneinander abgegrenzt werden. Auch die Unübersichtlichkeit der zahlreichen Klassen wird kritisiert (siehe [Müller 1998, S. 97]). Die Autoren liefern außerdem keine klare Definition von Regulatoren und bleiben Folgebetrachtungen der stark untergliederten Kategorie der Illustratoren schuldig, wodurch deren Relevanz in Frage gestellt wird [Kendon 2004, S. 98]. Im Folgenden Teilabschnitt werden sprachbegleitenden Gesten durch McNeill neu gegliedert, wobei die Anzahl der Klassen deutlich reduziert wird.

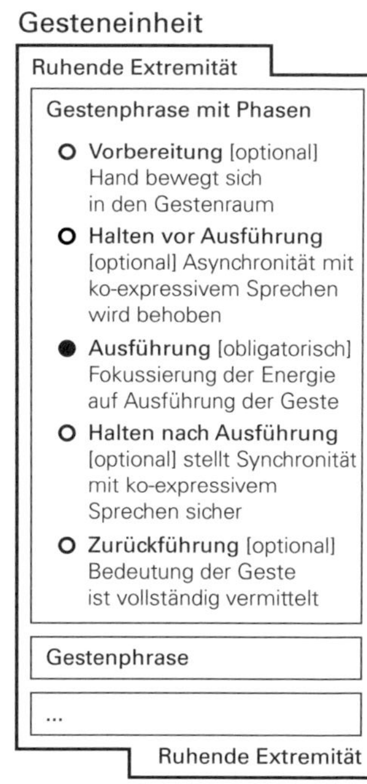

Bild 2.9: Gesteneinheiten können aus mehreren Gestenphrasen mit teilweise optionalen Phasen der Ausführung bestehen (nach [Kendon 1980])

Sprachbegleitende Gesten

In der Gestenforschung wird der Kategorie Gestikulation aus Kendons Kontinuum traditionell eine wichtige Stelle eingeräumt. McNeill grenzt sich für seine Untersuchung sprachbegleitender Gesten von den anderen Bereichen in Kendons Kontinuum ab [McNeill 1995, S. 12ff]. Unter den sprachbegleitenden Gesten im Bereich der Gestikulation werden ebenso Nicht-Gesten identifiziert (siehe Bild 2.10). Diese Objektmanipulationen oder Selbstberührungen werden bei Ekman und Friesen noch als Adaptoren und Regulatoren berücksichtigt.

Bildliche Gesten besitzen im Gegensatz zu diskursiven Gesten mehrere Ausführungsphasen (siehe Bild 2.9). Dazu gehört die Vorbereitung (engl. *preparation*), die Ausführung (engl. *stroke*) und die Zurückführung (engl. *retraction*). Ikonische Gesten weisen eine formale Bindung zum Inhalt des Gesprochenen auf und vermitteln dabei auch den Standpunkt, von dem aus der Diskurs geführt wird. Hier findet eine Unterscheidung in den Charakterstandpunkt und den Objektstandpunkt statt [McNeill 1995, S. 118]. Die Verwendung der Hände kann zum Beispiel eine Leiter symbolisieren (Objektstandpunkt) oder einen Menschen, der die-

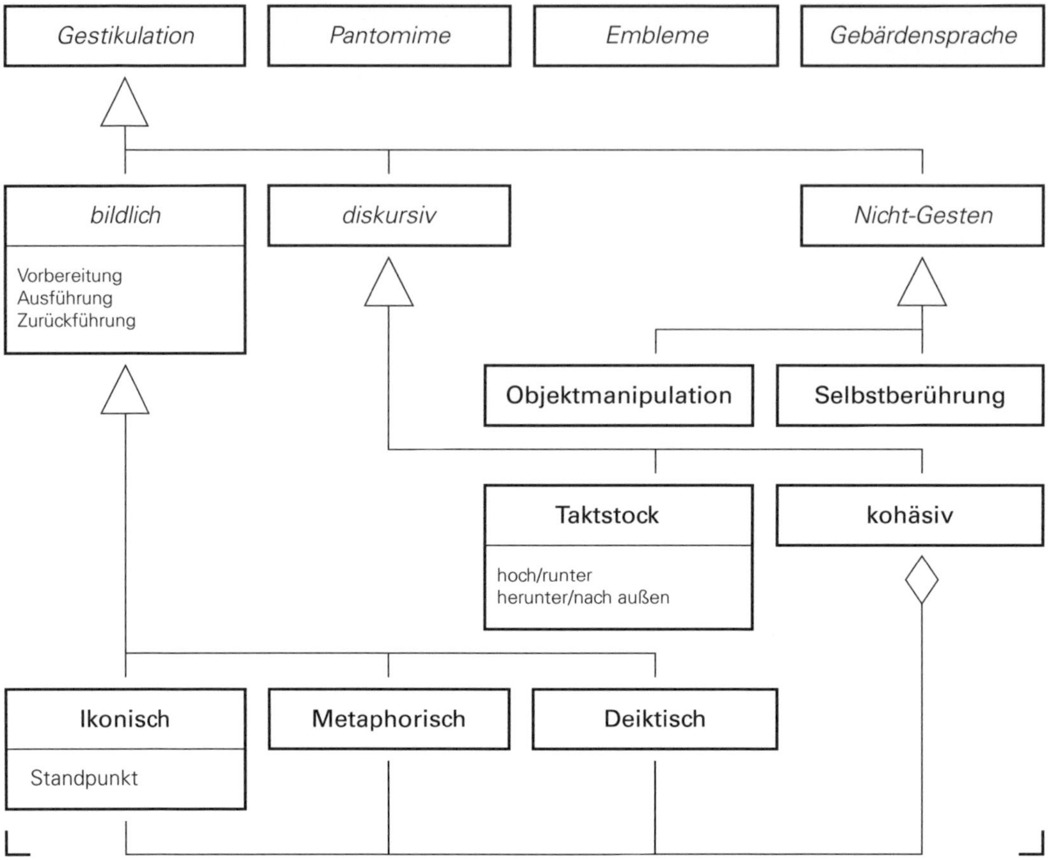

Bild 2.10: Gestentaxonomie nach David McNeill zur Klassifikation sprachbegleitender Gesten (nach [McNeill 1995])

se benutzt (Charakterstandpunkt). Bei metaphorischen Gesten repräsentiert der bildliche Inhalt eine abstrakte Idee. Beispielsweise können die Hände ein Objekt darstellen, das für das Genre eines Films steht [McNeill 1995, S. 14].

Die von McNeill als diskursiv bezeichneten Gesten zeigen das ganzheitliche Verständnis des Diskurses durch den Sprechenden an. Dazu gehören die bereits von Efron beschriebenen Taktstock-Gesten, die durch Auf- und Abbewegungen gekennzeichnet sind und Unterbrechungen hervorheben. Kohäsive Gesten hingegen signalisieren Kontinuität und können wiederum aus ikonischen, metaphorischen oder Taktstock-Gesten bestehen. Deiktische Gesten sind meistens abstrakt und zeigen laut McNeill häufig auf nichts tatsächlich physisch Anwesendes. In diesem Fall sind diese Gesten diskursiv, andernfalls handelt es sich um bildliche Gesten (vgl. [Müller 1998, S. 100]).

McNeill stellt fest, dass die eindeutige Kategorisierung von Gesten problematisch ist, da die meisten Gesten mehrere Facetten besitzen. Beispielsweise können ikonische Gesten auch eine deiktische Wirkung entfalten oder deiktische Gesten metaphorische Eigenschaften besitzen [McNeill 2007, S. 38]. Diese Erkenntnis wird auch bei der Klassifizierung flächiger Gesten in Abschnitt 5.2.2, Seite 120 hervorgehoben. In seiner Forschung widmet sich McNeill insbesondere der Verbindung von Gesten, gesprochener Sprache und dem Denken. Deswegen sind diese Kategorien nicht ohne weiteres für die Bedienung von Computer-Systemen mittels gestischer Eingabe übertragbar. Die beiden folgenden Abschnitte behandeln daher für die Informatik angepasste Taxonomien.

Bildverarbeitung

Die Bildverarbeitung in der Informatik umfasst die algorithmische Analyse von Bildern und Bildsequenzen, um Merkmale zu entschlüsseln, die durch den Computer weiterverarbeitet werden können (vgl. [Jähne 2002, S. 3ff]). Für die Gestenerkennung ist hier die Segmentierung von Bewegungen notwendig, die durch Videokameras aufgenommen werden. Die detektierbaren Einheiten bestimmen letztendlich die Bandbreite des möglichen Gestenrepertoires, mit dem der Nutzer mit einem System kommunizieren kann.

Quek legt den Fokus in diesem Bereich auf kommunikative Gesten, die zeitliche, gefühlsbezogene oder anderweitig interpretierbare Informationen vermitteln [Quek 1995]. Als Grundlage dienen Quek die Erkenntnisse von Nespoulous und Lecours [Nespoulous u. a. 1986]. Aus Sicht der Bildverarbeitung zweifelt Quek an, ob manipulative Gesten überhaupt interpretierbar sind. Die Hauptaufgabe von Eingabegeräten für Computer besteht laut Quek in der Umwandlung einer Bewegung oder Energie eines menschlichen Agenten in maschinenlesbare Signale. Durch Eingabegeräte als »perzeptive Organe« sollen Computer die Absichten des menschlichen Nutzers erkennen.

Pavlovic greift die von Quek für den Bereich der Bildverarbeitung identifizierten Gestenklassen auf [Pavlovic u. a. 1997]. Dabei werden Hand- und Armbewegungen zunächst in unbeabsichtigte und eigentliche Gesten getrennt (siehe Bild 2.11). Unbeabsichtigte Hand- und Armbewegungen vermitteln keine bedeutsamen Informationen. Für die Bildverarbeitung stellt dies einen ersten, in der Komplexität nicht zu unterschätzenden Filterungsschritt dar.

Nach dieser ersten Filterung sind zunächst manipulative Gesten zu betrachten. Diese arbeiten mit Objekten in der Umgebung, während kommunikative Gesten einen inhärenten Kommunikationszweck verfolgen. In einer natürlichen Umgebung werden diese normalerweise in Zusammenhang mit gesprochener Sprache ausgeführt, womit die Verbindung zu den von McNeill untersuchten Gesten hergestellt ist. Aufgrund der technischen Möglichkei-

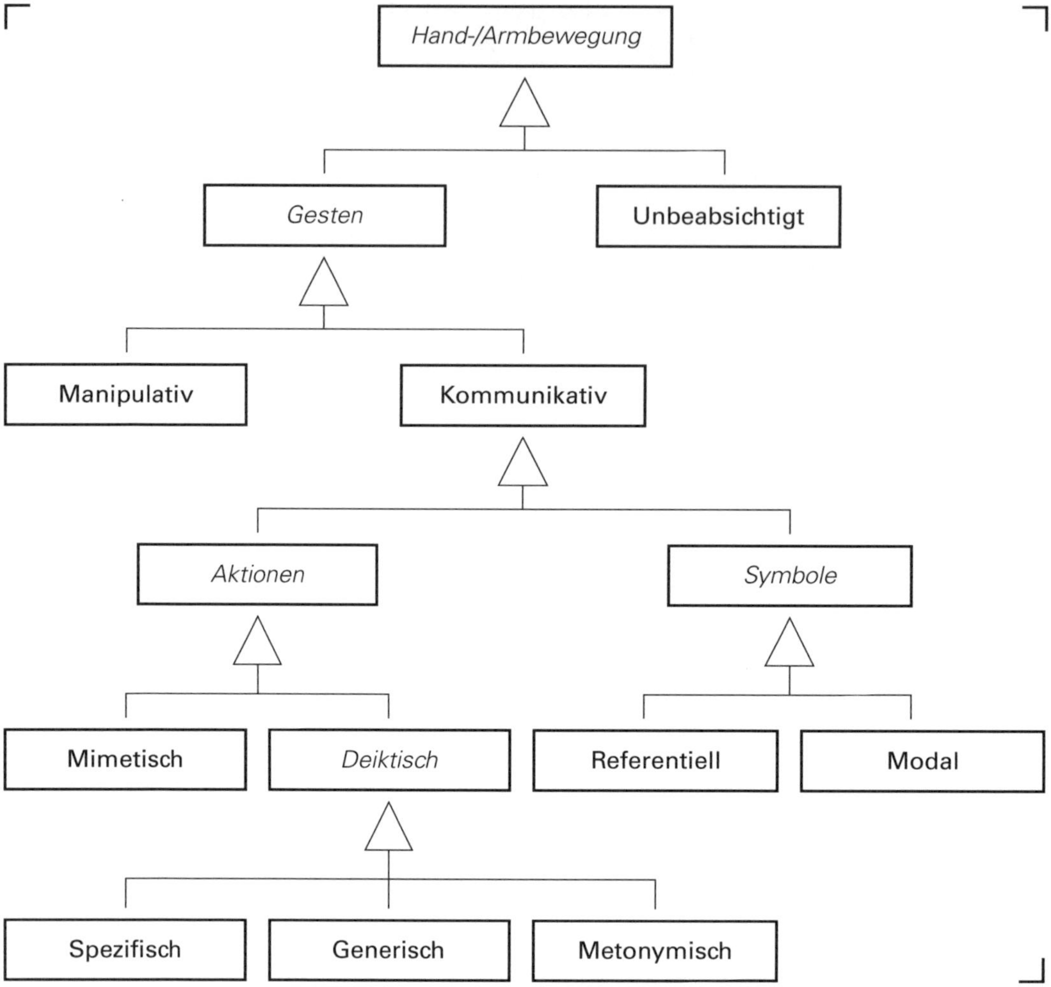

Bild 2.11: Durch Quek und Pavlovic vertretene Taxonomie für Gesten im Bereich der Bildverarbeitung (nach [Quek 1995, Pavlovic u. a. 1997])

ten zur Interpretation von Gesten konzentriert sich Pavlovic insbesondere auf diese kommunikativen Gesten. Die Verfahren der Bilderkennung müssen in diesem Fall die Bewegungen der Arme und Hände lediglich von einem Hintergrund trennen und analysieren. Bei manipulativen Gesten müssen zusätzlich die berührten und bewegten Objekte und Gegenstände berücksichtigt werden, wodurch die Komplexität in der Berechnung erheblich steigt.

Kommunikative Gesten gliedern sich bei Quek und Pavlovic zunächst in Symbole und Aktionen. Bei Aktionen steht die Bewegung in direkter Beziehung mit der Interpretation. Die Unterklassen sind mimetische und deiktische Gesten. Während deiktische Gesten die klassischen Zeigehandlungen beschreiben, beziehen sich mimetische auf das Imitieren von Handlungen. Damit besitzen diese eine gewisse Ikonizität (vgl. [Nespoulous u. a. 1986, S. 57]). Ein Beispiel ist das Ausführen einer schraubenden Bewegung mit einer Hand, während die andere den Griff um eine Wasserflasche imitiert.

Quek nimmt weitere Unterscheidungen für deiktische Gesten vor. Spezifisch deiktische Gesten wählen ein bestimmtes Objekt oder einen Ort aus. Generisch deiktische Gesten verweisen auf die Klasse eines Objekts indem eine Instanz ausgewählt wird. Zum Beispiel wird durch das Zeigen auf einen bestimmten Baum auf alle Bäume in einem Park verwiesen. Metonymische Gesten verweisen auf Objekte, die in einer inhaltlich verwandten Verbindung mit dem Angezeigten stehen. Zum Beispiel kann das Zeigen auf ein Gefäß auf dessen Inhalt verweisen. Anders als bei generisch deiktischen Gesten wird dabei kein Wechsel zwischen Ober- und Unterkategorien vorgenommen.

Symbole stellen eine Art Kürzel dar, das in linguistischer Weise eine willkürliche Bedeutung annehmen kann. Pavlovic beschreibt eine häufige Nutzung von Symbolen bei der Bildverarbeitung, da diese oft durch statische Handposen ausdrückbar und daher leichter zu verarbeiten sind. Eine zur Faust geballte Hand kann beispielsweise zum Schließen eines Programms dienen, eine flache Hand zum Öffnen von Dateien genutzt werden. Referentielle Symbole kennzeichnen Objekte oder Konzepte unabhängig von anderen Kommunikationsmöglichkeiten. Im Gegensatz dazu dienen modale Symbole in Verbindung mit anderen Kommunikationsmitteln wie der Sprache dazu, die Einstellung des Kommunizierenden zu vermitteln (vgl. [Nespoulous u. a. 1986, S. 56]).

Pavlovic stellt fest, dass in einer Umgebung, die durch Computer gesteuert wird, die menschliche Hand sowohl in ihrer natürlichen Rolle als Manipulator genutzt werden soll, aber auch als Mittel der Mensch-Maschine-Kommunikation. Dabei werden durch eine Geste Computerbefehle ausgeführt. Laut Pavlovic beschäftigen sich die meisten klassischen Definitionen von Gesten mit diesem Aspekt. Vernachlässigt wird bisher die Rolle der Hand für sogenannte »praktische Gesten« (vgl. [Nespoulous u. a. 1986, S. 25]). Im Unterschied zu sprachbegleitenden Gesten ist jedoch gerade im Fall flächiger Gesten der manipulative Charakter ein entscheidender Vorteil. Die Unterscheidung von Kendon in Gesten und praktische Aktionen ist hier erneut aufzugreifen: Zwar dienen Gesten bei der Mensch-Computer-Interaktion gewissen praktischen Zielen, um Funktionen aufzurufen und Befehle auszuführen. Dennoch ist es angemessen von Gesten zu sprechen, da diese Hand- und Armbewegungen einen zeichenhaften Charakter besitzen und auf einem formalisierbaren Code beruhen.

Flächige Gesten

Für den Bereich flächiger Gesten existieren erste Ansätze zu einer Klassifikation. Wobbrock et al. schlagen eine Taxonomie basierend auf einer Untersuchung mit 20 Teilnehmern speziell für flächige Gesten vor [Wobbrock u. a. 2009]. Kommandos wurden verbal beschrieben und ihre Ausführung als Animation auf einer Multitouch-Oberfläche dargestellt. Die Probanden führten daraufhin eine individuelle Geste aus, um dieses Kommando aus ihrer Sicht auszulösen. Basierend auf den 27 Kommandos entstand die Taxonomie in Bild 2.12. Dabei werden sowohl Aspekte der Ausführung, also die Syntax, als auch die semantischen Dimensionen in Kombination betrachtet.

Die Form der Geste wird bei Wobbrock et al. dadurch bestimmt, ob sich die Hand auf der Oberfläche bewegt oder nicht, also ob ein Pfad entsteht. Darüber hinaus kann die Handstellung (Pose) dabei statisch bleiben oder sich dynamisch verändern. Einfache Berührungen mit einem Finger werden als eigene Kategorie aufgefasst. Die Form-Kategorie wird bei beidhändigen Gesten separat für jede Hand angewendet. Die Bindung einer Geste ist entweder global, wenn diese für die gesamte Anwendung definiert ist, oder objektzentriert, falls nur Informationen über das jeweils behandelte oder erzeugte Objekt notwendig sind. Darüber hinaus können aber auch gemischte Abhängigkeiten für Gesten existieren, die in einem Aspekt objektzentriert, in einem anderen jedoch global sind.

Die Ausführung einer flächigen Geste ist diskret, wenn die Geste abgeschlossen und erst danach darauf reagiert wird. In der vorliegenden Arbeit wird dabei von »Offline-Gesten« gesprochen. Kontinuierliche Gesten erfordern die ständige Auswertung während der Ausführung und werden analog dazu »Online-Gesten« genannt.

Für den Vergleich mit den bisher betrachteten Taxonomien ist insbesondere die Typ-Eigenschaft heranzuziehen. Der Typ einer Geste ist symbolisch, wenn es sich um eine visuelle Beschreibung zur Ausführung einer Aktion handelt. Dazu zählen bei Wobbrock et al. alphabetische Symbole oder emblemhafte Posen, wie das Zeichen für O.K. mittels Berührung von Daumen und Zeigefinger. Physische Gesten sollten den gleichen Effekt auf ein Objekt haben wie auf einem realen Tisch. Metaphorische Gesten behandeln ein Objekt oder sich selbst wie etwas anderes. Dazu wird die Verwendung der Hand in der Art einer Lupe als Beispiel angeführt, oder das Wischen auf der Oberfläche um eine Buchseite umzublättern. Schließlich können abstrakte Gesten eine willkürlich zugeordnete Bedeutung haben.

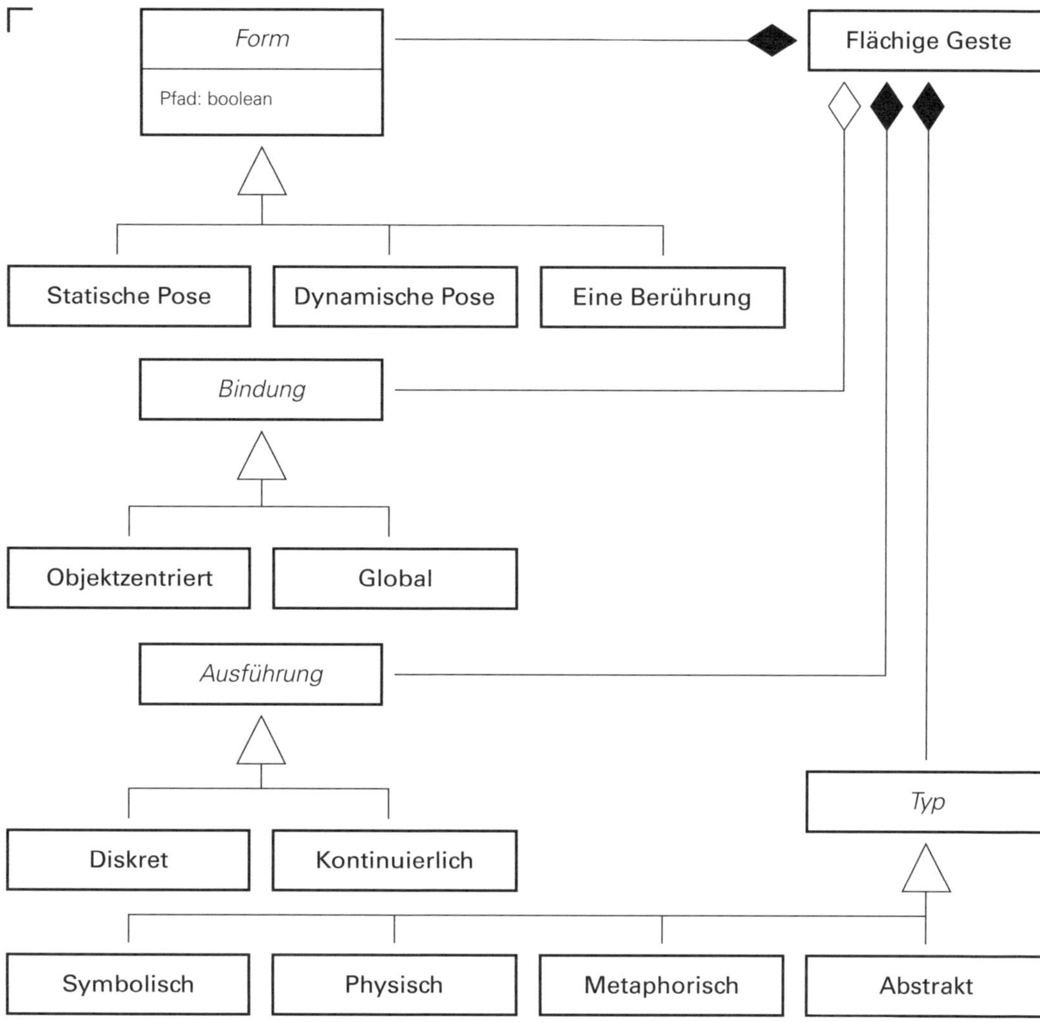

Bild 2.12: Wobbrock et al. stellen als Teil einer Beschreibung von flächigen Gesten auch deren Typ dar (nach [Wobbrock u. a. 2009])

Die Taxonomie von Wobbrock et al. für flächige Gesten kombiniert syntaktische und semantische Aspekte. Freeman et al. isolieren für ihre Anwendung zum Erlernen flächiger Gesten daher die Form-Eigenschaften und unterscheiden bei der Art der Berührung nach Fingern und Händen sowie bei der Ausführungsform ob ein Pfad entsteht oder nicht [Freeman u. a. 2009]. Bei den semantischen Dimensionen besteht eine große Nähe zwischen symbolischen, metaphorischen und abstrakten Gesten. Die beliebige Bindung abstrakter Gesten trifft auch auf symbolische Gesten zu, denn die Bedeutungszuordnung alphabetischer Symbole ist grundsätzlich willkürlich (vgl. Abschnitt 2.1, Seite 19 zur Semiotik). Eine eindeutige Bindung metaphorischer Gesten ist ebenso durch die grundsätzliche kulturelle Abhängigkeit von Metaphern fraglich. Darüber hinaus bricht die Flächigkeit mit dem intuitiven Verständnis metaphorischer Gesten, die während des Sprechens ausgeführt werden. In Abschnitt 5.2.2, Seite 120 wird eine eigene Taxonomie semantischer Dimensionen für flächige Gesten vorgeschlagen.

2.2.3 Einordnung

Dieser Abschnitt führte in die Begriffe der Gestenforschung ein und zeigte durch die vorgestellten Taxonomien unterschiedliche Sichtweisen auf. Gemeinsamkeiten bestehen dabei insbesondere in einer Berücksichtigung des Sprechens bei der Unterscheidung zwischen Gestenklassen. Deiktische Gesten zum Zeigen finden sich in fast jeder der betrachteten Taxonomien wieder, außer bei WOBBROCK et al. für den Bereich flächiger Gesten. Des Weiteren findet stets eine Unterscheidung in Gesten zur Vermittlung bildlicher und abstrakter Inhalte statt (vgl. [Kendon 2004, S. 107]). MÜLLER führt die vielen unterschiedlichen Sichtweisen auf Gesten auf die verschiedenen Untersuchungsbereiche mit ihren eigenen Methoden und Theorien zurück [Müller 1998, S. 91].

Weitere existierende Klassifikationen erweitern oder ordnen die vorgestellten Klassen in anderer Form. Die Taxonomie von KARAM und SCHRAEFEL für Mensch-Computer-Interaktion nimmt zum Beispiel auch entsprechende Eingabegeräte und Anwendungsdomänen auf [Karam und Schraefel 2005]. Unter den Gesten-Stilen werden dabei deiktische Gesten, Gestikulation, Manipulationen, Semaphore und Zeichensprache genannt. Dabei werden jedoch Begriffe aus KENDONS Kontinuum und Gestenklassen im Sinne von MCNEILL auf eine Stufe gestellt. CASSELL baut in ihrem Framework zur Gesteninterpretation ebenso auf den Kategorien von MCNEILL auf [Cassell 1998]. Im speziellen Fall von flächigen Gesten existiert auch die Ansicht, dass eine Einteilung in Gesten und Manipulationen für eine Unterscheidung ausreichend ist (siehe [George und Blake 2010]). Dabei wird der eigentliche Oberbegriff »Geste« auf bestimmte Handlungen reduziert, die keine direkte Manipulation von Objekten auslösen.

Ein für die Formalisierung wichtiger Aspekt wird durch WOBBROCK et al. mit der Bindung einer Geste bezeichnet. Im Gegensatz zu sprachbegleitenden Gesten sind für die Mensch-Computer-Interaktion insbesondere objektzentrierte Gesten zu berücksichtigen. Interaktive Elemente müssen daher visuell durch einen entsprechenden Angebotscharakter (Affordanz) hervorgehoben werden. Da innerhalb der vorliegenden Arbeit der Schwerpunkt auf den Ausführungsaspekten von Gesten liegt, wird der Bereich der visuellen Gestaltung nur angrenzend behandelt. In den Abschnitten 4.4, Seite 95 und 5.2.3, Seite 125 zur Pragmatik werden die Anknüpfungspunkte aufgezeigt.

Haben die Form und Beschaffenheit von Interaktionsobjekten einen Bezug zur bekannten Objektwelt, können Verhaltensweisen zwischen verschiedenen Domänen im Sinne von Metaphern transferiert werden. Die in Abschnitt 8.2, Seite 219 beschriebenen Experimente mit natürlichen Substanzen des Alltags leisten dazu einen Beitrag. Die in dieser Arbeit vorgeschlagene Formalisierung flächiger Gesten nutzt einen in der Mensch-Computer-Interaktion gebräuchlicheren Objektbegriff. Dabei handelt es sich um gestaltbestimmte Elemente, die im Gegensatz zu granularen und formbaren Stoffen im Alltag eine definierte Objektstruktur besitzen. Der Vorteil dieses Objektbegriffs ist neben der Berücksichtigung einer vorherrschenden Tradition auch die Konsistenz zur visuellen Wahrnehmung. Gestaltgesetze, die für das Auge gelten, werden dabei berücksichtigt und eine durchgängige Erwartungshaltung erzeugt (vgl. [Goldstein 2002, S. 183ff]).

Als Fazit dieses Abschnitts ist festzuhalten, dass gestische Eingabe in der Mensch-Computer-Interaktion in jedem Fall durch Embleme aus Kendons Kontinuum geschieht. Embleme setzen die für eine Verarbeitung durch den Computer notwendige Wohlgeformtheit voraus, wobei gewisse Toleranzbereiche möglich sind. Diese Ausführung muss erlernt werden, wodurch eine unmittelbare intuitive gestische Eingabe verhindert oder erschwert wird. Durch diese Festlegung auf für alle Nutzer sehr ähnliche Gesten können diese nicht so intuitiv wie beispielsweise Gesten im Bereich der Gestikulation ausgeführt werden. Allerdings erlauben die Eigenschaften von Emblemen überhaupt erst die Formalisierung bestimmter Ausführungsformen. Die Semiotik bietet die dafür notwendigen Kategorien zur Identifizierung der syntaktischen Bestandteile und semantischen Dimensionen von Gesten sowie zur pragmatischen Unterstützung des Erlernens von Gesten.

2.3 Gestische Eingabe in der Mensch-Computer-Interaktion

Für das Verständnis der vorliegenden Arbeit spielen aus der Informatik insbesondere Grundlagen aus dem Bereich der Mensch-Computer-Interaktion mit dem Teilgebiet der begreifbaren Interaktion eine Rolle (siehe Abschnitt 2.3.2). Für die technische Umsetzung der vorgeschlagenen Formalisierung flächiger Gesten sind Begriffe der Softwaretechnologie im Bereich der domänenspezifischen Modellierung zu klären (siehe Abschnitt 2.3.3). In Abschnitt 2.3.1 werden zunächst die technologischen Entwicklungen thematisiert, die zur Entwicklung flächiger Gesten beigetragen haben.

2.3.1 Historische Entwicklung von Ein- und Ausgabetechnologien

Ein kurzer historischer Abriss von Ein- und Ausgabetechnologien leitet zum Aufkommen flächiger Gesten über, die direkt mit Fingern auf berührungsempfindlichen Bildschirmen ausgeführt werden. Diese Entwicklung begleitet auch einen allgemeinen Paradigmenwechsel von stark ortsgebundener Computer-Technologie hin zu ubiquitären Systemen, wie beispielsweise Tablet-Computern und Smartphones. Gleichermaßen nimmt die Bandbreite sowohl der Eingabetechnologien durch gestische Eingabe als auch der Bildschirmauflösungen erheblich zu (siehe Bild 2.13). Insgesamt verläuft ein Trend von diskreten Ein- und Ausgabemodalitäten hin zur Virtualisierung der Eingabetechnologien. Statt für die Eingabe eine bestimmte festgelegte Tastatur zu benutzen, kann diese auf einem berührungsempfindlichen Display virtuell beliebig konfiguriert werden. In vielen Anwendungsfällen kann auch auf stationäre Systeme mit Monitor und Tastatur verzichtet und stattdessen mobile Displays und Projektionen mit gestischer Eingabe eingesetzt werden.

Im Bereich der Ausgabemedien waren CRT-Monitore für längere Zeit der Standard. Das zugrundeliegende Prinzip der Braun'schen Röhre wurde bereits 1897 entdeckt und erfuhr zahlreiche Weiterentwicklungen. Im Jahr 1926 baute der Japaner Takayanagi den ersten Schwarzweiß-Fernseher mit Bildröhre (siehe [Hickethier 1998]). Als Ausgabegerät für Computer kommen Bildschirme auf Basis von Braun'schen Röhren mit magnetischen Feldern als Ablenkspulen seit den 1950er Jahren zum Einsatz, zunächst nur mit vektorieller Ansteuerung (vgl. [Machover 1994]). Eine Gruppe bei der Radio Corporation of America (RCA) stellte den ersten funktionierenden Flüssigkristallbildschirm (engl. *liquid crystal display – LCD*) 1968 in den USA unter der Leitung von Heilmeier vor, ab 1971 erfolgte die industrielle Verwertung [Gross 2012]. Seit Anfang der 1970er Jahre kommen LCDs in Digitaluhren und Taschenrechnern zum Einsatz. Die Verdrängung der herkömmlichen Röhrenmonitore durch LCD und Plasma-Displays in allen Segmenten der Unterhaltungselektronik, aber auch bei professionellen Anwendungen ist eine fast abgeschlossene Entwicklung (vgl. dazu die Zahlen der Bitkom [@BITKOM 2010]).

Mit dem Verschwinden der Röhrenmonitore tritt allerdings auch neue Konkurrenz für die nunmehr etablierte LCD-Technik auf. Die Grundpatente für OLED-Strukturen stammen bereits aus den 1980er Jahren (vgl. [Tang und VanSlyke 1987]). Erste industrielle Anwendungen finden sich bei Smartphones, Digitalkameras oder tragbaren Musikabspielgeräten mit kleineren Displays. OLED-Bildschirme verfügen gegenüber den herkömmlichen Flüssig-

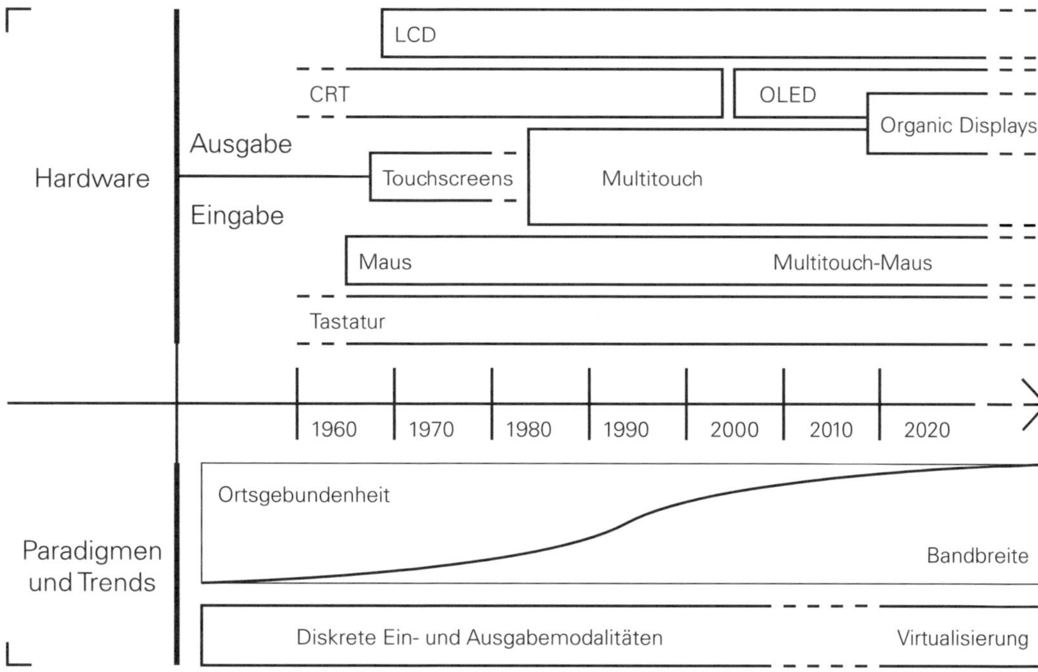

Bild 2.13: Entwicklung flächiger Gesten als Eingabeform der Mensch-Computer-Interaktion

kristallbildschirmen durch die Emission von farbigem Licht über einen sehr hohen Kontrast, da dies keine Hintergrundbeleuchtung benötigt. LCDs funktionieren dagegen nur als farbige Filter. Mit der OLED-Technologie werden auch sogenannte »organische Displays« möglich. Die Vision besteht zum Beispiel in elektronischem Papier, das nicht nur grafische oder textliche Information bereithält, sondern sich auch in jegliche Form falten lässt, zum Einschlagen von anderen Produkten eignet, zerschnitten und beliebig wiederverwendet werden kann (vgl. [Holman und Vertegaal 2008]). Die Ausstattung solcher Objekte mit Druck-, Lage- und Verformungssensoren erlaubt vielfältige Interaktionen wie das Biegen und Drehen, um mit digitalen Inhalten zu interagieren (vgl. [Lahey u. a. 2011; Steimle u. a. 2013]).

Diese neuartigen Technologien, die Ein- und Ausgabe in einem Medium kombinieren, stellen einen Bruch mit traditionellen Peripheriegeräten dar und können diese ersetzen oder bereichern. Erste Rechenmaschinen wie die »Z3« von Zuse verfügten bereits über Tasten wie heutige Keyboards. Vorlage waren klassische Schreibmaschinen, von denen auch die aktuell gebräuchliche Anordnung der Tasten übernommen wurde. Während zunächst mit jedem Computer eigene Tastaturmodelle vertrieben wurden, hat sich inzwischen eine Standard-Tastatur mit einer nahezu gleichen Tastenbelegung durchgesetzt. Das Team um Engelbart und English arbeitete 1963/1964 am Stanford Research Institute (SRI) an verschiedenen Techniken zur Unterstützung der Mensch-Computer-Interaktion, wobei auch die erste Computermaus entwickelt wurde, damals noch mit einer einzigen Taste [Engelbart und English 1968]. Nach der ersten öffentlichen Präsentation 1968 wurde diese in den 1970er Jahren am Palo Alto Research Center (PARC) der Firma Xerox weiterentwickelt, unter anderem eine Variante mit drei Tasten und die lange verbreitete Kugelmaus. Diese wurde 1973 zum ersten Mal gemeinsam mit einer grafischen Benutzeroberfläche beim Xerox Alto eingesetzt. Nach der Entwicklung erster optischer Mäuse seit 1980 stellte die Firma Genius 1995 die erste Maus mit einem zusätzlichen Scrollrad zwischen den beiden Maustasten vor. Um weitere Funktionen mit der Maus abdecken zu können, haben zahlreiche Mäuse zusätzliche, zum Teil frei programmierbare Funktionstasten.

Der Überblick von Buxton zur Entwicklung von Touchscreens seit der zweiten Hälfte der 1960er Jahre wird im Folgenden kurz zusammengefasst [@Buxton 2012]. Von IBM ist das 1972 ausgelieferte PLATO IV Touch-Terminal bekannt, das für Bildungszwecke eingesetzt wurde. Zunächst handelte es sich um Systeme, die nur einen Berührungspunkt in einem 16 x 16 aufgelösten Feld erkennen konnten und nicht drucksensitiv waren. Krueger stellte 1983 das auf Bildverarbeitung basierende System »Video Place« beziehungsweise »Video Desk« vor. Aktionen wurden hier durch Verweildauern ausgelöst, was bereits vielfältige Gesten durch mehrere Nutzer erlaubte. Dazu gehörte die sehr bekannte Geste zum Skalieren mit zwei Fingern [Krueger u. a. 1985; Krueger 1991]. Im Forschungskontext wurden ab 1984 sowohl in den Bell Labs als auch an der Universität Toronto Multitouch-Bildschirme gebaut. Kapazitive und optische Technologien wurden nebeneinander weiterentwickelt. Der »Digital Desk« von Wellner aus dem Jahr 1991 kombinierte auch reale Gegenstände mit digitaler Tabletop-Interaktion mittels Projektion auf einen normalen Schreibtisch [Wellner 1993].

Dieser Trend setzte sich im Bereich der begreifbaren Benutzungsschnittstellen mit der Vorstellung des Bricks-System im Jahr 1995 an der Universität Toronto fort [Fitzmaurice u. a. 1995]. Im Jahr 2005 veröffentlichte Han von der New York University zahlreiche Demos mit einem optischen Multitouch-System, das auf der sogenannten »Frustrated Total Internal Reflection« beruht. Bei diesem Verfahren wird eine Glasfläche mit Infrarotlicht geflutet, wodurch bei Berührungen Reflexionen entstehen, die mit Kameras verfolgt werden können (siehe [@NUIGroup Authors 2009b]). Daraus entstand eine Vielzahl an Entwicklungen im Forschungsbereich, aber auch im kommerziellen Sektor. Beispielsweise gründete Han die Firma Perceptive Pixel im Jahr 2006, die sich mit der technologischen Weiterentwicklung der Technologien beschäftigt. Die Einführung des Apple iPhone im Jahr 2007 machte die

Multitouch-Technologie letztendlich für zahlreiche Konsumenten verfügbar. Ebenso führte die Firma Microsoft in diesem Jahr den sogenannten »Surface« ein, einen interaktiven Tisch mit Multitouch-Oberfläche, der auch entsprechend markierte Objekte als Tangibles erkennen und verfolgen kann. Dafür werden Aufkleber verwendet, die durch ein bestimmtes Muster mittels Bilderkennung auf der Multitouch-Oberfläche verfolgt werden können. Im Folgenden Abschnitt wird näher auf diese Form der Mensch-Computer-Interaktion eingegangen.

2.3.2 Begreifbare Interaktion

Teile dieses Abschnitts stammen aus dem Editorial der Ausgabe 2, Band 11 der Zeitschrift i-com, die gemeinsam mit Hornecker, Israel und Brade als Gastherausgeber veröffentlicht wurde [Hornecker u. a. 2012]. Im Bereich der Mensch-Computer-Interaktion vollzieht sich eine radikale Änderung dahingehend, dass interaktive Systeme in verstärktem Maße die vielfältigen natürlichen, körperlichen und sozialen Fähigkeiten des Menschen in den Interaktionsprozess einbeziehen. Zahlreiche Konzepte dazu wurden bereits seit Anfang der 1980er Jahre im Forschungsumfeld entwickelt, die in den letzten Jahren im beruflichen und privaten Alltag integriert wurden. Grundlegende Arbeiten, die den Begriff »Tangible User Interfaces« prägen, sind von Hinckley et al. [Hinckley u. a. 1994], Fitzmaurice et al. [Fitzmaurice u. a. 1995] und Ishii und Ullmer [Ishii und Ullmer 1997]. Ishii prägte den Begriff der »Tangible Bits« [Ishii und Ullmer 1997], der zunehmend zum Ausdruck »Tangible« abgekürzt wird.

Bei Tangibles handelt es sich um Interaktionsgegenstände, die physisch greifbar und manipulierbar sind, jedoch gleichzeitig digital erfasst werden. Auf diese Weise können digitale Werkzeuge oder Objekte physisch repräsentiert werden (vgl. [Ullmer 1997, S. 32]). Ihre Form kann einfach sein wie ein Würfel, komplex wie Schraubenmuttern oder individuell wie spezielle Pinsel (siehe [Block u. a. 2010]). Durch formende Werkzeuge kann die Gestalt von Objekten auch verändert werden. Tangibles können entweder unabhängig voneinander eingesetzt werden oder mit anderen und ihrer Umgebung kooperieren [Merrill u. a. 2007]. Die Funktionszuordnung dieser greifbaren Interaktionsgegenstände ist entweder permanent oder wechselt kontextbezogen. Gegebenenfalls kann ein Nutzer auch selbstständig die Funktion ändern und somit die Interaktionsobjekte je nach Verwendungszweck programmieren.

Begreifbare Interaktionsobjekte werden häufig in Kombination mit flächigen Gesten auf Tabletop-Systemen mit Multitouch-Oberflächen verwendet und stellen einen eigenen Forschungszweig dar, der in der vorliegenden Arbeit nur angrenzend behandelt

	Komplexitätsstufe 1	Komplexitätsstufe 2	Komplexitätsstufe 3
Repräsentation	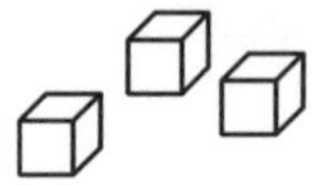 Greifbar	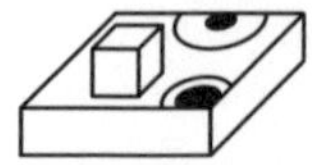 Digital und greifbar	
Klassifikation	 Objekte	 Werkzeuge und Objekte	
Form	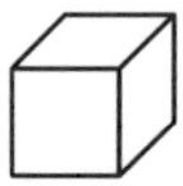 Einfach	 Komplex	 Individuell
Abhängigkeit	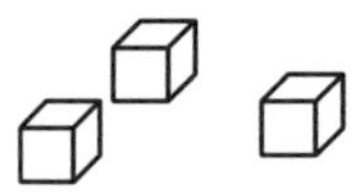 Unabhängig	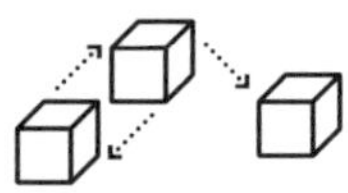 Gegenseitig	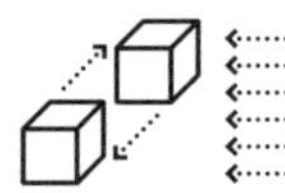 Gegenseitig/Umgebung
Funktionszuordnung	 Permanent	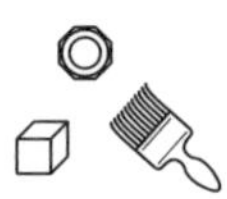 Kontextbezogen	 Frei programmierbar

Tabelle 2.3: Tangibles als begreifbare Repräsentation digitaler Daten
(nach [Ullmer 1997; Merrill u. a. 2007; Block u. a. 2010; Schacht 2010])

wird. Die Anwendungsbeispiele in Abschnitt 7.1, Seite 169 verwenden beispielsweise häufig Tangibles, um den Interaktionsspielraum zu vergrößern oder Moduswechsel zu vollziehen. Tabelle 2.3 fasst die verschiedenen möglichen Ausprägungen von Tangibles zusammen. Die Komplexitätsstufen stellen keine gegenseitigen Ausschlüsse dar. In einer Anwendung, die auf Tangibles basiert, können unterschiedliche Ausprägungen der verschiedenen Dimensionen kombiniert werden. Beispielsweise können nur greifbare Objekte eingesetzt werden, die jedoch frei programmierbar sind, oder eine komplexe Form besitzen.

Der Begriff der »Tangible Interaction« wird von Hornecker und Buur [Hornecker und Buur 2006] eingeführt und im Forschungsbereich der Mensch-Computer-Interaktion etabliert. International ist das Forschungsfeld seit der ersten Konferenz zum Thema der begreifbaren, eingebetteten und körperlichen Interaktion (engl. *tangible, embedded and embodied interaction – TEI*) im Jahr 2007 in Baton Rouge durch ein jährlich stattfindendes Forum verankert, das stetig an Bedeutung gewinnt und die Sichtbarkeit des Forschungsfeldes stark erhöht.

Das Forschungsfeld der begreifbaren Interaktion verschiebt den Schwerpunkt der Mensch-Computer-Interaktion zurück in die Hände des Benutzers und in seine physische Arbeits-, Spiel- oder Entwurfsumgebung. Durch diese Rückbesinnung auf die Hände des Menschen erhält die gestische Eingabe neben den Tangibles eine erhebliche Bedeutung. Der doppelte Sinn des Wortes begreifbar bezieht sich dabei sowohl auf die verstandesmäßige als auch die physische Begreifbarkeit der Repräsentation digitaler Daten. Die Einbeziehung des Körpers in die Interaktion, die Materialität und die räumliche Verortung der Schnittstelle sowie die Ausrichtung auf an ihre Bedeutung angepasste Repräsentationen haben der begreifbaren Interaktion einen Charakter als eigenständiges und vielfältiges Feld der Mensch-Computer-Interaktion gegeben. Enge Bezüge bestehen zu Augmented und Mixed Reality, Ubiquitous Computing und Computer Supported Cooperative Work (CSCW).

Durch die Gründung des deutschen Arbeitskreises zu be-greifbarer Interaktion im Jahr 2008 in Bonn, existiert eine gemeinsame Plattform für viele deutschsprachige Forscher, die seit April 2012 als Fachgruppe der Gesellschaft für Informatik im Fachbereich Mensch-Computer-Interaktion arbeitet. Die Zusammensetzung dieser Forschungsgruppe mit Vertretern aus der Informatik, dem Designs, der Psychologie, Soziologie, Ingenieurwissenschaften und anderen Forschungsfeldern sowie Kunstrichtungen spiegelt den interdisziplinären Charakter des Forschungsfelds wider.

2.3.3 Domänenspezifische Modellierung

Wie im ersten Kapitel beschrieben, verlangt die gestische Eingabe in der Mensch-Computer-Interaktion spezielle Konzepte, um damit effektiv in der Programmierung umgehen zu können. Den zahlreichen in der Software-Entwicklung entstehenden allgemeinen Prinzipien, wie beispielsweise Event-basierten Architekturen, steht das domänenspezifische Vorgehen gegenüber. Domänenspezifische Architekturen nutzen gemeinsame Voraussetzungen und Annahmen innerhalb einer Domäne so aus, dass sich Entwicklungszeiten verringern, Wiederverwendung steigt und automatische Generator-Tools und Editoren entwickelt werden können (vgl. [Ghezzi u. a. 2002, S. 148f]).

Domänenspezifische Sprachen (engl. *domain-specific languages – DSL*) bilden für einen bestimmten Anwendungskontext untergeordnete Sprachräume ab. Diese müssen in die Hochsprache übersetzt werden, in denen diese Sprachen eingebettet sind. Als ein prominentes Beispiel für domänenspezifische Sprachen nennen

Abrahams und Gurtovoy reguläre Ausdrücke (engl. *regular expressions*), mit denen Zeichenfolgen in Texten gesucht werden können [Abrahams und Gurtovoy 2004, S. 215ff]. Mit dem Ausdruck »`\w+(-\w+)+`« können alle Worte aus beliebig wiederholten Wort-Zeichen »`\w+`« beschrieben werden, die mit einem oder mehreren Bindestrichen »`-`« getrennt sind.

Eine DSL besitzt eine Menge an Symbolen, also ein Alphabet. Wohldefinierte Regeln bestimmen die wohlgeformte Komposition dieser Symbole. Für eine bestimmte Untermenge dieser Kompositionen werden Bedeutungen festgelegt. Die Anpassung an eine bestimmte Domäne hat zur Folge, dass statt einer allgemeingültigen Beschreibung eine höhere Abstraktionsstufe zur Verfügung steht, die dem mentalen Modell eines Anwendungsbereichs oft sehr nahe kommt. Häufig sind deklarative Sprachen die erfolgreichsten DSLs, da diese das »Was« statt das »Wie« beschreiben. Abrahams und Gurtovoy stellen fest, dass diese »kleinen Sprachen« für sehr prägnanten und leicht zu schreibenden Code verwendet werden können [Abrahams und Gurtovoy 2004, S. 225]. Damit kommt der Ansatz der domänenspezifischen Modellierung dem Anspruch Siefkes an die Informatik nach, kleine und angemessene Systeme zu entwickeln, da diese leichter zu handhaben und flexibler sind [Coy u. a. 1991, S. 109].

Die modellgetriebene Entwicklung (engl. *model-driven development – MDD*) wird beispielsweise durch Werkzeuge wie das Eclipse Modeling Framework (EMF) unterstützt [@Eclipse Modeling 2013a]. Darauf aufbauend existieren Initiativen zur Integration verschiedener Modellierungswerkzeuge wie das Eclipse Modeling Project [@Eclipse Modeling 2013b]. Ein weiteres weit verbreites Werkzeug zur Arbeit mit DSLs ist ANTLR [Parr und Fisher 2011], das auf Parsing Expression Grammars beruht [Ford 2004]. Der Editor ANTLRWorks bietet neben Code-Generatoren für verschiedene Programmiersprachen auch Möglichkeiten zur Visualisierung und zum Test domänenspezifischer Sprachen [@ANTLRWorks 2013]. Der Einsatz von ANTLR wird in den Abschnitten 5.2.1, Seite 109 und 7.3.2, Seite 202 demonstriert.

2.4 Zusammenfassung

Die Begriffe der Semiotik werden in der Informatik und Mensch-Computer-Interaktion zwar diskutiert, selten jedoch in einer produktiven Weise angewendet (vgl. [Andersen 2001]). NAKE stellt fest, dass Operationen im Computer als Zeichen-Prozesse verstanden werden können, die durch gewisse Mittel repräsentiert sind. Aus den Menüleisten und Fenstern ergibt sich ein »Frage- und Antwortspiel«, das durch die angebotenen Möglichkeiten von Operationen getrieben wird [Nake 1993, S. 31]. In gleicher Weise stellt ALSLEBEN fest, dass die »programmierte Taste [ein] indexikalisches Qualizeichen mit der Qualität des Klickens« ist [Nake 1993, S. 128]). NAKE und GRABOWSKI diskutieren die »Maschinisierung von Kopfarbeit« als Voraussetzung dafür, dass eine effektive Mensch-Computer-Interaktion möglich ist [Nake und Grabowski 2001]. Diese Maschinisierung benötigt laut den Autoren drei Reduktionsschritte [Nake 1993, S. 168ff], die in Bild 2.14 dargestellt werden. Die semiotische Reduktion wird benötigt, um eine Domäne beschreiben zu können. Diese Beschreibung macht das Wissen über die Domäne explizit, wodurch eine syntaktische beziehungsweise formale Reduktion möglich wird. Diese entfernt Kontextinformationen von den Beschreibungen, wobei Denotationen und Konnotationen eliminiert werden. Lediglich die Form der Beschreibung spielt noch eine Rolle, die letztendlich in der algorithmischen Reduktion in berechenbare Datenstrukturen und Algorithmen umgewandelt wird.

Die Beiträge der vorliegenden Arbeit befinden sich nach dem Modell von NAKE beim zweiten Reduktionsschritt, der Formalisierung. Das in der Informatik verbreitete frühe Ansetzen beim letzten Reduktionsschritt, der Algorithmisierung, wird dadurch vermieden. Stattdessen wird auf einer höheren Ebene gearbeitet, mit dem Ziel, verständlichere Abstraktionen zu schaffen. Informationstheoretische Aussagen mit Hilfe von semiotischen Beziehungen führen laut FRANKE zur genauen Erfassung einer Situation im Sinn einer naturwissenschaftlich-technischen Beschreibung [Nake 1993, S. 113]. Im Sinne einer ganzheitlichen Betrachtung nutzt auch BUXTON die semiotischen Kategorien in frühen Arbeiten, um eine Taxonomie für Eingabestrukturen aufzustellen [Buxton 1983; Buxton 1986].

NADIN führt den strukturellen Grundgedanken von BENSE weiter, der die semiotischen Kategorien von PEIRCE im Zusammenhang mit der Informatik nur als »Schalthebel für die Zeichengenerierung« nutzt [Nake 1993, S. 66]. Das bedeutet, dass im Zusammenhang mit dem Computer die unendlichen Zeichenprozesse von Semiosen grundsätzlich ausgeschlossen werden [Nake 1993,

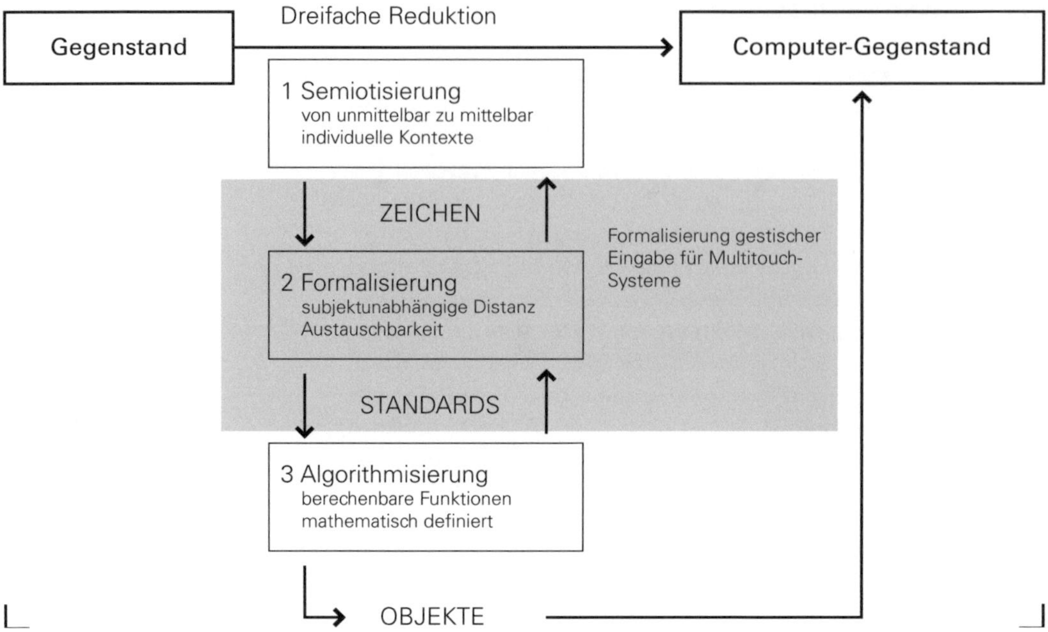

Bild 2.14: Maschinisierung von Kopfarbeit durch drei Reduktionsschritte (nach [Nake 1993, S. 168ff])

S. 66]. Der Computer kann die sich dynamisch verändernden zwischenmenschlichen Zeichensysteme nur unzureichend abbilden.

Auch Nöth weist darauf hin, dass Zeichenprozesse im Computer selbst nur eine dyadische Natur besitzen. Ein Zeichen wird von dem Objekt, das es repräsentiert, beeinflusst. So reagiert eine Maschine rein kausal, beispielsweise bei der Temperaturveränderung eines Thermostats, ohne diese weitergehend zu interpretieren [Nöth 2002]. Eine echte Semiose findet nur statt, wenn ein Interpretant erzeugt wird, der diese rein auf Ursache und Wirkung beschränkte Dyade interpretiert. Andernfalls muss von einer Quasi-Semiose gesprochen werden. Eine vollständige Semiose ist allerdings möglich, wenn der Computer als Mediator zwischen Menschen und ihren Zeichenprozessen auftritt. Auch der Benutzer eines Interface erlebt durch seine Interpretation der vom Computer angezeigten Zeichen eine echte Semiose (vgl. [Groh 2007, S. 170f]). Monteiro et al. studieren diese Art der »Meta-Kommunikation« zwischen Software-Entwickler und Anwender über das Interface mit Hilfe von Ansätzen des sogenannten »Semiotic Engineering« [Monteiro u. a. 2013; Souza 2005].

Aktuelle gesellschaftliche und technische Entwicklungen sind auf Mediatisierung, Segmentierung, Heterogenität, Nichtlinearität, Dezentralisierung, Parallelismus, Vernetzung und Globalisierung ausgelegt, wodurch sich eine Dynamik chaotischer Prozesse ergibt, die durch Zeichen vermittelt werden müssen [Nake 1993, S. 67]. Der Computer kann dabei ein Hilfsmittel sein, der diese

Zeichen darstellt und verarbeitet. Zukünftig lassen sich Semiose-Prozesse jedoch gegebenenfalls mit Hilfe des Internets und durch den Austausch vielfältiger mitgeschnittener Verhaltens- und Nutzungsdaten erreichen. Mittels geeigneter Austauschformate, wie diese durch entsprechende Formalisierungen entstehen, kann so der Gebrauch eines gestischen Repertoires ausgewertet werden. Beispielhafte Analysen, die mit Hilfe der in der vorliegenden Arbeit entwickelten Formalisierung durchgeführt wurden, befinden sich in Abschnitt 7.4, Seite 206.

Im Schnittbereich zwischen gestischer Eingabe, Semiotik und Mensch-Computer-Interaktion ist der zweite »Gesture Workshop« an der Universität Bielefeld hervorzuheben, der unter der Überschrift »Semiotics of Gesture and Movement« vier Veröffentlichungen zu diesem Schwerpunkt aufführt [Wachsmuth und Fröhlich 1998]. Die größte Relevanz für die in der vorliegenden Arbeit schwerpunktmäßig betrachteten flächigen Gesten hat dabei Kramers Beitrag zur Klassifikation zweidimensionaler Gesten, die vorzugsweise mit Stiften ausgeführt werden [Kramer 1998]. Kramers Taxonomie unterscheidet zwischen konzeptionellen und interaktiven Aspekten sowie Implementierungsdetails. Sieben Kategorien werden vorgeschlagen: Eingabegerät, Eingabe gegenüber Ausgabe, Inhalte gegenüber Gesten, Segmentierung, Befehlsausführung, Visualisierung und Interpretation. Beispielsweise wird bei der Befehlsausführung unterschieden, ob eine Reaktion während der Ausführung erfolgt, oder unmittelbar nach Abschluss einer Geste. Darüber hinaus kann eine Reaktion auch aufgeschoben werden und erst explizit durch den Nutzer ausgelöst werden. Diese Unterscheidung spielt auch bei flächigen Gesten eine wichtige Rolle und wurde bereits in Abschnitt 2.2.2, Seite 44 mit Online- und Offline-Gesten bezeichnet (siehe Abschnitt 5.2.1, Seite 109). Wexelblat zeigt auf, dass die Gestenforschung grundlegende Fragestellungen bearbeiten muss, um deren Relevanz zu begründen [Wexelblat 1998]. Seine Prognosen sind insofern eingetreten, dass Gestenentwickler derzeit immer noch von den technologischen Entwicklungen getrieben werden (vgl. [Norman und Nielsen 2010]) und dass nur unzureichende theoretische Grundlagen und anwendbare Modelle zur Verfügung stehen. An dieser Stelle kann mit Hilfe der Semiotik angesetzt werden.

Andersen fordert, dass der rein analytische Gedanke der Semiotik um eine konstruktive Vorgehensweise ergänzt werden muss. Den Vorteil der semiotischen Herangehensweise sieht er im Sinne der allgemeinen Semiotik darin, Erkenntnisse zwischen verschiedenen Disziplinen in einer gemeinsamen Sprache auszutauschen. Die Semiotik kann dabei helfen, eine kohärentere Mensch-Computer-Interaktion zu gestalten, Erkenntnisse im Umgang mit älteren Medien auszunutzen, die charakteristischen

Eigenschaften des Mediums Computer zu definieren und die Mensch-Computer-Interaktion in einen breiteren Kontext zu setzen [Andersen 2001]. Brejcha und Marcus entwickeln zu diesem Zweck semiotische Evaluationsmethoden, mit denen Experten komplexe Benutzungsschnittstellen analysieren können [Brejcha und Marcus 2013].

Züllighoven benennt die mangelnde Tradition und Kultur bei Software als Hinderungsgrund dafür, dass diese zum selbstverständlichen Gegenstand der Konstruktion und Benutzung wird [Coy u. a. 1991, S. 141ff]. Ein selbstverständlicher Umgang prägt die alltägliche Arbeit mit vertrauten Dingen, wobei andere Menschen in ähnlicher Weise mit diesen Dingen umgehen. Als geeignete Abstraktion entwirft Züllighoven die Dialektik von Werkzeugen und Material [Lilienthal und Züllighoven 1997]. Dabei geht Material in das Arbeitsergebnis durch Veränderung, Qualitätsprüfung und Eignungsbewertung ein. Die Werkzeuge stehen zwischen dem Menschen und dem Material und sind Dinge mit denen das Arbeitsergebnis hervorgebracht wird [Coy u. a. 1991, S. 144]. Das »körperliche Hantieren« ist von der sinnlichen Rückkopplung und der teilweisen Transparenz der Handwerkszeuge geprägt. Dies sollte auch ein Qualitätskriterium für Software-Werkzeuge sein [Coy u. a. 1991, S. 145].

Der Forderung nach produktiven Schlussfolgerungen von Andersen begegnet Züllighoven damit, dass interaktive Anwendungssysteme als Werkzeuge und Material objektorientiert modelliert werden [Coy u. a. 1991, S. 153]. Dabei sind Werkzeugklassen die technisch beschriebenen Umgangsformen eines Benutzers mit dem Anwendungssystem, also die interaktiven Komponenten. Materialklassen besitzen keine eigenständige Ein- und Ausgabe, sondern definieren nur Operationen zur Sondierung und Veränderung ihres Zustands. Aspektklassen stellen schließlich die Schnittstelle zwischen Material und Werkzeug dar und machen deren Zusammenhänge explizit [Coy u. a. 1991, S. 154]. Die Begriffe Werkzeug und Material treffen auf viele Arbeitssituationen zu und erlauben die Kombination fachlicher und technischer Modellierung von Software sowie Abstimmung der Entwicklung und Benutzung von Anwendungssystemen. Der sinnvolle Umgang spiegelt sich in der technischen Konstruktion wider, wodurch eine Orientierung der Software-Entwicklung an zweckgerichteten, selbstverständlichen Handlungen des Menschen erfolgt [Coy u. a. 1991, S. 155]. Züllighoven fordert als nächsten Schritt auch das Formalisieren als Form menschlicher Handlungen zu begreifen und eine im kooperativen und kommunikativen Handeln fundierte Theoriebildung.

Im Gegensatz zu den existierenden analytischen Strategien wurden produktive Ansätze auf Basis der Semiotik für die Mensch-

Computer-Interaktion bisher kaum formuliert. Die semiotische Auseinandersetzung im Bereich der Informatik und der Mensch-Computer-Interaktion vollzieht sich im Sinne einer allgemeinen Semiotik. Um daran anzuschließen, wird basierend auf den Grundlagen aus Abschnitt 2.1 in Kapitel 4, Seite 87 für den Bereich der gestischen Eingabe zunächst ein allgemeines semiotisches Modell entwickelt. Auf dieser Basis können die bisher entwickelten Theorien überprüft und dem Modell zugeordnet werden. Die vorliegende Arbeit entwickelt darüber hinaus in Kapitel 5, Seite 103 auch eine spezifische Semiotik für flächige Gesten und leistet damit die produktive Anwendung der Mittel der Semiotik. Dies wird durch die in Abschnitt 2.2 aufgeführten Erkenntnisse aus der Gestenforschung unterstützt. Wesentlich ist die Erkenntnis, dass Gesten in der Mensch-Computer-Interaktion der Kategorie der Embleme in Kendons Kontinuum zuzuordnen sind. Die Ergebnisse dieser spezifischen Semiotik können neue allgemeine semiotische Betrachtungen nach sich ziehen und für andere Formen gestischer Eingabe verwendet werden (siehe Kapitel 8, Seite 213).

3 Verwandte Formalisierungsansätze

Die Forscher in der Mensch-Computer-Interaktion beschäftigen sich mit dem Begriff der Geste seit dem Aufkommen erster grafischer Benutzungsoberflächen und Anwendungen in der virtuellen Realität (vgl. [Bolt 1980]). Mit dem Aufkommen von berührungsempfindlichen Oberflächen und effektiven Möglichkeiten räumliche Gesten zu erfassen, rückt die gestische Eingabe ins Zentrum der Mensch-Computer-Interaktion. Dieses Kapitel gibt einen Überblick über Arbeiten, die sich mit der Abstraktion und Formalisierung dieser Eingabeformen befassen. Dabei werden exemplarisch jeweils drei Ansätze für räumliche Gesten und das Sketching aus dem Kontinuum gestischer Eingabeformen aus Tabelle 1.1 auf Seite 13 betrachtet. Für flächige Gesten werden insgesamt sechs verwandte Arbeiten diskutiert.

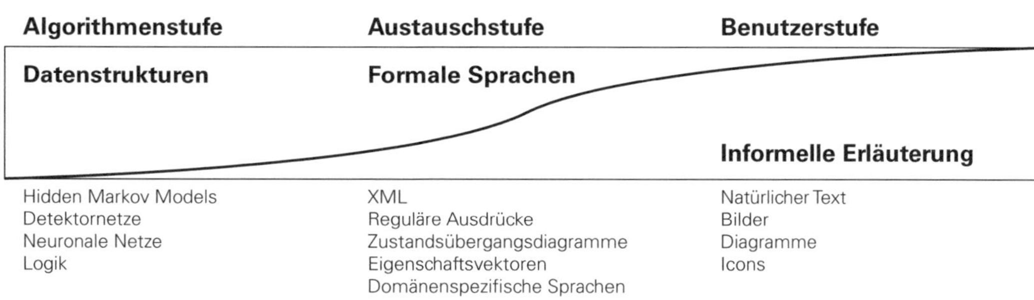

Bild 3.1: Repräsentationsformen der Informatik für Gestenerkennung und Vermittlung

Die technischen Repräsentationen von Gesten sind dabei in der Informatik vielfältig. Diese lassen sich auf drei Stufen anordnen: der Algorithmenstufe, der Austauschstufe und der Benutzerstufe. In Bild 3.1 wird deutlich, dass zwischen den Stufen keine klaren Grenzen verlaufen, sondern teilweise Überschneidungen existieren. Auf der Stufe der Algorithmen befinden sich insbesondere mathematische Formalismen und statistische Datenstrukturen, die für eine effiziente und genaue Erkennung gestischer Eingabe notwendig sind. Die Benutzerstufe dient dagegen der informellen Vermittlung gestischer Eingabe an den Nutzer, wofür Hilfetexte in natürlicher Sprache, Bilder, Icons und Animationen verwendet werden. Die Austauschstufe befindet sich zwischen den Algorithmen der Gestenerkennung und dem Benutzer. Die dabei verfolgte Abstraktion und Vereinfachung von algorithmischen Beschreibungen führt zu einer sowohl menschenlesbaren, als auch maschinenverarbeitbaren formalen Repräsentation. Für die Formalisierung gestischer Interaktion spielen alle drei Ebenen eine Rolle, jedoch wird die Austauschstufe als Bindeglied begriffen und steht im Fokus der Betrachtungen. Diese vermittelt zwischen den grundlegenden mathematischen Algorithmen und der stark dynamischen und informellen Benutzersicht.

3.1 Räumliche Gesten

Im Gegensatz zu flächigen Gesten besitzen räumliche drei statt zwei Dimensionen. Des Weiteren ist es möglich, zwischen Bewegungen von Fingern, Händen, Armen, Beinen, dem Kopf und dem gesamten Körper im Raum zu unterscheiden. Diese große Vielfalt möglicher zu verfolgender Bewegungen für die Interaktion mit dem Computer hat eine hohe Komplexität der benötigten Verarbeitung zur Folge. In diesem Abschnitt werden drei Ansätze betrachtet, die diese Komplexität abstrahieren.

```
<bml>
  <speech id="s1" type="application/ssml+xml">
    <text>This is an <mark name="wb3"> example</text>
  </speech>
  <head id="h1" type="NOD" stroke="s1:start" />
  <gesture id="g1" stroke="s1:wb3" relax="s1:end" type="BEAT">
    <description level="1" type="MURML">...
    </description>
  </gesture>
  <gaze id="z1" target="PERSON1" stroke="g1:stroke-0.1" />
  <body id="p1" posture="RELAXED" start="after(s1:end)" />
  <cadia:operate target="SWITCH1" stroke="p1:ready" />
</bml>
```

Listing 3.1: Beispiel eines Blocks der Behaviour Markup Language (aus [Vilhjálmsson u. a. 2007, S. 2])

3.1.1 XML-Beschreibung mit der Behaviour Markup Language

Das Ziel der Behaviour Markup Language (BML) ist die Simulation von menschlichem Verhalten durch digitale Agenten, einschließlich Sprache, sprachbegleitender Gesten, Augenbewegungen und Gesichtsausdrücken [Kopp u. a. 2006]. Durch die abstrakte Beschreibungsform sollen doppelte Entwicklungen im Bereich der Multimodalität ausgeschlossen und der Austausch von Modulen erleichtert werden. Die entwickelte Beschreibungssprache BML für das Verhalten ist anwendungsunabhängig und klar von der Funktionsbeschreibungssprache, der Function Markup Language (FML), getrennt. Diese Sprachen sind im sogenannten SAIBA-Framework integriert, das für die Vereinigung verschiedener Forschungsansätze im Bereich der Multimodalität entwickelt wurde [Vilhjálmsson u. a. 2007]. SAIBA steht dabei für Situation, Agent, Intention, Behaviour (Verhalten) und Animation.

Listing 3.1 zeigt, wie mit BML Sprache, Gestik, Blickbewegung sowie Kopf- und Körperbewegungen koordiniert werden. Sogenannte Synchronisierungspunkte (start, ready, stroke-start, stro-

```
HOLDS?(Orbitting, i)=
       HOLDS?((AvgSpeed > 0.15),i)
   and HOLDS?((SegAng > 4), i)
   and HOLDS?((SegAng < 50), i)
   and HOLDS?((SegAngSpeed < 0.1), i)
   and HOLDS?((NormAngSpeed < 1), i)
   and HOLDS?((NormAngAccel < 0.1), i)
```

Listing 3.2: Definition einer Handrotation im Zeitintervall (i) mit Hilfe von Aktuator-Daten (AvgSpeed, SegAng, ...) (aus [Latoschik 2001])

ke, stroke-end, relax, end) dienen zur Einteilung jedes Verhaltens in verschiedene Phasen. Diese Ausführungsphasen finden sich auch in der Taxonomie von McNeill in Bild 2.10 auf Seite 40 wieder. Es ist außerdem möglich über die Kern-BML hinaus detailliertere Beschreibungsformen einzubinden. Ein Beispiel ist die Sprache MURML in Zeile 7 von Listing 3.1, mit der sehr detailliert multimodale Äußerungen beschrieben werden können [Kranstedt u. a. 2002].

3.1.2 Detektornetze in multimodalen Umgebungen

In einem Framework für die Gestenverarbeitung in multimodalen Umgebungen schlägt Latoschik Detektornetze als formale Beschreibung vor [Latoschik 2001]. Durch diese Detektornetze werden unterschiedliche Sensoren unabhängig von der konkreten Hardware abstrahiert. Der Einsatz des Frameworks ist insbesondere für Szenarien der Virtual Reality (VR) vorgesehen. Die Motivation zur Entwicklung dieser Beschreibungsform liegt in den erhöhten Freiheitsgraden der 3D-Interaktion, die durch die Interaktionsmetaphern aus sogenannten WIMP-Systemen vernachlässigt werden. Sprache und Geste werden im vorgeschlagenen System gemeinsam ausgewertet. Aktuatoren dienen zur generalisierten Verarbeitung von Sensordaten für die Gestenerkennung. Als Eingabe dient eine beliebige Anzahl von Sensoren. Als Ausgabe können die Position spezifischer Körperpunkte, Beugung von Gelenken oder Ausrichtungen zwischen Extremitäten dienen. Ein Detektornetz besteht aus einer Gruppe von Detektorknoten, die mit Daten der Aktuatoren arbeiten. Dabei wird der Winkel des Daumens (engl. *thumb angle*) zu »thAng« abgekürzt. Gleiches gilt für den Zeigefinger (engl. *index finger*), der mit »inAng« abgekürzt wird und analog für die restlichen Finger der Hand.

Ein Beispiel für Detektornetze ist in Bild 3.2 dargestellt. Diese sind hierarchisch aus einfachen Erkennungsknoten (normale Rechtecke) und komplexen (Rechteck mit runden Ecken) aufgebaut. Verbunden werden die Knoten über ihre Werttypen, beispielsweise steht ein ausgefüllter Kreis für Fließkommazahlen oder ein halbausgefüllter Kreis für boolesche Werte. Das Beispiel in Bild 3.2 zeigt, wie zunächst das Minimum der Ausstreckung des Mittelfingers (miAng), Ringfingers (riAng) und kleinen Fingers (piAng) im Knoten mit der Bezeichnung »min« berechnet wird. Nach der Subtraktion der Ausstreckung des Zeigefingers (inAng) im Knoten »x-y« wird anhand eines Schwellwertes (threshVal) im Knoten »thr« detektiert, ob eine Zeige-Geste vorliegt (isPointing). Detektornetze lassen sich auch als logische Formeln mit Hilfe der entsprechenden Prädikate für die Zustände ausdrücken. Listing 3.2 zeigt die logische Formel für eine Haltegeste der Hand.

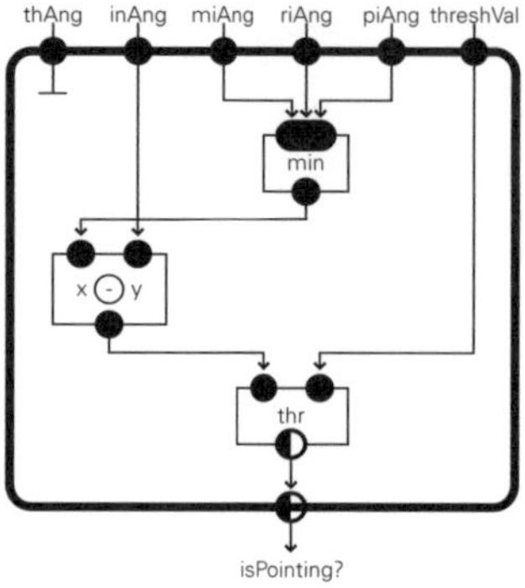

Bild 3.2: Detektornetz für eine Zeige-Geste im Raum (nach [Latoschik 2001])

Für die Erzeugung von Objekten mit Hilfe von ikonischen Gesten sind potentiell zeitlich versetzte Kontextinformationen wie die gesprochene Sprache zu berücksichtigen. Daher wird die räumliche Konfiguration über die Zeit hinweg in einer »space map« zwischengespeichert. Dadurch können räumliche Referenzen für deiktische und ikonische Gesten rekonstruiert werden. Zusammenfassend werden durch Detektornetze sehr basale mathematische Berechnungen in Knoten zusammengefasst, formalisiert und in Verbindung gesetzt. Das Ziel der Autoren ist es, multimodale Gesten aus dem Bereich der sprachbegleitenden, illustrativen Gesten erkennbar zu machen. Dazu zählen die in Abschnitt 2.2.2 auf Seite 35 eingeführten Gestenklassen wie deiktische, raumzeitliche, Bewegungs- und bildliche Gesten. In diesem Zusammenhang wurde für ein virtuelles Konstruktionsszenario eine weitere Repräsentation von ikonischen Informationen entwickelt, die »Imagistic Description Trees« [Fröhlich u. a. 2009]. Diese beinhalten die Ausmaße, Struktur und das Profil als wichtigste Information in ikonischen Gesten. In Kombination mit Sprache kann entweder das ikonisch mit den Händen gezeigte Objekt erstellt, oder aus bereits vorhandenen ausgewählt werden.

3.1.3 Gestenvektoren zur Annotation von Videos

Ein fehlender Standard zur maschinenlesbaren Beschreibung von Gesten motiviert Gibbon et al., eine effektiv durch Menschen nutzbare Repräsentationsform zu entwickeln [Gibbon u. a. 2003]. Die entwickelte Transkription für sprachbegleitende Gesten heißt CoGesT (Conversational Gesture Transcription) und besteht aus sogenannten Gestenvektoren.

Mit dieser Beschreibungsform lassen sich Videoaufnahmen von Gestikulation detailliert durch einen Menschen annotieren und mit sprachlichen Inhalten in Relation setzen. Anschließend lassen sich diese so annotierten Gesten automatisch auswerten und auf Plausibilität prüfen. CoGesT bedient sich einer BNF-Syntax für die Auswertung der Gesten und einer XML-DTD (Document Type Definition) zur Archivierung der identifizierten Gesten. Dazu werden die Komponenten einer Geste als Eigenschaften in einem Vektor

11/rr/n, 5A, ri/fo/up, li, 1B, m, sl, 2/rr/f, 1B

Source	Trajectory	Target

Source:		
horizontal_plane:	neck height	11
vertical_plane:	right of body	rr
handshape:	neutral, relaxed hand	5A
Trajectory		
direction:		
horizontal_axis	right	ri
sagittal_axis:	forward	fo
vertical_axis:	updward	up
trajectoryshape:	straight line	li
trajectoryhandshape:	extended index finger, others fist	1B
trajectorysize:	medium	m
trajectoryspeed:	slow	sl
Target		
horizontal_plane:	top of head	2
vertical_plane:	right of the body	rr
sagittal_plane:	front position	f
handshape:	extended index finger, other fist	1B

Bild 3.3: Beispiel für CoGesT-Vektoren (nach [Trippel u. a. 2004])

dargestellt (siehe Bild 3.3). Der Ausgangspunkt (Source) einer Bewegung und das Ziel (Target) werden dabei identifiziert. Des Weiteren wird der Bewegungspfad zwischen diesen Punkten mit Hilfe der Richtung, Bewegungsform und Formänderung während der Bewegung beschrieben (Trajectory). Zusätzlich werden Modifikatoren für Geschwindigkeit und Größe verwendet. Positionskoordinaten werden durch ein Kodierungsschema verschlüsselt und als Zahlen repräsentiert. Das Kodierungsschema orientiert sich an einem Raster, das über den Körper im Raum gelegt wird. Dabei handelt es sich nicht um ein absolutes Raster, sondern ein relativ zur Wahrnehmung angepasstes, das horizontal 19 Mal und vertikal sowie sagittal jeweils 5 Mal eingeteilt ist. Handformen werden durch 48 verschiedene Prototypen gemäß einer Klassifikation von Prillwitz und Martell angegeben [Prillwitz 1989; Martell 2002]. Für eine statische Geste ohne Bewegung zwischen einem Ausgangspunkt und Ziel benötigt ein CoGesT-Vektor nur zwei Eigenschaften, da für die anderen Standard-Werte angenommen werden. Von zwei Armen parallel ausgeführte Gesten werden in Gestenpaaren abgelegt, die zu komplexen Gesten zusammengefügt werden. Wiederholungen von Bewegungen lassen sich ebenfalls angeben sowie Beziehungen zwischen gleichzeitig stattfindenden Gesten von linken und rechten Extremitäten.

Durch CoGesT wird eine klare Trennung von Form und Funktion vollzogen. Dadurch wird eine allgemeinere Form der Beschreibung möglich, die sich nicht an speziellen Funktionalitäten orientiert, sondern offen für verschiedene Interpretationen und Weiterverwendung ist. Gesten werden daher unter einer »Perspektive vergleichbar mit der Phonetik in der akustischen Modalität« [Trippel u. a. 2004] betrachtet. Vollständige Gestenkorpora in CoGesT können für die Gestensynthese mit virtuellen Avataren verwendet werden. Des Weiteren ist die Entwicklung von Gestenmakros für häufig auftretende Vektoren möglich. Funktionale Kategorien werden bisher in CoGesT noch nicht angeboten und können noch in das System integriert werden.

3.1.4 Vergleich

Für den Bereich räumlicher Gesten wurden drei verwandte Arbeiten exemplarisch betrachtet, die das Spektrum der möglichen Ansätze verdeutlichen. Die betrachteten Formalisierungsansätze unterscheiden sich dabei insbesondere hinsichtlich ihrer Einsatzszenarios. Werden die Gestenvektoren vor allem zur Annotation von Gesten in Videoaufnahmen genutzt, so dienen Detektornetze dazu, Gesten für virtuelle Konstruktionsszenarios programmieren zu können. Die Behaviour Markup Language legt den Fokus auf die Beschreibung multimodaler Anwendungen.

Zwar ist die XML-Beschreibung mit der BML sehr detailliert und menschenlesbar. Allerdings wird diese dadurch auch schnell sehr umfangreich und komplex. Detektornetze sind dagegen stark an den Erkennungsalgorithmen orientiert und daher eher der Algorithmenstufe zuzuordnen. Gestenvektoren und die BML sind auf der Austauschstufe zu finden (siehe Bild 3.1). Für flächige Gesten erscheinen die vorgeschlagenen Gestenvektoren als zu komplex. Passende Vereinfachungen auf Basis von Standard-Werten resultieren faktisch in einer Neuentwicklung einer Beschreibungssprache. Die Gestenformalisierung ab Abschnitt 5 auf Seite 103 nutzt ebenfalls einfache und komplexe Gesten sowie die Definition von Standard-Werten.

		Behaviour Markup Language	Detektor-netze	Gesten-Vektoren
Formalisierungs-details	Grundlage	XML-Schema	DSL, Graph	DSL
	Multimodale Einsetzbarkeit	Ja	Nein	Nein
	Objektbezug	Agenten	Keiner	Keiner
Implementierungs-details	Referenz-implementierung	SAIBA-Framework	Responsive Workbench	TASX-Environment
	Einsatzgebiet	Multimodale Anwendungen	Virtuelle Konstruktion	Annotation von Videos

Tabelle 3.1: Zusammenfassung zu den Formalisierungsansätzen für räumliche Gesten

Tabelle 3.1 fasst die Grundlagen der drei betrachteten Ansätze zusammen und verweist auf existierende Referenzimplementierungen. Detektornetze finden Verwendung in der sogenannten Responsive Workbench, die unter anderem der virtuellen Konstruktion im Architekturbereich dient [Fröhlich u. a. 1995]. Zur Videoannotation mit Hilfe der Gestenvektoren von CoGesT wird auf dem TASX-Environment aufgebaut (siehe [Milde und Gut 2002]).

3.2 Gesten im Sketching

Beim digitalen Skizzieren (engl. *sketching*) werden neben Handschrifterkennung auch einfache symbolische Strich-Gesten verwendet. Diese sind den in Abschnitt 3.3 auf Seite 73 betrachteten flächigen Gesten sehr ähnlich, können aber teilweise durch die Nutzung des Stifts als Hilfsmittel genauer ausgeführt werden. Gesten dienen dabei zur Ausführung unterschiedlicher Befehle, wie dem Auswählen von Objekten oder Text und dem Löschen oder Rückgängigmachen von Eingaben. Eine ausführliche Übersicht, insbesondere zu den technischen Grundlagen und Erkennungsalgorithmen findet sich bei Johnson et al. [Johnson u. a. 2007]. Im Folgenden werden exemplarisch drei abstrakte Beschreibungen der Sketching-Interaktion betrachtet.

3.2.1 Gestenfunktionen für Korrekturzeichen

Die Erkennung von Gesten, die mit »elektronischer Tinte« ausgeführt werden, wurde von Cho durch einen eigenen Formalismus umgesetzt [Cho 2006]. Dieser Formalismus arbeitet vornehmlich mit koreanischen Schriftzeichen. Dabei werden neun Eigenschaften einer Geste so kombiniert, dass eine möglichst effiziente Segmentierung erfolgen kann. Die Eigenschaften (f1 - f9) ergeben sich aus dem Vergleich des gezeichneten Pfads mit einer Referenzlinie und geben beispielsweise die Anzahl der Überschneidungen an.

```
Insert   F1  = !f1 ∧ (f3 < 0) ∧ (f4 < 0) ∧ (f5 > 0) ∧ (f8 > 0)
Join     F2  = !f1 ∧ (f3 > 0) ∧ (f4 < 0) ∧ (f5 > 0) ∧ (f9 > 0)
Undo     F4  = !f1 ∧ (f3 > 0) ∧ (f4 > 0) ∧ (f5 < 0) ∧ (f7 == 1)
               ∧ (f8 > 0)
Delete   F5  = f1  ∧ (f4 < 0) ∧ (f5 > 0) ∧ (f6 < 0) ∧ (f7 == 5)
Newline  F8  = f1  ∧ (f6 > 0) ∧ (f7 ≥ 1)
Paste    F11 = !f1 ∧ (f5 > 0) ∧ (f6 > 0) ∧ (f7 == 4) ∧ (f8 > 0)
```

Listing 3.3: Gestenfunktionen, die durch Kombination von neun Eigenschaftsfunktionen mittels einer booleschen Algebra definiert werden (nach [Cho 2006])

Durch eine entsprechende logische Kombination dieser Eigenschaften in einer Gesten-Determinierungsfunktion konnte Cho elf Gesten mit einer hohen Erkennungsrate formalisieren. Listing 3.3 zeigt einen Auszug dieser Gestenfunktionen. Die verwendete Menge dieser »Stiftgesten« wurde von den in koreanischen Manuskripten üblichen Korrekturzeichen inspiriert. Darüber hinaus entwickelte Cho einen Segmentierungsalgorithmus, um koreanische Zeichen effizient voneinander unterscheiden und erkennen zu können. Durch Stiftgesten kann auf bestimmte Menüs und virtuelle Tastaturen verzichtet werden. Die Unterscheidung, ob ein Nutzer eine Skizze zeichnet oder eine Stiftgeste ausführen will, muss durch die Aktivierung des jeweiligen Modus erfolgen.

Im Gegensatz zu früheren Arbeiten unterstützt Cho die Gesteneingabe mit elektronischen Stiften, ohne zunächst eine Texterkennung durchzuführen. Der mathematische Ansatz zur Gestenerkennung ist robust und nicht so rechenintensiv wie eigenschaftsbasierte Ansätze, beispielsweise von Rubine [Rubine 1991]. Die Notwendigkeit für Trainingsdaten wie bei neuronalen Netzwerken entfällt ebenso. Die letztendliche Darstellung der Gestenfunktionen muss jedoch eher der Algorithmenstufe zugeordnet werden (siehe Bild 3.1). Die Erweiterbarkeit des Ansatzes von Cho um neue Gesten kann als schwierig eingeschätzt werden, da gegebenenfalls neue Eigenschaftsfunktionen definiert werden müssen und eine effiziente Unterscheidbarkeit danach erneut überprüft werden muss.

3.2.2 Sketch Language zur Beschreibung von Skizzen

Bimber et al. beschäftigen sich mit dem Sketching in dreidimensionalen virtuellen Welten. Für die Darstellung dieser Welten wird unter anderem Stereoskopie verwendet. Durch einen modularen Aufbau der entwickelten Software-Architektur lässt sich der Ansatz in bestehende Anwendungen integrieren [Bimber u. a. 2000]. Ebenso sind der flexible Austausch und die Erweiterung von Gestenerkennungsalgorithmen möglich. Zwar arbeitet der implementierte Algorithmus mit Trainingsdaten, jedoch wird ein Datensatz vordefiniert, der während der eigentlichen Benutzung

```
<sketched_object> = <point> | <line> | <circle> | <two_line_face>
    | <three_line_body> | <cylinder> | <two_circle_body>
    | <cone> | <two_line_point_body> | <four_line_body>
    | <single_freeform_stroke_shape> | <extruded_freeform_face>
    | <freeform_extruded_std_face>
    | <freeform_extruded_freeform_face>
<freeform_extruded_freeform_face> =
   <single_freeform_stroke_shape>
   <single_freeform_stroke_shape>
<freeform_extruded_std_face> = <two_line_face>
   <single_freeform_stroke_shape>
    | <circle> <single_freeform_stroke_shape>
<single_freeform_stroke_shape> = FREEFORM
<two_line_face>                = <line> <line>
<circle>                       = CIRCLE
<line>                         = LINE
```

Listing 3.4: Ausschnitt aus der Sketch Language als BNF-Grammatik
(aus [Bimber u. a. 2000])

des Systems transparent verbessert wird. Verschiedene Nutzer können danach ein auf ihre Skizzierweise hin optimiertes Profil auswählen.

Das Sketching erfüllt dabei mehrere Funktionen: das Erzeugen von Objekten, die Interaktion mit vorhandenen Objekten und das Modellieren von Freiformen. Zudem sind durch Skizzen Moduswechsel möglich und das Anzeigen unterschiedlicher Werkzeugpaletten. Um zwischen dem Zeichnen von Freiformen und der Ausführung von Befehlen zu unterscheiden, werden Sprachkommandos integriert. Ein Auszug der BNF-Grammatik für die Definition von Sketching-Kommandos ist in Listing 3.4 dargestellt.

Bimber et al. liefern damit den praktischen Nachweis, dass sich die Verwendung formaler Grammatiken nicht nur für Sprachkommandos eignet, sondern auch im Sketching erfolgreich angewendet werden kann. Insbesondere im Hinblick auf multimodale Anwendungen ergibt sich dabei das Potenzial, eine effektive und formal saubere Verknüpfung zu erreichen. In Abschnitt 8.1 auf Seite 213 wird auf die Verbindung mehrerer formal definierter Grammatiken auf Basis der in der vorliegenden Arbeit entwickelten Gestenformalisierung eingegangen.

3.2.3 Domänenspezifische Skizzen mit LADDER

Hammond und Davis stellen LADDER als erste Sprache im Sketching vor, die Formen, Formgruppen und Editierfunktionen gemeinsam spezifiziert [Hammond und Davis 2005]. LADDER gibt allgemeine Elemente zum Skizzieren vor und erlaubt mit einer

```
(define shape Arrow
        (comment "An arrow with an open head.")
        (components
                (Line shaft)
                (Line head1)
                (Line head2))
        (constraints
                (coincident shaft.p1 head1.p1)
                (coincident shaft.p1 head2.p1)
                (equalLength head1 head2)
                (acuteMeet head1 shaft)
                (acuteMeet shaft head2))
        (aliases
                (Point head shaft.p2)
                (Point tail shaft.p1))
        (editing
                ((trigger (holdDrag head))
                 (action (rubberBand this tail head))
                ((trigger (holdDrag tail))
                 (action (rubberBand this head tail))
                ((trigger (holdDrag this))
                 (action (move this)))
        (display
                (originalStrokes shaft)
                (cleanedStrokes head1 head2)
                (color red))
)
```

Listing 3.5: Das LADDER-Framework nutzt eine Domänenbeschreibung zur Erkennung von Skizzen (aus [Hammond und Davis 2005])

jeweiligen Domänenbeschreibung die automatische Generierung von Interfaces für das Sketching in verschiedensten Anwendungsbereichen. Listing 3.4 zeigt die Beschreibung eines Pfeils als Teil der Domänenbeschreibung.

Die Domänenbeschreibung spezifiziert insbesondere Formen, die sich aus vorhandenen primitiven Elementen zusammensetzen. Diese können hierarchisch aufgebaut und Unterklassen von vorhandenen Elementen unter Übernahme der bereits definierten Eigenschaften sein. Eine abstrakte Oberklasse »Shape« stellt sicher, dass alle Formen bestimmte Eigenschaften definieren, wie eine Boundingbox, Höhe, Breite und Mittelpunkt. Vordefinierte Elemente sind: Punkt, Pfad, Linie, Bezierkurve, Kurve, Bogen, Ellipse und Spirale. Polygone lassen sich durch spezielle Vektoren definieren, die mehrere Liniensegmente spezifizieren. Sogenannte Constraints geben räumliche Bedingungen an. Dazu zählen rotationsinvariante, wie unter anderem: rechtwinklig, gegenüber, tangierend, kleiner und sich treffend. Darüber hinaus existieren auch rotationsabhängige Bedingungen, wie beispielsweise: links, rechts, zentriert darunter und darüber.

Die Autoren stellen fest, dass sich viele Elemente leichter mit einer bestimmten Orientierung definieren lassen und erst danach als rotationsinvariant gekennzeichnet werden, wie es LADDER erlaubt. Auch Text wird als primitives Element angeboten, der entweder über Tastatur oder Handschriftenerkennung erzeugt wird. Durch mehrere Anzeigemethoden lassen sich als Domänenelemente erkannte Skizzen anschließend verändern. Die Glättung des skizzierten Objekts ist möglich sowie die Erstellung einer Idealversion basierend auf den Größenverhältnissen des skizzierten Objekts. Diese Idealversion erfüllt alle Bedingungen aus der formalen Beschreibung, beispielsweise rechte Winkel und Überschneidungen. Die komplette Auswechslung der Skizze durch ein beliebiges Bild ist ebenso vorgesehen.

Von besonderem Interesse ist die Definition des Verhaltens einer Geste. Hammond und Davis unterscheiden zwischen »drawing gesture« und »editing gesture«. Während die Zeichengesten eine Tintenspur erzeugen, verändern Editiergesten bereits existierende Tintenspuren. Bereits definiertes Verhalten ist zum Beispiel das Bewegen von Skizzen durch längeres Halten des Stifts im Bereich der Boundingbox einer Skizze und anschließendes Ziehen. Die Verhaltensdefinition baut immer auf der Geste an sich, einem sogenannten Trigger und der anschließenden Aktion auf. Aktionen sind fest vorgegeben: `wait`, `select`, `deselect`, `color`, `delete`, `translate`, `rotate`, `scale`, `resize`, `rubberBand`, `showHandle` und `setCursor`. Bei den Triggern gibt es eine Anzahl festgelegter Interaktionen: `click`, `doubleClick`, `hold`, `holdDrag`, `scribbleOver` und `encircle`. Mittels `draw` und `drawOver` lassen sich wiederum beliebige Skizzen in Editiergesten verwandeln, die jedoch das komplette Zeichnen voraussetzen, bevor eine Aktion ausgelöst wird. Dazu wird auch der Begriff Offline-Geste oder diskrete Geste verwendet (vgl. Abschnitt 2.2.2, Seite 35). Aktionen können sich auch auf Gruppen von Formen beziehen.

Für ein konkretes Interface zum Sketching in einer Domäne werden aus der Domänenbeschreibung, den Formdefinitionen und Editierdefinitionen Erkenner generiert, die in dem Regelsystem Jess® funktionieren [@Friedman-Hill 2013]. Für die Anzeigedefinitionen werden entsprechende Java-Zeichenmethoden beziehungsweise Bilder und Java-Geometrieklassen erzeugt. Das Gestenerkennungssystem arbeitet ausgehend von den primitiven Formen, die bei erfolgreicher Erkennung an die domänenspezifischen komplexeren Erkenner weitergeleitet werden. Dadurch sind diese abhängig von der erfolgreichen Vorverarbeitung, die

		Gesten-funktionen	Sketch Language	LADDER
Formalisierungs-details	Grundlage	Algebra	DSL	DSL
	Multimodale Einsetzbarkeit	Nein	Ja	Nein
	Anwendungslogik	Festgelegt	Objekterzeugung, Objekt-manipulation, Systemkontrolle	Editierverhalten und Anzeige-methoden
Implementierungs-details	Referenz-implementierung	GesEdit	Als Mehrschichten-Architektur	Prototypisches System
	Erweiterbarkeit	Mathematische Funktionen und logische Algebra	Durch Domänen-beschreibung	Durch Domänen-beschreibung

Tabelle 3.2: Zusammenfassung zu den Formalisierungsansätzen für das Sketching

durch jeden neuen Skizzenzug exponentiell länger rechnet. Zur Optimierung werden daher bei erfolgreicher Erkennung einer komplexen Form primitive Gestenzüge aus dem Erkennungsalgorithmus entfernt, was jedoch zu Fehlinterpretationen führen kann. Strengere Bedingungen, wie die Richtung einer Linie, verringern die Anzahl von Vergleichen. Außerdem wird die Gestenerkennung in einem separaten Thread ausgelagert, so dass im System stets mit direktem Feedback der Tintenspur skizziert werden kann.

LADDER betrachtet implizit sowohl syntaktische als auch semantische Aspekte gemeinsam. Dies unterscheidet LADDER beispielsweise auch von der Sketch Language in Abschnitt 3.2.3. Bemerkenswert gegenüber anderen Ansätzen ist die Verwendung topologischer und geometrischer Parameter in der Sprache, um Formen zu beschreiben, wobei auf quantitative explizite Eigenschaften bewusst verzichtet wird. Aus Sicht der Autoren und deren Erfahrungen erleichtert diese Herangehensweise für Novizen die Beschreibung von Elementen erheblich und ist daher für die Austauschstufe die günstigere Herangehensweise (siehe Bild 3.1). Dies ist auch beispielgebend für die bildhafte Formalisierung flächiger Gesten in Abschnitt 5 auf Seite 103.

3.2.4 Vergleich

Die drei exemplarisch für das Sketching betrachteten Ansätze zeigen verschiedene Varianten auf, mit denen Stiftgesten formalisiert werden können (siehe Tabelle 3.2). Bis auf die Gestenfunktionen von Cho werden dabei domänenspezifische Sprachen genutzt. Lediglich die Sketch Language sieht bereits explizit in einer mehrschichtigen Architektur die multimodale Verknüpfung mit anderen Eingabeformen vor.

Die Anwendungslogik ist bei den Gestenfunktionen bereits von vornherein festgelegt, wodurch auch die Erweiterbarkeit schwieriger als bei den anderen Ansätzen ist. Diese nutzen Domänenbeschreibungen, um spezifische Anpassungen zu berücksichtigen. Als mögliche Funktionen, die durch Gesten im Sketching ausgeführt werden können, sind bei der Sketch Language Objekterzeugung, Objektmanipulation oder die Systemkontrolle vorgeschlagen. LADDER definiert hier ebenso verschiedenes Editierverhalten oder Anzeigemethoden.

3.3 Flächige Gesten

Dieser Abschnitt behandelt verwandte Arbeiten, die sich mit der Formalisierung beziehungsweise Abstraktion flächiger Gesten insbesondere für Multitouch-Systeme beschäftigen und dabei eine menschenlesbare, textuelle Form verwenden. Da der Fokus der vorliegenden Arbeit auf der Austauschstufe liegt, werden Ansätze wie Zustandsübergangsdiagramme [Lao u. a. 2009; Spano 2011] beziehungsweise Petri-Netze [Spano u. a. 2012] nicht näher betrachtet. Diese können zwar grafisch repräsentiert werden, besitzen aber eine größere Nähe zur Algorithmenstufe.

Eine weitere Notationsform für Multitouch-Interaktion ist NiMMiT [Vanacken 2012, S. 162ff]. Dabei werden Gesten jedoch als atomare Einheiten ohne Kontrolle über deren Bestandteile oder Verarbeitung betrachtet. Eine Geste kann zwar auch aus einzelnen Events modelliert werden, die für Berührungen stehen. Da dies mit hohem Aufwand verbunden ist, schlagen die Autoren jedoch vor, eine Gestenformalisierung für die Gestenverarbeitung einzubinden [Vanacken 2012, S. 201].

Die konkreten Formalisierungsansätze werden jeweils an einer einfachen Geste verdeutlicht, dem kurzen Antippen der Multitouch-Oberfläche mit einem Finger. Im Anhang befinden sich weitere Beispiele (Seite 243). Teile dieses Abschnitts bauen auf einem Kapitel in einem Buch über Multitouch-Interaktion auf [Kammer 2013].

3.3.1 Regelbasierte Definition mit Midas

Das Midas-Framework nutzt zur Beschreibung flächiger Gesten eine Menge von Regeln, die bestimmte Bedingungen durch logische Operatoren verknüpfen [Scholliers u. a. 2011]. Als zeitliche und räumliche Bedingungen werden zum Beispiel `tBefore`, `tEqual`, `tAfter` und `tMeets` zur Verfügung gestellt. Bereits defi-

```
1 (defrule Tap
2    ?appear<-(Cursor(finger ?f)state ?*APPEAR*
3    ?disappear<-(Cursor(finger ?f)state?*DISAPPEAR*
4    (test (tShortlyAfter ?disappear ?appear))
5 =>
6    (printout t "A single tap detected at: "
7    ?appear.x "," ?appear.y))
```

Listing 3.6: Gestenbeschreibung für Antippen in Midas (nach [@Hoste 2012])

nierte Gesten beziehungsweise Fakten können in folgenden Beschreibungen wiederverwendet werden. Diskret auszuwertende Offline-Gesten werden durch die Kombination der entsprechenden Parameter implizit ausgedrückt. Zum Beispiel wird für ein kurzes Antippen die Bedingung `tShortlyAfter` auf Zeile 4 in Listing 3.6 genutzt. Ein großer Vorteil von Midas ist die Möglichkeit, verschiedene Bedingungen selbst anzulegen und damit die zur Verfügung stehenden Beschreibungsmöglichkeiten modular zu erweitern.

Midas unterstützt Multi-User-Szenarien und verschiedene Hardware. In der Gestenbeschreibung können direkt Aktionen hinterlegt werden, die bei erfolgreicher Erkennung der notwendigen Bedingungen ausgeführt werden. Auf den Zeilen 5-7 in Listing 3.6 wird beispielsweise eine textliche Ausgabe realisiert. Um Gesten an Objekte zu binden, werden sogenannte Shadow-Objects benutzt. Mit JMidas existiert eine Java-Implementierung des Frameworks. Ein grafischer Editor oder spezielle Werkzeugunterstützung für die mit Midas definierbaren Gesten wird derzeit nicht angeboten. Innerhalb des Forschungsprojekts ist eine Veröffentlichung als Open-Source geplant [@Hoste 2012]. Midas ist Teil des Mudra-Frameworks, mit dem multimodale Anwendungen ermöglicht werden [Hoste u. a. 2011].

3.3.2 Gesture Definition Language als Beschreibungssprache

Die Gesture Definition Language (GDL) von Khandkar und Maurer [Khandkar u. a. 2010; Khandkar und Maurer 2010] gehört zur Open-Source-Software GestureToolkit. GDL basiert auf der Modellierungssprache »MGrammer«, die Teil der Modellierungsplattform »Oslo« für domänenspezifische Sprachen von Microsoft ist [Langworthy u. a. 2009]. Listing 3.7 zeigt die Beschreibung für das Antippen. Eine Geste in GDL baut sich dabei aus drei Blöcken auf. Der Namensblock (Zeile 1) gibt den eindeutigen Bezeichner der Geste an. Der Validierungsblock (Zeilen 2-6) enthält eine Kombination von verschiedenen Regeln und Eigenschaften, welche die Geste beschreiben. Der Rückgabeblock (Zeilen 7-8) gibt an, wel-

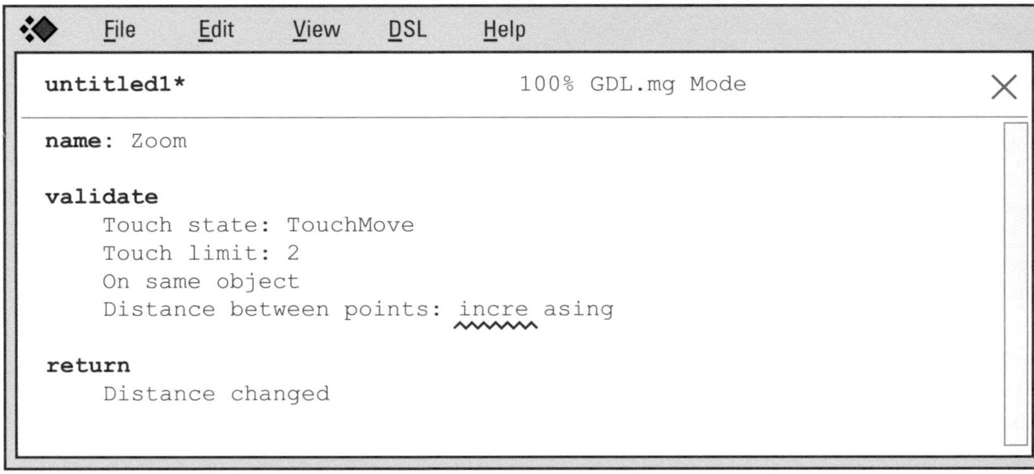

Bild 3.4: Syntax-Highlighting und Fehlerhinweise bei der Gestendefinition mit GDL im IntelliPad-Editor (nach [Khandkar 2010, S. 47])

che Daten bei erfolgreicher Erkennung der Geste zurückgegeben werden. Eine Geste kann auch aus mehreren Validierungsblöcken bestehen, die jeweils einen eigenen Bezeichner besitzen. Die Syntax dafür lautet `validate as` mit Angabe eines Bezeichners. Dadurch können Beziehungen zwischen unterschiedlichen Teilgesten ausgedrückt werden. Die konkret umgesetzten Gesteneigenschaften und Rückgabewerte werden im Folgenden kurz erläutert, um einen Überblick über den zur Verfügung stehenden Gestaltungsraum für flächige Gesten zu geben (siehe [Khandkar 2010]).

Zehn grundlegende Eigenschaften werden von GDL für den Validierungsblock angeboten. `Closed loop` gibt die Berührungen zurück, die eine geschlossene Form ergeben. Durch `Distance between points` wird angegeben, welcher Abstand zwischen den Berührungen, aus denen sich diese Geste zusammensetzt, bestehen darf oder dass sich der Abstand erhöht oder verringert. Dazu wird entweder eine numerische Angabe verwendet, oder die Schlüsselworte `increasing` beziehungsweise `decreasing`. `Enclosed area` gibt die Berührungen zurück, die eine bestimmte Fläche einschließen. `On same object` gibt an, dass alle Berührungen dieser Geste auf einem Objekt stattfinden. Durch `Touch area` werden die Form der eingeschlossenen Fläche als Rechteck, Kreis oder Ellipse und die Maße der insgesamt von Berührungen betroffenen Region in Pixeln angegeben. `Touch path length` gibt eine Beschränkung für die Pfadlänge an. `Touch shape` gibt die Form zurück, die durch die Berührungen beschrieben wird, entweder Linie, Rechteck oder Kreis. `Touch step` gibt an, wie viele Berührungen innerhalb einer vorgegebenen Zeit erfolgt sind. `Touch limit` beschränkt die Zahl der parallel stattfindenden Berührungen und `Perpendicular` gibt eine rechtwinklige Beziehung zwischen zwei Mengen von Berührungen an.

```
1 name: Tap
2 validate
3    Touch state: TouchUp
4    Touch limit: 1
5    Touch time: 10 msec
6    Touch path bounding box: 1x1..100x100
7 return
8    Position
```

Listing 3.7: Beschreibung einer Geste zum Antippen in GDL (nach [Khandkar 2010, S. 84])

Die möglichen Rückgabewerte einer Geste im Rückgabeblock sind die `Boundingbox`, wodurch das kleinste Rechteck angegeben wird, das die Berührungen der Geste einschließt. `Distance changed` gibt den Abstand zurück, der sich im Vergleich zum letzten Ereignis verändert hat. `Info` gibt eine in der Definition angegebene Nachricht zurück. `Slope changed` gibt die Änderung des Winkels in Grad zurück und `Touch actions` die letzten aufgenommenen Berührungen innerhalb der Geste. Durch `Touch Ids` werden die eindeutigen Bezeichner der Berührungen zurückgegeben. `Touch paths` liefert die zusammenhängenden Pfade als Mengen von Berührungen und `Touch points` alle Berührungspunkte der Geste. `Position` gibt den Ort der Geste im Interface an (siehe Listing 3.7, Zeile 8).

Eigenschaften und Rückgabewerte sind grundsätzlich als erweiterbar anzusehen (siehe [Khandkar 2010, S. 32]). GDL ist fest in das GestureToolkit integriert, das mit der Programmiersprache C# umgesetzt ist. Mit GDL spezifizierte Gesten werden nicht direkt in den Code eingebettet, sondern durch einen Präprozessor in Code umgewandelt. Das GestureToolkit bietet Möglichkeiten zum Arbeiten mit GDL innerhalb der Entwicklungsumgebung Microsoft Visual Studio. Für die Gestendefinitionen, die in separaten Dateien vorliegen, besteht eine Editiermöglichkeit mit Syntax-Highlighting. Des Weiteren existiert mit IntelliPad [@Thiruvengadam 2009] ein Editor, der MGrammer-Sprachen verarbeitet und Fehler automatisch hervorhebt (siehe Bild 3.4). Außerdem erlaubt ein Touch-Recorder das Simulieren, Aufzeichnen und Abspielen von Touch-Eingaben. Dadurch können Anwendungen auch ohne vorhandener Multi-Touch-Hardware getestet werden. Ein automatisches Test-Framework ermöglicht die Überprüfung der Gestenverarbeitung mittels Unit-Tests. Das GestureToolkit ist online verfügbar [@Khandkar 2011].

3.3.3 Reguläre Ausdrücke von Proton

Kin et al. nutzen reguläre Ausdrücke als Abstraktion für flächige Gesten [Kin u. a. 2012a]. Dadurch entstehen kurze Kombinationen

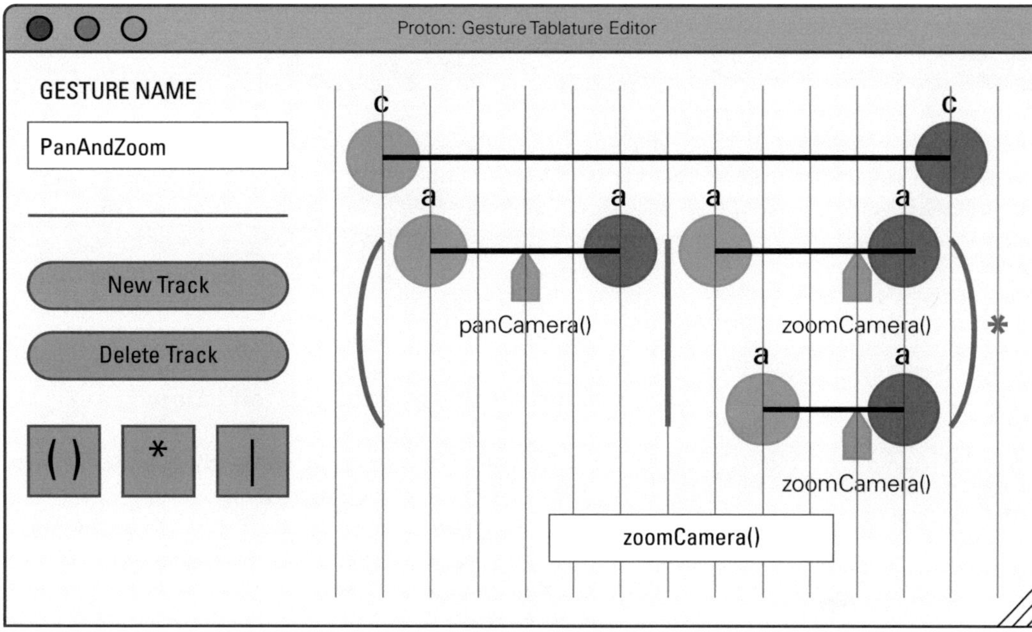

Bild 3.5: Gesteneditor »Gesture Tablature« für Proton (nach [Kin u. a. 2012a])

aus drei Ereignistypen, die in Listing 3.8 exemplarisch für das Antippen dargestellt sind. Das Ereignis `Touch down` (D) beschreibt den ersten Kontakt mit der Oberfläche. Dem Symbol wird eine Identifikationsnummer tiefgestellt und ein Zielobjekt hochgestellt angefügt. `Touch move` (M) beschreibt die Bewegung des Kontakts auf der Oberfläche. Mit `Touch up` (U) wird angegeben, dass der Kontakt mit der Oberfläche unterbrochen wird. Der Kleene-Stern (*) definiert das beliebig oft wiederholte Auftreten eines Ereignisses.

Um die regulären Ausdrücke für eine Geste leichter definieren zu können, wird ein grafischer Editor zur Verfügung gestellt. Dieser stellt die in einer Geste enthaltenen Kontakte im Stil einer Tabulatur für Saiteninstrumente dar (siehe Bild 3.5). Die Gestenspuren enthalten hellgraue Kreis für `Touch down`, durchgezogene Linien für `Touch move` und dunkelgraue Kreise für `Touch up`. Zielobjekte werden zu `Touch down` und `Touch up` als Indizes hinzugefügt. Die Registrierung von Anwendungslogik erfolgt durch die in Bild 3.5 gezeigten breiten Pfeilsymbole, an denen Funktionsnamen notiert werden. Durch die Platzierung auf einer Gestenspur kann die für Online-Gesten notwendige kontinuierliche Verarbeitung definiert werden. Durch die Platzierung hinter eine Gestenspur können aber auch Aktionen nach kompletter Ausführung der Geste für Offline-Gesten registriert werden.

Proton bietet bereits zur Zeit der Kompilierung des Programms Überprüfungsmöglichkeiten an. Dabei werden mögliche Unein-

$$D_1^S M_1^S \star U_1^S$$

Listing 3.8: Beschreibung einer Geste zum Antippen in Proton mit Hilfe regulärer Ausdrücke (nach [Kin u. a. 2012a])

deutigkeiten hervorgehoben, auf die der Programmierer durch Veränderung des Gestensets oder mit zusätzlicher Anwendungslogik zum Auflösen der Uneindeutigkeiten reagieren kann. In der Erweiterung Proton++ werden der Beschreibungssprache auch Richtungsvektoren hinzugefügt, um die Ausführung genauer beschreiben zu können [Kin u. a. 2012b]. Proton ist online verfügbar [@Kin 2012].

3.3.4 Gesture Interface Specification Language

Echtler et al. definieren drei Aspekte zur Beschreibung von gestischen Schnittstellen: Regionen, Eigenschaften und Gesten [Echtler u. a. 2010]. Ausgehend von der JavaScript Object Notation (JSON) [Crockford 2006] schlagen die Autoren eine Gesture Interface Specification Language (GISpL) vor [Echtler und Butz 2012]. Als Teil des Frameworks libTISCH [Echtler und Klinker 2008] steht eine Open-Source-Implementierung dieses Formalisierungsansatzes zur Verfügung. Zur Spezifikation von GISpL existiert auch ein Internet Draft [@Echtler 2012]. Regionen beschreiben die Geometrie von Objekten beziehungsweise Interface-Elementen. Für jede Region können Gesten registriert werden, die wiederum aus verschiedenen Eigenschaften bestehen. Diese Eigenschaften werden durch ihren Typ definiert, einen Filter, um nur auf bestimmte Eingabeereignisse zu reagieren, sowie eine Liste von typspezifischen Bedingungen und eine Liste mit Rückgabewerten (siehe Listing 3.9).

Im Folgenden werden die elf zur Verfügung stehenden Eigenschaften aufgezählt. Einige von diesen besitzen nur einen skalaren Wert, unabhängig von der Anzahl der Eingabeobjekte. `Motion` gibt den durch zwei Punkte beschriebenen durchschnittlichen Bewegungsvektor an, den die Geste erfüllen muss. Dieser ist mit der Richtung gleichzusetzen in die eine Geste ausgeführt wird. Mit `Rotation` wird der relative Rotationswinkel durch eine Ober- und Untergrenze beschrieben. Gleichermaßen gibt `Scale` die relative Größe durch eine Ober- und Untergrenze an. `Path` dient zum Abgleich der Geste mit einem Musterpfad. Dadurch können unter anderem Symbole, wie beispielsweise ein Kreis, beschrieben werden. Durch `Count` wird die Anzahl der Eingabeobjekte mit einer Ober- und Untergrenze eingeschränkt. `Delay` beschreibt die Anzahl der Frames seit Auftreten des ersten Objekts in der Geste und wird ebenfalls durch eine Ober- und Untergrenze angegeben.

```
1  {
2    "name":"tap",
3    "flags":"oneshot",
4    "features":[
5      {
6        "type":"ObjectParent",
7        "filters":2,
8        "result":[]
9      }
10   ]
11 }
```

Listing 3.9: Beschreibung einer Geste zum Antippen in GISpL (nach [@Echtler 2012])

Des Weiteren können die folgenden Eigenschaften potentiell für jedes der an einer Geste beteiligten Eingabeobjekte ein Ergebnis liefern: `ObjectID` prüft auf eindeutige Bezeichner, `ObjectParent` prüft mehrere eindeutige Bezeichner von übergeordneten Elementen, `ObjectPosition` definiert die Position des Elements, `ObjectDimension` gibt die Maße des Elements durch vier Punkte sowie Ober- und Untergrenzen an, `ObjectGroup` überprüft durch Angabe einer Ober- und Untergrenze und eines maximalen Radius, ob es sich um eine Gruppe von Eingabeobjekten handelt.

Die Registrierung von Anwendungslogik und von Zielobjekten (Regionen) erfolgt nicht innerhalb der Gestenbeschreibung sondern in der Programmiersprache C++. Offline-Gesten werden explizit mit dem Flag `oneshot` ausgezeichnet (siehe Listing 3.9, Zeile 3). Eine grafische Unterstützung für die Entwicklung von Gesten mit Hilfe von GISpL steht derzeit nicht zur Verfügung.

3.3.5 Logische Formeln mit Framous

Das Framework for Abstract Representation of Multi-touch Gestures (Framous) [Görg 2009; Görg u. a. 2010] verwendet einen Formalismus für Gesten, der auf Labelled Deductive Systems (LDS) beruht [Gabbay 1996]. LDS stellen eine allgemeine Sicht auf Logik dar, mit der auch nicht-klassische und nicht-monotone Logik ausgedrückt werden können [Gabbay 1993]. Bei monotoner Logik bleiben nach Hinzunahme neuer Regeln bestehende Schlussfolgerungen bestehen. Im nicht-monotonen Fall können diese verändert oder aufgehoben werden. Framous arbeitet mit Inklusions- und Eliminierungsregeln, um Gesten auf Basis verschiedener vordefinierter Bedingungen erkennen zu können.

Listing 3.10 zeigt das durch drei logische Regeln beschriebene Antippen. Die erste Regel legt fest, dass zu Beginn kein Berührungs-

$$\frac{t : F = \emptyset}{t : G = G \cup tap_1}$$

$$\frac{t : |F| = n \wedge tap_1 \in G}{t : G = (G \setminus \{tap_1\}) \cup \{tap_2(n)\}}$$

$$\frac{t : F = \emptyset \cup tap_2(n) \cup G}{t : (G = G \setminus \{tap_2(n)\}) \cup tap(n)}$$

Listing 3.10: Beschreibung einer Geste zum Antippen in Framous mit Hilfe logischer Formeln (nach [Görg 2009])

punkt auf der Oberfläche vorliegen darf. Die zweite Regel verlangt eine Berührung mit `n` Fingern. Daraufhin wird die zunächst in der Gestenmenge `G` abgelegte Bedingung tap_1 entfernt und tap_2 hinzugefügt. Schließlich wird durch die dritte Regel festgelegt, dass alle Berührungen in der inversen Reihenfolge ihres Auftretens wieder verschwinden. In der Konsequenz wird das Auftreten des Antippens `tap` festgestellt und der Gestenmenge hinzugefügt.

Framous wurde in Java mit Hilfe von TSpaces [Fontoura u. a. 2003] implementiert, um die Regelmenge zu verwalten. In der vorliegenden Referenzimplementierung sind insbesondere Wettlaufsituationen (engl. *race conditions*) ein Problem, die zwischen der Regelverarbeitung und dem Parser auftreten. Des Weiteren tauchen Mehrdeutigkeiten bei der Regelanwendung auf. Framous wird derzeit nicht weiterentwickelt und stellt erhebliche Anforderungen bei der Regeldefinition an den Entwickler, da eine Geste als Menge logischer Formeln ausgedrückt werden muss.

3.3.6 Gesture Definition Markup Language

Die Gesture Definition Markup Language (GDML) ist Teil des nur konzeptionell formulierten Frameworks GestureLib [@NUIGroup Authors 2009a]. Als Erweiterung der Open-Source-Bibliothek TouchLib der Natural User Interface Group (NUI Group) ist dieses bisher noch nicht implementiert worden. Das vorgeschlagene XML-Schema dient der Definition von Gesteneigenschaften, wie in Listing 3.11 für das Antippen dargestellt. In Zeile 8 wird die Art der Berührung der Oberfläche mit einem nicht näher definierten Blob angegeben. In den Zeilen 10-12 werden Bedingungen definiert, die während der Gestenausführung erfüllt sein müssen. Mit den geometrischen Bedingungen Größe und Reichweite wird ein Toleranzbereich für die Berührung angegeben und mit der Dauer (Zeile 12) festgelegt, dass es sich nur um ein kurzes Antippen handelt. In den Zeilen 14-20 wird geregelt, welches Ereignis bei erfolgreicher Erkennung der Geste ausgelöst und welche Werte dabei übergeben werden sollen.

```
<gdml>
  <gesture name="tap">
    <comment>
      A 'tap' is considered to be equivalent to the single click
      event in a normal windows/mouse environment.
    </comment>
    <sequence>
      <acquisition type="blob" />
      <update>
        <range max="10" />
        <size maxDiameter="10" />
        <duration max="250" />
      </update>
      <loss>
        <event name="tap">
          <var name="x" />
          <var name="y" />
          <var name="size" />
        </event>
      </loss>
    </sequence>
  </gesture>
</gdml>
```

Listing 3.11: Gestenbeschreibung für das Antippen in GDML (nach [@NUIGroup Authors 2009a])

GDML besitzt eine Ähnlichkeit zur bereits beschriebenen Behaviour Markup Language für räumliche Gesten. Im Vergleich zu den bereits betrachteten Formalisierungsansätzen wird ebenfalls eine Menge von XML-bedingten Konstrukten und Klammern benötigt. Dieses Phänomen wird auch als »syntactic sugar« bezeichnet, der beispielsweise bei GISpL durch Ansätze wie JSON [Crockford 2006] vermieden wird. Ein Vorteil der XML-Beschreibung ist die Verfügbarkeit zahlreicher allgemeiner Werkzeuge zum Arbeiten mit XML. Dazu gehören Code-Editoren mit Syntaxhervorhebung oder auch Vervollständigung von Befehlen (engl. *code completion*). XML ist zwar menschenlesbar, jedoch durch den bereits erwähnten »syntactic sugar« zur Hierarchisierung der XML-Elemente relativ überladen. Offline-Gesten werden durch die Definition der entsprechenden Parameter, zum Beispiel `size` und `duration` implizit beschrieben. Die Verbindung zur Anwendungslogik kann in einem `onEvent` Element hergestellt werden, indem dort ein Callback hinterlegt wird. Ebenso können Zielobjekte festgelegt werden, um eine Geste an bestimmte Interface-Elemente zu binden.

3.3.7 Vergleich

Die betrachteten Formalisierungsansätze wurden zeitgleich mit der in dieser Arbeit beschriebenen Gestenformalisierung entwickelt. Tabelle 3.3 stellt Formalisierungs- und Implementierungsdetails der betrachteten verwandten Arbeiten zusammen. Ein detaillierter Vergleich und Evaluation der Ansätze wird in Abschnitt 5.4 auf Seite 135 durchgeführt, nachdem die in dieser Arbeit entwickelte Gestenformalisierung eingeführt wurde.

Der Vergleich ist in konzeptionelle (Formalisierungsdetails) und praktische Aspekte (Implementierungsdetails) geteilt. Als Grundlage werden die genutzten Werkzeuge beziehungsweise Herangehensweisen aufgeführt. Das sind zum Beispiel theoretische Methoden der Informatik wie reguläre Ausdrücke oder Logik bei Proton, Midas und Framous. Andererseits verwenden GDL, GISpL und GDML bereits konkrete Formate und Schnittstellen wie MGrammar für domänenspezifische Sprachen oder JSON und XML. Midas und GISpL sind explizit offen für die Beschreibung weiterer gestischer Eingabeformen und beziehen in ihre Überlegungen daher nicht nur flächige Gesten ein. Durch diese generelle Einsetzbarkeit wird die Beschreibung abstrakter und weniger speziell für flächige Gesten ausgelegt. Die Verbindung zur Anwendungslogik, also beispielsweise die Angabe einer Funktion, die bei erfolgreicher Erkennung der beschriebenen Geste ausgeführt wird, ist nicht immer in die Beschreibung integriert. Dasselbe gilt für die Angabe von Fokusobjekten, auf die sich eine Geste bezieht. Die Registrierung und Verbindung von Interface-Elementen für Gesten kann entweder explizit programmatisch vorgenommen werden oder in der Beschreibung selbst berücksichtigt werden. Schließlich wird die Auswertungsart von Gesten, also ob kontinuierlich Ereignisse über die Ausführung der Geste ausgewertet werden sollen, nur bei GISpL explizit durch ein Flag in der Gestenbeschreibung angegeben. Bei den anderen betrachteten Ansätzen ergibt sich dies höchstens implizit durch die Angabe entsprechender Parameter, die beispielsweise die Dauer einer Geste beschränken.

Bei den Implementierungsdetails wird in Tabelle 3.3 angegeben, ob Referenzimplementierungen vorliegen und ob diese frei erhältlich sind und damit weiterentwickelt werden können. Falls es keine Open-Source-Lizenz gibt, wird trotzdem teilweise innerhalb der Forschung die Entwicklung weitergetrieben. Die direkte Einbettung von Gestenbeschreibungen in Code ist bei GISpL und Proton möglich, bei den anderen Ansätzen werden diese aus externen Quellen geladen oder müssen vorverarbeitet werden. Schließlich wird unterschiedliche Werkzeugunterstützung zur Arbeit mit den Formalisierungen angeboten.

		GDL	Proton	Midas	Framous	GISpL	GDML
Formalisierungs-details	Grundlage	MGrammar (DSL)	Reguläre Ausdrücke	Logik	Labeled Deductive Systems	JSON	XML
	Multimodale Einsetzbarkeit	Nein	Nein	Ja	Nein	Ja	Nein
	Anwendungslogik	Extern	Extern	Intern	Extern	Extern	Extern
	Fokusobjekte	Extern	Intern	Intern	Extern	Extern	Intern
	Auswertungsart	Parameter	Parameter	Parameter	Parameter	Flag	Parameter
Implementierungs-details	Referenz-implementierung	Gesture-Toolkit (C#)	Proton	JMidas (Java)	Framous (Java)	libTISCH (C++)	Keine
	Eingebettet in Code	Nein	Ja	Nein	Nein	Ja	Nein
	Lebendigkeit	Open Source	Forschung	Forschung	Eingestellt	Open Source	Open Source
	Werkzeuge	In Visual Studio	Gesture Tablature	Nein	Nein	Nein	XML-Editoren

Tabelle 3.3: Zusammenfassung zu den Formalisierungsansätzen für Gesten in der Fläche.

Je nach den Anforderungen unterscheidet sich die Bewertung der verschiedenen Ansätze. Soll eine multimodale Anwendung entwickelt werden, so sind Ansätze wie Midas und GISpL zu bevorzugen. Diese verallgemeinern jedoch bestimmte Konzepte, die speziell für flächige Gesten ausgelegte Formalisierungen wie GDL und GDML konkretisieren. Die Definition von Gesten mit regulären Ausdrücken bei Proton oder logischen Regeln bei Framous und Midas verlangt eine Unterstützung der Autoren durch entsprechende Werkzeuge. Dabei ist der Editor von Proton hervorzuheben, der mit den Gestentabulatoren versucht, eine grafisch verständliche Definition der notwendigen regulären Ausdrücke anzubieten. Für Framous und Midas ist so eine Unterstützung derzeit nicht verfügbar.

Die Integration von Anwendungslogik in eine Gestenbeschreibung wie bei Midas führt zwar zu einer engeren Verknüpfung zwischen Syntax und Semantik, kann aber auch die Austauschbarkeit und Verständlichkeit von Gestenbeschreibungen negativ beeinflussen. Andererseits steigen dadurch auch die Möglichkeiten, sehr genau und detailliert die Parameter einer Geste anzugeben. Insgesamt tendieren die verwandten Formalisierungsansätze dazu, gewisse Filter auf die Ereignisse anzuwenden, die bei der Eingabe durch die Hardware erzeugt werden. Ein Ansatz, der auf der Formalisierung überwiegend grafischer Grundformen bei der Gestenerzeugung basiert, existiert noch nicht. Die in Kapitel 5 auf Seite 103 vorgeschlagene Gestenformalisierung beruht, ähnlich wie LADDER im Sketching (siehe Abschnitt 3.2.3 auf Seite 69), auf den topologischen und geometrischen Aspekten bei der Gestenausführung und bietet damit eine noch nicht verfügbare Möglichkeit, Gesten bildhaft zu beschreiben.

3.4 Zusammenfassung

Die in diesem Abschnitt betrachteten Formalisierungsansätze dienen zur Beschreibung der in Tabelle 1.1 auf Seite 13 zusammengefassten Formen gestischer Eingabe. Das Ziel ist die Abstraktion der jeweiligen zugrundeliegenden Tracking- beziehungsweise Rohdaten, die durch die Hardware zur Verfügung gestellt werden. Aufgrund unterschiedlicher Zielstellungen, wie zum Beispiel die Annotation von Videos, in denen Gesten ausgeführt werden, oder die Verbesserung von Erkennungsraten, entstehen unterschiedlich granulare und umfangreiche Beschreibungsformen.

Für den Bereich der flächigen Gesten, der den Schwerpunkt der vorliegenden Arbeit darstellt, werden bisher Formalismen wie reguläre Ausdrücke oder Logik verwendet. Mit GISpL und GDL existieren jedoch auch domänenspezifische Sprachen, die speziell für die Anforderungen flächiger Gesten entwickelt wurden.

Diese nutzen zum Teil sehr detaillierte Parameter, um Gesten zu beschreiben. Die Rohdaten werden dabei gemäß quantitativer Angaben gefiltert, wodurch beim Beschreiben der Geste ein ausreichendes Verständnis der technischen Grundlagen vorausgesetzt wird. Dem gegenüber steht der in dieser Arbeit entwickelte bildhafte Ansatz der Gestenzerlegung, der in Kapitel 5 auf Seite 103 beschrieben wird. Diesem Ansatz liegt das im Folgenden Kapitel erläuterte allgemeine semiotische Modell zugrunde.

4 Semiotisches Modell zur Formalisierung

Das in diesem Kapitel vorgeschlagene semiotische Modell strukturiert die Herangehensweise bei der Analyse einer bestimmten gestischen Eingabeform im Bereich der Mensch-Computer-Interaktion. Durch Bearbeitung der drei wesentlichen Aspekte Syntax, Semantik und Pragmatik werden Gestaltungsspielräume und Herausforderungen bei der Verwendung einer bestimmten gestischen Eingabeform geklärt. Die Kategorien der Semiotik werden als praktische Mittel zur domänenspezifischen Strukturierung von Wissensgebieten genutzt. In Kapitel 5, Seite 103 wird die praktische Anwendung im Bereich flächiger Gesten beschrieben. Weiterentwicklungen für andere Formen gestischer Eingabe werden in Kapitel 8, Seite 213 diskutiert.

Zunächst werden in Abschnitt 4.1 den Teilgebieten der Semiotik die Phasen gestischer Eingabe zugeordnet. Die Abschnitte 4.2, 4.3, und 4.4 enthalten Schlussfolgerungen zur Syntax, Semantik und Pragmatik. An geeigneten Stellen werden existierende Modelle der Mensch-Computer-Interaktion sowie verwandte Arbeiten und Methoden zitiert und dem semiotischen Modell zugeordnet.

4.1 Phasen gestischer Eingabe

Die Semiotik als Wissenschaft von Zeichensystemen wurde in Abschnitt 2.1, Seite 19 vorgestellt. Wie an dieser Stelle dargelegt, lässt sich die Semiotik zur Analyse von Sprachen oder visuellen Zeichensystemen verwenden. Darüber hinaus bietet sich die semiotische Betrachtungsweise beispielsweise auch bei Kleidung, Musik und Architektur an. Im Folgenden wird ein ganzheitliches Modell zur Beschreibung gestischer Eingabe im Bereich der Mensch-Computer-Interaktion auf Basis der Semiotik mit ihren Teilgebieten Syntax, Semantik und Pragmatik entwickelt.

Die Syntax beschäftigt sich demnach mit den formalen Beziehungen zwischen Zeichen, also der generellen Grammatik einer gestischen Eingabeform zur Kommunikation zwischen Mensch und Computer. Die Semantik stellt die Beziehung zwischen diesen Zeichenkombinationen und ihren Bedeutungen her. Dabei ist zu berücksichtigen, wie der Rechner die technische Ausführung gestaltet und welches mentale Modell dabei beim Nutzer entsteht (vgl. [Preim und Dachselt 2010, S. 94ff]). Die Pragmatik beschäftigt sich mit der Beziehung zwischen dem Nutzer und dem Gebrauch der Zeichen. Vom Nutzer wird die Bedeutung des Zeichens in einen aktuellen Kontext gestellt. In Abschnitt 2.1, Seite 19 wurde dafür der Begriff Interpretant eingeführt. Dabei werden Schluss-

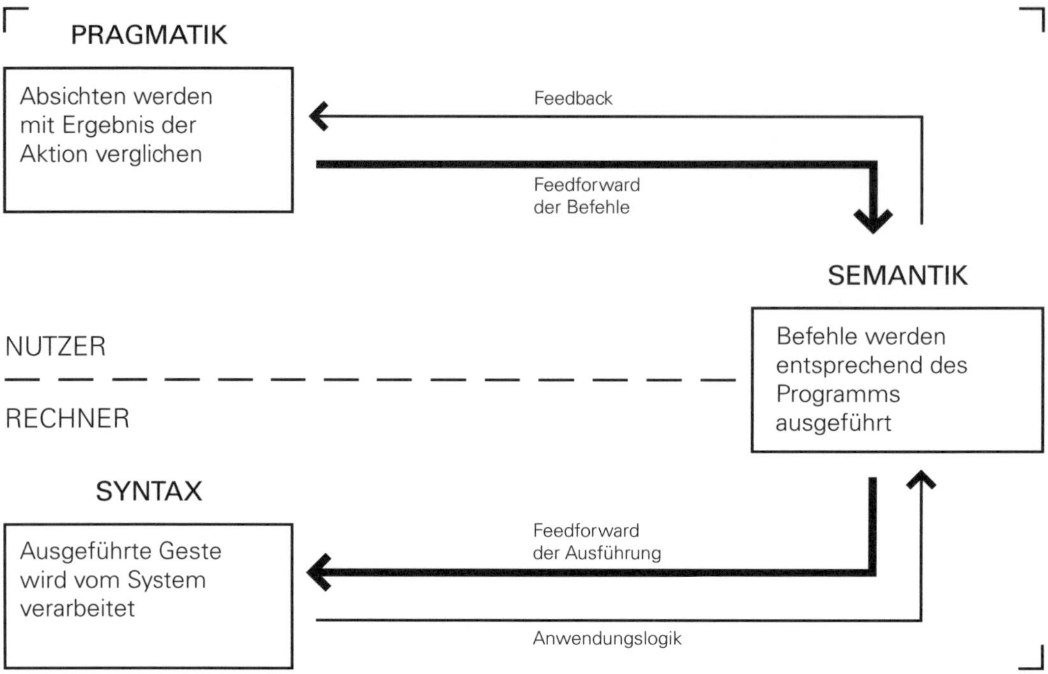

Bild 4.1: Das semiotische Modell beschreibt die Interaktion zwischen Mensch und Computer mittels gestischer Eingabe

folgerungen gezogen und das Denken sowie das Verhalten durch die Interaktion mit dem Rechner beeinflusst. Das dieser allgemeinen semiotischen Betrachtung zugrundeliegende Zeichenkonzept ist folglich das der Geste (siehe Abschnitt 2.1.2, Seite 23).

Bild 4.1 zeigt das vorgeschlagene semiotische Modell zur Formalisierung gestischer Eingabe. Der Kompetenzbereich des Menschen liegt dabei im Bereich der Pragmatik. Die Zuordnung von Bedeutung im Bereich der Semantik befindet sich an der Schnittstelle zur der durch den Rechner vorgegebenen beziehungsweise verarbeitbaren Syntax. Zur Beschreibung der Phasen gestischer Eingabe werden die Absichten des Menschen als Ausgangspunkt genommen. Diese Absichten müssen durch den Nutzer in klar abgegrenzte Aktionen oder Befehle gegliedert werden. Eine Absicht könnte zum Beispiel das Wegwerfen eines Gesprächsprotokolls sein. Dazu muss das Dokument im Rechner aufgefunden und anschließend gelöscht werden. Das Finden wird bisher für den Rechner beispielsweise durch eine mit der Tastatur formulierte Suchanfrage kodiert und das Löschen durch das Bewegen des Dateisymbols auf den Papierkorb mit der Maus. Die für den Rechner notwendige Syntax einer gestischen Eingabe muss ebenso formalisiert und berechenbar sein.

Basierend auf den aufgezeichneten Aktionen des Menschen werden Parameter und Daten für die systeminterne Auswertung bereitgestellt. Dabei existieren grundlegende Unterschiede, je nach genutzter Modalität wie Tastatur und Maus, Skizzieren mit digitalen Stiften (Sketching), flächigen oder räumlichen Gesten. Die Verbindung zwischen einer Nutzeraktion und einer Funktion wird in der Anwendungslogik eines Programms festgelegt. Diese Zuordnungen stellen die im Gegensatz zum Menschen stark eingeschränkten und fest definierten semantischen Fähigkeiten des Rechners dar.

In einem zwischenmenschlichen Kommunikationsprozess würde dafür im Gegensatz dazu die natürliche Sprache gewählt werden, um eine andere Person aufzufordern, das Dokument an einer bestimmten Stelle herauszusuchen und anschließend zu vernichten. Parallel dazu können Gesten eingesetzt werden, um auf den Stapel zu zeigen, in dem sich das gewünschte Dokument befindet. Im Gegensatz zum Rechner kann ein Mensch jedoch noch pragmatisch einschätzen, welches Dokument genau gemeint ist, zum Beispiel nur eine Kopie oder eine veraltete Version. Außerdem kann die Vernichtungsmethode aus dem Kontext schließbar sein, zum Beispiel das Werfen in den (realen) Papierkorb oder das Schreddern des Dokuments, je nach Wissen um die Vertraulichkeit der enthaltenen Informationen.

Aufgrund der Reaktion des Gegenübers, sei es Rechner oder Mensch, lässt sich danach feststellen, ob das Ziel erreicht wurde. Diese Vergewisserung der Zielerreichung ist durch den Rechner nicht nur durch die Ausführung der Aktion zu unterstützen. Darüber hinaus ist auch kontinuierliches Feedback während der Ausführung einer Aktion hilfreich sowie weitere Erfolgs- oder Fehlermeldungen. Während und vor der Ausführung besteht eine Unterstützung durch das sogenannte Feedforward, das zur Verfügung stehende Befehle anzeigt. Des Weiteren können Handlungsempfehlungen gegeben oder die korrekte Ausführung einer Geste unterstützt werden.

Die Anforderungen für eine Gestenformalisierung gemäß des semiotischen Modells sind also vielfältig und betreffen nicht nur die technische Umsetzung der Erkennung gestischer Eingabe, sondern auch die Verwendung in Benutzungsschnittstellen. Die folgenden Fragen müssen bei der Anwendung des semiotischen Modells für die Formalisierung gestischer Eingabe beantwortet werden:

- Aus welchen atomaren syntaktischen Einheiten setzt sich eine gestische
  Eingabeform zusammen?
- Wie können diese atomaren Einheiten zuverlässig erkannt werden?

- Wie können diese atomaren Einheiten zu komplexeren kombiniert werden?
- Wie können die Kombinationsmöglichkeiten validiert werden, um Inkonsistenzen zu vermeiden?
- Wie werden Gestendefinitionen verwaltet und mit Anwendungslogik verknüpft?
- Welche strukturellen Zusammenhänge bestehen zwischen der syntaktischen und semantischen Ebene?
- Welche Feedforward-Mechanismen unterstützen den Nutzer bei der Interaktion?
- Welche Feedback-Mechanismen sind möglich, um dem Nutzer eine verständliche Interaktion zu bieten?

Schließlich ergeben sich aus den meisten der genannten Punkte viele weitere Fragestellungen bezüglich der technischen Umsetzung und vor allem der Gestaltung einer Benutzungsschnittstelle, die durch gestische Eingabe gesteuert wird. Die Aspekte der Syntax, Semantik und Pragmatik sind immer kontextspezifisch zu betrachten. Der abzubildende Umfang ist stets abhängig vom konkreten Zeichensystem der betrachteten gestischen Eingabeform. Zudem können innerhalb einer Formalisierung auch weitere spezifischere Problemfelder liegen, die wiederum durch Syntax, Semantik und Pragmatik aufgearbeitet werden können.

4.2 Syntax gestischer Eingabe

Auf syntaktischer Ebene verarbeitet der Rechner systemintern zur Verfügung stehende Daten und Parameter und bestimmt dadurch die Zeichen, die durch den Nutzer verwendet werden können. Durch eine Grammatik gestischer Eingabeformen werden die kleinsten unterscheidbaren Bestandteile von Gesten und deren Kombinationen beschrieben. Dafür bietet sich im Sinne der Verständigung und Verständlichkeit eine Sprache an, die mit prägnanten Worten und Interpunktion eine Geste beschreibt. Je statischer und definierter die Eingabegeräte sind, desto trivialer wird diese Sprache.

Für Tastatur und Maus existieren zum Beispiel im Programmierframework WPF [@WPF 2013] die folgenden wesentlichen Möglichkeiten: `KeyDown` beschreibt das Drücken einer Taste und `KeyUp` das darauffolgende Loslassen. Das Bewegen der Maus über ein bestimmtes Element wird durch `MouseEnter` angegeben, das Verlassen durch `MouseLeave`. Mit `MouseMove` wird das generelle Bewegen der Maus abgefangen. `MouseDown` und `MouseUp` funktionieren für die Mausknöpfe analog zu den Tasten der Tastatur. Für zusätzliche Fähigkeiten bestimmter Mäuse werden weitere Ereignisse wie `MouseWheel` für die Bewegung des Scrollrads zur Verfügung gestellt. Zum Verarbeiten der Nutze-

```
G = (N, T, P, AKTION)                        // Formale Gestengrammatik
                                             // als 4-Tupel
N = {AKTION, MAUS, TASTATUR}                 // Menge der Nichtterminal-
                                                symbole (konjugierend)
T = {keyup, keydown, mouseup, mousedown,       // Menge der Terminal-
     mouseenter, mouseleave, mousewheel}       // symbole (deskriptiv)
P = {AKTION → MAUS, AKTION → TASTATUR,         // Menge der Produktions-
     MAUS → mouseup, MAUS → mousedown,         // regeln, inklusive
     MAUS → mouseenter, MAUS → mouseleave      // Startsymbol AKTION
     MAUS → mousewheel, TASTATUR → keyup,
     TASTATUR → keydown}
```

Listing 4.1: Formale Gestengrammatik für die Eingabe mit Tastatur und Maus

rinteraktion werden durch die Anwendungslogik entsprechende Funktionen implementiert, die sich direkt auf diese Ereignisse im System beziehen.

Bei Gesten mit höheren Freiheitsgraden werden im Gegensatz dazu flexiblere Beschreibungen bezüglich der ausgeführten Aktionen benötigt. Dabei sind Freiformen zu berücksichtigen, aber auch geometrisch exakte Beschreibungen über Ort und Form einer Geste. Auch die Anzahl und Art der verwendeten Gliedmaßen ist dabei von Bedeutung. Gesten können sich aufgrund ihres Ausführungsortes auf singuläre Objekte, eine Menge von Objekten, eine Klasse von Objekten oder die komplette Anwendung beziehen. Auch die Wiederholung von Gesten und deren Dauer können berücksichtigt werden. Der Detailgrad einer Gestenformalisierung kann sehr hoch sein und muss gegebenenfalls für verschiedene Anwendungsdomänen angepasst werden.

Allerdings sind nicht alle technisch auswertbaren Parameter sinnvoll für den Anwender zu differenzieren, womit sich die Pragmatik näher beschäftigt. Ein zu hoher Detailgrad kann auch für Entwickler umständlich in der Handhabung sein. Als Beispiel sind die für Tastatur und Maus beschriebenen Eingaben zu nennen. Statt für das Drücken jeder verfügbaren Taste einen eigenen Begriff zu finden, wird nur einer genutzt (`KeyDown`). Welche Taste und mit welchen modifizierenden Tasten, zum Beispiel der Shift-Taste, das Drücken ausgeführt wurde, wird erst intern von der Anwendungslogik ausgewertet. Diese als deskriptive Dimensionen gestischer Eingabe bezeichneten atomaren Einheiten verfügen also über unterschiedliche konkrete Parameter.

Über diese Parameter hinaus existieren auch sogenannte konjugierende Dimensionen. Dazu gehören zeitliche Bezüge, die klären, ob Bestandteile einer Geste zeitversetzt oder zeitgleich ausgeführt werden. Des Weiteren kann eine Geste kontinuierlich ausgeführt werden oder mit Pausen, beispielsweise wenn der Kontakt bei einer flächigen Geste mit der Oberfläche unterbrochen wird. Auch der Ortsbezug kann sich bei einer komplexen Geste verändern oder gleich bleiben. Auf einer Multitouch-Oberfläche können sich aufeinanderfolgende Gestenzüge beispielsweise überdecken oder nicht. Deskriptive und konjugierende Dimensionen gestischer Eingabe können in einer Gestengrammatik ausgedrückt und so explizit gemacht werden.

Um diese Grammatik formal zu definieren, existieren in der theoretischen Informatik verschiedene Konzepte. Dazu gehören Grammatiken und Automaten [Schöning 2003, S. 11], die verschiedene Komplexitäten gemäß der Chomsky-Hierarchie besitzen können [Chomsky 1959]. Eine formale Gestengrammatik besteht also aus einer Menge von Terminalsymbolen, welche die kleinsten atomaren Einheiten beziehungsweise deskriptive Dimensionen beschreiben. Die Menge der Produktionsregeln wird insbesondere zur Definition der konjugierenden Dimensionen verwendet, welche die atomaren Einheiten kombinieren. Die Bezeichner dieser Kombinationsregeln werden in der Menge der Nichtterminalsymbole zusammengefasst. Schließlich gibt ein Startsymbol diejenige Regel an, von der aus eine Gestenbeschreibung startet. Damit ergibt sich für die gestische Eingabe die Konkretisierung einer allgemeinen Grammatik der theoretischen Informatik (vgl. [Schöning 2003, S. 13ff]). Für Tastatur und Maus kann beispielsweise die einfache Grammatik in Listing 4.1 angegeben werden.

In dieser vorgeschlagenen Gestengrammatik finden sich keine konkreten Parameter, die erst bei der Verarbeitung eine Rolle spielen. Zunächst werden nur allgemeine Interaktionsbausteine definiert. Die konkrete Form der Grammatik kann sich je nach verwendetem Formalismus unterscheiden und die davon abgeleitete Implementierung sehr vielfältig sein. Beispielsweise nutzt das »Keystroke-level model« von Card et al. eine ähnliche Grammatik, um die Ausführung von Befehlen mit Tastatur und Maus zu beschreiben [Card u. a. 1980]. Das Ziel ist dabei die Erhebung der Nutzerleistung durch Zeitmessungen, wobei in der verwendeten Grammatik auch mentale Vorgänge und Systemantworten integriert sind (vgl. [Dix u. a. 2003, S. 436f]). Folglich wird die Formalisierung gestischer Eingabe erheblich durch die zugrundeliegenden Ziele beeinflusst. Das Ziel können Analysen existierender Anwendungen sein (siehe Abschnitt 7.1, Seite 169), oder auch Programmierwerkzeuge, um die Entwicklung von Benutzungsschnittstellen zu vereinfachen (siehe Kapitel 6, Seite 147).

4.3 Semantik gestischer Eingabe

Zur Klärung der Semantik spielen im semiotischen Modell insbesondere Taxonomien zur Klassifizierung von Gesten eine Rolle. Dadurch lassen sich Relationen zwischen der Syntax von Gesten und Interaktionszielen in der Anwendung charakterisieren und herleiten. Dabei liegt der Fokus auf den durch die Gesten bewirkten Aktionen und dem Kontext in dem diese ausgeführt werden.

Für das Identifizieren semantischer Klassen ist zu berücksichtigen, ob eine kontinuierliche Manipulation vorliegt (Online-Gesten), oder ob diskrete Kommandos ausgeführt werden (Offline-Gesten). Dies hat auch erhebliche Auswirkungen auf die Pragmatik, das heißt Verständlichkeit und Erlernbarkeit von Gesten. Diskrete Gesten erlauben eine eindeutige Zuordnung von Aktionen, die erst nach Beenden der Geste ausgeführt werden. Ein Beispiel ist hier der Tastendruck, dem die eindeutige Eingabe eines Zeichens auf der Tastatur zugeordnet werden kann. Aufgrund der einmaligen Auswertung solcher Eingaben ist die Verarbeitung normalerweise leichter zu implementieren.

Wird beispielsweise ein Finger auf einer Multitouch-Oberfläche in einem Zeichen- oder Modellierungsprogramm benutzt, so ergeben sich höhere Freiheitsgrade. Bei der kontinuierlichen Auswertung muss der Kontext, in dem eine Geste ausgeführt wird, klar unterschieden werden. Außerdem ist eine hohe Genauigkeit beim maschinellen Erkennen der Geste für die direkte, unmittelbare und genaue Interpretation der Geste notwendig. Auch für das kontinuierliche und sich an die Aktion anschließende Feedback, zum Beispiel die Korrektur einer Skizze, ist eine hohe Performance sicherzustellen.

In der Informatik und insbesondere im Web- und Multimedia-Engineering werden mittels sogenannter Ontologien Begriffsverbände angelegt. Das »semantische Web« soll es ermöglichen, Anfragen so zu stellen, dass deren Bedeutung durch den Rechner entschlüsselt wird und dadurch Suchergebnisse verbessert werden [Berners-Lee u. a. 2001]. Die Verwendung derartiger Technologien, um die semantische Auswertung gestischer Eingabe zu ermöglichen, ist eine weitergehende Forschungsfrage, die im Rahmen der vorliegenden Arbeit nicht tiefergehend behandelt werden kann.

In das semiotische Modell lassen sich existierende Sichtweisen auf die Mensch-Computer-Interaktion einordnen (siehe Bild 4.2). Beim Modell zu Syntax und Semantik von Shneiderman und Plaisant wird darauf hingewiesen, dass eine möglichst verständliche Syntax von Computerbefehlen verwendet werden soll. Dies wird

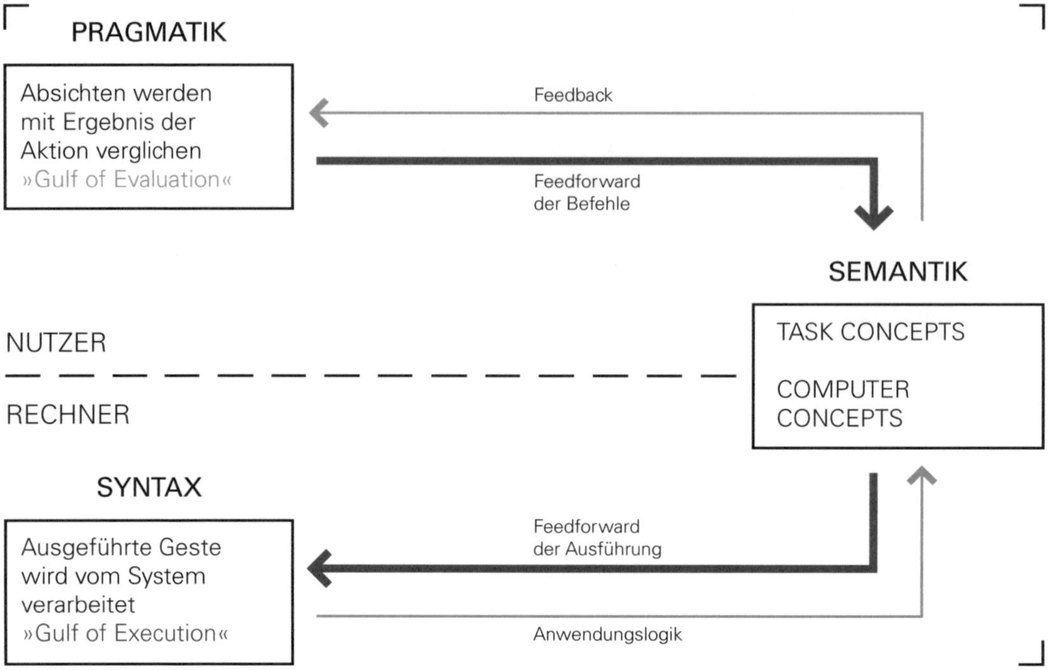

Bild 4.2: Einordnung von existierenden Modellen der Mensch-Computer-Interaktion in das semiotische Modell zur Formalisierung gestischer Eingabe (vgl. [Norman und Draper 1986, Shneiderman und Plaisant 2009])

erreicht, indem eine größtmögliche Nähe zwischen der Semantik einer Aufgabe und der Repräsentation dieser durch Konzepte im Computer hergestellt wird [Shneiderman und Plaisant 2009]. Die Aufgabenkonzepte (Task Concepts) und Computerkonzepte (Computer Concepts) im Modell von Shneiderman und Plaisant sind im Bereich der Semantik zu verorten, in dem Rechner und Nutzer aufeinandertreffen.

Norman entwirft mit den »stages of human interaction« ein Modell zu den Stufen der menschlichen Interaktion, wobei herausgestellt wird, dass zur Ausführung einer Aufgabe mit dem Computer zunächst der sogenannte »gulf of execution« zu überwinden ist. Das heißt, ein Nutzer muss die für den Computer verarbeitbare Anfrage formulieren. Die Interpretation der Reaktion des Computers findet dementsprechend über einen »gulf of evaluation« statt. Je besser und schneller diese Lücken zu überbrücken sind, desto besser funktioniert das System [Norman und Draper 1986, S. 38ff; Norman 2002]. Im semiotischen Modell wird der »gulf of execution« durch Feedforward-Mechanismen während der Ausführung einer Geste durch den Nutzer überbrückt. Die Antwort des Systems mittels Feedback-Mechanismen überbrückt den »gulf of evaluation«.

4.4 Pragmatik gestischer Eingabe

Die Pragmatik befasst sich im Wesentlichen mit dem von Kultur und Tradition geprägten Gebrauch von Zeichen und dem Kontext, in dem diese interpretiert werden. Darüber hinaus werden durch die Pragmatik auch Prozesse ausgelöst, die den Zeichengebrauch verändern oder erneuern. Daher ist von einer ständigen Entwicklung von Zeichensystemen auszugehen. Übertragen auf gestische Eingabe stellen sich dabei Fragen nach der Tauglichkeit und Zweckmäßigkeit einer gestischen Interaktion basierend auf der dafür formalisierten Syntax.

Laut Züllighoven ist die alltägliche Arbeit durch den selbstverständlichen Umgang mit vertrauten Dingen gekennzeichnet (siehe Abschnitt 2.4, Seite 55). Die Selbstverständlichkeit dieses Umgangs wird dadurch unterstützt, dass andere Menschen mit den Dingen in ähnlicher Weise umgehen und deren Umgangsformen erlernt werden. Bei Software besteht im Gegensatz zu anderen Kulturtechniken allerdings eine mangelnde Kultur und Tradition, welche die individuelle Lebenswelt und den geistigen Horizont maßgeblich bestimmen [Coy u. a. 1991, S. 143]. Dix stellt fest, dass »kein interaktives System von einer gewissen Komplexität so intuitiv ist, dass ein Nutzer nie Hilfe benötigt« [Dix u. a. 2003, S. 414]. Daher sind die bereits genannten Mechanismen für Feedforward und Feedback entscheidend für die Pragmatik. Diese müssen Teil von Interfacekonzepten sein, um eine effektive gestische Interaktion zu ermöglichen. Untersuchbar ist die Natürlichkeit von Bewegungen auch im Zusammenhang mit gesundheitlichen Folgen und der Belastbarkeit von Menschen, also der Ergonomie. Ebenso spielt die Erlernbarkeit von Gesten eine große Rolle.

Feedforward ist sowohl ein technisches Konzept bei mathematischen Algorithmen als auch ein biologischer und kognitionspsychologischer Mechanismus [Franklin und Wolpert 2011]. Das Feedforward bei gestischer Eingabe erleichtert es dem Nutzer zu erkennen, welche Interaktionsmöglichkeiten in einem gegebenen Kontext zur Verfügung stehen. Die Aufgabe des Feedbacks ist es, den Nutzer zu informieren, ob eine Interaktion mit dem System abläuft und ob diese erfolgreich ausgeführt wurde. Dadurch kann das Erlernen, Memorieren und Trainieren gestischer Eingabe wesentlich unterstützt werden. Die Grenzen zwischen Feedback und Feedforward sind allerdings nicht immer eindeutig und daher sind auch Mischformen möglich. Aus den für Tastatur und Maus entwickelten Formen von Feedback und Feedforward werden auch für die gestische Eingabe geeignete Techniken erforscht und entwickelt.

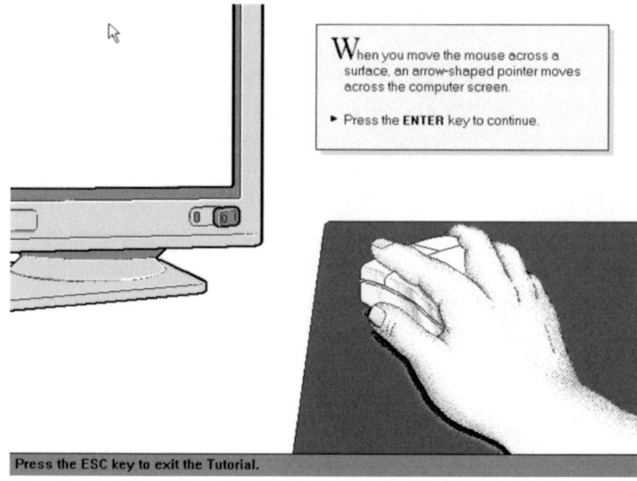

Bild 4.3: Die Pragmatik wird auch durch die Industrie, Werbung und die Gesellschaft mitbestimmt (Apple-Werbung aus Newsweek Magazine Nov.- Dec. 1984 (Bild von macmothership.com), All rights © Apple Inc. und Online-Tutorial für Windows for Workgroups 3.11 von 1993 (Bild von guidebookgallery.org), All rights Microsoft®)

Das System »Ripples« von Wigdor et al. stellt beispielsweise kontinuierlich die erkannten Berührungen mit einer Multitouch-Oberfläche dar [Wigdor u. a. 2009]. Damit wird insbesondere Feedback über Aktionen gegeben, aber auch angezeigt, welche Aktionen noch möglich sind. Zum Beispiel wird beim Skalieren eines Objekts mit Größeneinschränkung eine zusätzliche Visualisierung von Berührungspfaden angezeigt, die weiterhin den Kontakt mit dem Objekt aufrecht erhalten.

Die »Crib Sheets« von Kurtenbach et al. sind wörtlich übersetzt »Spickzettel« für Stiftgesten, die je nach Kontext, in dem sich der Nutzer befindet, aufgerufen werden können [Kurtenbach u. a. 1994]. Dazu werden Elemente, zum Beispiel Worte, kurz eingekreist. Die Ausführung der für das Element zur Verfügung stehenden Befehle wird danach im Randbereich dargestellt und kann animiert werden. Um das Erlernen der Geste zu fördern, wird allerdings verlangt, dass der Nutzer die Geste selbst auf dem Element ausführt. Es handelt sich also bei dem Spickzettel nicht um ein Menü, sondern um ein bei Bedarf in den Arbeitskontext einblendbares Handbuch.

Eine Hilfe für Stiftgesten, die aus geraden Linien bestehen, sind die von Kurtenbach und Buxton [Kurtenbach und Buxton 1993] beschriebenen und für den Multitouch-Bereich adaptierten »Marking Menus« [Lepinski u. a. 2010]. Diese begleiten die Ausführung einer Geste, indem am Ausführungsort alle Richtungen beschriftet werden, in welche die Geste fortgesetzt werden kann. Dabei können Befehle durch Richtungsänderungen hierarchisch gegliedert werden.

»Hover Widgets« dienen dem Wechsel des Eingabemodus oder Aktivieren von Werkzeugen bei stiftbasierten Nutzerschnittstellen

[Grossman u. a. 2006]. Wenn der Nutzer mit dem Stift an einer Stelle verweilt, wird ein Icon dargestellt und ein Tunnel zum Erreichen des Icons. Diese Ausführungshilfen werden nur angezeigt, wenn die Ausführung langsam erfolgt. Bei Experten mit einer schnellen Ausführung wird auf diese Hilfen verzichtet. Wie bei den Marking Menus unterstützt diese Form der Eingabe gerade Linien, wobei in der prototypischen Implementierung nur vier Richtungen angeboten werden.

Octopocus ist ein Hilfesystem, das dem Nutzer ebenfalls bei der Ausführung einer Geste die verschiedenen Fortsetzungsmöglichkeiten lokal anzeigt [Bau und Mackay 2008]. Dabei wird die Darstellung der möglichen Pfade dynamisch angepasst, je nach Fortschritt der Gestenausführung. Am Ende jeden Pfades wird die aufrufbare Funktion als Text dargestellt. Octopocus ist für Gesten bestehend aus einem Zug ausgelegt und ist damit nur beschränkt auf komplexe Gestenzüge anwendbar. Das System »Arpege« bildet einen ähnlichen Algorithmus für Gesten mit mehreren Fingern ab [Bau u. a. 2010]. Dabei werden jedoch nur statische Kontakte berücksichtigt, die in bestimmten Abständen voneinander erfolgen.

Eine weitere Hilfe ist die »Shape Beautification«, beziehungsweise die Verschönerung oder Begradigung von Gestenzügen. Das System reagiert damit auf die unpräzise Ausführung des Nutzers, indem beispielsweise gerade Linien oder Bögen geglättet werden. Durch diese Idealisierung erhält der Anwender ein Feedback, dass das System seine Aktionen erkennt und verarbeitet. Beim Fehlen der Verschönerung ist demnach davon auszugehen, dass eine Geste falsch ausgeführt wird oder nicht erkannt werden kann. Die Verschönerung von freihändigen Skizzen wird beispielsweise von Murugappan et al. untersucht, wobei dem Nutzer verschiedene Alternativen angeboten werden [Murugappan u. a. 2009]. Diese basieren auf der Auswertung von unterschiedlichen geometrischen Bedingungen. Die »Fluid Sketches« wählen eine ähnliche Vorgehensweise wie die Shape Beautification [Arvo und Novins 2000]. Diese zeigen zudem auch als Feedforward die wahrscheinliche Fortsetzung einer Geste an.

Insbesondere formal definierte Gesten bieten flexible, erweiterbare und einheitliche Möglichkeiten, um Feedforward-Mechanismen zu implementieren. Eine Kategorisierung der Nutzerunterstützung in einer Anwendung wird zum Beispiel auch von Dix et al. vorgenommen [Dix u. a. 2003, S. 395ff]. Für die hier beschriebenen Unterstützungen zum Erlernen gestischer Eingabe wird dabei die Klasse der kontextsensitiven Hilfen geprägt.

Die Verständlichkeit, Erlernbarkeit und Ergonomie gestischer Eingabe wirft viele Fragen auf, die sich in der Gestaltung der Nutzerschnittstelle widerspiegeln müssen. Dabei stellt sich immer die Frage, wie viele grafische Komponenten notwendig sind, um Gesteninteraktion zu vermitteln. Die beschriebenen Techniken arbeiten dabei oftmals mit verschiedenen Stufen von Hilfen. Bei Novizen werden mehr grafische Hilfen eingeblendet, zum Beispiel aufgrund ihrer langsameren Ausführung und Bedienung. Experten interagieren schnell, wobei zusätzliche grafische Hilfen stören können. Insgesamt ist im Gegensatz zum Desktop-System ein Trend hin zu Menüs und Hilfen festzustellen, die am Ort der Interaktion angeboten werden und nicht an festen Stellen im Interface [Kammer u. a. 2010c]. Diese Ortsunabhängigkeit von Menüs steht im Widerspruch zur Arbeit mit der Fenster-Metapher und ihren örtlich immer ähnlich auftauchenden Menüleisten. Bei großen Multitouch-Oberflächen oder räumlicher Interaktion benötigen Nutzer die Funktionen an verschiedenen und räumlich weit voneinander entfernten Stellen.

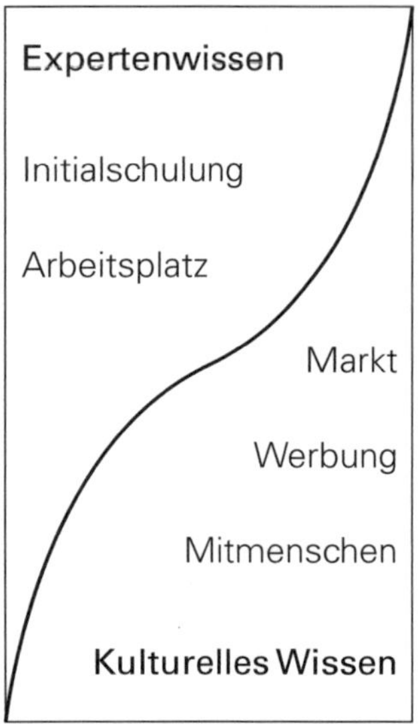

Bild 4.4: Individuelles Erlernen von Interaktionsformen und Übergang von Expertenwissen zu kulturellem Wissen

Dabei ist die Gewöhnung an das sogenannte »Point and Click« mit der Maus nicht zu unterschätzen. Auch im Bereich von Touchscreens wird vom »Anklicken« statt Berühren einer Bildschirmzone gesprochen und Druckknöpfe statt Berührungszonen gestaltet (vgl. [Steffen 1999, S. 71]). Das Erbe der Mausinteraktion findet sich auch in der Übertragung des Doppelklicks in das doppelte Antippen als flächige Geste. Je nach Zielgruppe ist die Komplexität eines Gestensets zu überdenken. Wobbrock et al. stellen empirisch fest, dass eine Unterscheidung in der Anzahl der Finger in der Realität selten genutzt wird [Wobbrock u. a. 2009]. Für Multitouch-Interaktion schlagen diese Autoren aufgrund ihrer Nutzerstudien vor, ab der Erkennung von vier Fingern von Hand-Gesten auszugehen. Bei weniger erkannten Fingern sind keine Unterscheidungen zu treffen. Außerdem sollten Gesten dem Gebrauch im Alltag nicht widersprechen.

Es kann auch sinnvoll sein, mehrere Gesten für einen Befehl anzubieten. Wiederum kann durch einen klaren Kontext, der beispielsweise visuell im Interface verdeutlicht wird, ein und dieselbe Geste unterschiedlich interpretiert werden. Dadurch muss kein großes Gestenrepertoire erlernt werden, jedoch kann dies zu Inkonsistenzen und Verständnisproblemen führen. Im Bereich der Pragmatik ist die Zusammenarbeit mit der Zielgruppe einer Anwendung immer sinnvoll. Heydekorn et al. schlagen dafür ein strukturiertes Vorgehen vor, das unter anderem aus Benutzerbefragungen und Experten-Reviews besteht [Heydekorn u. a. 2011]. Die in der Anwendungslogik definierten Gesten müssen konsistent und klar voneinander unterscheidbar sein. Dies ist insbesondere bei komplexen Gesten zu beachten, die sich aus einfachen zusammensetzen.

Da die Verwendung technischer, also artifizieller Systeme im Regelfall nicht sofort intuitiv sein kann (vgl. [Dix u. a. 2003, S. 396]), ist zunächst eine Initialschulung notwendig. Diese kann durch Vor-Ort-Schulungen, Telelernen, Handbücher oder Online-Hilfen erfolgen. Je mehr Menschen in einer Gesellschaft Expertenwissen erwerben, desto eher geht dieses in ein allgemeines kulturelles Wissen über (siehe Bild 4.4). Über sehr lange Zeiträume gesehen entwickeln sich dabei neue Kulturtechniken. Getrieben wird diese Entwicklung unter anderem von Voraussetzungen am Arbeitsplatz, beispielsweise die Beherrschung von Textverarbeitungssoftware als Einstellungskriterium. Auch Kollegen oder Bekannte, die bereits mit neuer Technik umgehen, befördern die Etablierung neuer Technologien. Der Einfluss durch die Werbung und den Markt ist nicht zu unterschätzen, womit Technologie-Firmen teilweise sehr profitorientiert neue Technologien in der Kultur zu verankern versuchen (siehe Bild 4.3).

4.5 Zusammenfassung

Zusammenfassend fokussiert das semiotische Modell sowohl die Effizienz gestischer Eingabe aus Sicht des Systems und der technischen Verarbeitung als auch aus der Perspektive des Nutzers. Beide Aspekte interagieren auf vielfältige Weise miteinander. Beispielsweise ergeben sich Effekte auf die Intuitivität, Natürlichkeit und Erlernbarkeit für den Nutzer, je nachdem ob Gesten kontinuierlich oder diskret ausgeführt werden und ob diese globale oder lokale Bedeutung in einer Anwendung haben. Die Komplexität von Gesten stellt Herausforderungen nicht nur an die Hardware und den Programmierer, sondern auch an den Nutzer. Durch die Festlegung einer formalen Syntax können die Freiheitsgrade zwischen diesen beiden Polen präzise verhandelt werden. Semantische Klassen helfen dabei, Gesten gemäß ihrer Interaktionsziele zu unterscheiden.

Bild 4.5 zeigt, dass bereits vielfältige Techniken und Werkzeuge der Informatik existieren, die verschiedene Aspekte in dem vorgeschlagenen semiotischen Modell adressieren. Beispielsweise stellen domänenspezifische Sprachen (siehe Abschnitt 2.3.3, Seite 53) ein vielseitiges Werkzeug dar, um bestimmte Problembereiche formal zu beschreiben. Dabei wird auf formalen Grammatiken der theoretischen Informatik und praktischen Implementierungen von Parsern und Lexern aus dem Compilerbau aufgebaut (vgl. [Wirth 2011]).

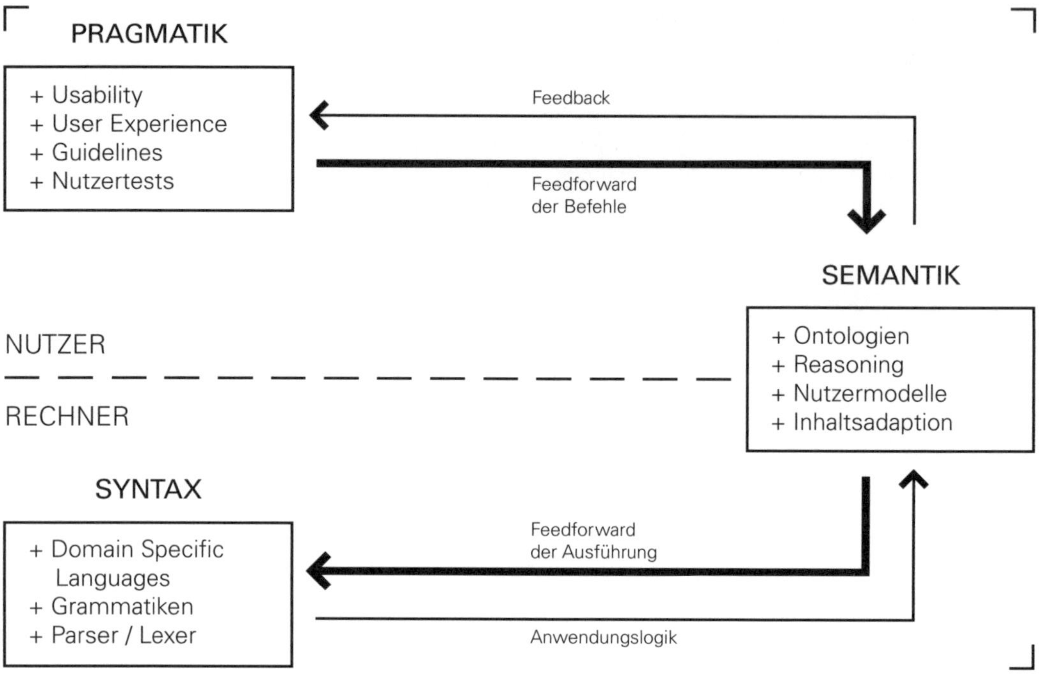

Bild 4.5: Techniken und Werkzeuge der Informatik, die im semiotischen Modell verwendet werden können

Der Semantik nähert sich die Informatik mit Ontologien, die beispielsweise im semantischen Web genutzt werden. Das sogenannte »Reasoning« berechnet auf Grundlage der in Ontologien abgelegten Informationen beispielsweise Antworten auf komplexe Suchanfragen. Ein Beispiel wäre die Frage: »Wie war das Wetter im Jahr 1910?« Der Rechner muss hierbei nicht nur die Struktur des Satzes entschlüsseln, sondern auf Grundlage der Frage nach dem Wetter eine Abfrage bei einem Wetterdienst initiieren, die mit dem in dem Satz angegebenen Jahr durchgeführt wird. Ontologien könnten bei gestischer Eingabe genutzt werden, um über verschiedene Anwendungen hinweg Gesten und Funktionalitäten zu vereinheitlichen. Das Entwickeln von Nutzermodellen versucht ebenso, semantisches Wissen einer bestimmten Gruppe von Nutzern oder individueller Anwender abzubilden, um darauf aufbauend Inhalte und die Interaktion anzupassen.

Im Bereich der Pragmatik wird verstärkt versucht, die Benutzung von Computer-Systemen erfreulicher zu gestalten. Dies wird unter dem Schlagwort »User Experience« verfolgt. User Experience und die generelle Gebrauchstauglichkeit einer Benutzungsschnittstelle (engl. *usability*) wird in der Regel durch Nutzertests festgestellt. Dabei werden entwickelte Techniken der Mensch-Computer-Interaktion häufig auf Grundlage der Schnelligkeit und Fehlerzahl bei einer bestimmten Aufgabe miteinander verglichen und bewertet. Als Konsequenz von Nutzerstudien werden beispielsweise allgemeingültige Richtlinien (engl. *guidelines*) aufgestellt. Das Ziel ist es Entwicklern Gestaltungswissen zu vermitteln, das verhindern soll, dass Benutzungsschnittstellen schwer verwendbar oder unverständlich entwickelt werden.

Durch das semiotische Modell kann zugeordnet werden, mit welcher Technik der Informatik für welchen der Bereiche Syntax, Semantik oder Pragmatik ein Beitrag geleistet wird. Dies fokussiert nicht nur den Informatiker in seiner Entwicklungsarbeit, sondern kann der klareren Kommunikation mit anderen Experten dienen, die ohne Informatikhintergrund an der Entwicklung beteiligt sind. Dazu zählen zum Beispiel Pilotnutzer aus einer bestimmten Anwendungsdomäne. Auch Soziologen oder Ergonomen können beteiligt sein, die bestimmte Auswirkungen eines neuen Computer-Systems an einem Arbeitsplatz bewerten sollen. Schließlich sind grafische Gestalter oder Produktgestalter (siehe Abschnitt 2.1.4, Seite 27 und 2.1.5, Seite 31) zunehmend an der Entwicklung von Benutzungsschnittstellen beteiligt. Mit dem vorgeschlagenen semiotischen Modell können gemäß der semiotischen Kategorien Entwicklungen der Informatik dokumentiert werden. Ein Austausch mit anderen Disziplinen, die sich den semiotischen Kategorien öffnen oder geöffnet haben, kann auf dieser Basis erfolgen. Die praktische Anwendung des semiotischen Modells zur Formalisierung gestischer Eingabe wird im nächsten Kapitel exemplarisch für flächige Gesten demonstriert.

5 Gestenformalisierung für Multitouch

In zwei Konferenzbeiträgen wurden die grundlegenden Konzepte der Gestenformalisierung für Multitouch (GeForMT) beschrieben [Kammer u. a. 2010b; Kammer u. a. 2011c]. Diese Formalisierung flächiger Gesten beruht auf intensiver Beschäftigung nicht nur mit den technologischen Herausforderungen, sondern auch gestalterischen Aspekten bei der Entwicklung gestischer Nutzerschnittstellen.

Dieses Kapitel behandelt in Abschnitt 5.1 die Ausgangslage vor Beginn der konzeptionellen Arbeiten. Dabei dient die allgemeine ikonographische Einordnung flächiger Gesten auch zur Abgrenzung gegenüber anderen Darstellungs- und Interaktionsformen. Im Zuge der vorliegenden Dissertation wurden vier Kurse mit Studierenden der Fachrichtung Medieninformatik begleitet. In Abschnitt 5.1.2 wird eine informelle Befragung von Studierenden vorgestellt, die an diesen Kursen teilgenommen haben. Der im Folgenden beschriebene Anforderungskatalog basiert auf diesem Erfahrungsbericht zur Programmierung flächiger Gesten. Die weiteren Workshops und ihre praktischen Ergebnisse werden in Abschnitt 7.1, Seite 169 im Zusammenhang mit der analytischen Anwendung von GeForMT näher betrachtet. Abschnitt 5.2 nimmt die semiotische Analyse flächiger Gesten mit Hilfe des Modells aus Kapitel 4 vor. Die Präzedenzfälle in Abschnitt 5.3 demonstrieren anhand von Spielkonzepten, die unterschiedliche kognitive Fähigkeiten ansprechen, die Formalisierung flächiger Gesten mit GeForMT. In Abschnitt 5.4 wird GeForMT diskutiert und vergleichend zu den verwandten Formalisierungsansätzen aus Abschnitt 3.3, Seite 73 evaluiert.

5.1 Ausgangslage für die Konzeption

Dieser Abschnitt ordnet flächige Gesten zunächst zur Abgrenzung zu anderen Darstellungs- und Interaktionsformen ikonographisch ein. Die darauffolgend beschriebene Voruntersuchung beinhaltet die Evaluation von zwei studentischen Kursen, in denen flächige Gesten ohne eine geeignete Formalisierung programmiert wurden. Aus diesem Erfahrungsbericht ergibt sich die Motivation für die Gestenformalisierung und ein Anforderungskatalog für die konzeptionellen Arbeiten in Abschnitt 5.2.

5.1.1 Ikonographische Einordnung flächiger Gesten

Wie in Abschnitt 2.1.5, Seite 31 eingeführt, existieren strukturell verschiedene Bildklassen in der Interfacegestaltung. In der Renaissance hat sich die Linearperspektive als Lesart von Darstellungen prominent durchgesetzt. Dieser Systemraum beruht auf der perspektivischen Darstellung von realistischen Szenen. Der räumliche Bildzusammenhang wird dabei durch die Lage von Objekten im Raum erschlossen. Der sogenannte Aggregatraum, der im Mittelalter vorherrschend war, stellt Menschen und Objekte gemäß ihrer Bedeutung räumlich nebeneinander und passt Größenverhältnisse dementsprechend an. Daher ist hier von einer Bedeutungsperspektive zu sprechen (siehe [Groh 2007, S. 38]).

Bild 5.1: Die Evaluation studentischer Praktika ergab erhebliche Probleme bei der Entwicklung von Multitouch-Benutzungsschnittstellen

In diesem Zusammenhang besitzt das Aufkommen der Multitouch-Interaktion und der dabei verwendeten flächigen Gesten bildgeschichtliche und ikonographische Implikationen. Die unter den Händen befindlichen digitalen Objekte können lateral auf einer Fläche bewegt werden. Für ein klassisches Gemälde würde das die Verschiebbarkeit der Bildelemente und damit das Auflösen von Kompositionen bedeuten. In erster Linie bietet sich das bei Bildern an, die durch einen Aggregatraum strukturiert sind. Es entsteht eine Bedeutungsperspektive, bei der allerdings die Relationen der Objekte mittels flächiger Gesten dynamisch verändert werden können. Dieses Interaktionsverhalten wird eher durch isometrische Darstellungen und eine haptische Erscheinung der Interaktionselemente motiviert. Bei räumlichen Darstellungen entsteht dagegen ein Bruch zwischen der flächigen Interaktion mit zwei Dimensionen und der dreidimensionalen Wahrnehmung. Flächige Gesten eignen sich daher eher für die Dynamisierung des Aggregatraums. Ein Aufbrechen des Systemraums durch flächige Gesten ist eine komplexe Herausforderung, für die sich in der Literatur erste Ansätze finden (vgl. [Steinicke u. a. 2011; Valkov u. a. 2011]). In der vorliegenden Arbeit wird in Abschnitt 7.1, Seite 169 und 7.3, Seite 199 näher auf dieses Thema eingegangen.

Die ikonographische Einordnung zeigt, dass flächige Gesten passende Bildstrukturen benötigen, um möglichst effizient eingesetzt werden zu können. In Abschnitt 8.2, Seite 219 werden Anregungen gegeben, wie neuartige Visualisierungen in diesem Zusammenhang entwickelt werden können. Die vorliegende Arbeit konzentriert sich im weiteren Verlauf jedoch stärker auf die gestische Eingabe und weniger auf Aspekte der Visualisierung.

5.1.2 Voruntersuchung zur Programmierung flächiger Gesten

In zwei studentischen Kursen mit jeweils 8 Studierenden wurden die zur Verfügung stehenden Multitouch-Werkzeuge ohne Möglichkeiten zur deklarativen Definition von Gesten getestet. In Abschnitt 6.1, Seite 147 werden weitere Details zu den verschiedenen Multitouch-Frameworks diskutiert. Die Praktika liefen über insgesamt 16 Wochen, in denen die Studierenden im Schnitt ungefähr drei bis sechs Stunden pro Woche an den Aufgaben arbeiteten.

ZEITLICHER ABLAUF

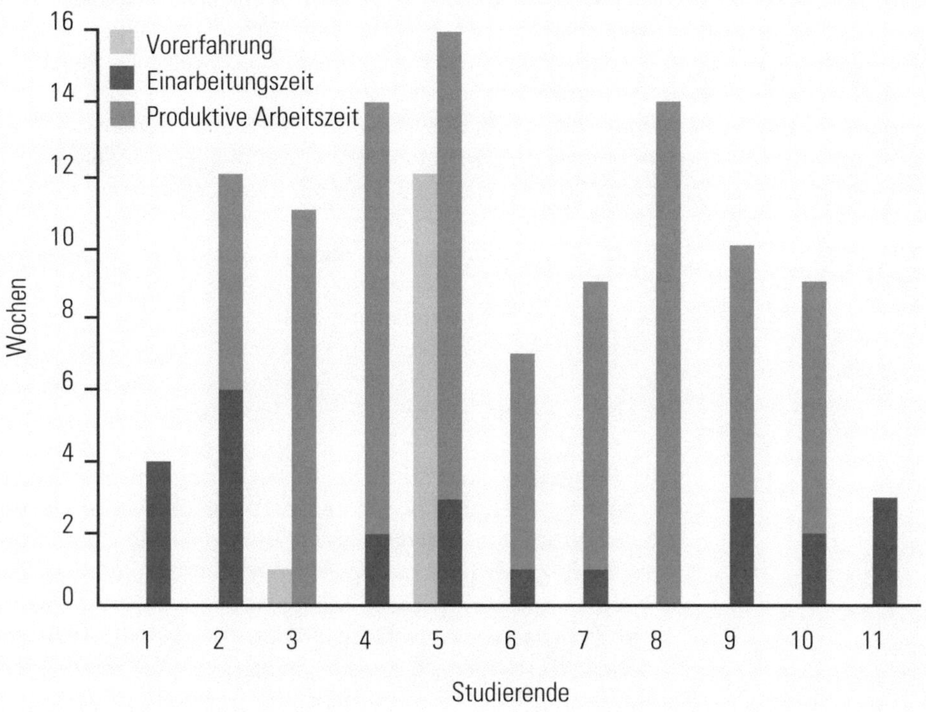

VERWENDETE TECHNOLOGIEN

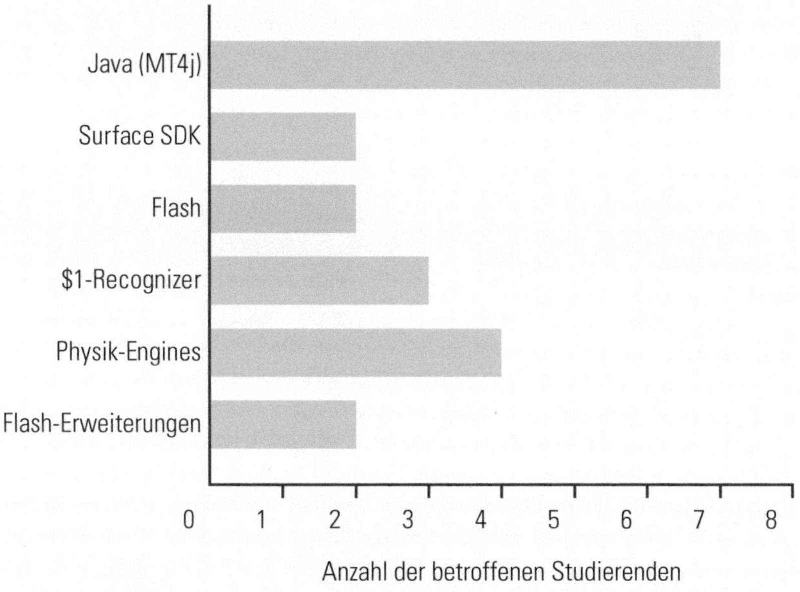

Durch den Einsatz von Tabletop-Systemen mit großen Multitouch-Oberflächen konnte mit einer großen Vielfalt von Gesten experimentiert werden. Ein Praktikum thematisierte basale menschliche Fähigkeiten im Zusammenhang mit Fingern und Händen bei der Multitouch-Bedienung, wie beispielsweise Genauigkeit und Geschicklichkeit (vgl. [Kammer u. a. 2011c]). Zielstellung war die Entwicklung von Anwendungen zur Suche, Sortierung und Kollaboration. Die entstandenen Anwendungen werden als Präzedenzfälle in Abschnitt 5.3, Seite 127 näher beschrieben. Im zweiten Praktikum wurden Experimente mit Substanzen des täglichen Lebens durchgeführt und mit Videos dokumentiert, beispielsweise mit Reis, Ölen und Seifenblasen. Die Beobachtungen wurden genutzt, um Nutzerschnittstellen zu konzipieren, die das möglichst natürliche Sammeln und Strukturieren abstrakter Daten erlauben [Brade u. a. 2011a]. Abschnitt 8.2, Seite 219 reflektiert diese Experimente aus Sicht des semiotischen Modells genauer.

Ein Fragebogen nach Ablauf der Praktika erforderte eine Selbsteinschätzung der Studierenden bezüglich der Zeit, welche diese zur Einarbeitung in die frei gewählten Technologien benötigten, sowie der produktiven Entwicklungszeit mit den Anwendungen (siehe Bild 5.1). Zusätzlich wurden Mängel der Programmierwerkzeuge und Verbesserungsvorschläge erfragt. Von den 16 Studierenden (6 weiblich, 10 männlich) beantworteten 11 den Fragebogen. Die verwendete Hardware war dabei ein professionell hergestelltes Tabletop-System mit optischem Tracking, das dafür »Diffused Illumination« und Rückprojektion einsetzt [@NUIGroup Authors 2009b]. Bei diesen Systemen strahlt ein Projektor über einen Spiegel das Bild von unten an einen Tisch mit einer Glasoberfläche. Zusätzlich wird die Glasplatte mit Infrarotlicht ausgeleuchtet. Dies erleichtert das Verfolgen von Berührungspunkten durch Kameras, welche die Oberfläche von unten abfilmen. Der Tabletop verfügt über eine Auflösung von 1280 mal 800 Bildpunkten und eine physische Bildschirmdiagonale von 52 Zoll [@Impressx GmbH 2011]. Zusätzlich bestand die Möglichkeit einen »Surface« zu benutzen, einen Multitouch-Tisch der Firma Microsoft mit einer Auflösung von 1024 mal 768 Bildpunkten und einer Bildschirmdiagonale von 30 Zoll.

Nur einer der Studierenden hatte nennenswerte Vorerfahrung in der Programmierung von Multitouch-Anwendungen. Die anderen besaßen keine oder geringe technologische, gestalterische oder konzeptionelle Vorkenntnisse in Bezug auf die Software-Entwicklung für Multitouch-Geräte. Bei der freien Auswahl der Programmiersprache wurde Java bevorzugt, insbesondere das Framework »MT4j«, das auf den Processing-Bibliotheken für die Visualisierung aufbaut [Laufs u. a. 2010]. Andere Studierende wählten das Surface SDK von Microsoft oder Flash. Die Teilnehmer benötigten sehr unterschiedliche Einarbeitungszeiten, um die Technologien und Frameworks zu verstehen (siehe Bild 5.1). Zwar benötigten zwei Studierende keinerlei Einarbeitungszeit, überwiegend wurden jedoch zwischen einer bis zu vier Wochen benötigt. Folglich konnte zwischen 6 und den gesamten 16 Wochen produktiv gearbeitet werden. Zwei Studierende konnten überhaupt nicht produktiv arbeiten und mussten sich auf die konzeptionellen Aspekte des Praktikums beschränken. Die beiden Studierenden verwendeten Flash als Basis-Technologie.

Bei den verwendeten Werkzeugen fehlten beispielsweise Algorithmen zur Skizzenerkennung, um komplexere Formen von Multitouch-Gesten nutzen zu können. Dafür wurde insbesondere auf den sogenannten $1-Recognizer zurückgegriffen [Wobbrock u. a. 2007]. Darüber hinaus wurden Frameworks für Physiksimulationen zur Verwendung realistischer Effekte ergänzt, darunter Farseer [@Farseer 2013] und Box 2D [@Box2D 2013]. Für die Einbindung von Videos wurde die Bibliothek GStreamer [@GStreamer 2013] verwendet und Flash-spezifische Technologien wie Flashbuilder [@Flash Builder 2013] und ActionScript 3 Touchlib [@Touchlib 2007]. Insbesondere die Multitouch-Integration in Flash stellte zum Zeitpunkt der Praktika eine Herausforderung dar. Gesten, die nicht einfach implementiert werden konnten, waren beispielsweise Zeichengesten für Kreise, Linien und Polygone. Zahlreiche spezifische Komponenten und Anwendungslogik mussten erwartungsgemäß komplett neu implementiert werden, da noch keine umfangreichen Standardbibliotheken für die Multitouch-Entwicklung zur Verfügung standen und die Kurse einen experimentellen Charakter besaßen.

Als Unterstützung wurde vor allem eine bessere Dokumentation, Richtlinien und ein verbesserter, standardisierter Workflow bei der Entwicklung gewünscht. Zusammenfassend ist festzustellen, dass insbesondere die Beschränkung auf Standardgesten und die komplizierte Nachprogrammierung von Gestenerkennungsalgorithmen die effiziente Entwicklung flächiger Gesten erschwerten. Tabletop-Systeme erlauben eine deutlich größere Gestenvielfalt, vor allem um neuartige Interfaces umzusetzen. Im Vergleich dazu können sich mobile Endgeräte mit Multitouch-Bedienung auf eine kleinere Menge von Gesten beschränken. Die Unterstützung komplexer symbolischer Gesten ist für die folgende Formalisierung daher eine grundlegende Anforderung. Diese lassen sich bereits nach einer kurzen Zeit der Eingewöhnung effektiv nutzen [Appert und Zhai 2009].

5.1.3 Anforderungskatalog für die Formalisierung

Die praktischen Erfahrungen aus der Programmierung flächiger Gesten motivierten die in diesem Kapitel beschriebene Formalisierung flächiger Gesten. Die Anforderungen an diese Formalisierung lassen sich wie folgt zusammenfassen:

1 **Entwicklung einer textuellen Beschreibungsform flächiger Gesten, die sich in vorhandenen Programmiercode einbetten lässt**: Eine formale Beschreibung, die direkt im Quellcode verwendet werden kann, lässt sich leichter nachvollziehen als unabhängig vom Programm vorliegende Datenstrukturen.

2 **Beschreibbarkeit komplexer Gesten auf Basis von bildhaften, atomaren Bestandteilen**: Die zu entwickelnde Sprache soll modular aufgebaut sein und insbesondere durch die Beschreibung topologischer und geometrischer Merkmale eine bildhafte Entwicklung ermöglichen.

3 **Auswertbarkeit der Gestenbeschreibungen zur Prüfung auf Konflikte**: Die formal beschriebenen Gesten können darauf überprüft werden, ob sich diese widersprechen. Dies ist beispielsweise der Fall, wenn Gesten auf einem Objekt in der gleichen Weise beginnen. Dabei können einerseits ungewollt mehrere Funktionen ausgeführt werden, andererseits die Ausführung aller definierten Gesten unmöglich sein.

4 **Zuweisungen von Funktionen unabhängig von der Syntax**: Die Ausführungsform von Gesten soll unabhängig von der konkreten Funktion und Auswertung im Programm beschreibbar sein. Die Zuordnung zu Funktionen erfolgt durch den Programmierer, nachdem bereits Konflikte aufgedeckt sind.

5 **Möglichkeiten zur Analyse flächiger Gesten zur Erfassung von Methoden und Problemstellungen bei der Interfacegestaltung**: Die Formalisierung soll es erlauben, auch über mehrere Anwendungen hinweg die verwendeten Gesten zu vergleichen. Statistische Erhebungen zu den verwendeten atomaren Gestenbestandteilen können sich wiederholende Muster aufdecken.

Die auf diesen Anforderungen basierende Gestengrammatik wird in Abschnitt 5.2.1 beschrieben. Dabei werden insbesondere die Anforderungen 1 und 2 berücksichtigt. Der Nachweis, dass Anforderungen 3 und 4 durch die Grammatik erfüllt werden, wird bei der konkreten Implementierung in Kapitel 6 erbracht. Durch Erfüllung der Anforderung 5 wird die statistische Auswertung in Abschnitt 7.4, Seite 206 ermöglicht.

5.2 Semiotische Analyse flächiger Gesten

In den folgenden Abschnitten wird das semiotische Modell aus Kapitel 4, Seite 87 auf flächige Gesten im Multitouch-Bereich angewendet. Ziel der Formalisierung sind daraus ableitbare Modelle und Werkzeuge für die Gestaltung und Programmierung von Multitouch-Gesten (siehe Kapitel 6). Die drei Bereiche Syntax, Semantik und Pragmatik werden aufeinander aufbauend betrachtet. Bei der Syntax in Abschnitt 5.2.1 werden deskriptive und konjugierende Dimensionen definiert und in einer formalen Grammatik festgehalten. Dabei werden die für die Gestenbeschreibung und -auswertung wichtigen Parameter identifiziert. Im Bereich der Semantik in Abschnitt 5.2.2 wird zunächst eine Taxonomie von Interaktionszielen entwickelt. Dabei werden Kategorien festgelegt, die für die spätere Funktionszuweisung in einer Anwendung relevant sind. Schließlich wird in Abschnitt 5.2.3 aufgezeigt, wie die Pragmatik mit Hilfe der formalen Gestenbeschreibung von GeForMT unterstützt werden kann.

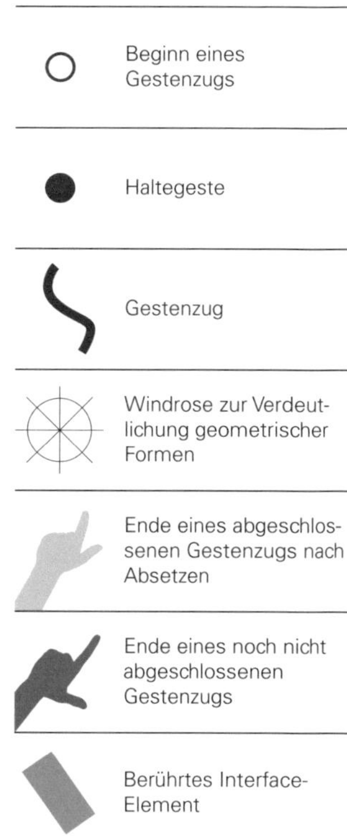

Bild 5.2: Legende zur grafischen Notation von flächigen Gesten

5.2.1 Syntax flächiger Gesten

Flächige Gesten werden vom Rechner als gleichzeitige Berührungspunkte verarbeitet, die durch Finger oder Hände des Nutzers auf einer berührungsempfindlichen Oberfläche erzeugt werden. Die Rohdaten, die durch eine abstrakte Beschreibung vereinfacht werden sollen, bestehen also aus Listen von zweidimensionalen Punkten. Die Punkte in einer Liste werden durch eine Kennung und einen Zeitstempel einem zusammenhängenden Gestenzug zugeordnet. Details zu den Rohdaten werden in Abschnitt 6.2.3, Seite 152 diskutiert. Für die Formalisierung dieser Berührungen werden grundlegende Bewegungsformen identifiziert, die wiederum in einem sinnvollen Maß untereinander kombinierbar sind. Die Kriterien der Wohlgeformtheit und Kompositionalität ergeben sich direkt aus den Eigenschaften von Emblemen in Abschnitt 2.1.1, Seite 20. Die zeitlichen und räumlichen Beziehungen zwischen gleichzeitigen Berührungen und Bewegungen stellen einen weiteren Schwerpunkt von GeForMT dar. Darüber hinaus werden auch der Objektbezug und die Auswertungsart der Gesten betrachtet. Im Folgenden werden diese sechs Aspekte näher erläutert.

Um die formalisierten flächigen Gesten grafisch darzustellen, wird eine Notationsform mit den Bestandteilen aus Bild 5.2 verwendet. Gestenzüge werden als dunkelgraue Linien oder Kurven dargestellt. Wenn es sich um geometrische Grundformen handelt, werden diese zur Verdeutlichung auf einer Windrose idealisiert angeordnet. Kleine Kreise bezeichnen jeweils den Startpunkt und dunkelgraue Hände das Ende eines Gestenzugs. Ausgefüllte Kreise stehen für Haltegesten, bei denen die Oberfläche für län-

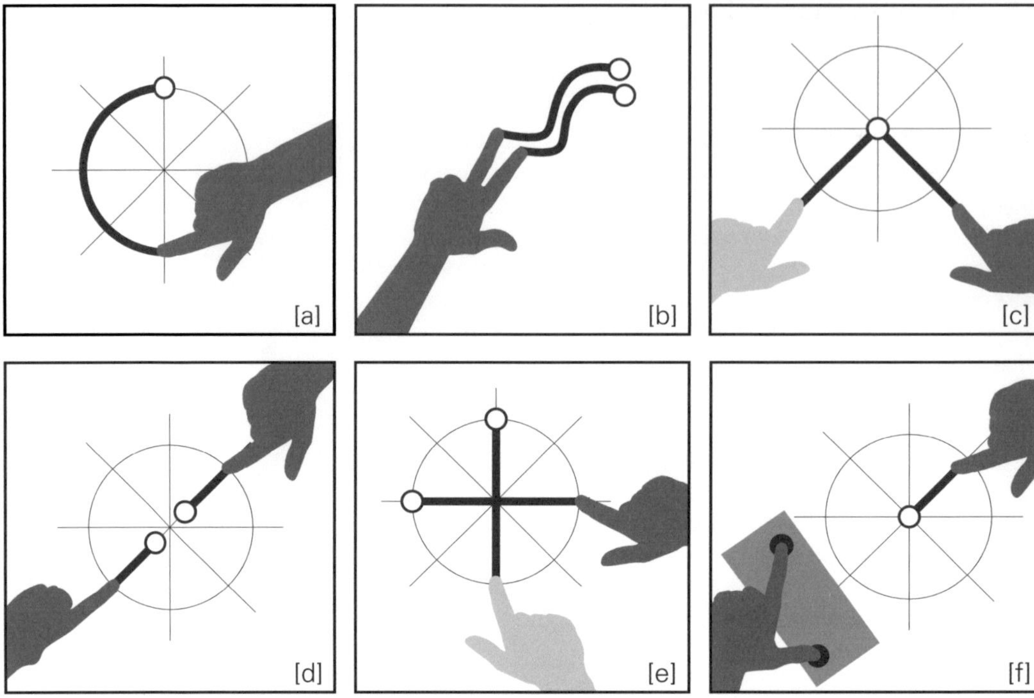

Bild 5.3: Ausführungsformen flächiger Gesten
[a] 1F(SEMICIRCLE_S_CCW)
[b] 2F(MOVE)
[c] CONNECT_START[LINE_SW;LINE_SE]
[d] SPLIT[LINE*LINE]
[e] CROSS[LINE_S;LINE_E]
[f] 2F(HOLD(rectangle)) + LINE
(aus [Kammer 2013])

gere Zeit an einer Stelle berührt wird. Hellgraue Hände verdeutlichen, dass ein Gestenzug durch Absetzen der Hand vor einem anderen beendet wurde, die Geste als Ganzes aber noch nicht abgeschlossen ist. Diese wird noch durch einen weiteren Gestenzug fortgesetzt. Der Objektbezug wird durch rechteckige Interface-Elemente verdeutlicht. Bild 5.3 zeigt die Anwendung dieser grafischen Notationsform.

Grundlegende Bewegungsformen

Eine entscheidende Eigenschaft flächiger Gesten ist die grundlegende Form der ausgeführten Bewegung. Diese Grundformen können entweder Pfade oder statische Berührungen der Oberfläche sein (vgl. [Freeman u. a. 2009]). Bei GeForMT werden zur Beschreibung dieser deskriptiven Dimensionen sogenannte atomare Gesten benutzt. Dabei steht die Bezeichnung `POINT` für einen kurzen Kontakt mit der Multitouch-Oberfläche, beziehungsweise das Antippen. Die atomare Geste `HOLD` definiert einen längeren Kontakt gemäß einer vom System oder Programmierer definierten Verweildauer, wodurch dieser von `POINT` unterschieden werden kann. Pfadbasierte atomare Gesten sind entweder nicht weiter spezifizierte Freiformen, die mit `MOVE` bezeichnet werden, oder setzen sich aus einer Menge vordefinierter geometrischer Grundprimitive zusammen. Dazu zählen mit `LINE` bezeichnete Linien, mit `CIRCLE` bezeichnete Kreise, sowie mit `SEMICIRCLE` bezeichnete Halbkreise. Zur leichteren Vorstellung im Sinne der bildhaften Programmierung lassen sich die atomaren Gesten auf einer Windrose anordnen (siehe Bild 5.3).

Pfadgesten lassen sich weiterhin einschränken. Beispielsweise definiert `LINE_SOUTH` eine gerade Linie, die vom Nutzer aus nach unten in den südlichen Quadranten gezeichnet wird. Die atomare Geste `SEMICIRCLE_SOUTH_COUNTERCLOCKWISE` bezeichnet einen Halbkreis, der im südlichen Quadranten endet und entgegen des Uhrzeigersinns gezeichnet wird (siehe Bild 5.3a). Analog werden Kreise mit `CIRCLE` definiert. Durch die Angabe von Richtungstendenzen lassen sich flexiblere Angaben machen, ohne dass eine Geste mehrfach definiert werden muss. Durch die Tilde am Ende der atomaren Geste `LINE_NORTH~` wird sowohl eine Linie in den Nordwesten, Norden als auch Nordosten spezifiziert.

Um komplexere Formen zu definieren werden atomare Gesten durch ein Komma miteinander verbunden. Dabei lassen sich Proportionen zwischen einzelnen Gestenzügen durch die Wiederholung einer atomaren Geste ausdrücken. Zum Beispiel beschreibt `Eins=LINE_NORTHEAST,LINE_SOUTH,LINE_SOUTH` die Form der Zahl Eins, wobei der senkrechte Strich doppelt so lang ist wie der schräge Strich nach rechts oben. In der Sprache ist die Wiederverwendung von Gestenbeschreibungen vorgesehen, indem bereits definierte Kombinationen atomarer Gesten über einen selbst festgelegten Bezeichner in spitzen Klammern abgerufen werden können. Die beschriebene Folge atomarer Gesten für die Form der Zahl Eins kann zum Beispiel durch Angabe von `<Eins>` wiederverwendet werden.

Berührungsarten

Die atomaren Gesten als grundlegende Bewegungsformen definieren noch nicht die Art des Kontaktes mit der Oberfläche. Hier sind neben verschieden vielen Fingern auch Handflächen oder Handkanten denkbar, sofern die verwendete Multitouch-Trackingtechnologie diese erkennt. Ohne eine solche Angabe muss die verwendete Implementierung von GeForMT entscheiden, ob entweder ein beliebiger Kontakt stattfinden darf oder ob eine Bewegung mit nur einer vordefinierten Berührungsart erkannt wird, zum Beispiel einem Finger. Für die explizite Angabe und Unterscheidung werden innerhalb von GeForMT Funktionen vorgeschlagen, die durch eine Klammerung um eine atomare Geste ausgedrückt werden. Dadurch können die Anzahl der Berührungen und die Berührungsart festgelegt werden.

Eine freie Bewegung mit zwei Fingern wird durch `2FINGER(MOVE)` definiert (siehe Bild 5.3b). Die vorgeschlagene Formalisierung ist in dieser Hinsicht erweiterbar um eine Vielzahl von Berührungsarten, wie beispielsweise Hände, Handkanten oder besondere Handstellungen, indem der Funktionsname ausgetauscht wird. Beispielsweise definiert `1HAND(MOVE)` die freie Bewegung einer Handfläche auf der Multitouch-Oberfläche. Als dritte in der Sprache bereits definierte Berührungsart wird `BLOB` angeboten, womit alle Berührungsformen beschrieben werden, die weder einer Hand noch einem Finger zugeordnet werden können.

Zeitliche Beziehungen

Zwar erlaubt die Unterscheidung nach Berührungsarten bereits die Angabe mehrerer gleichzeitiger Kontakte. Diese können jedoch auch voneinander unabhängige Bewegungen ausführen oder in unterschiedlichen zeitlichen Beziehungen miteinander stehen. Dabei handelt es sich um konjugierende Dimensionen einer Geste. Für die zeitlichen Beziehungen zwischen Gestenzügen werden Kompositionsoperatoren definiert. Diese funktionieren ähnlich wie mathematische Operatoren. Das Plus-Zeichen definiert die asynchrone Ausführung von zwei Gestenzügen. Das heißt, dass ein Gestenzug begonnen wird und zeitversetzt dazu ein anderer beginnt. Ein Beispiel dafür wäre die Geste `1FINGER(HOLD)+1FINGER(MOVE)`, bei der zunächst eine Halte-Geste mit einem Finger und danach eine Bewegungsgeste ausgeführt werden.

Synchrone Bewegungen werden mit dem Multiplikationszeichen beziehungsweise einem Stern ausgedrückt. Die Geste `1FINGER(LINE)*1FINGER(LINE)` beschreibt beispielsweise eine Geste zum Skalieren mit zwei Fingern. Durch ein Semikolon wird angegeben, dass ein Kontakt unterbrochen und nach einem bestimmten Zeitintervall fortgesetzt wird. Die Geste `1FINGER(LINE_SOUTHWEST);1FINGER(LINE_SOUTHEAST)` beschreibt einen Winkel, der aus zwei Linien besteht, wobei die erste Linie nach Südwesten gezeichnet wird und die zweite nach Südosten (siehe Bild 5.3c).

Räumliche Beziehungen

Um räumliche Beziehungen zwischen den Bestandteilen einer Geste explizit angeben zu können, werden Bedingungsangaben eingeführt, die mit eckigen Klammern eine Gestendefinition einschließen. Räumliche Bedingungsangaben tauchen in einer Gestenbeschreibung nur einmal auf und beziehen sich daher global auf alle atomaren Gestenbestandteile. Das kann beispielsweise dazu dienen, explizit zwischen dem Vergrößern und Verkleinern eines Objekts mit zwei Fingern zu unterscheiden. Durch `SPLIT[1FINGER(LINE)*1FINGER(LINE)]` wird das Auseinanderstreben der beiden synchron ausgeführten Gestenzüge angegeben (siehe Bild 5.3d). Wohingegen `JOIN[1FINGER(LINE)*1FINGER(LINE)]` das Zusammenkommen angibt. Als Abkürzung kann je nach Implementierung von GeForMT auch der Ausdruck `JOIN[2FINGER(LINE)]` zu `JOIN[1FINGER(LINE)*1FINGER(LINE)]` aufgelöst werden.

Da die Unterstützung von Offline-Gesten, die aus mehreren sequentiellen Gestenzügen bestehen, eine wichtige Anforderung an GeForMT ist, sind in diesem Bereich noch weitere Unterscheidungen zu treffen. Beispielsweise kann die Relation `CONNECT_START` genutzt werden, um beim Winkel-Symbol in Bild 5.3c festzulegen, dass die beiden Gestenzüge den gleichen Ausgangspunkt haben. Damit ergibt sich der Ausdruck `CONNECT_START[1FINGER(LINE_SOUTHWEST);1FINGER(LINE_SOUTHEAST)]`. Andernfalls wird die Geste auch erkannt, wenn die beiden Linien beispielsweise ohne Verbindung untereinander gezeichnet werden. Durch `CONNECT_END` wird festgelegt, dass nach dem Absetzen eine folgende atomare Geste an dem letzten Berührungspunkt der vorherigen beginnt. Mit `CLOSE` wird spezifiziert, dass die Geste bei dem Startpunkt der ersten atomaren Geste beendet wird. Auf ähnliche Weise dient die Relation `CROSS` dazu, die Überschneidung zweier aufeinanderfolgender Gestenzüge anzugeben, um beispielsweise das Kreuz in Bild 5.3e durch `CROSS[1F(LINE_SOUTH);1F(LINE_EAST)` zu definieren.

Um anzugeben, dass sequentielle Gestenzüge untereinander oder nebeneinander ausgeführt werden, stehen die Relationen `ASIDE` und `AMONG` zur Verfügung. Durch `ADJOIN` gefolgt von einem Unterstrich und einer Richtungsangabe der Windrose kann noch genauer spezifiziert werden, in welcher Nachbarschaft aufeinanderfolgende Gestenzüge ausgeführt werden müssen. Die Angabe von `ADJOIN_EAST` ist daher analog zu `ASIDE` und `ADJOIN_SOUTH` zu `AMONG`.

Die in GeForMT definierten räumlichen Beziehungen erlauben es, auf einer zweidimensionalen Fläche die Lage von Gestenzügen genau anzugeben. Dennoch sind noch komplexere Beziehungen möglich, beispielsweise dass zwei Halbkreise sich zweimal überschneiden müssen. Am Ende dieses Abschnitts wird auf die Erweiterbarkeit der Gestenbeschreibungssprache eingegangen, mit der solche komplexeren Beziehungen bei Bedarf ergänzt werden können.

Objektbezug

Die Gültigkeit von Gesten für bestimmte Objekte kann bereits in deren Beschreibung festgelegt werden. Der Objektbezug beziehungsweise Fokus wird durch einen Bezeichner in runden Klammern an atomare Gesten angefügt. Je nach Implementierung können dafür die Klassennamen von Objekten verwendet werden, eindeutige Bezeichner oder Zeiger auf die entsprechenden Objektinstanzen.

Eine Halte-Geste für eine Schaltfläche wird beispielsweise durch `HOLD(myButton)` beschrieben. Die zur Verfügung stehende Implementierung von GeForMT ist für die Zuordnung von Objekten zu den Berührungspunkten verantwortlich. Diese Zuordnung kann je nach verwendeter Hardware und weiterer Basistechnologien bereits in den Rohdaten vorliegen. Die Festlegung des Objektbezugs zur Entwicklungszeit von Gesten ermöglicht auch eine effektivere Feststellung von Widersprüchen beziehungsweise Überlagerungen von Gesten. Ein komplexeres Beispiel ist in Bild 5.3f dargestellt. Durch `2FINGER(HOLD(rectangle))+1FINGER(LINE_NORTHEAST)` wird das Festhalten eines rechteckigen Objekts mit zwei Fingern definiert sowie das dazu zeitversetzte Ziehen einer Linie nach Nordosten mit einer weiteren Hand ohne definierten Objektbezug.

Durch die Angabe einer Fokusliste bestehend aus mehreren Objekten kann beispielsweise festgelegt werden, dass eine Bewegung auf mehreren Objekten stattfinden muss, oder dass diese innerhalb ihrer Boundingbox verschiedene Objekte einschließt. Durch `CIRCLE(element1, element2, element3)` kann zum Beispiel das Einkreisen von drei bestimmten Elementen angegeben werden. Die Fokussierung einer Geste ist wiederum abhängig von der konkreten Implementierung von GeForMT.

Auswertung

Durch die explizite Festlegung der Auswertungsart einer Geste wird entschieden, ob ab der Erkennung einer Geste durch das Framework kontinuierlich Ereignisse erzeugt werden oder ein einziges Ereignis nachdem die Geste beendet wurde. Dadurch kann auch die Gestenerkennung optimiert und ebenfalls schon zur Entwicklungszeit von Gesten festgestellt werden, ob es Konflikte zwischen Gesten geben wird. Eine Wischbewegung mit zwei Fingern als Offline-Geste wird durch `2FINGER(LINE):OFF` beschrieben. Falls in der Anwendung ebenfalls eine Online-Manipulation mit zwei Fingern (`2FINGER(MOVE):ON`) beschrieben ist, kann es zur Ausführung mehrerer Aktionen kommen. Der Gestenentwickler kann durch einen entsprechenden Editor darauf hingewiesen werden und entweder bei der Implementierung der Anwendungslogik darauf reagieren oder beispielsweise die Manipulationsgeste auf die Ausführung mit einem Finger beschränken.

Abkürzungen und Alternativen

Mit dem Ziel, eine möglichst prägnante Beschreibung von Gesten zu ermöglichen, werden zwei Abkürzungen eingeführt. Die Form der Ausführung, die durch die atomaren Gesten beschrieben wird, bestimmt eine Geste grundlegend. Daher werden hier lediglich die Richtungsangaben abgekürzt dargestellt. Dadurch ist ein Halbkreis, der in den südlichen Bereich der Windrose entgegen des Uhrzeigersinns gezeichnet wird statt mit `SEMICIRCLE_SOUTH_COUNTERCLOCKWISE` auch mit `SEMICIRCLE_S_CCW` beschreibbar.

Die zweite Abkürzung betrifft die Berührungsarten. Da durch die zur Verfügung stehende Hardware zum gegenwärtigen Zeitpunkt nur eine eingeschränkte Menge von Berührungsarten unterstützt wird, müssen hier nur wenige Abkürzungen überblickt werden. Die Berührungsart `FINGER` wird mit `F` abgekürzt, analog `HAND` mit `H` und `BLOB` mit `B`.

Schließlich können auch alternative Ausführungsformen für eine Geste angegeben werden. Dazu wird bei der Gestendefinition ein vertikaler Trennungsstrich verwendet. Die Geste wird dann durch die Gestenerkennung für beide Ausführungen erkannt. Somit kann beispielsweise dieselbe Anwendungslogik für eine Zoom-Geste, die durch `JOIN[LINE*LINE] | SPLIT[LINE*LINE]` beschrieben ist, verwendet werden.

Grammatikdefinition

Die Extended Backus Naur Form (EBNF) ist eine formale Syntaxbeschreibungssprache und eine Erweiterung der Backus-Naur-Form (BNF), die von Backus und Naur definiert wurde. Durch diese Notation lassen sich kontextfreie Grammatiken durch Regeln beschreiben, um zum Beispiel die Syntax von Programmiersprachen zu definieren (vgl. [Schöning 2003, S. 25f]). Anders als bei kontextsensitiven Grammatiken können bei kontextfreien keine Nebenbedingungen angegeben werden. Dafür sind diese weniger komplex in der Verarbeitung. In Abschnitt 4.2, Seite 90 wurde bereits auf die generelle Struktur einer Gestengrammatik eingegangen. Die EBNF ist von der International Organization for Standardization als ISO/IEC 14977:1996(E) standardisiert worden. Der Formalismus eignet sich insbesondere dazu, syntaktische Regeln unabhängig von der Semantik zu definieren und erlaubt die Messung der Komplexität einer bestimmten gestischen Eingabeform (vgl. [Dix u. a. 2003, S. 431]).

Die EBNF umfasst Mengen von Produktionsregeln, Terminalsymbolen und Nichtterminalsymbolen sowie Metazeichen (siehe auch Abschnitt 4.2, Seite 90). Mit einer Produktionsregel wird ein gültiges Wort oder Teilwort definiert. Dabei werden die Symbolfolgen jeweils einem Nichtterminalsymbol zugeordnet. Eine Produktionsregel kann auch eine Folge von Terminal- oder Nichtterminalsymbolen enthalten. Terminalsymbole sind die Basiselemente der jeweiligen Sprache, also Elemente des Alphabets, aus dem

```
definition  ::=  id '=' complex ('|' complex)*[':'time]';'
id          ::=  [A-Za-z0-9]+
complex     ::=  gesture (operator gesture)* |
                 relation'['gesture (operator gesture)*']'
gesture     ::=  function'('atomfocus(','atomfocus)*')' |
                 atomfocus(','atomfocus)* | '<'id'>'
atomfocus   ::=  atom | atom'('focuslist')'
focuslist   ::=  id(','id)*
function    ::=  [integer]'F' | [integer]'H' | [integer]'B'
operator    ::=  '*' | '+' | ',' | ';'
relation    ::=  'SYNC' | 'JOIN' | 'SPLIT' | 'CROSS' |
                 'CONNECT_START' | 'CONNECT_END' | 'ASIDE' |
                 'AMONG' | 'CLOSE' | 'ADJOIN_'direction
atom        ::=  identifier | vector['_'direction] |
                 shape['_'direction]['_'rotation]
identifier  ::=  'MOVE' | 'POINT' | 'DEPOINT' | 'HOLD'
vector      ::=  'LINE'
shape       ::=  'CIRCLE' | 'SEMICIRCLE'
direction   ::=  'NORTH' | 'N' | 'NORTHEAST' | 'NE' | 'EAST' |
                 'E' | 'SOUTHEAST' | 'SE' | 'SOUTH' | 'S' |
                 'SOUTHWEST' | 'SW' | 'WEST' | 'W' |
                 'NORTHWEST' | 'NW' | 'S~' | 'W~' | 'N~' | 'E~'
rotation    ::=  'CLOCKWISE' | 'CW' | 'COUNTERCLOCKWISE' | 'CCW'
integer     ::=  [1-9][0-9]*
time        ::=  'ON' | 'OFF'
```

Listing 5.1: EBNF-Grammatik der Gestenformalisierung für Multitouch (GeForMT) (nach [Kammer u. a. 2010b])

eine Sprache aufgebaut ist. Das können Buchstaben, Ziffern und Satzzeichen sein. Diese werden in Hochkommas eingeschlossen. Ein Nichtterminalsymbol wird mit Hilfe von einer oder mehreren Regeln aus Terminalsymbolen gebildet. Die Metazeichen umfassen: das Definitionszeichen, das sich aus zwei Doppelpunkten und einem Gleichheitszeichen zusammensetzt, die leere Menge, um eine leere Zeichenfolge anzugeben, den vertikalen Strich um Alternativen anzugeben, Hochkommas zur Kennzeichnung von Terminalsymbolen, runde Klammern zur Gruppierung, runde Klammern mit einem Plus-Zeichen für optionale Symbole und runde Klammern gefolgt von einem Stern, um Wiederholungen auszudrücken. Ein bestimmter Bereich von Zeichen kann durch drei Punkte oder einen Bindestrich definiert werden, zum Beispiel bei den Zahlen von Eins bis Neun.

Für GeForMT ergeben sich 17 Produktionsregeln, die in Listing 5.1 dargestellt sind. Die Produktionsregeln können zwar noch durch Zusammenfassung von Regeln vereinfacht werden. In der vorliegenden Form ist allerdings die Erweiterung leichter und die Regeln nachvollziehbarer. Die Gestendefinition setzt sich

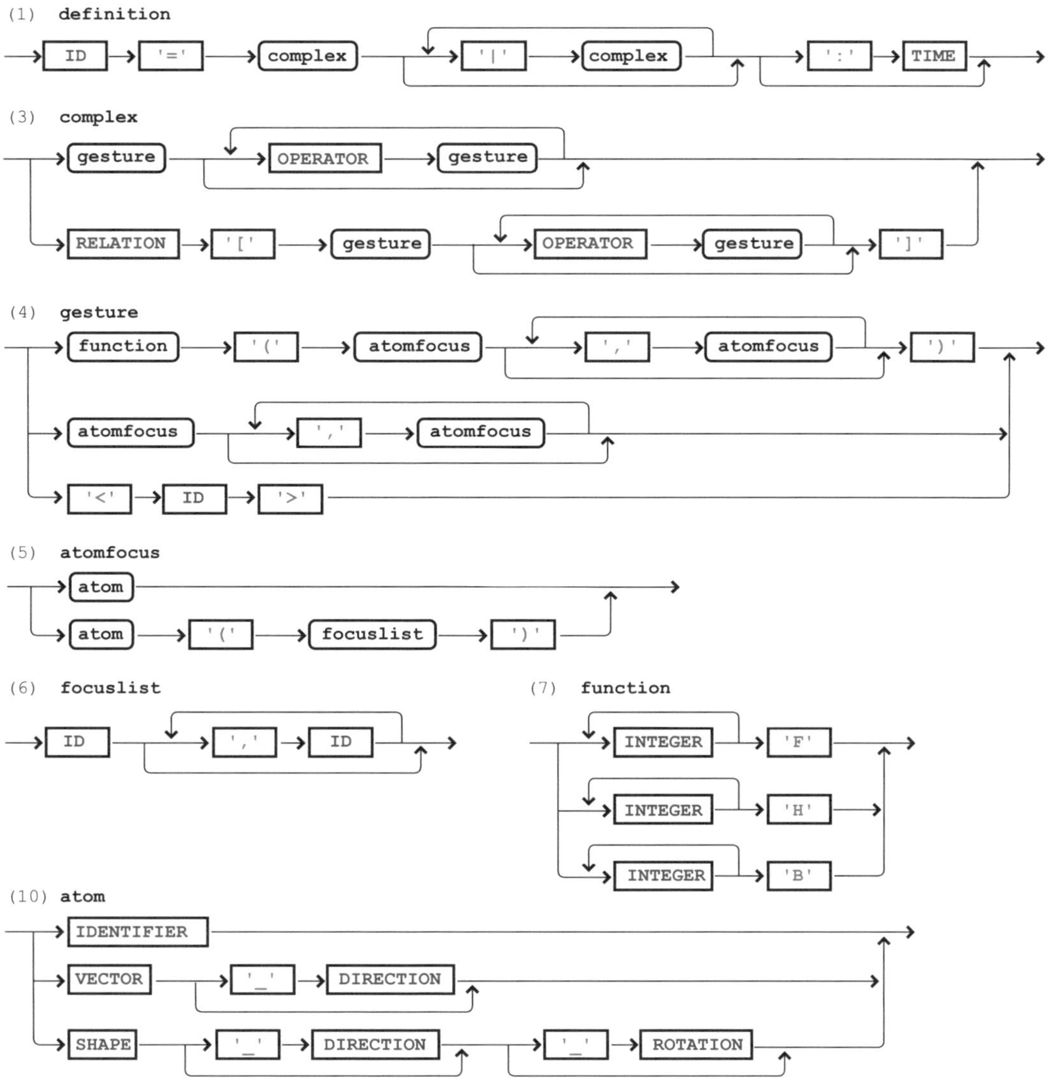

Bild 5.4: Syntax-Diagramme zu den wichtigsten Produktionsregeln der EBNF-Grammatik von GeForMT (erzeugt mit dem Werkzeug ANTLRWorks [@ANTLRWorks 2013])

aus einem eindeutigen Bezeichner und einer Folge alternativer komplexer Gesten zusammen (Regel 1). Zusätzlich wird angegeben, ob die Geste online oder offline ausgewertet werden soll (Regel 17). Komplexe Gesten (Regel 3) bestehen aus einfachen Gesten, die durch einen Operator für die zeitlichen Beziehungen verbunden werden (Regel 8). Alternativ wird auch eine räumliche Relation angegeben (Regel 9). Die so kombinierten Gesten bestehen wiederum aus einer optionalen Funktion zur Bestimmung der Berührungsart und einer Menge von verbundenen atomaren Gesten inklusive deren Objektbezug (Regel 4). Alternativ kann bei Regel 4 auch ein bereits definierter Bezeichner für eine komplexe Geste verwendet werden, der in spitzen Klammern angegeben wird. Der Objektbezug von atomaren Gesten ist wiederum eine

Geste	GeForMT-Ausdruck	Geste	GeForMT-Ausdruck
	a=1F(LINE_NE,LINE_SE)		n=1F(LINE_N,LINE_SE,LINE_N)
	b=1F(LINE_S,LINE_S,LINE_N, LINE_N,SEMICIRCLE_S_CW, SEMICIRCLE_S_CW)		o=1F(CIRCLE_N_CCW)
	c=1F(SEMICIRCLE_S_CCW)		p=1F(LINE_S,LINE_S,LINE_N, LINE_N,SEMICIRCLE_S_CW)
	d=1F(LINE_S,LINE_N, SEMICIRCLE_S_CW)		q=1F(CIRCLE_N,LINE_E)
	e=1F(SEMICIRCLE_SW_CCW, SEMICIRCLE_SE_CCW | 1F(SEMICIRCLE_S_CCW, SEMICIRCLE_S_CCW)	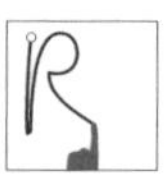	r=1F(LINE_S,LINE_S,LINE_N, LINE_N, SEMICIRCLE_S_CW,LINE_SE)
	f=1F(LINE_W,LINE_S)		s=1F(SEMICIRCLE_SW_CCW, LINE_SE,SEMICIRCLE_SW_CW) | 1F(SEMICIRCLE_S_CCW, SEMICIRCLE_S_CW)
	g=1F(SEMICIRCLE_SW_CCW, SEMICIRCLE_SE_ CCW,LINE_N,LINE_E)	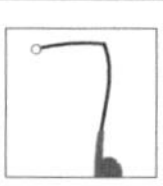	t=1F(LINE_E,LINE_S)

optionale Angabe (Regel 5). Der Objektbezug kann in einer Liste von mit Kommas abgetrennten Bezeichnern angegeben werden (Regel 6). Die Funktionen bestehen aus einer Zahl und einem Bezeichner zur Angabe der Berührungsart (Regel 7). Atomare Gesten (Regel 10) bestehen entweder aus den Schlüsselwörtern ohne Richtungsangaben, um Freiformen, Antippen und Haltegesten zu beschreiben (Regel 11), aus vektorbasierten Gesten mit einer Richtungsangabe (Regel 12) oder weiteren Formen mit optionaler Angabe einer Richtung und Rotation (Regel 13).

Bild 5.4 visualisiert die wichtigsten Produktionsregeln von GeForMT, die mit dem Werkzeug ANTLRWorks generiert wurden (siehe Abschnitt 2.3.3, Seite 53). Durch die Grammatik von GeForMT können Gestensets formal beschrieben und untersucht werden. Als Beispiel listet Tabelle 5.1 GeForMT-Ausdrücke für die Buchstaben des Graffiti-Alphabets auf [Blickenstorfer 1995]. Dies dient vor allem zur Demonstration der Vielfalt an geometrischen Formen, die durch die atomaren Gesten von GeForMT darstellbar sind. Wie aus der Voruntersuchung in Abschnitt 5.1.2 ersichtlich,

Geste	GeForMT-Ausdruck	Geste	GeForMT-Ausdruck
	h=1F(LINE_S,SEMICIRCLE_E_CW)	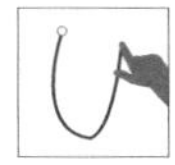	u=1F(LINE_S, SEMICIRCLE_E_CCW, LINE_N)
	i=1F(LINE_S)	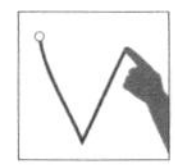	v=1F(LINE_SE,LINE_NE)
	j=1F(LINE_S,SEMICIRCLE_W_CW)		w=1F(LINE_SE,LINE_NE, LINE_SE,LINE_NE)
	k=1F(LINE_SW, LINE_SW,CIRCLE_E_CW, LINE_SE,LINE_SE)		x=CROSS[1F(LINE_SW); 1F(LINE_SE)]
	l=1F(LINE_S,LINE_E)		y=1F(SEMICIRCLE_E_ CCW,LINE_S,LINE_S, SEMICIRCLE_W_CW, LINE_NE,LINE_NE)
	m=1F(LINE_N,LINE_N,LINE_SE, LINE_NE,LINE_S,LINE_S)		z=1F(LINE_E,LINE_SW,LINE_E)

Tabelle 5.1: Das Graffiti-Alphabet in GeForMT-Ausdrücken veranschaulicht die Definition komplexer Gesten auf Basis der zur Verfügung stehenden atomaren Gesten

ist die Definition dieser komplexen Gesten ohne GeForMT bisher sehr aufwendig. Ursprünglich für stiftbasierte Eingaben und möglichst gute Erkennungsraten der Buchstaben entwickelt, zeigt die Formalisierung mit GeForMT, dass auch derartige komplexe Gestensets für flächige Gesten beschreibbar und nutzbar sind. Weitere formalisierte Gestensets, die zusätzlich zur Kombination atomarer Gesten auch zeitliche und räumliche Einschränkungen sowie unterschiedliche Fingeranzahl ausnutzen, befinden sich in den Abschnitten 5.3, Seite 127 und Kapitel 7, Seite 169.

Randbedingungen und Erweiterbarkeit

Für die Definition einer formalen Geste mit GeForMT sind gewisse Nebenbedingungen zu beachten, die in der kontextfreien Grammatik nicht abgebildet werden können. Beispielsweise sind in Regel 9 sowohl zeitliche, als auch räumliche Bedingungen enthalten, von denen `JOIN` und `SPLIT` lediglich für synchron ausgeführte Gestenzüge sinnvoll sind, andere wie `ADJOIN` nur bei sequentiell ausgeführten Gesten. Die Wiederverwendung von bereits definierten Gesten setzt voraus, dass keine derartigen Bedingungen angegeben wurden. Auch die Angabe gleichzeitiger Berührungen ist nicht beschränkt, so dass theoretisch `100FINGER(LINE)` angegeben werden kann. Das Überprüfen dieser Randbedingungen muss bestenfalls bereits in einem Gesteneditor geschehen (siehe Abschnitt 6.3.3, Seite 164). Darüber hinaus kann ein Framework während der Entwicklung Warnmeldungen generieren, wenn Formalisierungen registriert werden, die als nicht sinnvoll definiert wurden.

Die Sprache von GeForMT ist grundsätzlich erweiterbar, beispielsweise um weitere atomare Gesten zu integrieren. Bei den kurvenartigen Formen könnten beispielsweise Viertelkreise ergänzt werden (Regel 13). Ebenso können in Regel 9 weitere räumliche und zeitliche Bedingungen ergänzt werden. Die Notwendigkeit von Erweiterungen kann auf Basis der wohldefinierten und begrenzten Sprache evaluiert werden. In jedem Fall müssen auch Frameworks daraufhin angepasst werden, die GeForMT implementieren. Eine sprachliche Erweiterung kann insbesondere beim Code zur Gestenerkennung umfangreiche Implementierungsarbeiten nach sich ziehen. Bei der Beschreibung der Referenzimplementierung in Abschnitt 6.3, Seite 158 wird näher darauf eingegangen.

5.2.2 Semantik flächiger Gesten

Flächige Gesten verfolgen unterschiedliche Interaktionsziele und werden für unterschiedliche Aktionen in einer Anwendung verwendet. Vergleichend unterteilt DACHSELT Interaktionstechniken im Bereich von 3D-Anwendungen in Selektion, Manipulation und Navigation [Dachselt 2004, S. 71]. Um die Semantik flächiger Gesten zu systematisieren, werden in diesem Abschnitt verschiedene Klassen benannt. Eine eindeutige Kategorisierung ist oft nicht möglich, wie von McNEILL für den Bereich sprachbegleitender Gesten festgestellt wurde [McNeill 2007, S. 38]. Auch flächige Gesten besitzen verschiedene Dimensionen, die ihre semantische Klassifikation unterschiedlich stark bestimmen. Dennoch sind fünf generelle Klassen zu unterscheiden, denen eine Geste hauptsächlich zugeordnet werden kann. Diese in Bild 5.5 dargestellten Klassen ordnen sich den Emblemen aus KENDONS Kontinuum unter (siehe Abschnitt 2.2.1, Seite 33). Dabei handelt es sich um Gesten, die wohlgeformt ausgeführt werden und die einer bestimmten Gemeinschaft von Nutzern bekannt sind. Die verwendeten Bezeichnungen sind dabei teilweise von verwandten Arbeiten aus Abschnitt 2.2.2, Seite 35 entlehnt und werden neu geordnet beziehungsweise in ihrer Bedeutung konkretisiert.

Der in der Literatur oft verwendete Begriff der deiktischen Gesten bezieht sich auf die Auswahl von Objekten oder Objektgruppen. Manipulative Gesten gehen über diese reine Auswahl hinaus und verändern Objekte in ihren sichtbaren Eigenschaften wie Form, Größe, Orientierung oder Ort. Ein visuelles oder auditives Feedback kann sofort eintreten und während der gesamten Ausführung der Geste dargestellt werden.

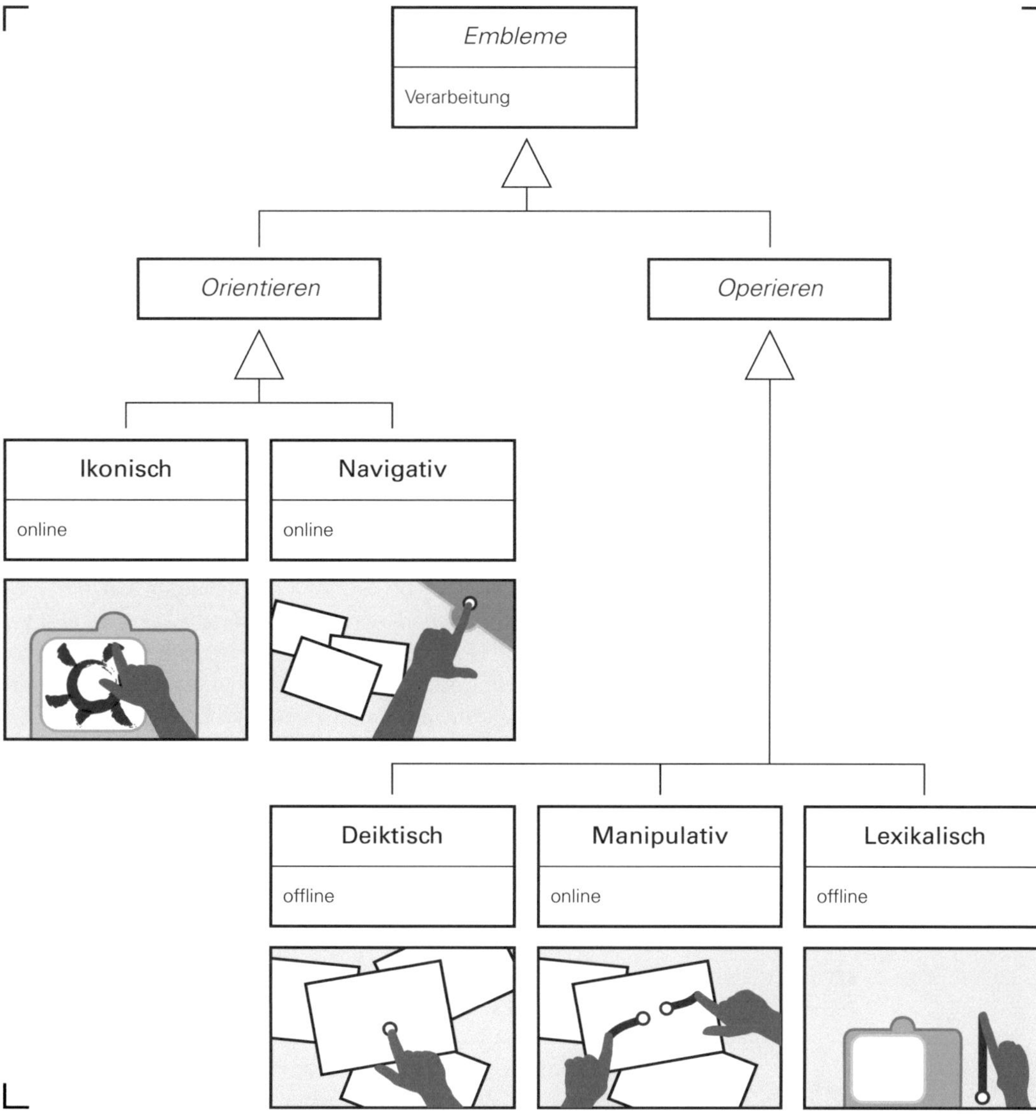

Bild 5.5: Semantische Dimensionen flächiger Gesten, gegliedert nach den Interaktionszielen Operieren und Orientieren (nach [Kammer u. a. 2010b])

Navigative Gesten dienen der Bewegung des Nutzers in einer Anwendung. Dabei ändert sich in der Regel nicht ein singuläres Objekt in seiner Erscheinung, sondern das komplette Bild der Anwendung. Für die Navigation ist eine Vielzahl von Metaphern in einer Anwendung möglich. Die Navigation kann sprunghaft zwischen Fenstern oder durch kontinuierliche Fahrten auf einer großen Fläche oder einem Raum erfolgen. Vergleichend können hier die syntaktischen Felder mit ihren Übergängen aus dem Interaktions-Bild, das in Abschnitt 2.1.5, Seite 31 beschrieben wurde, herangezogen werden. Zoomable User Interfaces arbeiten zusätzlich mit verschiedenen Detailgraden der Darstellung (vgl. [Bederson 2011]). In Bild 5.5 wird zum Beispiel durch Antippen einer Ecke der Anwendung von der aktuellen Ebene in eine darunterliegende gesprungen.

Ikonische Gesten schließen das Zeichnen von Formen ein, beispielsweise in Modellierungsprogrammen oder Skizzieranwendungen. Die grafische Form wird jedoch nicht weiter durch das System interpretiert. Folglich wird keine Bedeutung damit assoziiert oder eine bestimmte Funktion ausgeführt. Bild 5.5 zeigt, wie eine Zeichnung als grafisches Ikon in einer Anwendung angelegt wird. Der Begriff ist den Zeichenklassen von Peirce entlehnt (siehe Tabelle 2.1, Seite 21).

Wird einer Geste eine beliebige Funktion zugeordnet, so handelt es sich um lexikalische Gesten. Dabei handelt es sich um abstrakte Befehle, wie zum Beispiel den Aufruf einer Hilfe durch das Zeichnen eines Fragezeichens. Die Bezeichnung verweist darauf, dass diese Art Gesten in einem Lexikon abgelegt sein können, in dem einer Syntax eine bestimmte Bedeutung oder Funktion zugeordnet wird. Lexikalische Gesten unterscheiden sich von manipulativen und navigativen Gesten, deren Ausführung in direkter Verbindung mit der Bedeutung steht. Die in Bild 5.5 gezeigte lexikalische Geste ruft durch das Ziehen vom unteren Rand her ein Menü in der Anwendung auf. In Bezug auf die Zeichenklassen von Peirce ist hier von einem Index zu sprechen.

Zur hierarchischen Einteilung der semantischen Dimensionen bieten sich die übergeordneten Interaktionsziele Operieren und Orientieren an (vgl. [Groh 2007, S. 155]). Bild 5.5 zeigt, dass sich zur Orientierung navigative Gesten eignen, die den digitalen Raum erfahrbar und durchsuchbar machen. Hilfreich sind jedoch auch ikonische Gesten, um für das spätere Wiederfinden von Pfaden oder Objekten individuelle Markierungen durch Zeichnungen vorzunehmen. Für das Operieren sind eher deiktische, manipulative und lexikalische Gesten geeignet. Durch diese werden Zustandsänderungen vorgenommen oder eine Auswahl getroffen. Letztlich können aber auch lexikalische Gesten der Orientierung dienen, wenn dabei beispielsweise Sichten gewechselt werden.

Wie bereits erwähnt, können flächige Gesten verschiedene Dimensionen in sich vereinen (siehe [Kammer u. a. 2011a]). Dabei führen syntaktisch gleiche Gesten sowohl direkte Manipulationen aus als auch willkürlich zugeordnete Funktionen wie bei lexikalischen Gesten. Durch entsprechende Unterstützung durch den Rechner werden Manipulationen zunächst beschränkt, auf Konsistenz geprüft oder funktionell erweitert. Bild 5.6 veranschaulicht dieses Kontinuum und verortet darin fünf Stufen. In Abschnitt 7.1.2, Seite 180 werden die beschriebenen Stufen an Beispielen demonstriert.

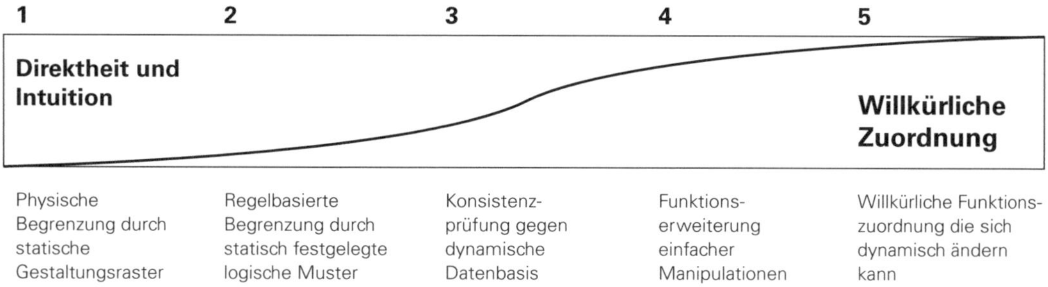

Bild 5.6: Semantische Stufen, auf denen sich syntaktisch gleiche Gesten von manipulativen zu lexikalischen entwickeln (nach [Kammer u. a. 2011a])

Die syntaktischen Grundformen sind dabei immer entweder `1F(MOVE)` oder `1F(LINE)*1F(LINE)`, mit zusätzlichem Ortsbezug oder weiteren Einschränkungen wie Richtungen oder räumlichen Bedingungen. Durch die zusätzliche Funktionalität kann schneller gearbeitet werden, da auf das Wechseln eines Applikationsmodus oder Menüs verzichtet werden kann. Modusfreie Nutzerschnittstellen werden als leichter verständlich angesehen. Tesler prägte in diesem Zusammenhang während der Entwicklung der Programmiersprache Smalltalk die Forderung: »don't mode me in«. Raskin definiert ein Mensch-Computer-Interface dann als modal in Bezug auf eine Geste, wenn der Systemzustand nicht im Aufmerksamkeitsfokus des Anwenders liegt und das Interface je nach Systemzustand zu ein und derselben Geste eine unterschiedliche Reaktion auslöst [Raskin 2000, S. 42].

Die erste semantische Stufe setzt virtuelle Begrenzungen ein, welche die Freiheit der Manipulationen einschränken. Dazu zählen insbesondere Gestaltungsraster, magnetische Raster, automatisches Ausrichten und weitere Layout-Mechanismen. Die Manipulation von virtuellen Objekten wird dadurch eingeschränkt, wodurch visuelle Unordnung vermieden werden kann. Die Interaktionen werden immer noch sehr direkt ausgeführt und ausgewertet. Beispiele für Werkzeuge zur Positionierung und Rasterung auf Multitouch-Oberflächen finden sich in der Literatur zum Beispiel bei Frisch et al. [Frisch u. a. 2011].

Die zweite Stufe funktioniert ähnlich, den Rastern unterliegen jedoch logisch feste Regeln zur Ausrichtungs- und Manipulationsbeschränkung. Ein Beispiel dafür sind nach musikalischem Takt eingeteilte Zeitstrahlen, auf denen Noten oder Samples manipuliert werden. Diese Regeln sind statisch und ändern sich nicht während der Benutzung. Wichtig ist auch hier visuelles Feedback, was darauf hinweist, dass beispielsweise eine Aktion zur Skalierung die vorgeschriebene Mindestgröße eines Objekts erreicht hat.

Auf der dritten Stufe erfolgt die Konsistenzprüfung basierend auf einer möglicherweise dynamischen Datenbasis. Eine Datenbank von Terminen gibt zum Beispiel vor, ob der Besuch einer Veranstaltung verschoben oder verlängert werden kann, je nachdem wie groß das mögliche Zeitfenster ist, das beispielsweise durch Öffnungszeiten vorgegeben wird. Dadurch bleibt der Zustand des Systems nach Manipulationen konsistent zu einer Datenbasis. Der dynamische Aspekt macht diese Art der Beschränkung noch komplexer als die statischen Regeln auf der zweiten Stufe.

Ab der vierten Stufe verlieren Raster ihre Bedeutung. Die auf dieser Stufe befindliche Funktionserweiterung von Manipulationsgesten ist immer noch stark an die Nutzeraktion gekoppelt. Zum Beispiel kann das Skalieren oder Rotieren von Objekten dazu genutzt werden, um diese zu vervielfältigen. Zum Löschen von Objekten können diese entweder über den Rand der Multitouch-Oberfläche hinaus geschoben oder auf eine gewisse Größe verkleinert werden. Zwar werden damit die Manipulationen weniger direkt und natürlich. Jedoch ist die Funktionserweiterung eine Alternative zu Menüstrukturen oder Modi, um Anwendungen mit Funktionen anzureichern. Auch semantische Zoomtechniken führen zur veränderten Darstellung von Inhalten. Dabei lösen Manipulationen mit zwei Fingern, die sonst zum Verkleinern oder Vergrößern von Objekten genutzt werden, Datenaggregationen und -abstraktionen aus.

Mit der willkürlichen Funktionszuordnung auf der fünften Stufe in Bild 5.6 wird schließlich die Bindung an eine Manipulationsaufgabe vollständig aufgelöst. Weitere Aktionen, die beispielsweise durch Zoomgesten ausgeführt werden können, sind das Speichern und Schließen von Dokumenten. Die vorgestellten semantischen Stufen zeigen, dass auch sehr einfache flächige Gesten für viele Funktionen nutzbar sind. Eine weitere Implikation ist jedoch, dass die offene Zuordnung von Funktionalität dem Nutzer veranschaulicht werden muss. Die Beispiele in Abschnitt 7.1.2, Seite 180 zeigen dafür Lösungswege auf und illustrieren die hier aufgeführten semantischen Stufen.

Die Funktionserweiterung von Gesten muss auf den Anwendungsfall abgestimmt sein und den Nutzererwartungen entsprechen. Das mentale Modell des Anwenders bezüglich der möglichen Aktionen kann sich von dem des Programmierers stark unterscheiden (vgl. [Norman und Draper 1986, S. 157ff]). Eine größere Funktionalitätsvielfalt von Gesten ist gegenüber der Konsistenz gestischer Eingabe abzuwägen. Dabei sind mehrfach überlagerte Bedeutungen ein und derselben Geste zu vermeiden. Insbesondere wenn in einem bestimmten Kontext eine Geste mit Funktionalität »überladen« wird, kann dies schwierig zu verstehen sein und zu Verwirrung und Fehleingaben führen. Jedoch können erfahrenere Nutzer eher mit komplexeren Gestensets konfrontiert werden. Diese bevorzugen gegebenenfalls Gesten für Aktionen, die sonst in separat aufzurufenden Menüs zu finden sind. Durch Befragung und Beobachtung von Nutzern lässt sich feststellen, ob Funktionen verstanden werden oder Frustration und Fehleingaben provozieren, wie das versehentliche Löschen von Objekten. Die noch offene Frage nach der Realisierung einer Funktion zum Rückgängigmachen von Aktionen (engl. *undo*) bei gestischer Interaktion verschärft dieses Problem (vgl. [Norman und Nielsen 2010]).

Die Auswirkungen auf die Lernkurve beim Verstehen neuer Anwendungen, die bekannte Manipulationsgesten anders interpretieren, sind unklar. Daher muss der Effekt einer Geste verdeutlicht werden, zum Beispiel mit Animationen und Transitionen. Beispielsweise kann das Löschen eines Objekts durch Verkleinern mittels transparenter Einfärbung verdeutlicht werden. Unerfahrene Nutzer benötigen gegebenenfalls sehr detaillierte Einführungen und Anleitungen (engl. *tutorials*). Eine interessante Frage betrifft auch das Zusammenspiel verschiedener semantischer Stufen. Die Abwägung zwischen Benutzbarkeit, Benutzungserlebnis (engl. *user experience*) und Produktivität obliegt den Entwicklern einer Multitouch-Nutzerschnittstelle. Die Vorteile, die mit GeForMT formalisierte Gesten im Bereich der Pragmatik bieten, werden im nächsten Abschnitt erläutert.

5.2.3 Pragmatik flächiger Gesten

In Abschnitt 4.4, Seite 95 wurden bereits vielfältige Techniken zum Erlernen der Bedienung von Nutzerschnittstellen betrachtet. Im Gegensatz zu Hilfen und Erklärungen, die der Benutzung vorgelagert sind oder diese unterbrechen, sind insbesondere die Bedienung begleitende Hilfen bewährte Mittel, um den Umgang mit dem Rechner zu erlernen und zu erleichtern. Die Beschreibung aller Gesten einer Anwendung mit GeForMT ermöglicht einerseits die optimierte Gestenerkennung. Beispielsweise kann mit entsprechendem Feedback an den Nutzer die Verarbeitung abgebrochen werden, falls keine gültige Geste auf einem Objekt mehr möglich ist. Andererseits können während der Nutzung Hilfsanimationen generiert werden. Zu diesem Zweck wurde ein Animations-Framework für GeForMT (AnFraGe) konzipiert. Die Gestaltung der Visualisierung als dezente graue Berührungspunkte und Pfade ist dem Ripples-System nachempfunden [Wigdor u. a. 2009] und kann als Ergänzung dazu verwendet werden. Ripples visualisiert Berührungspunkte und Bewegungspfade, um dem Nutzer Feedback während der Gesteneingabe zu geben.

Für die Generierung der Animationen wird ein Modulsystem basierend auf der Windrose verwendet, die den atomaren Gesten

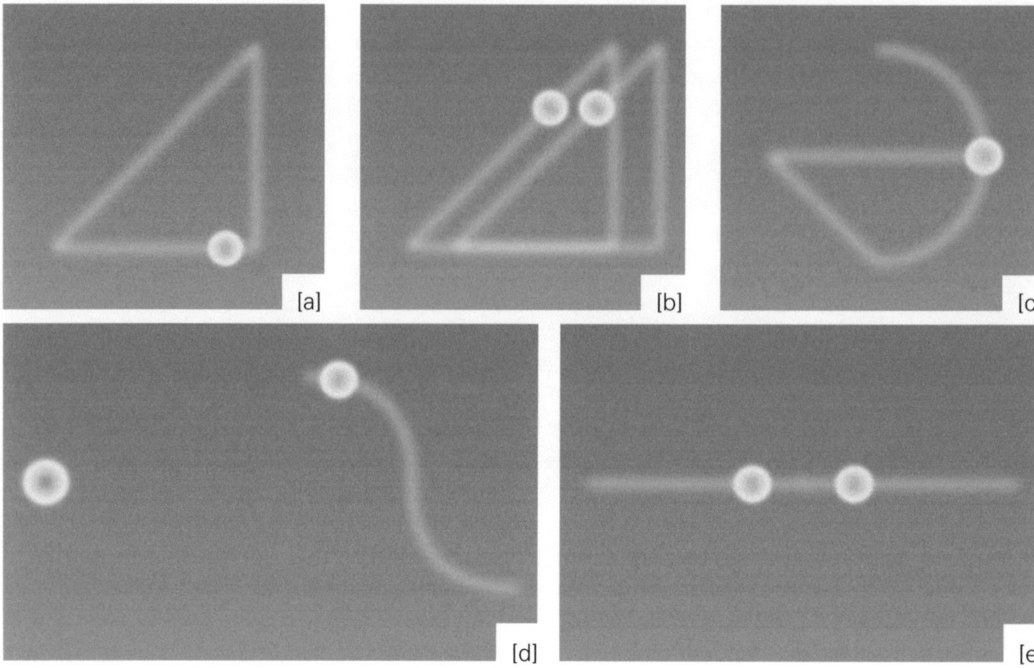

Bild 5.7: Animation von komplexen Gesten, die sich aus atomaren Gesten zusammensetzen
[a] 1F(LINE_NE,LINE_S,LINE_W)
[b] 2F(LINE_NE,LINE_S,LINE_S)
[c] 1F(SEMICIRCLE_S_CW, LINE_NW,LINE_E)
[d] HOLD*MOVE
[e] JOIN[1F(LINE_W)*1F(LINE_E)]

von GeForMT zugrundeliegt. Spezialfälle sind dabei die nicht geometrischen atomaren Gesten `POINT` und `HOLD` sowie die Freiform `MOVE`. Für `POINT` und `HOLD` werden punkthafte oder pulsierende Animationen des Berührungspunkts dargestellt. Eine Freiform wird durch eine geschwungene Linie visualisiert (siehe Bild 5.7d). Zwar kann dies zu Verwechslungen mit der kurvenhaften Ausführung anderer atomarer Gesten führen. Ein zufällig generierter Bewegungspfad suggeriert jedoch gegebenenfalls eine hoch komplexe Bewegung, die den Nutzer verwirren kann. Außerdem bleibt die Darstellung von Freiformen dann nicht konsistent, was einem Lerneffekt entgegenläuft. Bild 5.7a zeigt beispielsweise die Ausführung der Geste `1F(LINE_NE,LINE_S,LINE_W)`, die zum Kopieren eines Objekts genutzt werden kann. Die Geste `2F(LINE_NE,LINE_S,LINE_S)` in Bild 5.7b würde analog dazu das kopierte Objekt wieder einfügen und unterscheidet sich in der Ausführung nur in der Anzahl der Finger. Diese Abbildung zeigt auch, dass bei mehreren Fingern das den Animationen zugrundeliegende Modulsystem multipliziert und überlagert wird. Eine Geste zum Ausschneiden von Objekten, die effektiv dadurch gelöscht werden und daher bei zufälliger Ausführung erhebliche Konsequenzen hat, könnte die komplexere Ausführung `1F(SEMICIRCLE_S_CW,LINE_NW,LINE_E)` besitzen, die durch AnFraGe in Bild 5.7c dargestellt wird. Parallele Eingaben werden durch nebeneinander positionierte Modulsysteme dargestellt. Beispiele dafür sind die Geste `HOLD*MOVE`, die in Bild 5.7d dargestellt wird und `JOIN[1F(LINE_W)*1F(LINE_E)]` in

Bild 5.7e, bei der auch räumliche Relationen ausgewertet werden. AnFraGe wurde in C# mit Hilfe des Surface SDK von Microsoft umgesetzt [@Surface SDK 2012].

Für die Verwendung des Animationssystems in einer Anwendung sind verschiedene Aktivierungsstrategien der Animationen zu testen und auszuwählen. Dix et al. schlagen dafür explizite Kommandos oder Buttons vor [Dix u. a. 2003, S. 412]. Die Aktivierung einer permanenten Hilfsfunktion oder einer separaten Anwendung sind ebenso möglich. Damit sind auch unterschiedliche Darstellungsstrategien verbunden, wie zum Beispiel eigene Fenster, die Einnahme von Teilen des Bildschirms, oder Überlagerungen mit Popups.

Vanacken führt zur Verdeutlichung der Gesten in einer Anwendung die Animation virtueller Hände ein. Diese sogenannten »TouchGhosts« lassen sich ebenso durch unterschiedliche Aktivierungsstrategien aufrufen [Vanacken 2012, S. 38f]. Als explizite Strategie werden auch hier Buttons oder Menüs verwendet, welche die zur Verfügung stehenden Gesten auflisten. Zum impliziten Aufruf muss der Nutzer in seiner Verwendung der Nutzerschnittstelle überwacht werden. Bei einem ineffektivem Gebrauch der zur Verfügung stehenden Gesten können Animationen auf weitere hinweisen. Die TouchGhosts werden explizit Interface-Elementen zugewiesen. GeForMT kann dies im Gegensatz dazu aufgrund der formalen Beschreibung der Gesten implizit leisten.

Für die Multitouch-Interaktion sind im Bereich der Pragmatik des Weiteren basale kognitive Fähigkeiten des Menschen wie Geschicklichkeit und Präzision zu thematisieren, die im folgenden Abschnitt im Rahmen von drei Präzedenzfällen näher diskutiert werden.

5.3 Präzedenzfälle für die Formalisierung

Um die beschriebenen Ansätze zur Formalisierung zu überprüfen, wurden im Rahmen eines studentischen Kurses experimentelle Multitouch-Anwendungen umgesetzt. Die hier behandelten Präzedenzfälle wurden bereits in ihren grundlegenden Funktionsweisen in einem Buchbeitrag beschrieben [Kammer u. a. 2011c]. Das studentische Praktikum wurde in Abschnitt 5.1.2, Seite 104 hinsichtlich der verwendeten Technologien evaluiert. Grundlegende kognitive Fähigkeiten des Menschen standen im Mittelpunkt, die hinsichtlich ihrer Übertragung auf Multitouch-Interfaces im Rahmen von Spielkonzepten untersucht wurden. Im durchgeführten Kurs wurde eine unvoreingenommene Herangehensweise an Gesten mittels der Finger und Hände verfolgt. Innerhalb der Anwendungen werden Aspekte der Kollaboration, des parallelen Arbeitens,

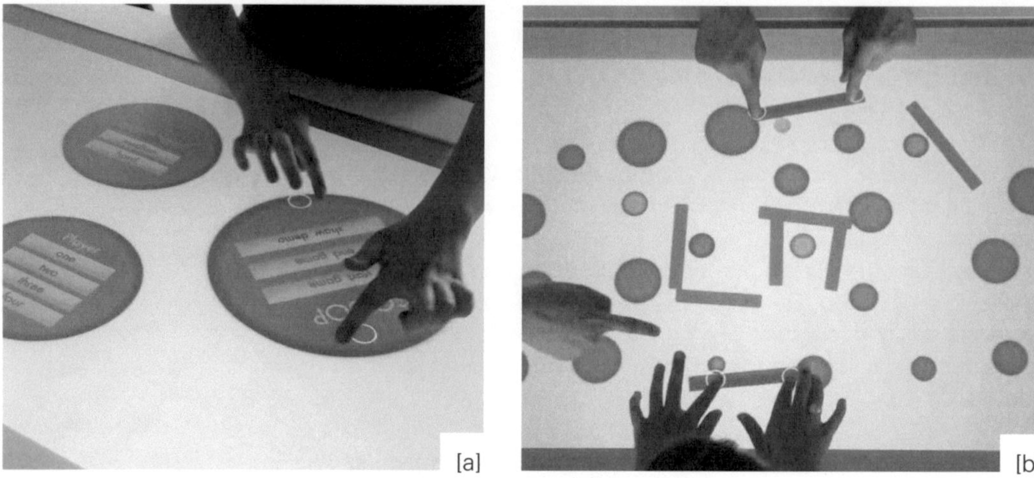

Bild 5.8: »Scoop« nutzt sowohl Manipulationsgesten zur Steuerung als auch lexikalische Gesten zur Erzeugung von Objekten (aus [Kammer u. a. 2011c])

der natürlichen Gesten und darauf aufbauende Interaktionskonzepte thematisiert. Die Betreuung der Studierenden erfolgte in Zusammenarbeit mit Georg Freitag und Mandy Keck.

Im Folgenden wird für jeden Präzedenzfall kurz das behandelte Thema, das generelle Spielprinzip und die umgesetzten Gesten beschrieben. Die Gesten werden syntaktisch formal mit Hilfe von GeForMT ausgedrückt und ihren primären semantischen Dimensionen zugeordnet. Die pragmatischen Implikationen werden anhand der Oberthemen Geschicklichkeit, Präzision und Kooperation diskutiert. Die beschriebenen Anwendungen basieren auf dem Open-Source-Protokoll TUIO [Kaltenbrunner u. a. 2005] und dem Multitouch-Tisch »xdesk« [@Impressx GmbH 2011]. Da zum Zeitpunkt des Praktikums noch keine Implementierung des Ansatzes von GeForMT zur Verfügung stand, wurde das Multitouch-Framework MT4j [Laufs u. a. 2010] unter anderem durch Gestenerkennungsalgorithmen (siehe [Wobbrock u. a. 2007]) und unterschiedliche Physik-Engines erweitert (siehe Abschnitt 5.1.2).

5.3.1 Geschicklichkeit bei der Multitouch-Interaktion

Die Kategorie Geschicklichkeit betrifft Anwendungsfälle, in denen Nutzer durch schnelle und geschickte Eingaben Aufgaben lösen oder definierte Ziele erreichen müssen. Geschicklichkeit wird durch Charwat wie folgt definiert: »Geschicklichkeit ist die durch Veranlagung und Übung erworbene menschliche Eigenschaft, Wahrnehmungen in der für eine bestimmte Tätigkeit gebotenen Präzision und Geschwindigkeit mit Bewegungen zu koordinieren. [...] Sie äußert sich in der raschen und erfolgreichen Verrichtung von Handlungen« [Charwat 1994].

```
1 Move     =MOVE(paddle)               // manipulativ
2 Barrier  =1F(LINE(board))            // lexikalisch
3 Hole     =1F(CIRCLE(board))          // lexikalisch
4 GiveUp   =1F(HOLD(quitButton)        // lexikalisch
5 Tap      =1F(POINT(button))          // deiktisch-lexikalisch
```

Listing 5.2: Gesten in »Scoop«

Für die Multitouch-Interaktion ist die Geschicklichkeit ein wichtiger Faktor, da der direkte Umgang mit den Fingern entsprechend schnelle Eingaben ermöglicht, die jedoch trotzdem fehlerfrei erfolgen sollen. Die Anwendung »Scoop« funktioniert mit einem einzigen und bis zu vier gleichzeitigen Nutzern. Die Spieler stehen dabei an jeweils einer Seite des Multitouch-Tischs (siehe Bild 5.8a). An der unteren Kante befindet sich für jeden Spieler ein Brett mit einer andersfarbigen Kugel, auf die eine Anziehungskraft zum unteren Tischrand hin wirkt (siehe Bild 5.8b).

Jedes Brett kann mit einer beliebigen Anzahl von Fingern balanciert werden, wobei optimale Ergebnisse mit jeweils einem Finger jeder Hand erreicht werden (siehe Listing 5.2, Zeile 1 und Bild 5.8b). Die Kugel auf dem Brett muss in ein gleichfarbiges Loch bewegt werden. Fällt die Kugel in ein anderes Loch, oder vom Rand des Bretts, muss nach einer Wartezeit am unteren Bildrand neu begonnen werden. Weitere Spielelemente sind temporäre Barrieren, die durch eine Strich-Geste erzeugt werden können und wenige Sekunden erhalten bleiben. Dazu wird mit einem Finger in einer langsamen Geschwindigkeit eine Linie auf der Multitouch-Oberfläche gezogen (siehe Listing 5.2, Zeile 2). Da GeForMT keine Geschwindigkeiten spezifiziert, ist diese Randbedingung durch die Anwendungslogik zu überprüfen. Auf der Spielfläche können maximal zehn dieser Barrieren gleichzeitig existieren. Darüber hinaus können mit einer Kreis-Geste neue Löcher auf der Spielfläche erzeugt werden (siehe Listing 5.2, Zeile 3). Diese Löcher bleiben permanent erhalten, allerdings wird ein Mindestabstand zu bereits existierenden Löchern vom System sichergestellt.

Für »Scoop« ist insbesondere der Fokus von Gesten wichtig. Das heißt, die Berührungen der Bretter müssen zusammenhängend ausgewertet werden. Des Weiteren werden lexikalische Gesten verwendet, die erst nach ihrer vollständigen Ausführung interpretiert werden, um Barrieren und Löcher zu erzeugen. Sollte ein Spieler aufgeben wollen, ist eine Berührungszone mit einem Kreuz durch eine Haltegeste zu berühren (siehe Listing 5.2, Zeile 4). Dem Spiel vorgeschaltete Menüs werden durch Berührung der Menüpunkte gesteuert (siehe Listing 5.2, Zeile 5). Da sich hinter der deiktischen Handlung der Auswahl eines dieser Menüpunkte jedoch komplexe Funktionalitäten verbergen, wird hier von der

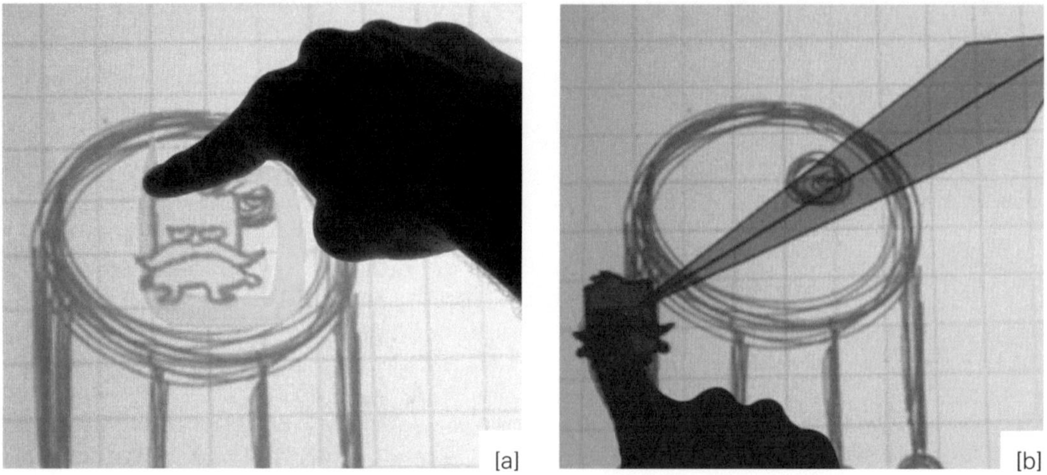

Bild 5.9: »Monsters« thematisiert die Präzision bei der Ausführung von Multitouch-Gesten, Erstellkreis mit Feedback (a) und Katapult-Geste (b) (aus [Kammer u. a. 2011c])

semantischen Dimension deiktisch-lexikalisch gesprochen. In den frei drehbaren Menüs wird die Anzahl der Spieler und der Schwierigkeitsgrad eingestellt sowie das Spiel gestartet oder beendet (Bild 5.8a). Zur Unterstützung der Pragmatik steht ein einführendes Video zur Verfügung, welches das Spielprinzip und die zur Verfügung stehenden Gesten zeigt. Die Anwendung »Scoop« wurde durch die Studentinnen Mandy Korzetz und Berit Lochner umgesetzt.

5.3.2 Präzision bei flächigen Gesten

Im Bereich der Präzision wurden Interaktionskonzepte untersucht, deren Schwerpunkt die möglichst genaue Eingabe von Formen beziehungsweise Bewegungen ist. Im Vordergrund steht das Erlernen von Bewegungsabläufen und deren Optimierung. Die entwickelte Anwendung soll insbesondere das motorische Gedächtnis ansprechen. Dieses beschreibt den Teil des Gehirns, der Bewegungsabläufe memoriert. Hierbei wird zwischen dem motorischen Arbeitsgedächtnis zur Speicherung von Kurzzeitinformationen und dem motorischen Langzeitgedächtnis unterschieden. Das motorische Arbeitsgedächtnis stellt für kurze Zeit Informationen bereit, welche zur Bearbeitung einer spezifischen Aufgabe genutzt werden. Eine Untersuchung bezüglich des kurzzeitigen Memorierens von Bewegungsabläufen wurde von Adams und Dijkstra durchgeführt [Adams und Dijkstra 1966]. Die Versuchspersonen führten einen Bewegungsablauf aus, den sie nach einem bestimmten Zeitintervall wiederholten. Dabei stieg die Fehlerquote innerhalb von zwanzig und dreißig Sekunden signifikant an. Dieser Zeitabschnitt repräsentiert folglich die Grenze des kurzzeitigen Merkens solcher Abläufe.

```
Square   =1F(LINE_S(pad),LINE_E(pad),LINE_N(pad),LINE_W(pad)) |
          1F(LINE_E(pad),LINE_N(pad),LINE_W(pad),LINE_S(pad))
                                                  // lexikalisch
Triangle =1F(LINE_SW(pad),LINE_E(pad),LINE_NW(pad)) |
          1F(LINE_E(pad),LINE_NW(pad),LINE_SW(pad)) |
          1F(LINE_NW(pad),LINE_SW(pad),LINE_E(pad))
                                                  // lexikalisch
Circle   =1F(CIRCLE(pad))                         // lexikalisch
Catapult =1F(MOVE(monster)):OFF                   // manipulativ
```

Listing 5.3: Gesten im Spiel »Monsters«

Des Weiteren können maximal acht Bewegungssequenzen parallel im Arbeitsgedächtnis gehalten werden [Wilberg und Salmela 1973]. Werden die Abläufe miteinander verbunden, ist auch eine höhere Zahl kurzzeitig memorierbar [Starkes u. a. 1987]. Das motorische Langzeitgedächtnis wird in das deklarative und das prozedurale Langzeitgedächtnis unterschieden. Im deklarativen Langzeitgedächtnis werden ausführbare Bewegungen gespeichert und deren Ausführungsart im prozeduralen Langzeitgedächtnis [Magill 2011].

Das Einprägen von kontinuierlichen Aufgaben, wie zum Beispiel einem Dribbling beim Fußball, gelingt besser als das Behalten einer diskreten Aufgabe, beispielsweise ein Torschuss. Bei komplexen Sequenzen lassen sich der Beginn des Ablaufs und das Ende besser einprägen als dazwischen ausgeführte Bewegungen. Das Vorstellen der Bewegung und verbale Hinweise begünstigen das Memorieren der Informationen. Auch eine Selbstorganisation des Lernablaufs [Magill 2011] und eine Selbstbestimmung der Bewegungskriterien, also das eigene Entwickeln der Abläufe, begünstigt das Erinnern [Raab 2002]. Kurzfristig speichert das Gehirn eine sich immer wiederholende Aufgabe besser. Langfristig ist jedoch eine Variierung der Aufgaben sinnvoller [Adams und Dijkstra 1966]. Das Erlernen und Behalten wird darüber hinaus erheblich durch Motivation begünstigt [Crocker und Dickinson 1984]. Ist der Kontext beim Abrufen einer Bewegung der gleiche wie beim Erlernen, fällt das Erinnern leichter. Die neue Aufgabe kann auch mit Erinnerungshinweisen zum Kontext versehen werden, um besser abrufbar zu sein [Lee und Hirota 1980].

Für flächige Gesten lässt sich aus diesen Erkenntnissen ableiten, dass diese eine gewisse Komplexität nicht überschreiten sollten. Zudem empfiehlt sich eine Beschränkung des Gestensets, sofern kein Expertensystem entwickelt wird. Dem trägt GeForMT mit dem übersichtlichen und bildhaften Repertoire an atomaren Gesten Rechnung. Durch die formale Darstellung ergibt sich auch ein leichterer Austausch von Gesten durch den Nutzer, was insbesondere bei lexikalischen Gesten praktikabel ist. Dies kommt dem Anspruch der Selbstorganisation von Bewegungsabläufen nach. Bei der kontinuierlichen Auswertung, beispielsweise von manipulativen Gesten, werden oft bestimmte Eigenschaften der Geste von der Anwendungslogik erwartet, wodurch ein Austausch von Gesten erschwert wird.

Bei dem Spiel »Monsters« besitzt jeder der zwei Spieler eine festgelegte Anzahl von Objekten mit den geometrischen Grundformen: Kreis, Quadrat und Dreieck. Diese sind auf der Spielfläche angeordnet. Zusätzlich verfügt jeder Spieler über einen sogenannten Erstellkreis. In diesem können Objekte mit Hilfe von Gesten erstellt und in einem bestimmten Winkel hinauskatapultiert werden (siehe Bild 5.9b). Treffen diese auf Objekte des Mitspielers, so werden diese gelöscht. Zusätzliche Spielelemente wie zum Beispiel Wände und Kanaldeckel dienen als Hindernisse. Zum Erstellen der Objekte werden die Kreis-, Quadrat- und Dreieck-Gesten verwendet, die auf den geometrischen Formen beruhen (siehe Listing 5.3, Zeilen 1-6 und Bild 5.9a). Zusätzlich wird die Katapult-Geste verwendet, die darin besteht, dass ein erstelltes Objekt berührt wird und durch das Wegziehen des Fingers auf der Oberfläche der Winkel und die Stärke des Katapultierens eingestellt werden (siehe Listing 5.3, Zeile 7).

Das Spiel beruht demzufolge auf drei lexikalischen Gesten und einer manipulativen Geste, die entsprechend während ihrer Ausführung grafisch erläutert werden (siehe Feedforward und Feedback in Abschnitt 4.4, Seite 95). Beispielsweise wird beim Zeichnen der Objekte der Pfad nachvollzogen und ein Vorschaubild des dabei entstehenden Objekts als Feedforward angezeigt. Für das Katapultieren wird die Stärke und Ausrichtung durch einen Pfeil veranschaulicht (siehe Bild 5.9b). Das Menü von »Monsters« wird durch die syntaktisch gleichen Gesten wie im Spiel gesteuert. Menüpunkte sind durch Spielfiguren repräsentiert, die durch Erstellen eines Quadrats und anschließendem Hinauskatapultieren ausgewählt werden. Durch Auswahl des Einspielermodus kann das Spielprinzip und die dafür notwendigen Gesten erlernt und erprobt werden. Textuelle Hinweise zur Benutzung fügen sich in die skizzenhaft gestaltete Nutzeroberfläche nahtlos ein. Das Spiel »Monsters« wurde von Brian Eschrich und Maria Tschierske umgesetzt.

5.3.3 Kooperation in Multitouch-Anwendungen

Der Präzedenzfall zum Thema Kooperation thematisiert die Erkundung eines unbekannten Datenraums. Sommer beschreibt das Suchen als »ein Bemühen, grundsätzlich Sichtbares, das aber de facto noch unsichtbar ist, auch faktisch sichtbar zu machen« [Som-

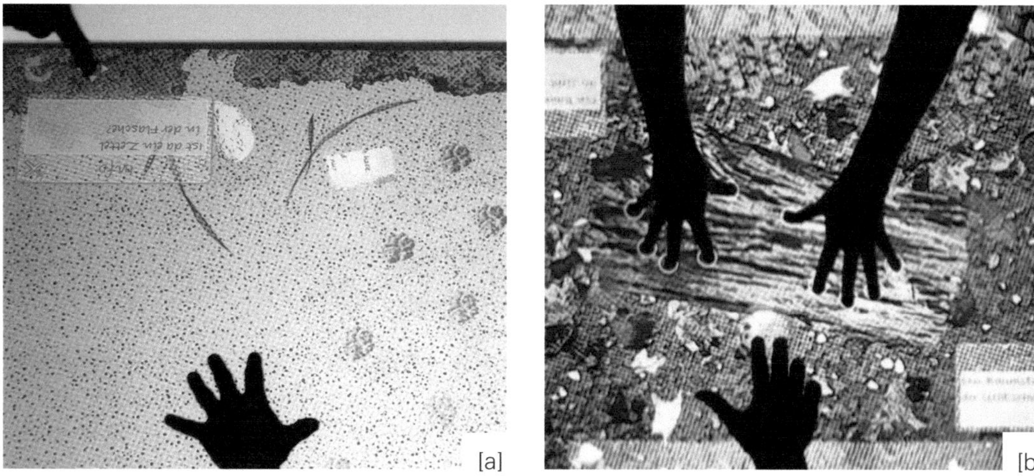

Bild 5.10: Das Thema Kooperation am Beispiel des Adventure-Spiels »Under the Surface« (aus [Kammer u. a. 2011c])

mer 2002, S. 32]. Diese grundlegende Tätigkeit des Menschen wird von Sommer an bestimmte Bedingungen geknüpft: »Insofern ist also Suchen vor allem ein von Wissen-Wollen getriebenes und von Vorauswissen geführtes Sichtbarmachen« [Sommer 2002, S. 15]. Im Spielebereich werden aus diesem Grund entweder bei den sogenannten Wimmelbildspielen einfache Strukturprinzipien zugrunde gelegt, oder wie bei Adventure-Spielen komplexe, narrative Szenarien. Bei Wimmelbildspielen ist das Suchziel klar und wird nach der Erkundung der Umgebung gefunden. Bei Adventure-Spielen wird ein offenerer Rahmen vorgegeben, bei dem das grundlegende Spielziel, nicht die Entdeckung einzelner konkreter Objekte im Vordergrund steht.

Das Spielkonzept von »Under the Surface« greift diesen Ansatz auf. Zwei Spieler arbeiten kooperativ zusammen, um mittels geeigneter Objekte eine unbewohnte Insel verlassen zu können. Sukzessiv dargebotene Hinweise sollen das Lösen dieser Aufgabe erleichtern. Verschiedene Gegenstände müssen gesammelt, kombiniert oder in anderer Art manipuliert werden. Diese werden in einem gemeinsamen Inventar verwaltet, das gleichermaßen Bestandteil der gestischen Interaktion ist. Um Informationen zu einem Objekt anzuzeigen, wird dieses kurz angetippt (siehe Listing 5.4, Zeile 1). Darüber hinaus wird zum Verschieben ein Objekt mit zwei Fingern gezogen (siehe Listing 5.4, Zeile 2). Dadurch wird eine Abgrenzung zum Antippen geschaffen und der Eindruck des Aufhebens mittels zwei Finger in der Realität durch den Pinzettengriff erzeugt. Die Wisch-Geste ermöglicht es dem Spieler, verborgene Objekte aufzudecken (siehe Listing 5.4, Zeile 3). Dabei führt der Spieler eine wischende Handbewegung aus, wodurch Objekte im Vordergrund beiseitegeschoben werden. Dabei müssen mehrere Finger einer Hand Kontakt mit der Multitouch-Oberfläche haben. Mit der Greif-Geste wird das Aufheben eines

```
1 Info     =1F(POINT(element))                    // deiktisch-lexikalisch
2 Move     =2F(MOVE(element))                     // manipulativ
3 Swipe    =5F(MOVE(element))                     // manipulativ
4 Pick     =JOIN[5F(LINE(element))]               // deiktisch
5 Lift     =10F(POINT(element))                   // lexikalisch
6 Combine  =1F(HOLD(item))+1F(POINT(item))        // lexikalisch
7 Navigate=1F(HOLD(navButton))*1F(HOLD(navButton))+MOVE(map)
8                                                 // navigativ
```

Listing 5.4: Gesten in »Under the Surface«

Objekts in der Realität nachgeahmt. Dazu wird das gewünschte Objekt von den Fingern einer Hand eingeschlossen und diese anschließend zusammengezogen (siehe Listing 5.4, Zeile 4). Wenn danach die Finger von der Multitouch-Oberfläche genommen werden, wird das Objekt im Inventar abgelegt.

Die Hebe-Geste dient zur Interaktion mit Objekten, die in der Realität sowohl den Einsatz beider Hände, also auch viel Kraft voraussetzen. Beispielsweise ist das Anheben eines Baumstamms auf diese Weise im Spiel möglich (siehe Listing 5.4, Zeile 5 und Bild 5.10b). Dazu wird der Einsatz von zehn Fingern benötigt, die das Objekt berühren. Nur der zweite Spieler kann darauffolgend das darunterliegende Objekt in das Inventar bewegen. Gesten dieser Art zeigen das Potential von Multitouch-Oberflächen auf, mit vielen gleichzeitigen Berührungen durch mehrere Nutzer bestimmte Aktionen auszulösen.

Die Kombinations-Geste wird von beiden Spielern gemeinsam ausgeführt. Dazu wird ein spezielles Kombinations-Icon angetippt, wodurch sich ein Kombinationsfeld öffnet. In diesem werden Gegenstände aus dem Inventar verbunden, die erst von einem Spieler angetippt und gehalten und danach durch den zweiten Spieler angetippt werden (siehe Listing 5.4, Zeile 6). Mit der Bewegungsgeste wird der auf dem Multitouch-Tisch dargestellte Kartenausschnitt verschoben (siehe Bild 5.10a). Beide Spieler halten das dafür vorgesehene Icon gedrückt und können daraufhin die Karte mit der anderen Hand bewegen (siehe Listing 5.4, Zeile 7). Dafür ist im Gegensatz zum Bewegen von Objekten mit zwei Fingern jedoch nur ein Finger notwendig. Abhängig von der Anzahl der Finger wird jedoch die Geschwindigkeit der Kartenbewegung erhöht. »Under the Surface« setzt zahlreiche lexikalische und manipulative Gesten ein, die stark durch die Anzahl der verwendeten Finger unterschieden werden. Die Anwendung wurde durch die Studierenden Josefine Zeipelt und Marcel Höhlig umgesetzt.

5.4 Evaluation und Diskussion

Die Formalisierungsansätze aus Abschnitt 3.3, Seite 73 wurden mit GeForMT verglichen, um Aussagen bezüglich des Beschreibungsaufwands für Gesten und der Gebrauchstauglichkeit treffen zu können. Dabei sind die durchgeführten Beobachtungen nur erste Hinweise darauf, ob sich GeForMT in der Praxis gegenüber anderen Herangehensweisen behaupten kann und Vorteile bietet. Die Evaluation domänenspezifischer Modellierungstechniken, insbesondere in Hinblick auf Kosten und Nutzen gegenüber dem traditionellen Programmieren, ist immer noch Gegenstand der Forschung (vgl. [Wu u. a. 2010]). Daher sind die in diesem Abschnitt vorgeschlagenen Methoden, wie die Messung der Zeichenzahl und die qualitative Bewertung durch Entwickler, als exemplarisch anzusehen und bedürfen zukünftiger Arbeiten zur Absicherung der Ergebnisse und Schlussfolgerungen. Dieser Abschnitt wird mit einer Diskussion von Limitierungen und möglichen konzeptionellen Erweiterungen von GeForMT abgeschlossen.

5.4.1 Vergleich der Zeichenanzahl

Als erste quantitative Evaluation wurde die benötigte Zeichenanzahl für die Beschreibung von drei Gesten mit den sechs Formalisierungsansätzen aus Abschnitt 3.3, Seite 73 und GeForMT gemessen. Bei den Gesten handelt es sich um das Antippen mit einem Finger, das Ziehen mit einem Finger und eine Spreizgeste mit zwei Fingern. Im Anhang, Seite 243 sind die verwendeten Formalisierungen detailliert dargestellt.

Wenn vorhanden, wurden alle Leerzeichen und Kommentare aus den Beschreibungen entfernt, um eine möglichst faire Messung vorzunehmen. Dies reduziert auch einen möglichen Vorteil von GeForMT, da in diesen Beschreibungen keine derartigen Zeichen verwendet werden. Bei Midas wurden auch die in den Beschreibungen enthaltenen Aktionen entfernt, die bei erfolgreicher Erkennung einer Geste ausgeführt werden. Der Gesamtanzahl an Zeichen wurde die Zahl der rein syntaktischen Zeichen gegenübergestellt. Dabei handelt es sich beispielsweise um Klammern und andere Elemente, die beispielsweise Schlüsselworte auszeichnen, oder verschiedene Befehle voneinander abtrennen wie Semikolons. Außerdem zählen dazu Schlüsselworte wie `defrule` von Midas, die der Einleitung einer Gestendefinition dienen. Schlüsselworte, die direkt mit der Beschreibung der Geste assoziiert sind, wie `LINE_S` wurden dabei nicht berücksichtigt.

Das Verhältnis zwischen Gesamtzeichenanzahl und syntaktischer Zeichen kann als Overhead der Sprache bezeichnet werden. Wie Bild 5.11 zeigt, ist GeForMT über die drei Gestenbeschreibungen hinweg gleichbleibend prägnant mit einem Overhead von durchschnittlich 27,2 Prozent (Standardabweichung 2,3 Prozent). Nur Proton mit der bei regulären Ausdrücken geringen Zahl an syntaktischen Zeichen, wie dem Kleene-Stern, hat einen geringeren Overhead von 14,4 Prozent (Standardabweichung 7,7 Prozent). GDL besitzt bei den gemessenen Gesten einen Overhead von 49,3 Prozent (Standardabweichung 14,7 Prozent). Midas mit der regelbasierten Syntax hat einen Overhead von 60,5 Prozent (Standardabweichung 4,8 Prozent). GISpL erreicht durch die Verwendung von JSON als Notationsform einen Overhead von 77,6 Prozent (Standardabweichung 4,8 Prozent). Framous erreicht durch die logischen Regeln einen Wert von 52,6 Prozent (Standardabweichung 9,6 Prozent). Schließlich besitzt GDML durch die Verwendung von XML einen Overhead von 84,3 Prozent (Standardabweichung 7,4 Prozent). Diese erste Messung zeigt, dass GeForMT die Anforderung nach einer kurzen und prägnanten Beschreibungsform im Vergleich mit anderen Ansätzen erfüllt. Dennoch lässt dieser Befund allein keine Schlüsse bezüglich der Verständlichkeit und Gebrauchstauglichkeit der Formalisierung für Entwickler zu. Zu diesem Zweck wurde die Beschreibungsfähigkeit durch eine Befragung studentischer Entwickler evaluiert.

Bild 5.11: Messung der Zeichen die für drei Beispielgesten (Tap, Drag, Pinch) benötigt werden und Relation zu den nur für syntaktische Korrektheit benötigten Zeichen (Fehlerbalken zeigen Standardabweichung)

5.4.2 Evaluation der Beschreibungsfähigkeit

Die in Abschnitt 3.3, Seite 73 beschriebenen und zeitgleich zu GeForMT entwickelten Formalisierungsansätze definieren die syntaktischen Eigenschaften von Gesten teilweise sehr unterschiedlich. GeForMT orientiert sich an dem LADDER-System für das Sketching (siehe Abschnitt 3.2.3, Seite 69), indem geometrische Grundprimitive definiert und kombiniert werden. Wie Tabelle 5.2, Seite 138 zeigt, verwenden Formalisierungsansätze wie GDL und GISpL dafür Filter und Eigenschaften. GeForMT stellt im Gegensatz zu den anderen Ansätzen für jede syntaktische Eigenschaft spezielle voneinander unterscheidbare Sprachkonstrukte bereit.

Wie bei jeder Abstraktion sind mit GeForMT gewisse Abwägungen verbunden. Entweder werden zu viele oder zu wenige Details berücksichtigt. Durch die Zielgruppe von Programmierern und Gestaltern tendiert GeForMT zu einem höheren Abstraktionsgrad als andere Formalisierungen (siehe Kapitel 3). Daraus ergeben sich folgende Hypothesen für die Evaluation in diesem Abschnitt.

- GeForMT weist im Vergleich mit anderen deklarativen Ansätzen für konkrete Gestenbeschreibungen eine gleichwertige oder höhere Prägnanz auf, wobei die Bewertung der Genauigkeit niedriger ausfallen kann
- GeForMT erzielt für die allgemeine Lesbarkeit gleichwertige oder höhere Bewertungen und für die allgemeine Komple-

MESSUNG ZEICHENANZAHL

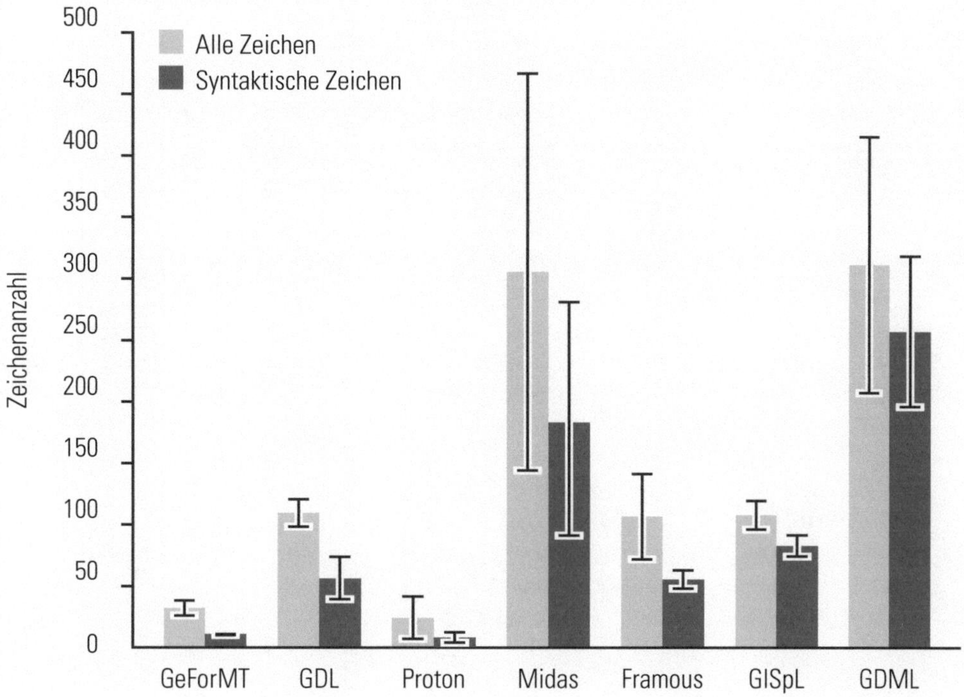

VERHÄLTNIS ALLER ZEICHEN ZU SYNTAKTISCHEN ZEICHEN

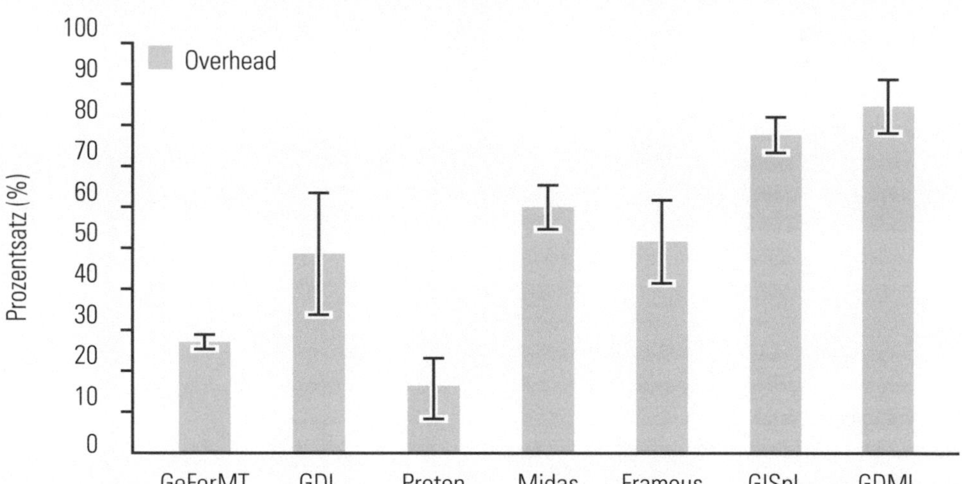

	GeForMT	GDL	Proton	Midas	Framous	GISpL	GDML
Bewegungsformen	Atomare Gesten	Eigenschaften	Freiformen mit Richtung	Regeln	Regeln und Formeln	Eigenschaften	Eigenschaften
Berührungsarten	Funktionen	Nur Anzahl Berührungen	Nur Anzahl Berührungen	Nur Anzahl Berührungen	Nur Anzahl Berührungen	Typ-Eigenschaft	Typ-Eigenschaft
Zeitliche Beziehungen	Operatoren	Durch Eigenschaften	Reguläre Ausdrücke	Regeln	Zusammengesetzte Regeln	Durch Eigenschaften	Durch Eigenschaften
Räumliche Beziehungen	Bedingungen	Eigenschaften	Keine	Regeln	Regeln und Formeln	Eigenschaften	Eigenschaften
Objektbezug	Bezeichner	Programmatisch	Programmatisch	Schattenobjekte	Programmatisch	Definition von Regionen	Nicht definiert
Auswertung	Explizite Angabe	Implizite Angabe	Implizite Angabe	Parameter	Regeln und Formeln	Explizite Angabe	<loss> oder <event>

Tabelle 5.2: Vergleich der Formalisierungsansätze für die syntaktischen Eigenschaften von flächigen Gesten

xität der Beschreibungsform gleichwertige oder niedrigere Bewertungen im Vergleich mit anderen Formalisierungen

Zur Evaluation wurde eine Untersuchung mit 16 Studierenden durchgeführt[1] . Von diesen waren 12 männlich und 4 weiblich, im Alter zwischen 23 und 32 Jahren (Durchschnitt 25,8 mit Standardabweichung 2,71). Alle bis auf einen Teilnehmer waren Studierende der Medieninformatik. Damit befinden sich diese im Schnittgebiet der anvisierten Zielgruppe zwischen Gestaltern und Programmierern. Alle Teilnehmer besuchten einen Kurs über Multitouch-Nutzerschnittstellen im Bereich von Web-Technologien [Kammer u. a. 2013]. Der verwendete Fragebogen befindet sich im Anhang, Seite 243.

Nur einem Teilnehmer war GeForMT vor der Untersuchung bekannt und lediglich vier Teilnehmer berichteten von Erfahrungen mit Multitouch-Entwicklung. Bei dieser begrenzten Gruppe konnte jedoch keine Korrelation zwischen diesem Vorwissen und der Bewertung der Formalisierungsansätze festgestellt werden. Vor der Untersuchung bekamen alle Studierende eine Kurzeinführung in das Themengebiet der flächigen Gesten, unter Verwendung ausgewählter Informationen aus Abschnitt 2.2, Seite 33. Kurze Anwendungsbeispiele wurden ohne Details bezüglich der Implementierung gezeigt (siehe Abschnitt 7.1, Seite 169). Durch diese Einführung wurden Vorwissen und Voraussetzungen bei den Studienteilnehmern angeglichen.

Die Untersuchung bestand aus vier Videos von unterschiedlichen Gesten und einer jeweils anschließenden Bewertung der Formalisierungsansätze. Die ersten drei Versuche nutzten ein Video einer einfachen flächigen Geste mit einer oder mehreren Berührungen. Wie bei der Messung der Zeichenzahl im vorherigen Abschnitt, wurde das Antippen mit einem Finger (`Tap`), das Ziehen eines Objekts mit einem Finger (`Drag`) und das Spreizen mit zwei Fingern (`Spread`) verwendet. Obwohl der Vorteil deklarativer Beschreibungsformen insbesondere in der leichteren Definition komplexerer Gesten liegt, wurden zunächst einfache Gesten für den Vergleich gewählt. Dies liegt einerseits in der Verfügbarkeit der Gestenbeschreibungen für diese drei Gesten in allen sieben Formalisierungsansätzen begründet. Andererseits müssen die Gestenformalisierungen auch für einfache Gesten ausreichend genaue und prägnante Beschreibungen liefern. Zusätzlich wurde den Probanden bei der Studie weniger kognitiver Aufwand zugemutet, da bereits teilweise umfangreiche Beschreibungen evaluiert werden mussten (siehe Fragebogen im Anhang, Seite 243).

1 Für die statistische Auswertung dieser Studie und Unterstützung beim Design des Fragebogens bedanke ich mich bei Romy Müller.

BEWERTUNG KONKRETER GESTENBESCHREIBUNGEN

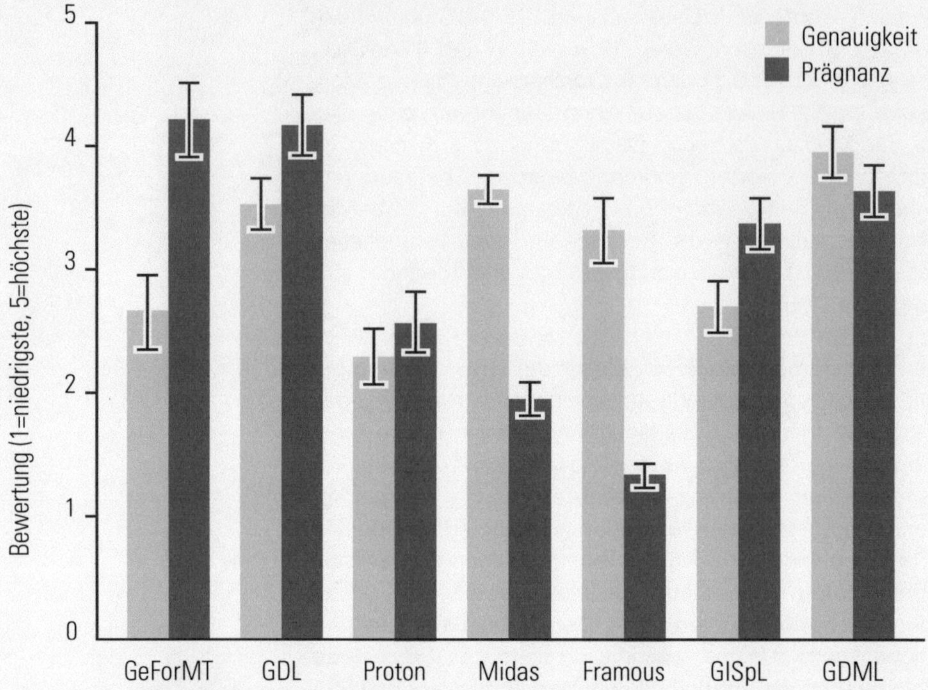

ALLGEMEINE BEWERTUNG DER FORMALISIERUNGSANSÄTZE

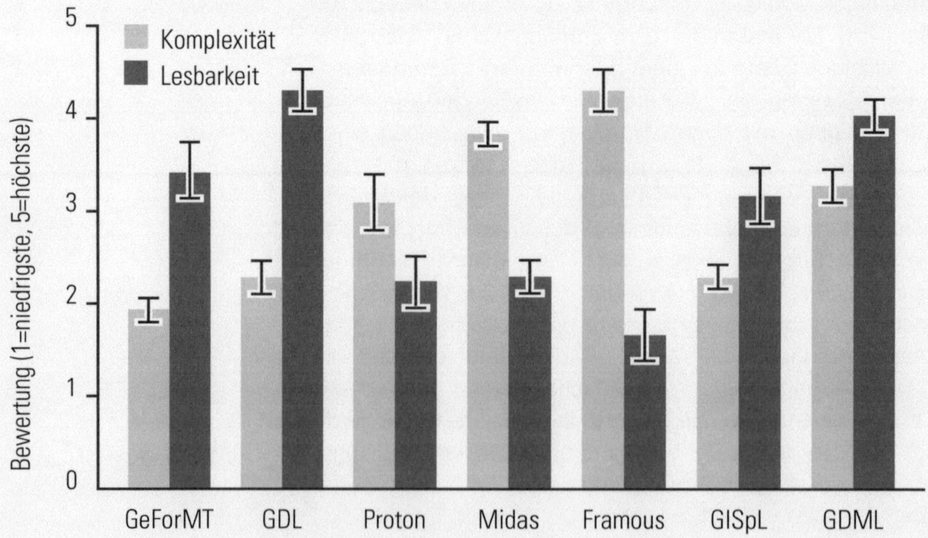

Für jede Geste wurde eine Bewertung der dazugehörigen sieben textuellen Beschreibungen hinsichtlich Prägnanz und Genauigkeit erfragt. Dabei wurde nicht die Genauigkeit eines bestimmten Algorithmus zur Gestenerkennung untersucht, sondern wie genau eine Gestenbeschreibung subjektiv eingeschätzt wird. Es handelt sich folglich nicht um den sonst üblichen Vergleich von Erkennungsraten verschiedener Algorithmen der Gestenerkennung. Die Bewertung erfolgte mit einer 5-stufigen Likert-Skala, wobei die Reihenfolge der Beschreibungen zwischen den Teilnehmern randomisiert wurde. Erfragt wurde zunächst eine intuitive und individuelle Entscheidung, ohne Zusatzinformationen und Erklärungen. Prägnanz- und Genauigkeitsbewertungen wurden einer einfaktoriellen Varianzanalyse (ANOVA) mit Messwiederholung unterzogen. Dabei wurden signifikante Unterschiede zwischen den Beschreibungen für Prägnanz $F(6,90) = 32.44$, $p < .001$ und Genauigkeit $F(6,90) = 9.22$, $p < .001$ festgestellt.

Bild 5.12: Untersuchung und Befragung zu verschiedenen Formalisierungsansätzen (Fehlerbalken zeigen Standardfehler)

Für den Vergleich zwischen den konkreten Beschreibungsformen wurden Tukey-Tests (Tukey honest significant difference, HSD) durchgeführt. Dabei wurde GeForMT ungenauer in der Beschreibung der gezeigten Gesten bewertet als Midas und GDML, beide $p < .03$. In der Prägnanz liegen die Bewertungen höher als für Framous, Midas und Proton, alle $p < .001$. Andere Unterschiede sind statistisch nicht signifikant, alle $p > .05$ (siehe Bild 5.12). Ein Vergleich zwischen den drei gezeigten Gesten ergab nur wenige Unterschiede in den Bewertungen. GeForMT und GDL erhielten gleichbleibende Bewertungen sowohl für Prägnanz als auch Genauigkeit. GISpL konnte seine Genauigkeitsbewertung für `Drag` gegenüber `Tap` erhöhen. In ähnlicher Weise erhöhte sich die Genauigkeitsbewertung zwischen `Tap` und `Spread` bei Midas. Framous und Midas wurden als weniger prägnant für `Spread` als für `Drag` bewertet. Protons regulärer Ausdruck für `Spread` wurde als weniger prägnant bewertet als die Ausdrücke für die anderen beiden Gesten. GDML wurde weniger prägnant für `Tap` als für `Drag` bewertet. Die berichteten Unterschiede zwischen GeForMT und den anderen Ansätzen sind für alle der drei Gesten nahezu konstant. Unterschiede in den Genauigkeitsbewertungen im Vergleich zu GDML bestehen nur für `Tap` und `Drag`, aber nicht für `Spread`.

Um herauszufinden, wie die Teilnehmer der Studie selbst Gesten beschreiben würden, wurde im vierten Versuch wieder das Video einer Geste gezeigt. Dabei wurde schnell hintereinander die Oberfläche zweimal mit dem gleichen Finger angetippt, mit GeForMT also als `POINT;POINT` beschreibbar. Die Teilnehmer sollten, ohne die vorher gezeigten Beschreibungen als Referenz zu nehmen, selbst eine textuelle Gestenbeschreibung durchführen. In einer qualitativen Analyse wurden Ähnlichkeiten mit den sieben zuvor gezeigten Formalisierungen festgestellt. Vier Teilnehmer entschieden sich für Pseudo-Code um die Geste auszudrücken, der keinem der gezeigten Ansätze zuzuordnen war. Drei Beschreibungen ähnelten GeForMT und jeweils zwei andere zeigten Ähnlichkeit zu GDL und GISpL auf. Die verbliebenen fünf Teilnehmer nutzten eine XML-Syntax ähnlich zu GDML. Dies ist nicht überraschend, da XML eine wichtige Rolle in der Medieninformatik-Ausbildung spielt und der Lehrplan viele Web- beziehungsweise Multimedia-zentrierte Module enthält.

Schließlich sollten die Teilnehmer jeden der Formalisierungsansätze bezüglich der allgemeinen Lesbarkeit und Komplexität bewerten. Komplexität bezog sich dabei insbesondere auf die syntaktischen Regeln, die für eine korrekte Gestenbeschreibung befolgt werden müssen. Indikatoren sind daher Klammern, Kommas und Semikolons. In der Lesbarkeit sollten sich die Teilnehmer insbesondere auf die Nutzung von verständlichen Schlüsselwörtern fokussieren. Die ANOVA mit Messwiederholung zeigte Unterschiede sowohl in den Komplexitätsbewertungen, $F(6,90) = 19.04$, $p < .001$ als auch bei der Lesbarkeit auf, $F(6,90) = 15.03$, $p < .001$. Für den Vergleich der jeweiligen Formalisierungen wurden Tukey-Tests durchgeführt. GeForMT wurde weniger komplex als Framous, Midas, Proton und GDML bewertet, alle $p < .002$, und lesbarer als Framous, Midas und Proton, alle $p < .04$. Weitere Unterschiede zwischen GeForMT und den anderen Ansätzen waren statistisch nicht signifikant, alle $p > .1$.

Zusammenfassend lassen sich die eingangs formulierten Hypothesen anhand der durchgeführten Evaluation bestätigen. GeForMT wurde insbesondere bei Prägnanz und Lesbarkeit besser bewertet als Framous, Midas und Proton. Die Bewertungen von GDML sind teilweise besser, jedoch wurde die Komplexität höher eingeschätzt. GDL und GISpL als weitere domänenspezifische Sprachen sind von den Bewertungen her äquivalent zu GeForMT. Um die Gebrauchstauglichkeit der Ansätze tiefergehend zu vergleichen ist eine Folgestudie notwendig, in der die Teilnehmer sich näher mit allen oder einigen der Notationsformen befassen können. Im Rahmen der vorliegenden Arbeit wurde eine solche Studie nicht durchgeführt, da noch große Unterschiede in den Reifegraden zwischen den Implementierungen vorliegen. Ebenso unterscheiden sich die verwendeten Basistechnologien und die vorhandene Werkzeugunterstützung stark (siehe Tabelle 3.3, Seite 83). Letztlich beeinflussen auch die individuellen Vorkenntnisse und Vorlieben bei einer Expertenstudie erheblich die Verallgemeinbarkeit der Ergebnisse.

Nachdem einige der Teilnehmer der Studie mit der JavaScript-Umsetzung von GeForMT programmiert hatten (siehe die Referenzimplementierung in Abschnitt 6.3, Seite 158), wurde eine Folgebefragung durchgeführt. Der dafür verwendete Fragebogen befindet sich im Anhang, Seite 248. Die Bewertung der sieben Ansätze wurde durch diesen Fragebogen mit den bekannten Kriterien wiederholt. Die freiwillige Nachbefragung wurde von sieben Studierenden ausgefüllt, da die anderen Teilnehmer hauptsächlich gestalterische, keine Programmieraufgaben während des Praktikums erfüllten. Um die Beeinflussung der subjektiven Bewertungen von GeForMT nach der Benutzung bei der Programmierung zu messen, wurden die Bewertungen in den vier Dimensionen (Komplexität, Lesbarkeit, Prägnanz und Genauigkeit) einer ANOVA mit Messwiederholung mit dem Zeitpunkt der Messung als zusätzlichem Inter-Subjekt-Faktor unterzogen. Diese Analyse zeigte signifikante Interaktionseffekte zwischen Bewertung und Zeit, $F(3,18) = 4.59$, $p = .015$. Wie zu erwarten, erhöhten sich die Lesbarkeitsbewertungen, $p = .024$, sowie die Genauigkeitsbewertungen, $p = .028$. Die Bewertung von Komplexität und Prägnanz unterschied sich nicht zwischen den beiden Messungen, für beide $p > .4$.

Die Befragung enthielt auch einen Abschnitt bezüglich möglicher Verbesserungen von GeForMT. Die Vielfalt der zur Verfügung stehenden atomaren Gesten war für sechs der befragten sieben Teilnehmer ausreichend, die Anzahl der räumlichen und zeitlichen Operatoren für alle Befragten. Die Möglichkeit, die Länge von Teilgesten auch in Relation zu vorherigen zu definieren wurde gewünscht. Die angeregte Verbesserung der Fokuserkennung bezog sich insbesondere auf die konkrete JavaScript-Implementierung, da zeichenhafte Gesten auf dem Hintergrund auch beim Ziehen eines Objekts ausgelöst werden konnten. Diese Überlagerung von Online- und Offline-Gesten muss vom Framework verhindert werden. Die Festlegung der Online- beziehungsweise Offline-Auswertung mit einer expliziten Konfigurationsvariablen wurde als adäquat eingeschätzt, ein Teilnehmer regte allerdings die automatische Festlegung an. Dies könnte beispielsweise durch die Analyse von Bewegungsbahnen (Trajektorien) erfolgen (vgl. [Li 2010a]). Dabei werden lineare Bewegungen automatisch als Online-Gesten ausgewertet und kurvenartige als Offline-Gesten. Schließlich wurde der verwendete Gestenerkennungsalgorithmus (Template Matching) als zu tolerant beschrieben, da dieser versucht, jede Eingabe einer der registrierten Gesten zuzuordnen. Das führt dazu, dass auch sehr ungenau ausgeführte Gesten erkannt werden. Dies kann durch eine Konfiguration der Erkennungsschwelle im Framework verhindert werden.

5.4.3 Limitierungen und Erweiterungen

In diesem Abschnitt werden einige Beschränkungen des Konzepts von GeForMT diskutiert. In diesem Zuge werden auch mögliche Erweiterungen vorgeschlagen, die zukünftig in die Syntax integriert werden können.

Durch die Definition der Windrose benötigt GeForMT eine darunterliegende Hardware mit entsprechenden Sensoren, welche die Richtung einer Geste in Bezug auf den Nutzer angibt. Für einen Gestenzug muss, sofern eine richtungsbasierte Geste definiert wurde, notwendigerweise eine Ausrichtung vorliegen. Dies kann entweder durch Zuordnung einer Geste zu einer Seite eines Multitouch-Tischs geschehen (siehe zum Beispiel [Dietz und Leigh 2001; Walther-Franks u. a. 2008]). Oder die Multitouch-Oberfläche besitzt eine natürliche Ausrichtung wie bei Multitouch-Wänden oder Pulten. Durch die eindeutige Drehung eines Interface zum Nutzer hin mittels entsprechender Gesten oder Moduswechsel durch eine Schaltfläche kann das Problem auch gelöst werden.

GeForMT unterscheidet für Gesten noch nicht nach dem Nutzer der diese ausführt. Falls dies in kooperativen Interfaces bereits bei der Beschreibung einer Geste notwendig ist, so können diese Benutzer-IDs zum Beispiel dem Gestennamen hinzugefügt werden (siehe Listing 5.5, Regel 1). Eine Geste wäre dann formal mit `manipulate(user1)=1F(MOVE)` einem Nutzer eindeutig zuzuordnen. Andernfalls erfolgt diese Auswertung erst durch den Programmierer in der Anwendungslogik. Mehrbenutzerszenarien sind insbesondere interessant, wenn ohne durch den Nutzer zu tragende Hilfsmittel (engl. *non-intrusive*) eine Unterscheidung vorgenommen werden kann (siehe [Dietz und Leigh 2001; Walther-Franks u. a. 2008; Annett u. a. 2011; Ramakers u. a. 2012]).

Falls die Hardware keinen eindeutigen Benutzer für jeden Berührungspunkt identifiziert, kann es auch zu Problemen kommen, wenn mehrere Gesten gleichzeitig ausgeführt werden. Insbesondere bei großen berührungsempfindlichen Oberflächen kann es passieren, dass Teile der parallel ausgeführten Gesten untereinander in Verbindung gebracht werden. Da es in diesem Fall zur fehlerhaften Erkennung kommt, müssen zusätzliche Mechanismen eingeführt werden. Entweder erfolgt eine Zuordnung von Berührungspunkten zu zusammenhängenden Gesten durch den Objektbezug, oder es muss explizit eine räumliche Trennung vorgenommen werden. Wird der Objektbezug zugrunde gelegt, findet die Verarbeitung von Berührungspunkten für jedes Objekt getrennt statt, wodurch mehrere Gesten parallel ausgewertet werden können. Die räumliche Trennung besteht darin, für jede separate Geste eine gewisse Fläche vorzusehen, in der alle Be-

```
definition   ::=  name['(' integer(','integer)*')']'='
                  complex('|' complex)*';'
function     ::=  [integer]'F' | [integer]'H' | [integer]'B' |
                  [integer]'VH' | [integer]'FH' | [integer]'HH'
atom         ::=  identifier | vector['_'direction]['_'pressure] |
                  shape['_'direction]['_'rotation]['_'pressure]
pressure     ::=  'LOW' | 'MID' | 'HIGH'
```

Listing 5.5: Erweiterungsmöglichkeiten der Syntax von GeForMT

rührungspunkte zusammengefasst werden. Der Prozess der Gestenerkennung muss dann für diese separaten Erkennungsbereiche entsprechend einzeln durchgeführt werden.

Derzeit werden in GeForMT keine exakten Parametrisierungen wie die Länge, Größe oder Dauer von atomaren Gesten vorgenommen. Auch die relative Größe zwischen zwei atomaren Gesten kann nur durch den Umweg der Wiederholung einer atomaren Geste angegeben werden. Falls diese Unterscheidung in dem entwickelten Gestenset notwendig ist, so muss dies in der Anwendungslogik explizit durch den Programmierer auf Basis der für die atomaren Gesten mitgelieferten Koordinatendaten berechnet werden. Zu diesem Zweck kann aber auch das Event-Interface erweitert werden, dass diese Daten vorberechnet mitliefert (siehe Abschnitt 6.2.4, Seite 157). Eine Aufnahme sehr präziser Parameter widerspricht einer kurzen und prägnanten Formalisierung, die insbesondere auch für den Anwender eine Menge leicht nachvollziehbarer und fehlertoleranter Gesten bietet.

Gesten werden durch Entwickler teilweise nicht durch eine feste Anzahl von Fingern definiert, sondern durch eine variable Anzahl. Im Fall von Graphmanipulationen bei Heydekorn et al. wird eine Navigationsgeste mit »drei oder mehr Fingern« definiert [Heydekorn u. a. 2011]. Derzeit müssten mit GeForMT für diese Geste mehrere Alternativen angegeben werden, die sich nur in der Anzahl der Finger unterscheiden. Die Grammatik müsste also um Bereichsangaben für die Anzahl der Finger erweitert werden: `3-5F(LINE)`.

Eine besondere Herausforderung für GeForMT sind Gesten, die in ihrer Ausführung nicht additiv sind. Wird eine Geste beispielsweise mit drei Fingern begonnen, die eine Linie zeichnen, und nach dem Abheben eines Fingers mit nur zwei Fingern fortgesetzt, ist eine Abbildung mit GeForMT in der vorliegenden Form nicht möglich. Die Einführung eines weiteren Operators ist daher für diese Gesten zu prüfen: `3F(LINE)-2F(LINE)`. Der Subtraktionsoperator beschreibt in diesem Fall das Entfernen eines Fingers während der Ausführung der Geste.

Midas ermöglicht es dem Gestenentwickler gewisse Bedingungen zu negieren. Teilweise ist dies sogar notwendig, um zu eindeutigen Gestenbeschreibungen mit Midas zu gelangen. Ein Negationsoperator ist in GeForMT derzeit nicht abgebildet. Wenn zum Beispiel eine Überschneidung von zwei Gestenzügen ausdrücklich nicht stattfinden darf, könnten dafür eigene negative Bedingungen, beispielsweise `NO_CROSS`, eingeführt werden.

Gesten mit repetitiv ausgeführten Bestandteilen verlangen bei GeForMT entweder sehr lange und umständliche Beschreibungen oder sind nicht abbildbar. Wenn beispielsweise kontinuierliche Kreisbewegungen dazu genutzt werden, um Aktionen auszuführen, existiert dafür bisher keine Beschreibungsmöglichkeit. Ob diese Art Gesten ergonomischen Ansprüchen gerecht werden, wird jedoch aktuell noch diskutiert. Insbesondere in Produktivumgebungen können diese schnell zu Ermüdungserscheinungen führen (vgl. [Yee 2009]). Die Einführung einer Bedingung für Wiederholungen ist eine Möglichkeit, dieses Verhalten mit GeForMT abzubilden: `REPEAT[1F(CIRCLE)]:ON`.

Weitere Unterscheidungsmöglichkeiten für flächige Gesten ergeben sich aus spezifischen Fähigkeiten der Hardware. Wenn weitere Handformen erkennbar sind, so können diese in der Syntax ergänzt werden. Beispielsweise werden in Listing 5.5 bei Regel 8 vertikale (`VH`) und horizontale Handstellungen (`HH`) der Handkante auf der Oberfläche ergänzt. Denkbar ist auch das Aufsetzen einer Faust (`FH`). Nach der Kraft mit der die Oberfläche berührt wird, könnte ebenso unterschieden werden. Dafür bieten sich bei GeForMT keine konkreten Werte sondern Kategorien wie leichter, mittlerer oder starker Druck an (siehe Listing 5.5 Regel 11 und 18).

Bisher wurde GeForMT nur konzeptionell und nicht im praktischen Einsatz betrachtet. Im folgenden Kapitel wird eine Referenzarchitektur und -implementierung für die dargelegten Konzepte von GeForMT beschrieben.

6 Referenzarchitektur

In diesem Kapitel wird die Referenzarchitektur zur Implementierung der Gestenformalisierung für Multitouch (GeForMT) beschrieben. Als Vorbetrachtung werden in Abschnitt 6.1 existierende Multitouch-Frameworks analysiert, die über keine deklarative Möglichkeit zur Programmierung von Gesten verfügen. In Abschnitt 6.2 werden die notwendigen Komponenten zur Gestendefinition und -erkennung auf Basis von GeForMT betrachtet. Die Referenzimplementierung der Architekturkomponenten mit der Skriptsprache JavaScript wird in Abschnitt 6.3 erläutert.

6.1 Analyse existierender Multitouch-Frameworks

Dieser Abschnitt basiert auf einer Klassifikation für Multitouch-Frameworks aus dem kommerziellen Bereich und der Forschung [Kammer u. a. 2010a]. Die ausgewählten Frameworks verfügen über keine deklarativen Möglichkeiten zur Programmierung von Gesten, wie in Abschnitt 3.3, Seite 73 betrachtet. Der Schwerpunkt der Frameworks liegt auf einer durchgängigen Unterstützung der Entwicklung vollständiger Multitouch-Anwendungen. Die folgende Analyse zeigt daher weitere Anforderungen auf, die von einer Implementierung von GeForMT zu erfüllen sind. Des Weiteren werden konkrete Lösungsansätze zur Implementierung von Multitouch-Frameworks verdeutlicht.

Bild 6.1 stellt die aktualisierte Klassifikation der betrachteten Frameworks dar. Die zugrundeliegenden Kriterien beziehen sich zunächst auf die Architektur. Dabei ist wesentlich festzustellen, für welche Betriebssysteme und Geräte ein Framework verwendbar ist. Darüber hinaus sind die verwendeten Programmiersprachen und die unterstützten Protokolle für Berührungsdaten zu identifizieren. Im Bereich der Architektur ist zunächst die breite Unterstützung des Datenprotokolls TUIO festzustellen [Kaltenbrunner u. a. 2005], mit Ausnahme des Surface SDK der Firma Microsoft. Die Unterstützung der Windows-Touch-API war zum Zeitpunkt der ursprünglichen Betrachtung noch nicht von allen Frameworks gegeben, inzwischen übernehmen jedoch fast alle Frameworks auch dieses Protokoll für Multitouch-Daten, so zum Beispiel MT4j [Laufs u. a. 2010]. Im Sinne der Erweiterbarkeit bieten Frameworks wie Sparsh-UI [Ramanahally u. a. 2009] und das bereits genannte MT4j die Möglichkeit, weitere Anbindungen durch Geräte-Adaptoren zu schaffen. Gesten werden im Sinne einer Server-Architektur bei Sparsh-UI an einer zentralen Stelle verwaltet, bei der auch die Gestenerkennung auf Basis der Berührungsdaten vorgenommen wird. Daher müssen Interface-Elemente mit ihrer Position und Größe explizit bei diesem Gesten-Server registriert

Plattformübergreifend Nur eine Plattform	☼ ○	Architektur				Event-System			Programmierschnittstelle		
Integrierte Bibliothek Gesten-Server	<> ><	TUIO	Win-Touch	Geräte-Adapter	Gesten-Events	Tangibles	Touch-Param.	Gesten-Param.	Standard-Gesten	Gesten-Erweiterbarkeit	Interface-Elemente
MT4j	<☼>	✔	✔	✔	dezentral	unterstützt	✔	✔	online offline	Oberklasse	spezielle Widgets
SparshUI	>☼<	✔	–	✔	zentral	unterstützt	–	✔	online	Oberklasse	–
Surface SDK	<○>	–	✔	–	dezentral	fokussiert	✔	✔	online	Rohdaten	WPF-Controls
Breeze-multitouch	<○>	✔	–	–	dezentral	–	✔	–	online	Wrapper-Klasse	WPF-Controls
Miria	<☼>	✔	✔	✔	dezentral	–	✔	✔	online	raw data and recognition support	WPF-Controls
Grafiti	<☼>	✔	–	–	zentral	fokussiert	✔	✔	online	Oberklasse	–
PyMT	<☼>	✔	✔	–	dezentral	unterstützt	✔	–	online offline	Rohdaten und Erkennungs-unterstützung	spezielle Widgets
GestureWorks	<☼>	✔	✔	–	zentral	–	–	✔	online	Oberklasse	spezielle Widgets

Bild 6.1: Vergleich von Multitouch-Frameworks bezüglich der bereits implementierten Werkzeuge und Unterstützung für Programmierer (nach [Kammer u. a. 2010a])

werden. Eine dezentrale Verarbeitung wie bei MT4j und PyMT [Hansen u. a. 2009] erfolgt direkt bei den Interface-Elementen, indem bei diesen Gesten-Prozessoren angemeldet werden.

Im Bereich des Event-Systems wird näher beschrieben, welche Daten dem Programmierer vom Framework zur Verfügung gestellt werden. Dabei kann es sich ausschließlich um unverarbeitete Berührungsdaten handeln oder Gestenereignisse, die auf diesen aufbauen. Viele Frameworks unterstützen zusätzlich auch noch die Erkennung von Tangibles, basierend auf entsprechenden Markern zur Identifikation (siehe Abschnitt 2.3.2, Seite 51). Die für den Programmierer zugreifbaren Parameter sind die unverarbeiteten Berührungsdaten als Listen von zweidimensionalen Punkten und gleichzeitig Gestenereignisse wie bei MT4j und dem Surface SDK. Andere Frameworks bieten entweder nur die Berührungsdaten an (PyMT) oder nur Gestenereignisse (Sparsh-UI).

Die vom Framework darauf aufbauend zur Verfügung gestellte Programmierschnittstelle schließt bei allen Frameworks eine Menge von Standard-Gesten ein. In den meisten Fällen handelt es sich dabei um manipulative Gesten, die kontinuierlich ausgewertet werden (Online-Gesten). Selten werden diskret nach ihrer Vollendung ausgewertete Offline-Gesten angeboten. Die Erweiterbarkeit von Gesten reicht von der individuellen Verarbeitung der Berührungsdaten bis hin zur Ableitung einer bestimmten Oberklasse, welche Schnittstellen für die Verarbeitung der Berührungsdaten definiert. Unterstützung bei der Gestenerkennung wird beispielsweise angeboten, um Relationen zwischen Koordinatenlisten direkt auswerten zu können.

Zur Programmierung grafischer Nutzerschnittstellen werden in unterschiedlichem Maße vorgefertigte Interface-Elemente zur Verfügung gestellt. Einige Frameworks wie Sparsh-UI und Grafiti [De Nardi 2008] geben überhaupt keine Interface-Elemente vor. Das Surface SDK, Breezemultitouch [@Breezemultitouch 2010] und Miria [@Generoso 2011] bieten vorgefertigte Multitouch-Elemente basierend auf der Windows Presentation Foundation (WPF) an. Andere Frameworks wie MT4j, PyMT und GestureWorks [@ Ideum 2013] implementieren spezialisierte Widgets. Diese können erweitert oder durch eigene von Grund auf programmierte Interface-Elemente ersetzt werden.

Aus der Betrachtung existierender Multitouch-Frameworks ohne eine deklarative Möglichkeit zur Programmierung von Gesten ergeben sich für die Implementierung von GeForMT gewisse Anforderungen. Die Plattformunabhängigkeit bezüglich der Hardware kann durch Unterstützung der gängigsten Protokolle TUIO und Windows-Touch-API gewährleistet werden. Insbesondere die Unterstützung von Offline-Gesten wird durch die betrachteten Frameworks teilweise stark vernachlässigt. Hier leistet GeForMT mit den geometrischen Grundprimitiven zur bildhaften Definition von Gesten einen Beitrag. Durch GeForMT wird auch die Gesten-Erweiterbarkeit verbessert, die oft wenig unterstützt wird. Mit GeForMT ist es möglich, Gesten modular aufzubauen, bestehende Gestendefinitionen wiederzuverwenden und diese dabei zu erweitern.

Der Ansatz, eine Server-Architektur für Gesten zu entwickeln, ist insofern für GeForMT interessant, da dadurch einheitliche Feedback- und Feedforward-Mechanismen denkbar sind. Ebenso sind Vorteile bei der Stabilität und Performanz zu erwarten. Die im Folgenden vorgestellte Architektur kann demzufolge auch auf Ebene des Betriebssystems implementiert werden, um diese Vorteile auszunutzen.

6.2 Grundlegende Architekturkomponenten

In Echtler und Klinkers Multitouch-Software-Architektur ist GeForMT in der Interpretationsschicht anzuordnen. In dieser Schicht werden kalibrierte Finger- und Handpositionen aus der darunter liegenden Transformationsschicht verarbeitet [Echtler und Klinker 2008]. Die Weiterleitung von Ereignissen erfolgt an die darüber liegende Widget-Schicht, die Gesten und Interface-Elemente (Regionen) in der Interpretationsschicht registriert. Bild 6.2 zeigt die

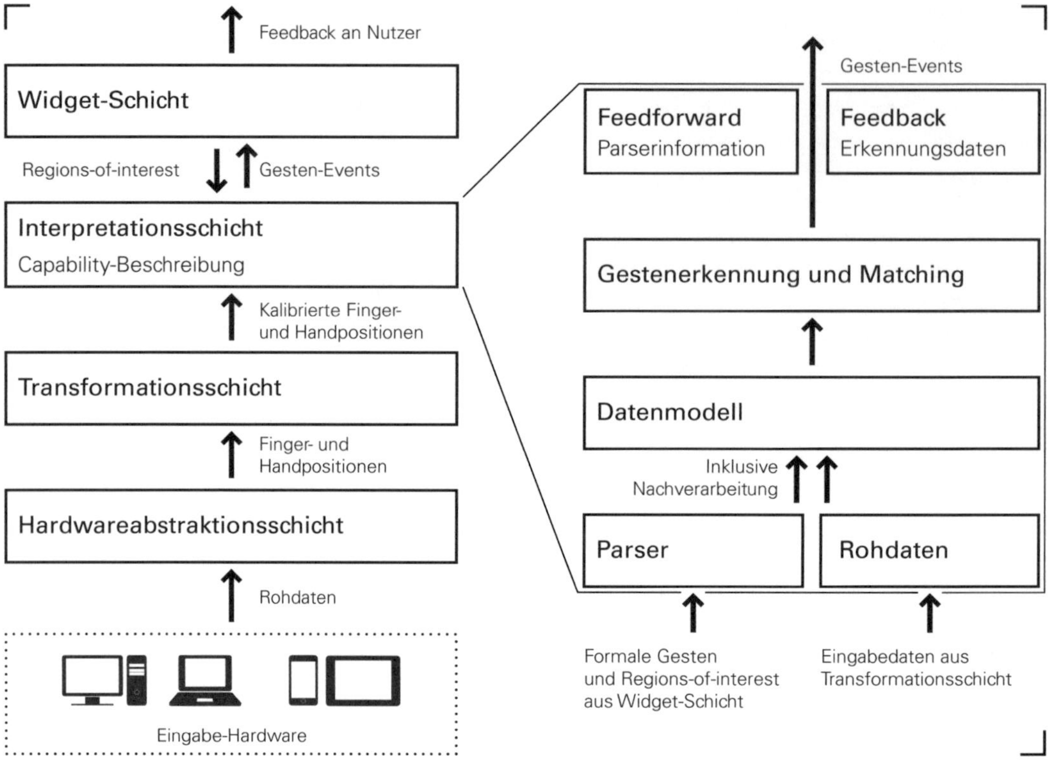

Bild 6.2: Multitouch-Architektur von Echtler und Klinker (nach [Echtler und Klinker 2008]) mit genereller Architektur für GeForMT als Interpretationsschicht

generellen Komponenten und Verarbeitungsschritte, die für die Implementierung von GeForMT notwendig sind.

Im Folgenden werden die einzelnen Komponenten näher beschrieben und ihr Zusammenspiel erläutert. Es handelt sich dabei um einen Parser für formale Gesten, ein einheitliches Datenmodell, einen Gestenerkenner zur Verarbeitung der Rohdaten, das Matching zwischen diesen beiden Quellen und optionale Feedforward- und Feedback-Mechanismen, die bereits durch Einbindung der Bibliothek zur Verfügung gestellt werden können. Des Weiteren wird die Programmierschnittstelle betrachtet, die sich aus der Gestenverarbeitung mit GeForMT ergibt.

6.2.1 Parser

Die mit GeForMT durch den Designer oder Programmierer beschriebenen Gesten müssen zunächst durch den Parser in eine durch den Rechner weiterverarbeitbare Struktur überführt werden. Die Parser-Komponente benutzt dafür die formale Beschreibung und generiert daraus ein eine Instanz für das Datenmodell (siehe Bild 6.2). Der Parser selbst wird durch die formale Beschreibung der GeForMT-Sprache generiert. Dazu kann beispielsweise das Werkzeug ANTLR [Parr und Fisher 2011] oder das Eclipse Modeling Framework [@Eclipse Foundation 2012] genutzt werden. Diese Generierung findet normalerweise einmalig statt und muss nur wiederholt werden, wenn eine Erweiterung oder Veränderung der Sprachdefinition erfolgt. Das Framework ist dafür verantwortlich, das Datenmodell einer Geste nach der Generierung weiterzuverarbeiten. Beispielsweise kann die Gestenerkennung durch weiteres Aufteilen der Bestandteile einer Geste optimiert werden.

Zum Beispiel werden die Listen von atomaren Gesten in pfadbasierte wie `LINE` und `CIRCLE` und nicht-pfadbasierte wie `MOVE` und `POINT` aufgeteilt. Des Weiteren werden sequentielle, nicht verbundene Gestenzüge voneinander getrennt, damit diese unabhängig voneinander erkannt werden können. Dadurch können Ereignisse basierend auf erkannten Teilgesten erzeugt werden, um beispielsweise Feedforward zu generieren. Normalerweise wird beim Starten der Anwendung eine definierte Menge von Gesten geladen und einmalig im Datenmodell gespeichert. Es ist jedoch auch möglich, neue Gesten während der Laufzeit hinzuzufügen. Wenn weniger Gesten vom Framework zu einem Zeitpunkt überprüft werden müssen, optimiert das die Gestenerkennung aufgrund kürzerer Erkennungszeiten. Dem Nutzer kann es dadurch auch erlaubt werden, persönliche Gesten zu definieren. Bei Bedarf können während der Laufzeit Gestensets vollständig ausgetauscht werden.

6.2.2 Datenmodell

Das Datenmodell, das durch den Parser instanziiert wird, spezifiziert die objektorientierte Struktur einer Geste im Framework. Die sogenannten Tokens, in die der Parser eine formale Beschreibung aufteilt, werden auf das Datenmodell abgebildet. Dazu können sogenannte »semantische Aktionen« in die je nach Parser aufbereitete GeForMT-Grammatik eingebunden werden. Diese erzeugen durch plattformspezifischen Code beispielsweise zusätzliche Felder im Datenmodell. Im Anhang, Seite 258 befinden sich komplette Grammatikdefinitionen für zwei verschiedene Parser-Werkzeuge. Die semantische Aktion für die Regel 1 (siehe EBNF in Listing 5.1, Seite 116) sorgt in der JavaScript-Variante beispielsweise dafür, dass die für eine Geste angegebenen Optionen in einem Array gespeichert werden. Im Datenmodell werden für jede dieser Optionen atomare Gesten, Relationen, Operatoren, der Objektbezug und Funktionen gekapselt (siehe Bild 6.3).

Im Datenmodell werden Gesten als komplexe Gestenobjekte gespeichert. Die in der Formalisierung enthaltenen Informationen bezüglich der Online-Auswertung oder zeitlicher Bedingungen werden dabei als Felder mit direktem Zugriff gespeichert. Dadurch

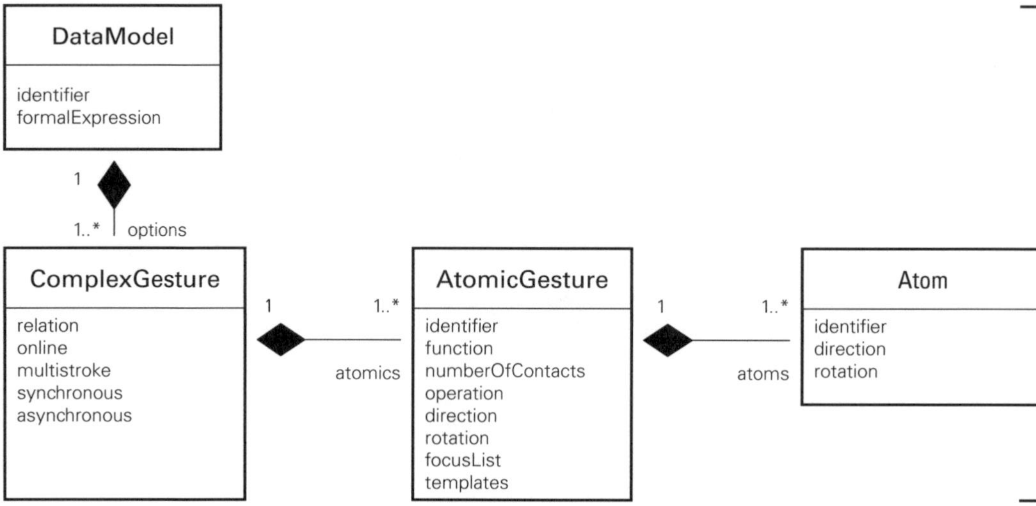

Bild 6.3: UML-Klassendiagramm für das Datenmodell von GeForMT

wird, wie unter Abschnitt 6.2.1 beschrieben, die Gestenerkennung erleichtert. Beispielsweise wird in der Eigenschaft »numberOfContacts« gespeichert, wieviele Berührungen in der Geste definiert sind. Der Objektbezug wird in der Eigenschaft »focusList« vorgehalten. Dadurch kann unmittelbar überprüft werden, ob eine Geste in die Erkennung einbezogen werden muss. Dies ist nur der Fall, wenn sich die aktuell erkannten Berührungspunkte auf einem der Objekte in der Fokus-Liste befinden.

6.2.3 Gestenerkennung und Matching

Die vom Gestenerkenner verarbeiteten Berührungsdaten werden auch für das Datenmodell aufbereitet. Dabei muss der Code für die Gestenerkennung schnell und zuverlässig arbeiten, um eine performante und korrekte Ausführung sicherzustellen. Listing 6.1 stellt die notwendigen Schritte zur Gestenerkennung in Pseudo-Code dar. Je nach verwendeter Hardware können zusätzliche Vorverarbeitungsschritte notwendig sein, um doppelte und verrauschte Daten zu filtern und zu eliminieren. Dies ist insbesondere bei pfadbasierten Gesten notwendig, wenn mit einer unzuverlässigen Hardware gearbeitet wird. Bei Smartphones und Tablet-Computern, die mit kapazitiver Messung der Berührungen arbeiten, kann auf die Vorverarbeitung weitestgehend verzichtet werden. Bei Systemen mit optischem Tracking tritt dagegen abhängig von den eingesetzten Verfahren der Bilderkennung häufig ein Rauschen in den Daten oder Unterbrechungen der Berührungen auf, die bei der Gestenerkennung ausgeglichen werden müssen.

Nicht-pfadbasierte Gesten wie `POINT` und `HOLD` können direkt ausgewertet werden (siehe Listing 6.1, Zeilen 10-13). Die Aus-

```
1  array gestures        // formal registrierte Gesten
2  array strokes         // Listen der Berührungspfade
3  for each stroke in strokes
4     if stroke.focus exists in gestures.focuses
5              // Prüfung, ob Gestenerkennung notwendig ist
6        if stroke is path
7           determine shape and direction of stroke
8              // vektorbasierte Erkennung oder Template-Matching
9           store in results
10       if stroke is non-path
11          determine static contact of stroke
12             // spezieller Gestenerkenner
13          store in results
14 if results.size > 0 determine relations
15             // spezieller Gestenerkenner
16 if results.size > 0 match gestures with results
17 execute callbacks based on matches
```

Listing 6.1: Strategie zur Gestenerkennung mit GeForMT in Pseudo-Code

wertung des Bewegungspfads und damit der verwendeten atomaren Gesten ist die Hauptaufgabe der Gestenerkennung für GeForMT (siehe Listing 6.1, Zeilen 6-9). Dafür müssen insbesondere bei Online-Gesten den durch die Windows-Touch-API oder einen TUIO-Server gelieferten Berührungsdaten weitere Zeitstempel und Identifikationsmechanismen hinzugefügt werden. Bild 6.4 stellt die Daten dar, die bei komplexen Gesten für die Erkennung herangezogen werden. Das Event-Profil einer Geste kann aus mehreren Koordinatenlisten bestehen, die miteinander in Bezug gesetzt werden müssen.

Vektorbasierte Gestenerkennung

Ein naheliegender Ansatz zur Erkennung von mit GeForMT spezifizierten Gesten ist die Berechnung der Richtung und Linearität von Gestenzügen, indem der Winkel zwischen zwei Kontaktpunkten als Referenz genommen wird. Vorbild dafür ist beispielsweise der Simple Gesture Recognizer (SiGeR) von Swigart, der beispielsweise von Signer et al. [Swigart 2005; Signer u. a. 2007] implementiert wird. Dieser ist allerdings nur auf pfadbasierte und einzelne Gestenzüge ausgelegt.

Optimierungsansätze für diesen Algorithmus finden sich auch bei Sezgin [Sezgin u. a. 2001], der unter anderem die Erkennung von Kurven verbessert. Zur Beschleunigung der Berechnung können mehrere Berührungspunkte zusammengezogen werden. Richtung und Linearität müssen dann beispielsweise nur für Gestensegmente, bestehend aus jeweils vier aufgezeichneten Kontaktpunkten, berechnet werden. Damit wird der Berechnungsaufwand

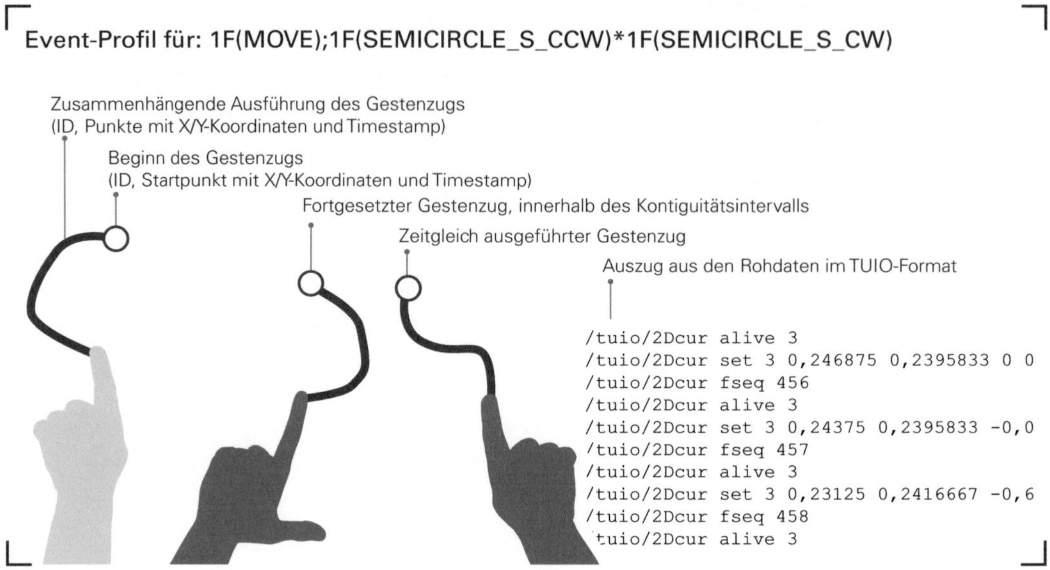

Bild 6.4: Verwendete Daten in der Gestenerkennung

erheblich reduziert, da nicht für jeden neuen Berührungspunkt eine Berechnung durchgeführt wird. Falls die Leistungsfähigkeit der zur Verfügung stehenden Hardware sehr gering ist, kann die Nachbarschaft der Punkte weiter vergrößert werden. Die schnellere Berechnung geht allerdings zu Lasten der Genauigkeit. Die Berechnung muss für alle gleichzeitig ausgeführten Gestenzüge durchgeführt werden. Auf dieser Basis müssen in einem zweiten Schritt deren Relationen erkannt werden (Listing 6.1, Zeile 14). Dazu gehören sowohl die zeitliche Abfolge als auch räumliche Bedingungen, sofern diese spezifiziert wurden.

Eine Geste mit der Form der Zahl Eins bestehend aus zwei aufeinanderfolgenden atomaren Gesten `One=LINE_NE;LINE_S` wird beispielsweise wie folgt erkannt. Zunächst werden neue Berührungspunkte durch den Gestenerkenner gespeichert und verwendet, um die Linearität und Richtung zu berechnen. Dafür wird der Winkel zwischen zwei Punkten berechnet. Zur Beschleunigung des Verfahrens werden dabei vier Punkte zusammengezogen. Sobald ein neues Segment vorliegt, werden die Werte korrigiert. Durch eine Erhöhung der Punkte in einem Segment, kann das Verfahren auf Kosten der Genauigkeit noch weiter beschleunigt werden. Zur Glättung des Gestenzugs und Korrektur von Ausreißern werden bei der Aktualisierung der Richtung und Linearität eines Gestenzugs auch die bereits detektierten Ergebnisse überprüft. Werden für die Gestensegmente beispielsweise die Richtungen Nordost, Nord und Nordost detektiert, so werden diese bei der Gestenerkennung zu Nordost zusammengezogen, sofern nicht vier oder mehr andere Richtungen zwischen den Nordost-Angaben liegen.

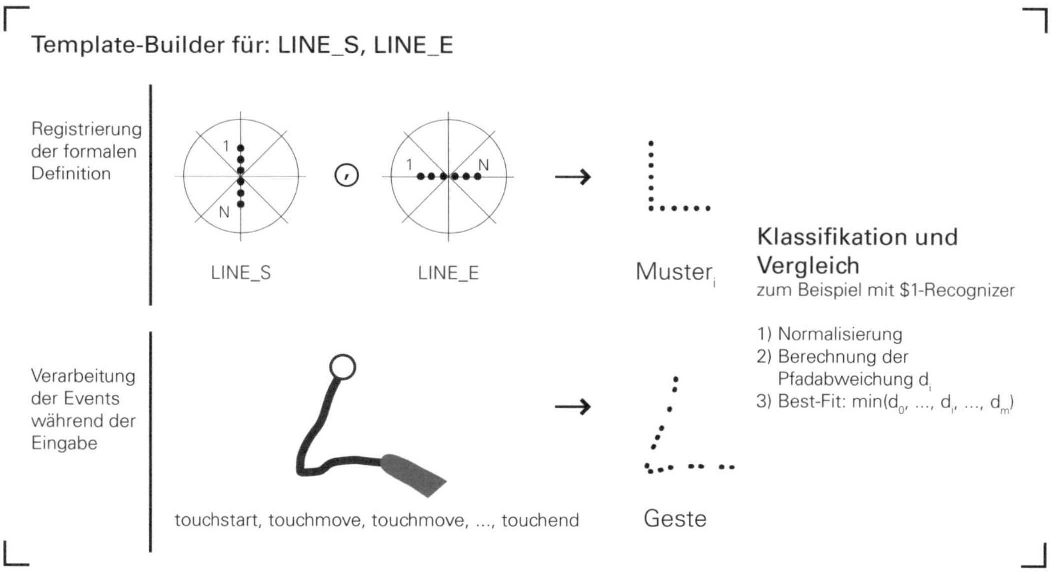

Bild 6.5: Konstruktion von Templates aus formalen Beschreibungen und den Berührungsdaten mit anschließendem Matching (nach [Henkens 2012, S. 74])

Nach Beendigung des ersten Gestenzugs wird der darauffolgende als sequentielle Komposition detektiert, sofern keine parallele Ausführung vorliegt. Nach Beendigung des zweiten Gestenzugs und erfolgreicher Erkennung der atomaren Geste `LINE_S` wird die für die Geste angegebene Funktion ausgeführt. Nach einem festgelegten Kontiguitätsintervall wird der erste Gestenzug allerdings gelöscht. Folglich müssen die sequentiell ausgeführten Gesten in zeitlicher Nähe zueinander ausgeführt werden.

Gestenerkennung mit Template-Matching

Ein weiterer Ansatz für die Gestenerkennung basiert auf Templates (auf Deutsch Schablonen oder Muster). Normalerweise werden diese Algorithmen durch den Nutzer zunächst trainiert. Da bei GeForMT die Ausführung der Gesten jedoch formal definiert wird, werden die für die Erkennung notwendigen Templates automatisch erzeugt. Diese idealen Templates werden danach mit den durch die Hardware aufgezeichneten Pfaden verglichen. Bild 6.5 veranschaulicht die notwendigen Schritte, die der Template-Builder dafür durchführt. Auch diese Vergleiche müssen für jeden der parallel ausgeführten Gestenzüge durchgeführt und in einem zweiten Schritt in Relation gesetzt werden. Bei Online-Gesten muss dieses Matching kontinuierlich ausgeführt werden, bei Offline-Gesten ist es ausreichend, nach Beendigung einer Geste die Erkennung durchzuführen. Falls Gesten mit Absetzen definiert sind, muss vor dem Beenden der Gestenerkennung noch ein Kontiguitätsintervall abgewartet werden. Das Template-Matching ist besonders effektiv, wenn geometrische Formen aus atomaren Gesten zusammengesetzt werden. In diesem Fall lassen sich daraus leicht zusammengesetzte Templates generieren.

In Bild 6.5 wird dies am Beispiel `LINE_S,LINE_E` demonstriert. Beim vorher beschriebenen Ansatz muss die Berechnung nach einer gewissen Konfidenz den nächsten atomaren Bestandteil in einer komplexen Geste erkennen, was Fehler zur Folge haben kann. Da Template-Matching zu nicht eindeutigen Ergebnissen führen kann, muss ein bestimmter globaler Toleranzwert für die Erkennung definiert werden.

Allgemeine Herausforderungen

Die Gestenerkennung kann abgebrochen werden, wenn keine formale Geste registriert ist, die auf die aktuell ausgeführte Geste abgebildet werden kann. Dabei kann es jedoch zu Problemen kommen, falls die Gestenerkennung abgebrochen wird, obwohl die neue Eingabe bereits zur nächsten Geste gehört. Beispielsweise sind die beiden sequentiell komponierten Gesten `LINE_S;LINE_N;LINE_S;LINE_N` und `LINE_N;LINE_E` registriert. Führt der Nutzer zunächst die Linie nach unten aus, wird nach dem Absetzen erwartet, dass die erste Geste eingegeben wird. Nach Ausführen der Linie nach oben bleibt diese Annahme bestehen. Wird nun allerdings erneut eine Linie nach oben ausgeführt, bricht die Gestenerkennung ab, da keine der registrierten Gesten mit der Kombination `LINE_S;LINE_N;LINE_N` beginnt. Jedoch könnte der Nutzer in diesem Moment die zweite Geste ausführen wollen. Diese müsste nach dem Abbrechen neu begonnen werden. Bei sequentiell komponierten Gesten ist daher ein zeitliches Kontiguitätsintervall abzuwarten, das atomare Gesten nach dem Absetzen miteinander verbindet.

Bei der Gestenerkennung muss eine Priorisierung der definierten Gesten beachten werden. Beispielsweise werden Online-Gesten immer direkt ausgewertet, wodurch zusätzlich auf einem Objekt definierte Offline-Gesten entweder nicht erkannt werden oder zusätzlich, nachdem die Online-Geste abgeschlossen ist. Des Weiteren werden spezifischere Gesten eher erkannt als generische, wenn diese auf dem gleichen Objekt definiert sind. Beispielsweise wird `LINE` mit größerer Wahrscheinlichkeit erkannt als `MOVE`, sofern die Ausführung annähernd geradlinig ist. Darüber hinaus ist es notwendig, dass alle Gestenzüge einem Objekt zugeordnet werden. Der Objektbezug einer formal definierten Geste ergibt sich aus den Angaben des Objektbezugs der atomaren Bestandteile. Dadurch kann die Gestenerkennung gewisse Gesten ausschließen, je nach Fokus eines ausgeführten Gestenzugs (siehe Listing 6.1, Zeile 4). Es ist möglich, dass Objekte während der Ausführung einer Geste mit dem Finger verlassen werden. Dies passiert beispielsweise, wenn ein Objekt skaliert wird, das eine maximale Größe besitzt. Die Beibehaltung des Objektbezugs muss in den Berührungsdaten sichergestellt werden, mit denen die Gestenerkennung von GeForMT arbeitet.

Während der Gestenerkennung können Teilgesten als mögliche Kandidaten zur Verfügung gestellt werden, um beispielsweise Feedforward zu generieren (siehe Abschnitt 5.2.3, Seite 125). Bei der Ausführung zusammengesetzter Gestenpfade ist dabei der vektorbasierte Ansatz zur Gestenerkennung im Vorteil, denn beim Template-Matching findet der Vergleich immer mit der vollständigen Form statt, nicht mit den einzelnen Komponenten. Wenn bei einer Geste abgesetzt wird, ist es für beide Ansätze möglich, die zur Verfügung stehenden Kandidaten festzustellen. Das zeitliche Kontiguitätsintervall kann dabei frei definiert werden.

Die Geschwindigkeit der Gestenerkennung hängt von der Menge detektierter Berührungspunkte und der Anzahl von parallel ausgeführten Gestenzügen ab. Wenn entsprechende Gesten registriert sind, muss jeder Gestenzug auf räumliche und zeitliche Beziehungen zu den anderen geprüft werden. Der Abgleich mit einer Vielzahl registrierter formaler Gesten führt ebenso zu höherem Berechnungsaufwand. Daher kann es hilfreich sein, bereits erfolgreich detektierte Gestenzüge aus der Überprüfung auszuschließen. Beispielsweise kann bei der Geste `LINE_S;LINE_N;LINE_S;LINE_N` die Erkennung der anfänglichen Linien als erfolgreich markiert werden. Damit müssen beim Überprüfen der letzten Linie nach oben nicht erneut drei weitere Linien erkannt werden.

6.2.4 Programmierschnittstelle

Für jede Geste muss der Programmierer bei der Registrierung eine entsprechende Funktion angeben, die bei erfolgreicher Erkennung ausgeführt wird. Zusätzlich kann je nach Programmiersprache und konkreter Implementierung von GeForMT eine explizite Zuordnung zu einem Interface-Element nötig sein. Dies ist dann der Fall, wenn aus dem in der Formalisierung angegebenen Objektnamen zur Laufzeit kein Rückschluss auf das konkrete Objekt gezogen werden kann. Die vom Programmierer angegebene Callback-Methode erhält alle notwendigen Informationen zur ausgeführten Geste. Dazu zählen der Name der erkannten Geste und der formale Ausdruck. Zusätzlich werden die erkannten Pfade als Koordinatenlisten zurückgegeben. Dieser Durchgriff auf die grundlegenden Berührungsdaten kann notwendig sein, wenn sehr detaillierte Orts- und Ausführungsinformationen ausgewertet werden müssen. Alle in der Geste zusammengezogen Events von Berührungen werden ebenso mitgeliefert und auf die Gestenbestandteile aufgeteilt. Zusätzliche Eigenschaften der Geste, die für die Auswertung genutzt werden können, sind die Dauer der Geste, eine Boundingbox für die Größe oder der Mittelpunkt aller Berührungspunkte. Die konkrete Umsetzung der Programmierschnittstelle und der anderen Komponenten der Referenzarchitektur werden im nächsten Abschnitt am Beispiel von JavaScript beschrieben.

6.3 Referenzimplementierung für JavaScript

Die Referenzimplementierung der beschriebenen Referenzarchitektur in JavaScript »GeForMTjs« wurde in einer Diplomarbeit erarbeitet und als Konferenzbeitrag veröffentlicht [Henkens 2012; Kammer u. a. 2012a]. Neben der konkreten Architekturbeschreibung (siehe Abschnitt 6.3.1) wird der praktische Einsatz von GeForMTjs anhand der Programmierschnittstelle und eines Beispiels demonstriert (siehe Abschnitt 6.3.2). In Abschnitt 6.3.3 wird schließlich ein Editor zur bildhaften Programmierung von flächigen Gesten beschrieben, der auf GeForMTjs basiert.

6.3.1 Komponenten der Bibliothek

Bild 6.6 veranschaulicht die konkrete Implementierung der allgemeinen Architekturkomponenten sowie die Bearbeitungsschritte. Als Parser wird PEG.js [@Majda 2011] verwendet, der auf der sogenannten Parsing Expression Grammar beruht [Ford 2004]. Der Parser erlaubt durch semantische Aktionen das Hinzufügen von JavaScript zu den Grammatik-Regeln (siehe Anhang, Seite 258). Dadurch kann bereits beim Parsen einer formalisierten Geste ein angepasstes Datenmodell erzeugt werden. Zur Herstellung des Objektbezugs werden CSS-Selektoren verwendet, die von der Selector Engine Sizzle [@Sizzle 2012] extrahiert werden.

Im DOM-Baum der Webseite werden für die extrahierten Elemente Maus- und Berührungsereignisse automatisch durch das Observierungsmodul des Frameworks registriert. Dabei wird die Spezifikation des W3C für Touch-Events genutzt [@Brubeck u. a. 2013]. Für Maus-Ereignisse werden auch kompatible Ereignisse erzeugt, um Gesten, die mit einem Finger ausgeführt werden, simulieren zu können. Das TUIO-Protokoll kann durch das Browser-Plugin npTUIOClient [@Rusadi 2011] ebenso unterstützt werden. Ereignisse werden durch das sogenannte »Bubbling« von den Elementen bei denen diese auftreten an ihre Elternelemente weitergeleitet. Damit können Berührungen auf einem Element auch an darüberliegenden Knoten im DOM-Baum verarbeitet werden, einschließlich dem HTML-Wurzelknoten. In der JavaScript-Implementierung wird der Template-Ansatz zur Gestenerkennung genutzt (siehe Abschnitt 6.2.3). Aufgrund der dafür benötigten geringeren Rechenleistung werden beispielsweise auch mobile Endgeräte unterstützt, die einen Browser mit Internet-Zugang anbieten.

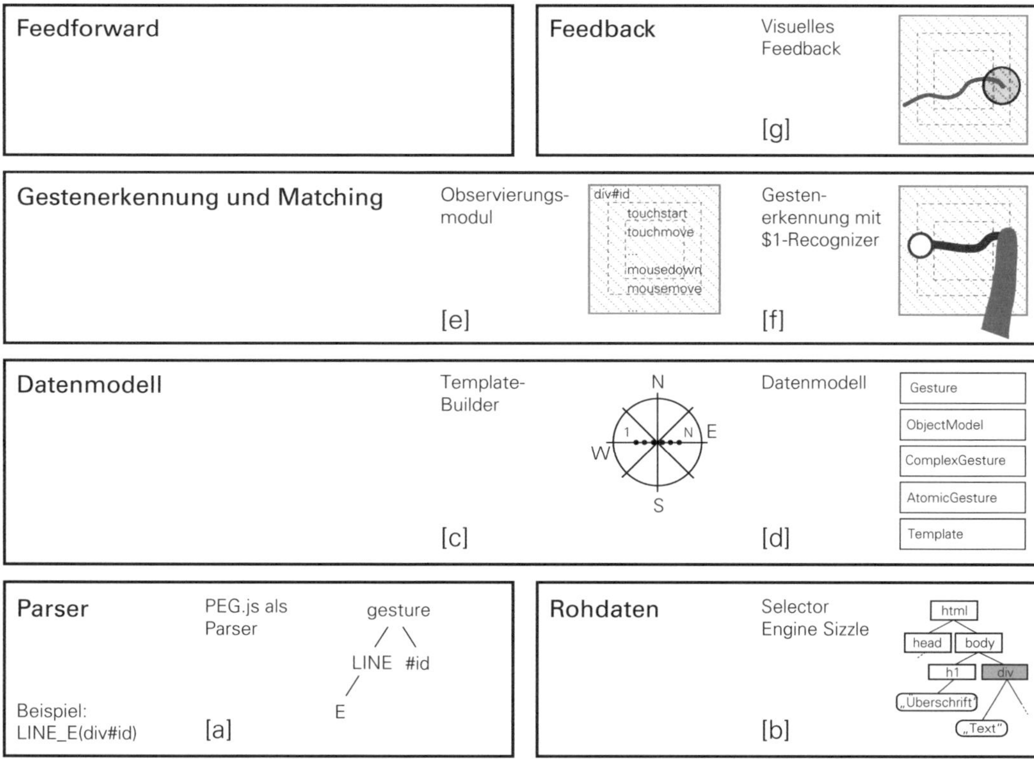

Bild 6.6: Prozess der Gestenauswertung und -erkennung am Beispiel der Umsetzung für JavaScript (nach [Kammer u. a. 2012a])

Der $1-Recognizer von Wobbrock et al. arbeitet mit normalisierten Koordinaten, die einen Gestenzug repräsentieren [Wobbrock u. a. 2007]. Die Normalisierung beruht auf einem Resampling, bei dem der Abstand zwischen den Punkten angeglichen wird, einer Rotation der Punkte und einer Skalierung auf ein Einheitsquadrat. Diese Templates werden für formal definierte Gesten generiert, aus den aufgenommen Berührungspunkten berechnet und jeweils im Datenmodell gespeichert (siehe Bild 6.5, Seite 155). Um komplexe flächige Gesten zu unterstützen, werden für alle Gestenzüge Templates erzeugt. Der Klassifikationsmechanismus des $1-Recognizer wurde so erweitert, dass alle für eine formale Geste generierten Templates überprüft werden.

Bei den kontinuierlich ausgewerteten Online-Gesten wird die Klassifikation für jeden neuen Berührungspunkt wiederholt. Dieses Verfahren ist mit dem gewählten Template-Matching-Algorithmus zwar ausreichend effizient, gegebenenfalls können jedoch für Online-Gesten optimierte Verfahren ergänzt werden. Bei den diskret ausgewerteten Offline-Gesten wird mit der Auswertung bis zum Abschluss der Geste gewartet. Dieser tritt ein, wenn keine neuen Berührungspunkte nach einem bestimmten Zeitintervall auftreten. Das Abwarten dieses zeitlichen Kontiguitätsintervalls ist nur notwendig, wenn Gesten registriert sind, die aus mit

```
GeForMT.init(gestures, settings)
GeForMT.addGesture(gesture)
GeForMT.removeGesture(identifier)
GeForMT.addRecognitionStartedEventListener(function)
GeForMT.addRecognizedCandidatesEventListener(function)
GeForMT.addRecognitionFailedEventListener(function)
```

Listing 6.2: Programmierschnittstelle von GeForMTjs

Absetzen verbundenen atomaren Gesten bestehen. Sobald keine registrierte Geste auf die erkannte Geste abgebildet werden kann, bricht die Erkennung ebenso ab. Andere Erweiterungen des \$1-Recognizers aus der Literatur wie der \$N-Recognizer [Anthony und Wobbrock 2010] oder Protractor [Li 2010b] erhöhten die Erkennungsrate nicht wesentlich und konnten die Erkennbarkeit von kontinuierlich ausgewerteten Gesten oder Richtungen nicht leisten. Durch einen Erkennungsschwellwert von 80% für den Algorithmus wird eine Balance zwischen Toleranz und benötigter Genauigkeit bei der Ausführung von Gesten hergestellt. Der Wert ist allerdings durch den Programmierer anpassbar.

Auch bei der JavaScript-Implementierung haben kontinuierlich ausgewertete Gesten den Vorrang vor diskret ausgewerteten, wie in Abschnitt 6.2.3 beschrieben. Aufgrund des Template-Matching wird versucht, spezifischere Gesten auf die Nutzerinteraktion abzubilden, das heißt `1F(LINE)` wird eher erkannt als `1F(MOVE)` wenn beide auf einem Objekt definiert sind. GeForMTjs unterstützt auch die Erkennung von Teilgesten, wenn diese durch Absetzen getrennt sind. Da in der aktuellen Umsetzung keine Zeitstempel ausgewertet werden, wird jedoch keine Unterscheidung zwischen synchron oder asynchron ausgeführten Gesten vorgenommen. Auch die Erkennung von Haltegesten, die durch `HOLD` definiert sind, muss daher gesondert behandelt werden. Durch eine Feedback-Visualisierung in einer separaten Ebene über dem Web-Dokument werden Kontaktpunkte und Pfade veranschaulicht.

In Bild 6.6 wird der Prozess der Gestenerkennung in der JavaScript-Implementierung am Beispiel der Geste `LINE_E(div#id)` veranschaulicht. Zunächst wird der GeForMT-Ausdruck durch den Parser validiert und in die syntaktischen Einheiten aufgeteilt (siehe Bild 6.6a). Danach überprüft die Selector Engine die in der Beschreibung vorhandenen CSS-Selektoren und gibt die entsprechenden Knoten des DOM-Baums zurück (siehe Bild 6.6b). Beide Schritte sind im Parser-Modul angeordnet (siehe Abschnitt 6.2.1). Die Datenaufnahme (Observierungsmodul) registriert Maus- und Berührungsereignisse für diese Elemente (siehe Bild 6.6e). Die Template-Erzeugung findet sowohl für registrierte Gesten als

```
var gesture = {
   identifier: "draw",
      // Name der Geste ist aus formaler Beschreibung entnommen
   expr:       "MOVE(div.gallery img)",
      // Fokus der Geste entspricht CSS-Selektoren
   online:      true,
      // Erkennung ist standardmäßig offline
   handler:     function(e) { … }
      // Kann auch Referenz auf eine Funktion sein
}
```

Listing 6.3: Definition einer mit GeForMT beschriebenen Geste in JavaScript

auch durch die Datenaufnahme gelieferte Berührungspunkte statt (siehe Bild 6.6c) und komplettiert das Datenmodell (siehe Bild 6.6d und Abschnitt 6.2.2). Darauf aufbauend findet die Gestenerkennung und das Matching statt (siehe Bild 6.6f und Abschnitt 6.2.3). Schließlich wird optional visuelles Feedback der Touch-Punkte generiert (siehe Bild 6.6g) und bei erfolgreicher Erkennung von Gesten entsprechend registrierte Funktionen ausgeführt (siehe Abschnitt 6.2.4).

Wie bereits in Abschnitt 5.2, Seite 119 erwähnt, hat eine Änderung oder Erweiterung der Grammatik von GeForMT Auswirkungen auf die Implementierung der Bibliothek. Die für den verwendeten Parser angepasste Grammatikbeschreibung muss aktualisiert werden und dabei gegebenenfalls neue semantische Aktionen in JavaScript ergänzt werden. Diese müssen sicherstellen, dass neue Relationen oder geometrische Grundprimitive im Datenmodell abgelegt werden. Darauf aufbauend ist der Code für die Gestenerkennung zu überprüfen. Dieser muss gemäß neu hinzugekommener Sprachelemente angepasst oder erweitert werden. Werden neue Grundprimitive eingeführt, wie Viertelkreise, muss ebenso der Template-Builder erweitert werden. Neue räumliche Bedingungen müssen in dem dafür vorgesehenen Gestenerkenner zusätzlich überprüft werden.

6.3.2 Praktischer Einsatz

Listing 6.2 listet die Programmierschnittstelle von GeForMTjs auf. Die Bibliothek muss zunächst initialisiert werden. Dies kann beispielsweise beim Laden der Webseite erfolgen, wobei eine Menge an Gesten registriert und Einstellungen vorgenommen werden können (Listing 6.2, Zeile 1). In den Einstellungen kann das visuelle Feedback deaktiviert, das Kontiguitätsintervall angepasst und das Standardverhalten des Browsers für die Touch-Bedienung unterdrückt werden. Gesten können dynamisch während der Laufzeit hinzugefügt oder entfernt werden (Listing 6.2, Zeile 2

```
<head>
    <script type="text/javascript" src=”GeForMT.min.js"></script>
    <script type="text/javascript">
        window.onload = function() {
            var settings = {
                feedback: true,
                // Anzeige von visuellen Feedback für Berührungen
                preventDefault: true,
                // Blockiert das Standardverhalten der Browser
                contiguityInterval: 800
                // Zu wartende Zeit zwischen sequentiellen Gestenzügen
            }
            var gestures = {
                circle: {
                    expr: "1F(CIRCLE)",
                    handler: function(e) {
                        // Kreisgeste erkannt
                    }
                }
            }
            GeForMT.init(gestures,settings);
            GeForMT.addRecognitionFailedEventListener(function() {
                // zum Beispiel Anzeige von Hilfen
            });
        };
    </script>
</head>
```

Listing 6.4: Einbindung von GeForMTjs in eine HTML-Seite

und 3). Die Gestenerkennung stellt neben den eigentlichen Gestenereignissen weitere Ereignisse zur Verfügung: den Beginn der Gestenerkennung (Listing 6.2, Zeile 4), erkannte Teilgesten und Kandidaten (Listing 6.2, Zeile 5) sowie Scheitern der Gestenerkennung (Listing 6.2, Zeile 6). Dadurch kann der Programmierer auf fehlerhafte Eingaben reagieren und Hilfen im Sinne der Pragmatik anzeigen. Listing 6.3 zeigt, dass Gesten als Objektliteral in JavaScript definiert werden. Der Name der Geste und die Angabe, ob diese kontinuierlich oder diskret ausgewertet werden soll, ist bei JavaScript aus der formalen Beschreibung extrahiert worden. Diese Angaben werden als Attribute definiert (Listing 6.3, Zeilen 2 und 6). Weitere gegebenenfalls plattformabhängige Konfigurationsvariablen sind an dieser Stelle denkbar, welche die formale Beschreibung verkomplizieren würden. Die Funktion, die bei Erkennung der Geste aufgerufen werden soll, wird entweder direkt eingebettet oder als Referenz angegeben (siehe Listing 6.3, Zeile 8).

GeForMTjs lässt sich in den Vergleich der Multitouch-Frameworks aus Abschnitt 6.1, Seite 147 einordnen. Durch die Verwendung von Web-Technologien ist die Bibliothek plattformübergreifend für viele Betriebssysteme einsetzbar. Da GeForMTjs in jede Webseite jeweils integriert ist, wird kein Gesten-Server verwendet. Bei der Architektur werden die im Browser zur Verfügung gestellten Standard-Touch-Events verarbeitet, die beispielsweise von Windows erzeugt werden. Mit TUIO arbeitende Systeme können über ein Plugin auch verwendet werden. Spezielle Geräte-Adaptoren sind in der Bibliothek nicht vorgesehen. Die Gestenverarbeitung erfolgt zentral in der Bibliothek. Tangibles werden von GeForMTjs nicht unterstützt, das Event-System liefert sowohl Touch- als auch Gestenparameter. Die Programmierschnittstelle erlaubt dank der deklarativen Beschreibung mit GeForMT sowohl Online- als auch Offline-Gesten und eine modulare Gestenerweiterbarkeit. Interface-Elemente werden über HTML und CSS realisiert und sind daher flexibel und deklarativ gestaltbar.

In Listing 6.4 ist die Verwendung von GeForMTjs in einer Webseite dargestellt. Dabei wird die Bibliothek in ihrer komprimierten Form als Skript auf Zeile 2 eingebunden. Bei der Komprimierung werden Variablennamen abgekürzt und Kommentare entfernt, damit die Bibliothek schneller geladen werden kann. Auf Zeile 4 in Listing 6.4 werden Gesten direkt beim `window.onLoad` Ereignis initialisiert. Die Einstellungen auf Zeilen 5 bis 12 werden bei der Initialisierung des Frameworks auf Zeile 21 gemeinsam mit dem Gestenset übergeben. Dabei kann die standardmäßige Feedbackvisualisierung deaktiviert und das Standardverhalten des Browsers für Gesteneingaben unterdrückt oder zugelassen werden. Darüber hinaus ist das zeitliche Kontiguitätsintervall anpassbar.

Der praktische Einsatz von GeForMTjs wurde in einem Kurs zur Multitouch-Entwicklung für mobile Endgeräte mit Hilfe von Web-Technologien erprobt [Kammer u. a. 2013]. In diesem Rahmen erfolgte auch die Evaluation in Abschnitt 5.4.2, Seite 136. Dabei entstanden einerseits durch Anwendung von Kreativitätstechniken neuartige Konzepte für die Bedienung mobiler Anwendungen, andererseits mit Hilfe von GeForMTjs funktionierende Prototypen mit einer Vielzahl von Gesten. Die Bibliothek wurde zu diesem Zweck mit Visualisierungsframeworks kombiniert, um grafische Interface-Elemente zu erzeugen und zu manipulieren. Da diese Frameworks teilweise Standard-Gesten für die Verschiebung und das Antippen von Objekten implementierten, wurde GeForMTjs insbesondere für die Definition von lexikalischen Gesten verwendet. Durch das Zusammenziehen von zwei oder drei Fingern wurde beispielsweise eine Navigation in verschiedenen Hierarchie-Ebenen realisiert: `JOIN[2F(LINE)]` und `JOIN[3F(LINE)]`. Das Zeichnen eines Hakens diente zur Bestätigung einer Auswahl von Themen in einer Anwendung zum Lesen von Nachrichten: `1F(LINE_SE,LINE_NE,LINE_NE)`.

6.3.3 Gesteneditor zur bildhaften Programmierung

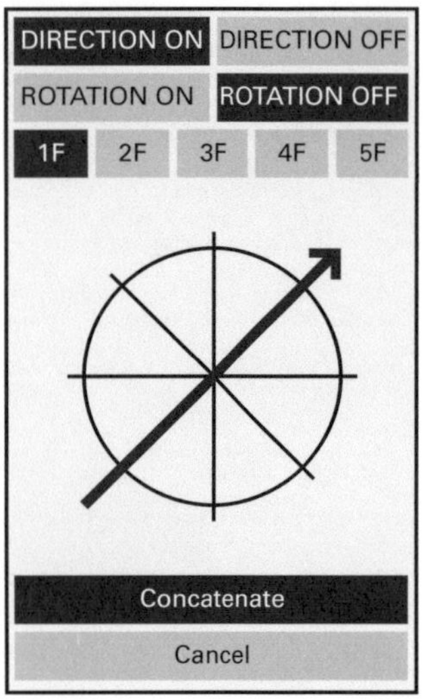

Bild 6.7: Interaktive Windrose mit zusätzlichen Einstellmöglichkeiten für Richtungs- und Rotationsinvarianz und Anzahl der verwendeten Finger

Mit der JavaScript-Implementierung wurde auch eine erste Unterstützung für die Gestendefinition umgesetzt. Im Zentrum der bildhaften Programmierung steht dabei die Windrose, welche die geometrischen Grundformen veranschaulicht. Zur bildhaften Programmierung wird diese Windrose als interaktives Element genutzt, um atomare Gesten durch die beispielhafte Ausführung auszuwählen. Dabei kann auch eine unterschiedliche Anzahl an Fingern verwendet werden. Folglich lassen sich mit der interaktiven Windrose für die spätere Kombination Ausdrücke wie `1F(LINE),2F(MOVE),3F(POINT),1F(SEMICIRCLE_S_CCW)`, `1F(CIRCLE_N_CW)` definieren (siehe Bild 6.7).

Basiseditor

Zunächst wurde ein Basiseditor umgesetzt, der die interaktive Windrose implementiert. Dieser ist in fünf Hauptbereiche aufgeteilt (siehe Bild 6.8). Die aktuell bearbeitete formale Definition wird in der oberen Zeile in Bild 6.8a dargestellt. Der Gesten-Editor ermöglicht die Eingabe atomarer Gesten durch beispielhafte Ausführung in dem Feld in Bild 6.8b. Die definierten Gesten können in dem dafür vorgesehenen Feld unmittelbar getestet werden (siehe Bild 6.8c). Für die Kombination dieser stehen weitere Funktionen im Interface zur Verfügung. Dabei können die atomaren Gesten durch die Schaltflächen in Bild 6.8d eingeschränkt werden oder richtungsinvariant definiert werden. Bild 6.8e bietet die Operatoren von GeForMT zur Kombination von atomaren Gesten bezüglich der zeitlichen Ausführung an.

Die aktuell definierte Geste wird durch die Schaltflächen in Bild 6.8f entweder registriert oder zurückgesetzt. Im Bereich in Bild 6.8g wird das aktuell definierte Gestenset dargestellt. Falls vorhanden wird ebenso eine grafische Repräsentation mit Hilfe der sogenannten Gesturecons dargestellt [@Lee 2012] . Ein spezieller Objektbezug wird im Basis-Editor noch nicht umgesetzt. Alle Gesten werden zunächst als Offline-Gesten definiert und getestet. Der Basiseditor erlaubt daher nur die eingeschränkte Modellierung von GeForMT-Ausdrücken. Auch der Export der erstellten Gesten ist nicht möglich.

Die Schaltflächen des Editors werden zudem inkonsistent genutzt. Diese dienen beispielsweise zum Aktivieren und Deaktivieren von Zuständen wie die richtungs- und rotationsinvariante Definition atomarer Gesten (Schaltflächen »Direction« und »Rotation« in Bild 6.8d). Andererseits werden verschiedene Einschränkungen

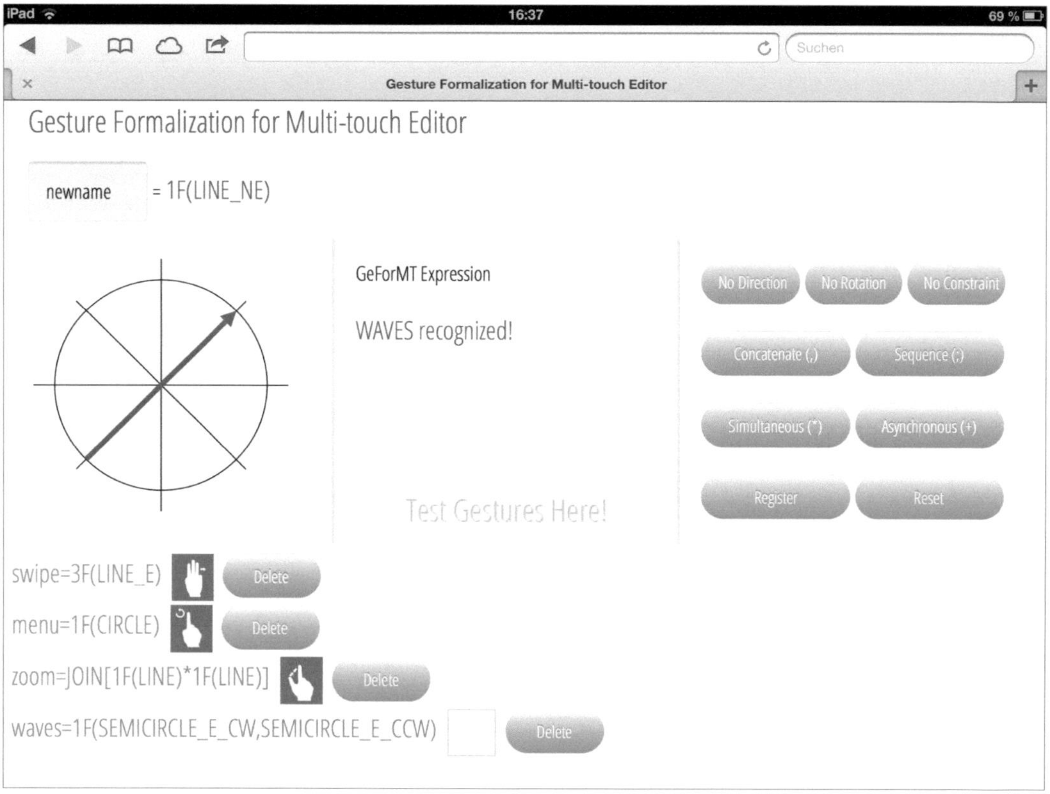

Bild 6.8: Basiseditor für die Definition von Gesten mittels GeForMT

auch durchgeschaltet (Schaltfläche »Constraint« in Bild 6.8d). Die sonstigen Schaltflächen führen hingegen Kommandos wie das Verknüpfen von atomaren Gesten oder das Registrieren der Gestenbeschreibung aus (siehe Bild 6.8e und f).

Kacheleditor

Die Weiterentwicklung des Editors baut auf dem Basiseditor auf, allerdings werden zusätzlich zur interaktiven Windrose auch Kacheln verwendet, die einer Zeitstrahlmetapher folgen (siehe Bild 6.9). In der Kopfzeile der Benutzungsoberfläche wird wieder der formale Ausdruck der gerade definierten Geste angezeigt. Darüber befinden sich weitere Einstellmöglichkeiten, zum Beispiel zur Benennung der Geste oder zur Auswahl der globalen räumlichen Relation. Des Weiteren kann die Online- oder Offline-Auswertung eingestellt werden. Auch in diesem Editor dient die Windrose zur beispielhaften Auswahl atomarer Gesten (siehe Bild 6.9e). Allerdings werden auch die erzeugten, zusammenhängenden Kombinationen der atomaren Gesten bildhaft dargestellt (siehe Bild 6.9b, c und d).

Die Gestendefinition beginnt immer in der ersten Kachel links oben (siehe Bild 6.9b). Durch Antippen erscheint die Windrose,

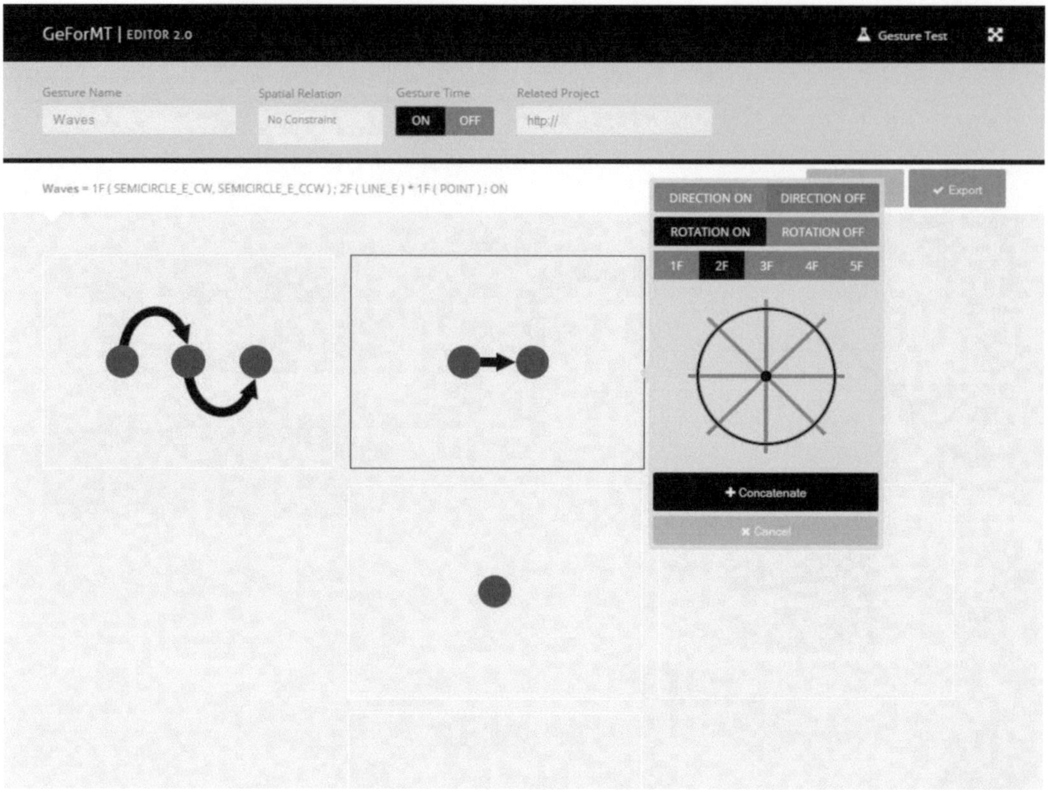

Bild 6.9: Kacheleditor zur bildhaften Programmierung komplexer Gesten mittels GeForMT

mit der die Eingabe und Konkatenation atomarer Gesten möglich ist. Werden Einschränkungen benötigt, lassen sich diese direkt über der Windrose konfigurieren (siehe Bild 6.9e). In horizontaler Richtung können nach der Definition des ersten zusammenhängenden Gestenzugs sequentiell weitere folgen (siehe Bild 6.9c). Wird ein Feld in vertikaler Richtung ausgewählt, so wird dort ein synchron stattfindender Gestenzug definiert (siehe Bild 6.9d). Die erstellte Geste lässt sich direkt im Editor testen, indem ein Layer über den gesamten Definitionsbereich gelegt wird.

Zukünftige Erweiterungen für den Kacheleditor bestehen in einer verbesserten Darstellung der Zeitstrahlmetapher. Die Anordnung der Kacheln ist nicht intuitiv verständlich. Insgesamt sollte der Entwurfsprozess besser unterstützt werden. Dazu können weitere Hilfen oder Erläuterungen angeboten werden. Ein Test des Editors im Vergleich zu anderen Gestenerstellungswerkzeugen mit Entwicklern kann ebenfalls zur Verbesserung beitragen. Dabei sind insbesondere Proton mit dem Editor Gesture Tablature und das GestureToolkit von GDL für einen Vergleich heranzuziehen (siehe Abschnitt 3.3, Seite 73).

Zur Kategorisierung des Interface kann das syntaktische Feld Raum genutzt werden (siehe Abschnitt 2.1.5, Seite 31). Die Auswahl der Kacheln steht im Vordergrund, wobei qualitative Aussagen über die zu erstellende Geste möglich sind. Die Definition von Teilgesten mit der Windrose ist darüber hinaus dem syntaktischen Feld Bewegung zuzuordnen. Dabei ist die gegenwärtige Ausführung von Bedeutung. Der Kacheleditor für GeForMT wurde von Philipp Siekmann und Anika Wagner im Rahmen eines Forschungsseminars konzipiert und umgesetzt.

7 Praxisbeispiele

In diesem Kapitel werden zunächst prototypische Anwendungen mit Hilfe von GeForMT analysiert, die im Rahmen studentischer Kurse entstanden sind. In diesen Veranstaltungen wurde ein Multitouch-Framework ohne die Möglichkeit der deklarativen Beschreibung von Gesten verwendet. Die Beschreibungsfähigkeit von GeForMT für unabhängig von der Formalisierung konzipierte Gesten kann daher überprüft werden. In den darauffolgenden Abschnitten werden zwei Anwendungen beschrieben, die mit Hilfe der Referenzarchitektur aus Kapitel 6 um eine Multitouch-Schnittstelle erweitert wurden. Dabei handelt es sich um das Suchinterface DelViz, mit dem nach verschiedenen Informationsvisualisierungen gesucht werden kann und das 3D-Framework Bildsprache LiveLab. Das Kapitel wird mit einer statistischen Auswertung der in den Praxisbeispielen beschriebenen Gestensets abgeschlossen.

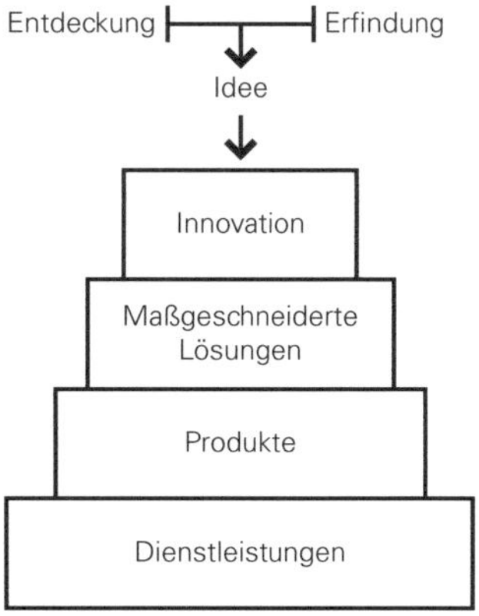

Bild 7.1: Schöpferische Zerstörung beschreibt die Entwicklung von Produkten und Dienstleistungen ausgehend von einer innovativen Erfindung oder Entdeckung (nach [@Wardley 2008])

7.1 Analyse prototypischer Anwendungen

Zur Untersuchung der Beschreibungsfähigkeit der entwickelten Formalisierung für flächige Gesten werden in diesem Abschnitt kompakte Beispielanwendungen genutzt. Diese entstanden in zwei studentischen Workshops mit jeweils zehn Studierenden. Jeder Workshop wurde in einem zweiwöchigen Block durchgeführt. Ein schematischer Ablaufplan befindet sich im Anhang, Seite 257. Die Studierenden entwickelten in Teams von jeweils zwei Teilnehmern eine Multitouch-Anwendung mit Hilfe des Surface SDK von Microsoft [@Surface SDK 2012]. Das SDK bietet lediglich Standard-Gesten und den direkten Zugriff auf die Trackingdaten als Koordinatenlisten. Zum Entwicklungszeitpunkt stand also keine abstrakte Beschreibungsmöglichkeit komplexerer Gesten zur Verfügung. Die folgende Analyse zeigt, wie die implementierten Gesten formalisiert werden können. Die Ausdrucksfähigkeit der entwickelten Beschreibungssprache wird dabei nachgewiesen und diskutiert. Die Funktionsweise der aufgeführten Anwendungen und die methodische Vorgehensweise innerhalb der studentischen Kurse wurden in Konferenzbeiträgen veröffentlicht, jedoch ohne die analytische Aufarbeitung mit Hilfe von GeForMT [Franke u. a. 2010; Groh u. a. 2010; Kammer u. a. 2011a; Müller u. a. 2012]. Franke betrachtet einen Teil der Anwendungen aus Sicht der Verwertbarkeit im kommerziellen Bereich [Franke 2013].

7.1.1 Workshop zur schöpferischen Zerstörung

Die Motivation für diesen Workshop war die Markteinführung des Multitouch-Tischs von Microsoft, dem sogenannten Microsoft Surface. Um Anwendungen für diese neuartige Technologie zu konzipieren, wurde der Ansatz der schöpferischen Zerstörung von Schumpeter verfolgt [Schumpeter 2008], der von Wardley für den Geschäftsbereich und die Informationstechnologie popularisiert wurde [@Wardley 2008]. Dabei wird die Entwicklung von einer Innovation, die auf einer Entdeckung oder Erfindung basiert, hin zu damit verbundenen Dienstleistungen beschrieben (siehe Bild 7.1). Diese Entwicklung steht dabei unter den Einflussfaktoren: Innovationsdruck, Organisationsdruck und Komponentenentwicklung.

Der Innovationsdruck führt dazu, dass zunächst maßgeschneiderte Lösungen für die jeweilige neuartige Technologie erarbeitet werden. Jedoch wird erst durch die entsprechende Umstellung von Organisationen und Methoden eine abgesicherte Entwicklung ausgereifter Produkte möglich. Durch die Komponentenentwicklung wird schließlich die Wiederverwendung von erfolgreichen Teillösungen sichergestellt. Die schöpferische Zerstörung, welche die Adaption an neue technische Voraussetzungen einschließt, überführt eine zunächst neuartige und revolutionäre Innovation schließlich in den Alltag. Auf dieser Basis entstehen neue Produkte und Dienstleistungen. Eine erfolgreiche schöpferische Zerstörung beeinflusst also erheblich den pragmatischen Umgang mit einer neuartigen Technologie (siehe Abschnitt 4.4, Seite 95). Der Workshop wurde wegen diesen Gesichtspunkten unter Beteiligung eines Industriepartners durchgeführt, der die Multitouch-Hardware und Personal zur Betreuung der Studierenden zur Verfügung stellte.

Die verfolgte Herangehensweise unterstützt den Prozess der »design-driven innovation« von Verganti, der feststellt, dass sich Innovationsforscher bisher hauptsächlich auf den zersetzenden Einfluss neuer Technologien konzentriert haben [Verganti 2009]. Seine Konzentration auf die Bedeutung einer technologischen Wende steht im Sinne einer semiotischen Auseinandersetzung. Der Blick wird von technologiegetriebenen Umwälzungen und vom Markt diktierten Veränderungen auf Prozesse verlagert, die durch das Design verändert werden. In den durchgeführten Workshops treten die Studierenden nicht nur als Entwickler und Gestalter auf, sondern auch als Anwender einer bestimmten Technologie. Bei der sogenannten »user-driven innovation« im Bereich des partizipativen Designs ist es wichtig, einen Raum für Innovatoren und Designer gleichermaßen zu bieten [Kanstrup und Christiansen 2006]. Weitere nutzergetriebene Forschungsmethoden werden zum Beispiel in »living labs« durchgeführt, welche Ausbildung und regionale Entwicklung mit Forschung für Universitäten kombinieren [Luojus und Vilkki 2008]. Der »process mock-up workshop« von Hasu et al. beschäftigt sich mit Organisationsstrukturen [Hasu u. a. 2009]. Als wichtige Schritte werden die Kontextualisierung, Aktion und Reflexion identifiziert. Ähnlich wie in den durchgeführten studentischen Workshops dient die Kontextualisierung dazu, ein gemeinsames Verständnis der Gesamtsituation und gemeinsamer Ziele herzustellen. In der Aktionsphase soll Wissen angewendet und kommuniziert werden sowie alternative Lösungen erarbeitet werden. In der Reflexionsphase werden anhand von Videoaufzeichnungen, Folien und mündlichen Präsentationen die nächsten Schritte beschlossen.

Der Workshop wurde durch eine Einführungsveranstaltung eingeleitet, in der die zur Verfügung stehende Technologie ohne die Beschreibung aktueller Hardware-Einschränkungen vorgestellt wurde. Über ein Brainstorming wurden Herausforderungen, Anwendungsfälle und Interaktionskonzepte für die Multitouch-Technologie gesammelt. Technische Details und Restriktionen wurden erst nach einer Phase freier konzeptioneller Arbeit eingeführt. In der ersten Woche des Workshops konzentrierten sich die Studierenden auf die Gestaltungs- und Interaktionskonzepte, die zweite Woche diente der Implementierung und Dokumentation der Anwendungen.

Navigatable

Die Anwendung Navigatable ermöglicht die Betrachtung von 3D-Modellen durch navigative Gesten sowie die Verschiebung von Teilen dieser Modelle mit Hilfe von manipulativen Gesten. Bild 7.2 verdeutlicht diese Funktionalität am Beispiel eines menschlichen Skeletts. Durch die Geste `Rotate` wird mit einem Finger das Modell um einen festen Rotationspunkt gedreht (Listing 7.1, Zeile 1 und Bild 7.2a). Dieser Rotationspunkt wird mit `Focus` durch das Antippen eines Modellteils bestimmt und liegt im Mittelpunkt des ausgewählten Elements, beispielsweise dem Hüftknochen des Skelettmodells (Listing 7.1, Zeile 2 und Bild 7.2c). Die Geste `Scale` beschreibt zwei Finger, die sich auseinander oder aufeinander zu bewegen und dient dazu das Modell zu verkleinern oder zu vergrößern (Listing 7.1, Zeile 3 und Bild 7.2b). Drei Finger die zusammen bewegt werden verschieben den Rotationspunkt auf der Frontalebene. Die dafür genutzte Geste `Pan` wird in Listing 7.1 auf Zeile 5 durch GeForMT angegeben.

Um Teile des Modells zu bewegen, ist ein Modus-Wechsel notwendig, der durch das Aufsetzen von fünf Fingern erreicht wird (siehe Bild 7.2d). Dies wird in Listing 7.1 auf Zeile 6 durch die Geste `Switch` beschrieben. Zusätzlich prüft das Programm, ob diese sich in unmittelbarer Nähe befinden, so dass geschlossen werden kann, dass es sich um die fünf Finger einer Hand handelt. Diese Nebenbedingung ist durch GeForMT nicht sprachlich abgebildet. Um den Modus-Wechsel zu verdeutlichen, ändert sich die Hintergrundfarbe der Anwendung in ein dunkles Grau. Zusätzlich erscheinen Kugeln, die als Hilfsobjekte zur Verschiebung

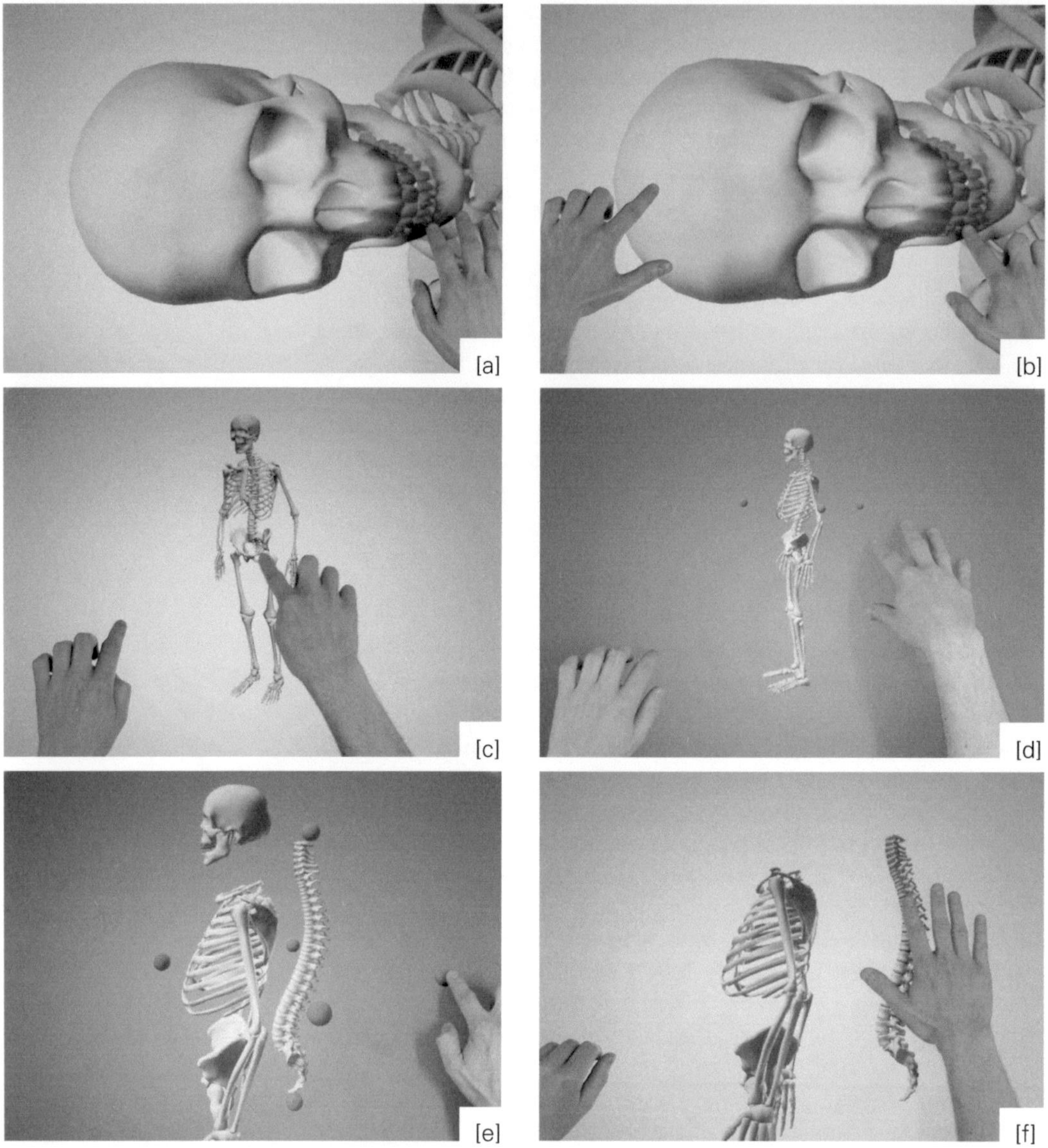

Bild 7.2: Die Anwendung Navigatable dient zur Betrachtung und Manipulation von 3D-Modellen

der 3D-Elemente dienen (siehe Bild 7.2e). Diese Kugeln befinden sich um das jeweils fokussierte Element in den drei räumlichen Hauptachsen, so dass dieses durch Berühren und Verschieben der Kugeln bewegt werden kann. Die dafür notwendige Geste `Translate` wird in Listing 7.1 auf Zeile 7 beschrieben. Schließlich kann das Modell durch die Geste `Reset` auf seinen Ausgangszustand zurückgesetzt werden, indem eine Handfläche kurz auf die Multitouch-Oberfläche aufgelegt wird (Listing 7.1 auf Zeile 8 und Bild 7.2f).

```
Rotate    =1F(MOVE):ON
Focus     =1F(POINT(object)):OFF
Scale     =JOIN[1F(LINE(wav))*1F(LINE(wav))] |
           SPLIT[1F(LINE(wav))*1F(LINE(wav))]:ON
Pan       =SYNC[3F(MOVE)]:ON
Switch    =5F(POINT(background)):OFF
Translate=1F(MOVE(manipulationSphere)):ON
Reset     =1H(POINT):OFF
```

Listing 7.1: Gesten in der Anwendung Navigatable

Navigatable verfügt damit über die vier Navigationsgesten `Focus`, `Rotate`, `Scale`, und `Pan` sowie über die Manipulationsgeste `Translate`. Die Gesten `Switch` und `Reset` zum Modus-Wechsel und zum Zurücksetzen besitzen lexikalischen Charakter. Navigatable wurde durch die Studenten Martin Herrmann und Frank Harnisch im Rahmen des besprochenen Workshops konzipiert und umgesetzt.

Tangible Design Helper

Tangible Design Helper unterstützt die Gestaltung eines Laptop-Covers in Abstimmung zwischen zwei oder mehr Personen. Dazu dient in erster Linie ein physischer Drehknopf, der auf den Multitouch-Tisch aufgesetzt wird. Dieser ermöglicht über ein auf Icons basierendes Menü die Auswahl von Gestaltungsoptionen (siehe Bild 7.3e). Die Icons aktivieren diese Optionen durch einfaches Antippen. Die Geste `ChooseOption` in Listing 7.2 auf Zeile 1 ist dabei syntaktisch identisch zur Geste `Focus` in Navigatable.

Darüber hinaus wird nach Aktivieren der entsprechenden Option in einer Vorschaubox die Auswahl eines Standard-Hintergrundbilds vorgenommen. Dazu werden die formalen Gesten `ScrollLeft` und `ScrollRight` verwendet, die in Listing 7.2 auf den Zeilen 2 und 3 dargestellt sind (siehe Bild 7.3c). Auf das Laptop-Cover wird ein gewünschtes Cover durch einfaches Antippen oder Ziehen des Vorschaubilds geladen (siehe Bild 7.3d). Die erste Alternative für die Geste `LoadCover` auf Zeile 4 in Listing 7.2 unterscheidet sich von `ChooseOption` nur durch das Fokusobjekt. Zum Drehen und Skalieren des Covers werden zwei Finger benutzt (siehe Bild 7.3a). Die Geste `Manipulate` ist in Listing 7.2 auf Zeile 5 durch GeForMT beschrieben. In einem entsprechend über das Menü erzeugten Rahmen lässt sich mit der Geste `FingerDraw` durch einen Finger eine Zeichnung anfertigen (Listing 7.2, Zeile 6 und Bild 7.3b). Die Farbe dafür wird über den auf die Multitouch-Oberfläche aufgesetzten Drehknopf ausgewählt. Textfelder, die mit Hilfe einer virtuellen Tastatur ausgefüllt werden, können ebenso in ihrer Textfarbe angepasst werden (siehe Bild 7.3f).

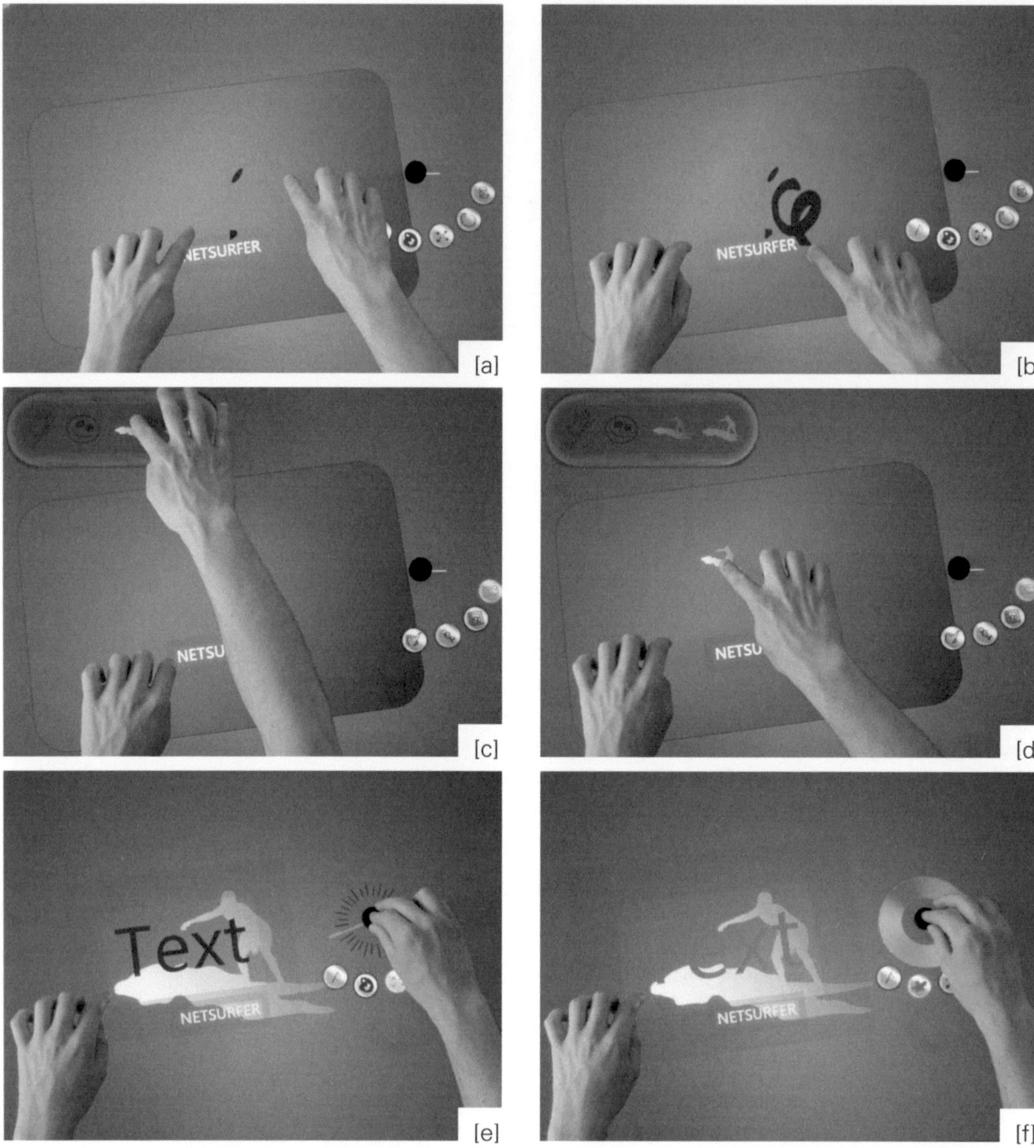

Bild 7.3: Tangible Design Helper dient zum Gestalten eines Laptop-Covers

Die zwei navigativen Gesten `ScrollLeft` und `ScrollRight` sowie die eine manipulative Geste `Manipulate` werden bei Tangible Design Helper durch die ikonische Geste `FingerDraw` ergänzt. Darüber hinaus wird das einfache Antippen als deiktisch-lexikalische Geste von `ChooseOption` und `LoadCover` verwendet, um Befehle zum Moduswechsel auszuführen und Inhaltselemente zu erzeugen. Tangible Design Helper wurde von den Studentinnen Claudia Zimmer und Kristin Dietze umgesetzt.

```
ChooseOption=1F(POINT(icon)):OFF
ScrollLeft  =1F(LINE_WEST(previewBox)):ON
ScrollRight =1F(LINE_EAST(previewBox)):ON
LoadCover   =1F(POINT(preview)) | 1F(MOVE(preview)):OFF
Manipulate  =1F(LINE(cover OR canvas))*
              1F(LINE(cover OR canvas)):ON
FingerDraw  =1F(MOVE(canvas)):ON
```

Listing 7.2: Gesten in der Anwendung Tangible Design Helper, dargestellt mit GeForMT

SurfaceReader

Das gemeinsame Lesen eines Dokuments auf einem Multitouch-Tisch wird durch die Anwendung SurfaceReader ermöglicht. Dabei kann das zu betrachtende Dokument dupliziert und so ausgerichtet werden, dass es von entgegengesetzten Seiten des Tisches aus gelesen werden kann (siehe Bild 7.4). Dupliziert wird das Dokument durch Antippen des entsprechenden Icons an der unteren Dokumentkante, mit der Geste `Tap` auf Zeile 1 in Listing 7.3.

Grundsätzlich werden zwei Modi unterschieden, das Annotieren und das Navigieren. Der Modus-Wechsel erfolgt durch Antippen des entsprechenden Icons an der unteren Dokumentkante. Ein Farbfächer zum Auswählen der Annotationsfarbe steht dort auch zur Verfügung (siehe Bild 7.4a). Danach werden alle Berührungen und Bewegungen auf dem Dokument direkt als Zeichnung ikonisch durch die Geste `Annotate` umgesetzt (siehe Bild 7.4c). Im Navigationsmodus wird mit der Geste `Manipulate` das Dokument mit zwei Fingern gedreht und skaliert (siehe Bild 7.4d) und durch die Geste `Move` mit einem Finger bewegt (Zeilen 7-9 in Listing 7.3). Ebenso kann der rote Master-Button von einer Dokumentinstanz auf die andere bewegt werden (siehe Bild 7.4f). Das hat zur Folge, dass Annotationen und die Navigation von diesem Dokument auf das andere übertragen werden und somit ein gemeinsamer Fokus in der Diskussion sichergestellt wird. Die Navigationsgesten `NextPage` und `PreviousPage` ermöglichen es, im Dokument mit zwei Fingern zur nächsten Seite oder zur vorherigen zu gelangen (Zeilen 3 und 4 in Listing 7.3). Die Gesten `Begin` und `End` springen zum Anfang oder Ende des Dokuments (Zeilen 5 und 6 in Listing 7.3 und Bild 7.4b).

Die vier Navigationsgesten `NextPage`, `PreviousPage`, `Begin` und `End` sowie die beiden Manipulationsgesten `Manipulate` und `Move` werden durch die ikonische Annotationsgeste `Annotate` ergänzt. Für die lexikalische Geste `Tap` zum Wechseln des Modus sowie Ändern der Annotationsfarben und Duplizieren des Dokuments wird wieder das einfache Antippen der Menüeinträge verwendet. Zur Weiterentwicklung der Anwendung stellen sich

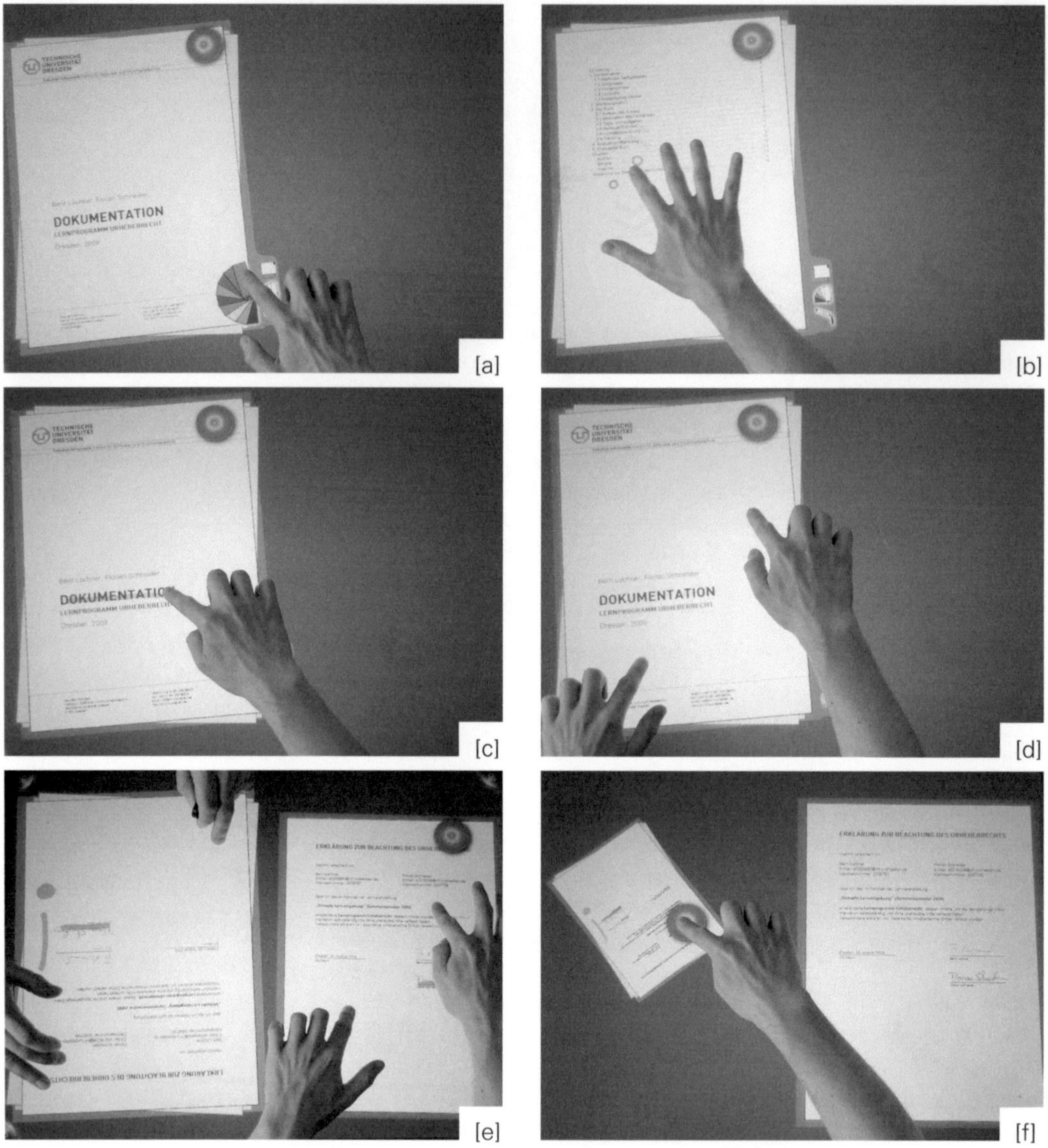

Bild 7.4: SurfaceReader ermöglicht das gemeinsame Betrachten und Annotieren eines Dokuments

zahlreiche Fragen nach der Synchronisierung von Annotationen, Migration, Reproduzierbarkeit, Privatsphäre und Sicherheit. Bei mehrfachen Wechseln zwischen Master-Dokumenten müssen beispielsweise eigene Annotationen zwischengespeichert oder mit denen des Gesprächspartners kombiniert werden. SurfaceReader wurde von Florian Schneider und Mathias Müller im Rahmen des Workshops konzipiert und umgesetzt.

TagIt

Die zum Markieren von Fotos mit grafischen Tags dienende Anwendung TagIt nutzt zusätzlich zu Multitouch-Gesten auch reale

```
Tap           =1F(POINT(annotation OR color OR duplicate)):OFF
Annotate      =1F(MOVE(document)):ON
NextPage      =2F(LINE_RIGHT(document)):OFF
PreviousPage=2F(LINE_LEFT(document)):OFF
Begin         =2F(LINE_NORTH(document)):OFF
End           =2F(LINE_SOUTH(document)):OFF
Move          =1F(MOVE(document OR masterButton)):ON
Manipulate    =2F(LINE(documentFrame)):ON |
               1F(LINE(documentFrame)*1F(LINE(documentFrame)):ON
```

Listing 7.3: Formalisierte Gesten in der Anwendung SurfaceReader

Stempel als Tangibles zur Eingabe (vgl. Abschnitt 2.3.2, Seite 51). Fotos werden durch die Geste `Translate` mit einem Finger bewegt und mit zwei Fingern durch `Scale` skaliert (Listing 7.4, Zeilen 1 und 2 sowie Bild 7.5d). Durch den Stempel werden Tags auf die Fotos übertragen, der mit Hilfe eines Markers auf der Stempelfläche durch die Hardware erkannt wird. Diese sogenannten Byte-Tags basieren auf einem für die Bilderkennung optimierten Muster, dessen Bewegung und Rotation effizient verfolgt werden kann.

Zur Definition der Tags dient ein digitales Stempelkisten, das durch das Ziehen einer Linie an der Kante des Tischs aufgerufen wird. Die entsprechende Geste `Menu` ist in Listing 7.4 auf Zeile 3 beschrieben. In diesem Menü können durch Antippen mittels der Geste `Select` Grundfarben ausgewählt und eigene Symbole mit dem Finger durch `Draw` frei gezeichnet werden (Listing 7.4, Zeilen 4 und 5 sowie Bild 7.5a und e). Durch einmaliges Stempeln auf dem Stempelkissen werden eine oder mehrere Tags mit dem Stempel assoziiert und anschließend auf gestempelte Bilder übertragen (siehe Bild 7.5b).

TagIt nutzt die deiktische Geste `Select` zur Auswahl von Farben und die lexikalische Geste `Menu` zum Aufruf des Stempelkissens. Zusätzlich werden die zwei manipulativen Gesten `Translate` und `Scale` sowie die ikonische Geste `Draw` verwendet. TagIt wurde durch die Studierenden Marie Schacht und Tino Winkler umgesetzt.

My(veryown)Space

My(veryown)Space unterstützt die kollaborative Sinnerschließung mit Hilfe eines Multitouch-Tischs. Weiterführende Überlegungen in diesem Themenbereich finden sich zum Beispiel in Bezug auf adaptive persönliche Bereiche bei KLINKHAMMER et al. [Klinkhammer u. a. 2011]. My(veryown)Space unterstützt Brainstorming-Aktivitäten durch private und geteilte Arbeitsbereiche. Nutzer verfügen über ihre persönlichen Tags, die durch Auflegen an einer Seite des

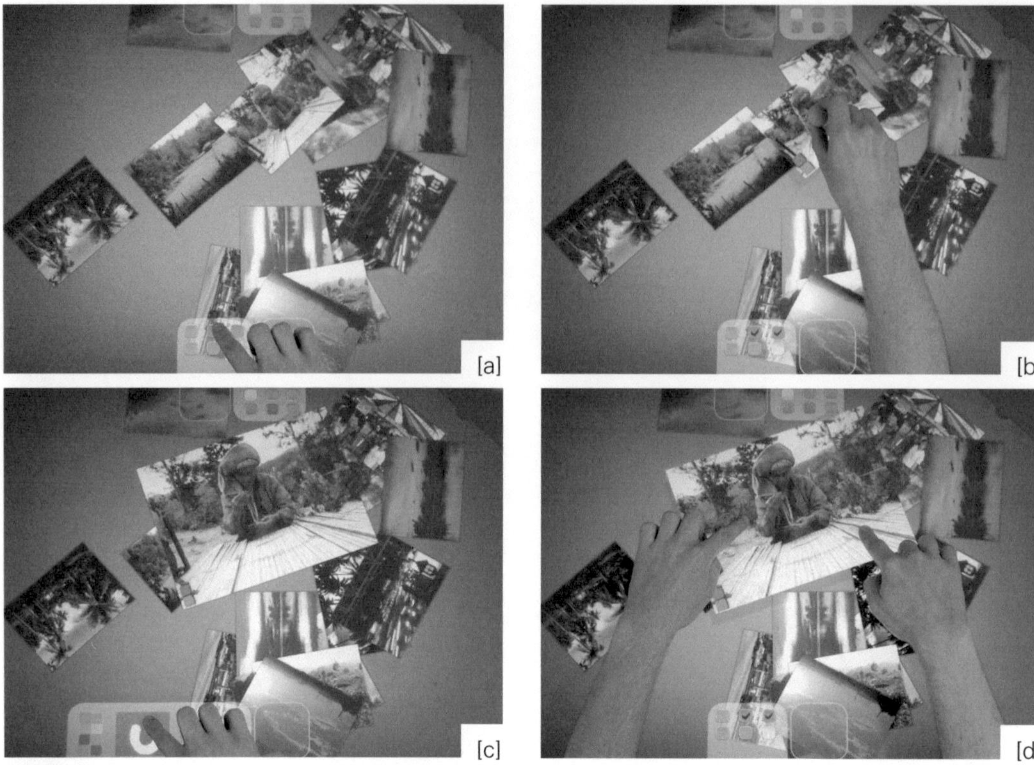

Bild 7.5: TagIt beschäftigt sich mit dem Arbeitsprozess beim Verschlagworten von Bildersammlungen

```
Translate=1F(MOVE(picture)):ON
Scale    =1F(LINE(picture))*1F(LINE(picture)):ON
Menu     =1F(LINE_NORTH(edge)):OFF
Select   =1F(POINT(color)):OFF
Draw     =1F(MOVE(stampPad)):ON
```

Listing 7.4: Gesten in der Anwendung TagIt

Tischs einen persönlichen Bereich aktivieren. Durch Erkennung der Fingerorientierung wird nur die Interaktion von dieser Seite aus erlaubt. Bilder, Text und andere Objekte können durch die Geste `Move` im privaten Arbeitsbereich arrangiert werden (Listing 7.5, Zeile 1). Wenn eines dieser Objekte der Allgemeinheit zur Verfügung gestellt werden soll, so wird dieses mit drei Fingern in den geteilten Arbeitsbereich in der Mitte des Tischs geschoben (siehe Bild 7.6b). Dazu dient die Geste `MoveToPublic`, die auf Zeile 2 in Listing 7.5 formalisiert ist.

Das sich um ein Tangible öffnende Ringmenü (siehe Bild 7.6a) speichert die Objekte und macht diese zugänglich. Dazu dienen die Gesten `Scroll` und `Select`, die auf Zeilen 3 und 4 in Listing 7.5 mit GeForMT beschrieben sind. Des Weiteren bietet das Ringmenü die Auswahl von Manipulationswerkzeugen. Zum Bei-

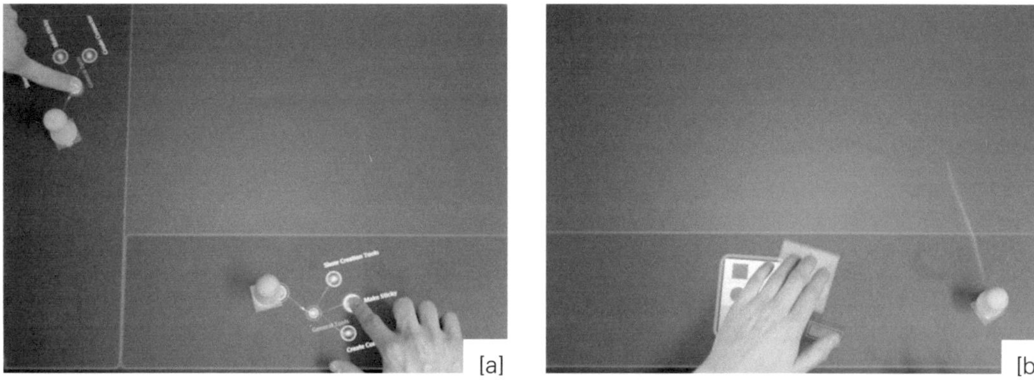

Bild 7.6: My(veryown)Space thematisiert persönliche und gemeinsame Arbeitsbereiche auf einem Multitouch-Tisch

```
1 Move         =1F(MOVE(object)):ON
2 MoveToPublic=3F(MOVE(object)):ON
3 Scroll       =1F(LINE(menu)):ON
4 Select       =1F(LINE_EAST(menu)):ON
5 HideSpace    =4F(LINE_SOUTH)):OFF
```

Listing 7.5: Gesten in der Anwendung My(veryown)Space

spiel können Textobjekte miteinander verbunden werden. Wenn ein privater Arbeitsbereich nicht mehr gebraucht wird, kann dieser durch die Geste `HideSpace` geschlossen werden, indem mit vier Fingern eine Ziehgeste zur Kante hin ausgeführt wird (Listing 7.5, Zeile 5). Alternativ kann auch das Tangible vom Tisch entfernt werden. Dadurch wird der gemeinsame Arbeitsbereich und der private Bereich anderer Diskussionsteilnehmer vergrößert.

Zusammenfassend verfügt My(veryown)Space über die manipulative Geste `Move`, die navigative Geste `Scroll`, die deiktische Geste `Select` und zwei lexikalische Gesten `MoveToPublic` und `HideSpace`. Die Umsetzung von My(veryown)Space erfolgte durch die Studierenden Christian Klauß und Julian Eberius.

Einordnung

Von besonderem Interesse im Workshop zur schöpferischen Zerstörung waren Moduswechsel in Multitouch-Interfaces und wie diese ausgestaltet werden können. Tabelle 7.1 zeigt, dass diese nicht nur durch Gesten erreicht werden, sondern auch Tangibles Verwendung finden (siehe Abschnitt 2.3.2, Seite 51).

Die in dem Workshop verfolgte schöpferische Zerstörung führte zu in sich abgeschlossenen Demonstratoren, die unterschiedliche Domänen und Anwendungsfälle mit Hilfe von Multitouch-Interaktion erschließen. Besonderer Wert wurde dabei im Sinne der Komponentenentwicklung auf wiederverwendbare Interface-Elemente wie das Ringmenü bei My(veryown)Space gelegt.

Anwendung	Modi	Wechsel
Navigatable	Navigation oder Modifikation	Durch Geste (Aufsetzen von fünf Fingern)
Tangible Design Helper	Präsentation oder Editieren	Durch Tangible (Aufsetzen eines Objekts)
Surface Reader	Ausrichten oder Annotieren	Durch Menü (Antippen von Icons)
TagIt	Taggen oder Filtern	Durch Tangible (Aufsetzen eines Stempels auf Foto oder Hintergrund)
My(veryown)Space	Kollaboration oder privates Arbeiten	Durch Geste (Wegschieben privater Arbeitsplätze mit vier Fingern)

Tabelle 7.1: Moduswechsel in Multitouch-Nutzerschnittstellen (siehe [Franke u. a. 2010])

Da die formalen Beschreibungen in dem verwendeten Framework nicht eingesetzt werden können, wird die Wiederverwendung der beschriebenen Gesten erschwert. Gegebenenfalls muss dafür umfangreicher Quellcode zur Gestenerkennung kopiert werden. Auch die Modifizierung von Gesten, beispielsweise das Ändern der Fingeranzahl, ist nicht trivial. Lediglich die vom Framework angebotenen Standard-Gesten können einfach ausgetauscht werden.

7.1.2 Workshop zu semantischen Dimensionen

Der zweite Workshop konnte auf den Erfahrungen und Beispielanwendungen der ersten Durchführung aufbauen. Bei der Entwicklung der neuen Anwendungen wurde insbesondere auf die unterschiedliche Auswertung syntaktisch einfacher Gesten geachtet. Die daraus abgeleiteten semantischen Stufen wurden bereits in Abschnitt 5.2.2, Seite 120 zur Semantik flächiger Gesten thematisiert und werden in Bild 5.6, Seite 123 dargestellt. Die Betrachtung der Anwendungen erfolgt entlang des Spektrums aus diesen fünf Stufen.

DRESDEN-concept

Diese Anwendung präsentiert wissenschaftliche Institutionen, die sich für die Förderung des Bundesministeriums für Forschung und Bildung im Rahmen der sogenannten Exzellenzinitiative beworben haben. Der Zugriff auf Informationen kann dabei parallel durch zwei interagierende Nutzer erfolgen. Diese können unabhängig voneinander Informationen über die universitären und außeruniversitären Einrichtungen einsehen, indem mit der Geste `Open` jeweils eines der farbigen Dreiecke aus der Mitte des Tischs herausgezogen wird (siehe Bild 7.7a und Zeile 1 in Listing 7.6).

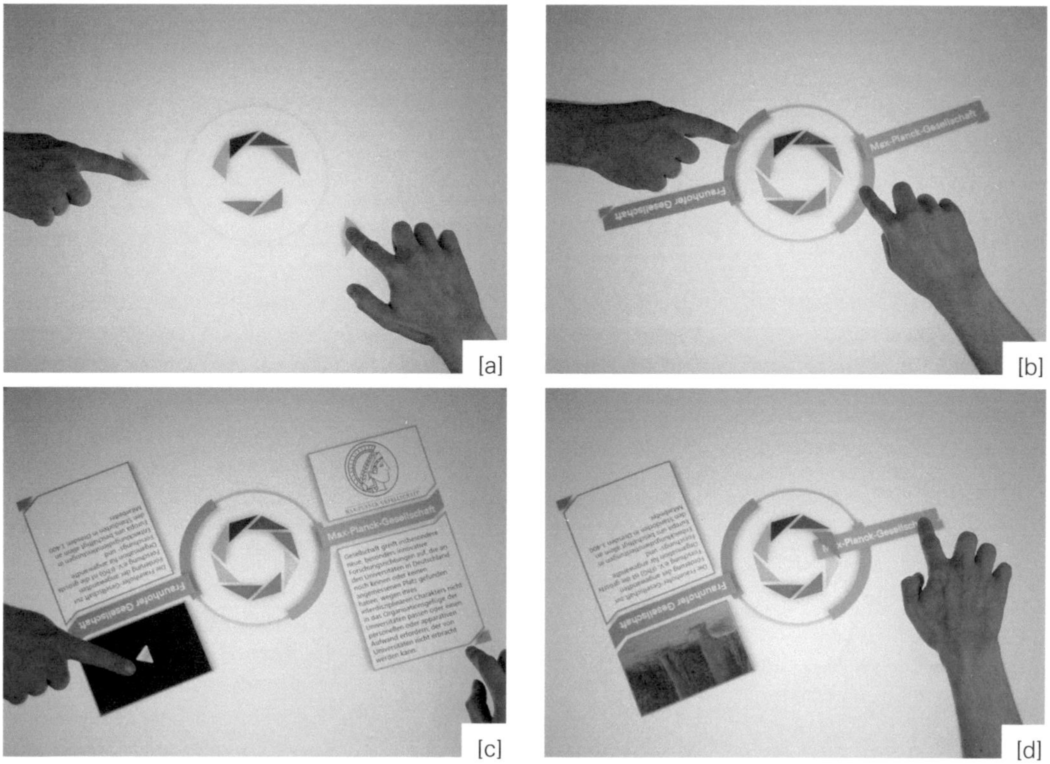

Bild 7.7: Die Präsentationsanwendung DRESDEN-concept dient dem Austausch über verschiedene Institutionen

Jedes der Dreiecke steht dabei für einen der beteiligten Partner. Durch die Interaktion entsteht ein farbiges Kreissegment, das durch die Geste `Rotate` gedreht wird (siehe Listing 7.6, Zeile 2 und Bild 7.7b). Text- und Bildinformationen werden durch das »Abreißen« der kleinen Ecke am Balken mit der Überschrift aufgerufen. Die dafür notwendige Geste `Expand` ist auf Zeile 3 in Listing 7.6 dargestellt und beschreibt das Anfassen und Ziehen eines der Dreiecke. In dem danach sichtbaren Textfeld unterhalb des Balkens kann mit der Geste `Scroll` auf Zeile 4 in Listing 7.6 gescrollt werden. Wird der Balken durch die Geste `Close` mit einem Finger wieder in den Kreis verschoben, schließt sich das Kreissegment (siehe Listing 7.6, Zeile 5 und Bild 7.7d). Aufgrund der Platzbeschränkungen sind nur zwei aktive Kreissegmente erlaubt. Videos in den Detailinformationen werden durch die Geste `Tap` mittels Antippen abgespielt und gestoppt (siehe Bild 7.7c).

Animierte Transitionen unterstützen den Nutzer beim Verständnis der Interaktion. Durch die Fingerstellung, die vom Surface SDK ausgewertet wird, werden die Kreissegmente mit ihren Überschriftsbalken beim Öffnen möglichst in Leserichtung ausgerichtet. DRESDEN-concept nutzt damit viele lexikalische Gesten, die eng mit manipulativen Handlungen verbunden sind. Dazu zählt die Interaktion mit den Dreiecken und Balken durch die Gesten

```
Open   =1F(MOVE(triangle)):OFF
Rotate=1F(MOVE(halfCircle)):ON
Expand=1F(LINE_SOUTH(smallTriangle)):OFF
Scroll=1F(MOVE(text)):ON
Close =1F(LINE(bar)):OFF
Tap    =1F(POINT(video)):OFF
```

Listing 7.6: Gesten in der Anwendung DRESDEN-concept

`Open`, `Expand` und `Close`. Manipulationen ermöglichen das Verschieben anhand des zugrundeliegenden radialen Rasters und das Scrollen von Text. Daher sind die manipulativen Gesten `Rotate` und `Scroll` der ersten Stufe des Schemas in Bild 5.6, Seite 123 zuzuordnen. Die Geste `Tap` für das Starten von Videos ist als deiktisch-lexikalische Geste einzuordnen. Die Anwendung DRESDEN-concept wurde von Josefine Zeipelt und Thomas Schmalenberger im Rahmen des studentischen Workshops realisiert.

TimeTable

TimeTable ist eine Anwendung zur Planung von Veranstaltungen, beispielsweise für eine Stadtbesichtigung. Dafür steht zwei Nutzern jeweils ein Tangible zur Verfügung, das eine Uhr repräsentiert. Durch Auflegen und Drehen dieser Uhr wird die gewünschte Uhrzeit eingestellt, worauf Veranstaltungen im entsprechenden Zeitraum auf einer Karte angezeigt werden (siehe Bild 7.8a). Diese Veranstaltungen werden durch Marker repräsentiert, die mit der Geste `OpenEvent` durch Antippen Detailinformationen anzeigen (Listing 7.7, Zeile 1). Die darunter liegende geografische Karte lässt sich durch die Geste `ScaleMap` mit zwei Fingern skalieren und durch `MoveMap` mit einem oder mehreren Fingern verschieben (Listing 7.7, Zeilen 2 bis 4). Die Geste `MoveEvent` beschreibt das Eintragen eines Ereignisses in eine der beiden Zeitleisten durch Verschieben des jeweiligen Markers (Listing 7.7, Zeile 5).

Die beiden Zeitleisten dienen zur unabhängigen Planung von zwei alternativen Besichtigungsrouten. Der Besuch von Veranstaltungen kann durch Skalierung mit zwei Fingern mittels `ScaleEvent` verlängert werden oder mit der Geste `MoveEvent` zeitlich verschoben werden (Listing 7.7, Zeile 5 bis 7 und Bild 7.8b). In beiden Fällen wird überprüft, ob eine Verschiebung möglich ist oder ob der Besuch einer Veranstaltung zeitlichen Beschränkungen unterliegt. Dadurch wird eine Konsistenzprüfung mit einer dynamischen Datenbasis durchgeführt, wie auf der dritten semantischen Stufe in Bild 5.6, Seite 123 dargestellt.

Die navigativen Gesten `ScaleMap` und `MoveMap` werden durch die lexikalische Geste `PlaceEvent` und die manipulativen Gesten `ScaleEvent` und `MoveEvent` ergänzt. Deiktischen Charak-

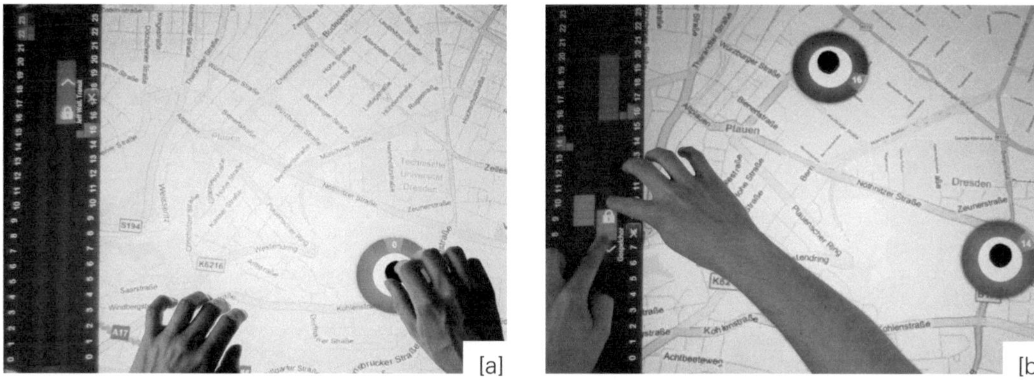


```
OpenEvent =1F(POINT(pin)):OFF
ScaleMap  =JOIN[1F(LINE(map))*1F(LINE(map))] |
            SPLIT[1F(LINE(map))*1F(LINE(map))]:ON
MoveMap   =MOVE(map):ON
MoveEvent =1F(MOVE(event)):ON
ScaleEvent=JOIN[1F(LINE(event))*1F(LINE(event))] |
            SPLIT[1F(LINE(event))*1F(LINE(event))]:ON
PlaceEvent=1F(MOVE(event)):ON
```

ter hat die Geste `OpenEvent`. Die in TimeTable verwendeten Konzepte besitzen Relevanz für die Zeit- und Ressourcenplanung wie zum Beispiel im Produktionsbereich oder der Fabrikautomatisierung. Für diese Bereiche weiterentwickelte Konzepte, auch zum Einsatz begreifbarer Objekte zur Auswahl, finden sich bei LAMBECK et al. [Lambeck u. a. 2012; Lambeck u. a. 2013].

Bild 7.8: TimeTable erlaubt das Planen einer Stadtbesichtigung mit unterschiedlichen Programmpunkten

Listing 7.7: Gesten in der Anwendung TimeTable

SampleSurface

Die Anwendung SampleSurface wurde im Rahmen des dritten Workshops zu innovativen computerbasierten Musikinterfaces veröffentlicht [Bahr u. a. 2011], der von PÖPEL et al. auf der Konferenz Mensch und Computer organisiert wurde [Pöpel u. a. 2011]. Diese Anwendung dient zum Abspielen von Audiodateien (Samples), die in Sequenzen angeordnet werden können (siehe Bild 7.9). Eine Sample-Liste wird durch das Auflegen der kompletten Handfläche durch die Geste `OpenList` erzeugt (Listing 7.8, Zeile 1 und Bild 7.9a). In dieser kann mit der Geste `ScrollList` auf Zeile 2 in Listing 7.8 vertikal gescrollt werden (siehe Bild 7.9b). Durch die Geste `SelectSample` wird ein Sample mit drei Fingern horizontal aus der Liste gezogen und damit auf der Multitouch-Oberfläche dargestellt (Listing 7.8, Zeile 3 und Bild 7.9c). Gleichermaßen können mit dieser Interaktion auch neue leere Sequenzen erstellt werden. Mit zwei sich auseinander- oder zusammenbewegenden Fingern erfolgt das Skalieren des Audioinhalts innerhalb

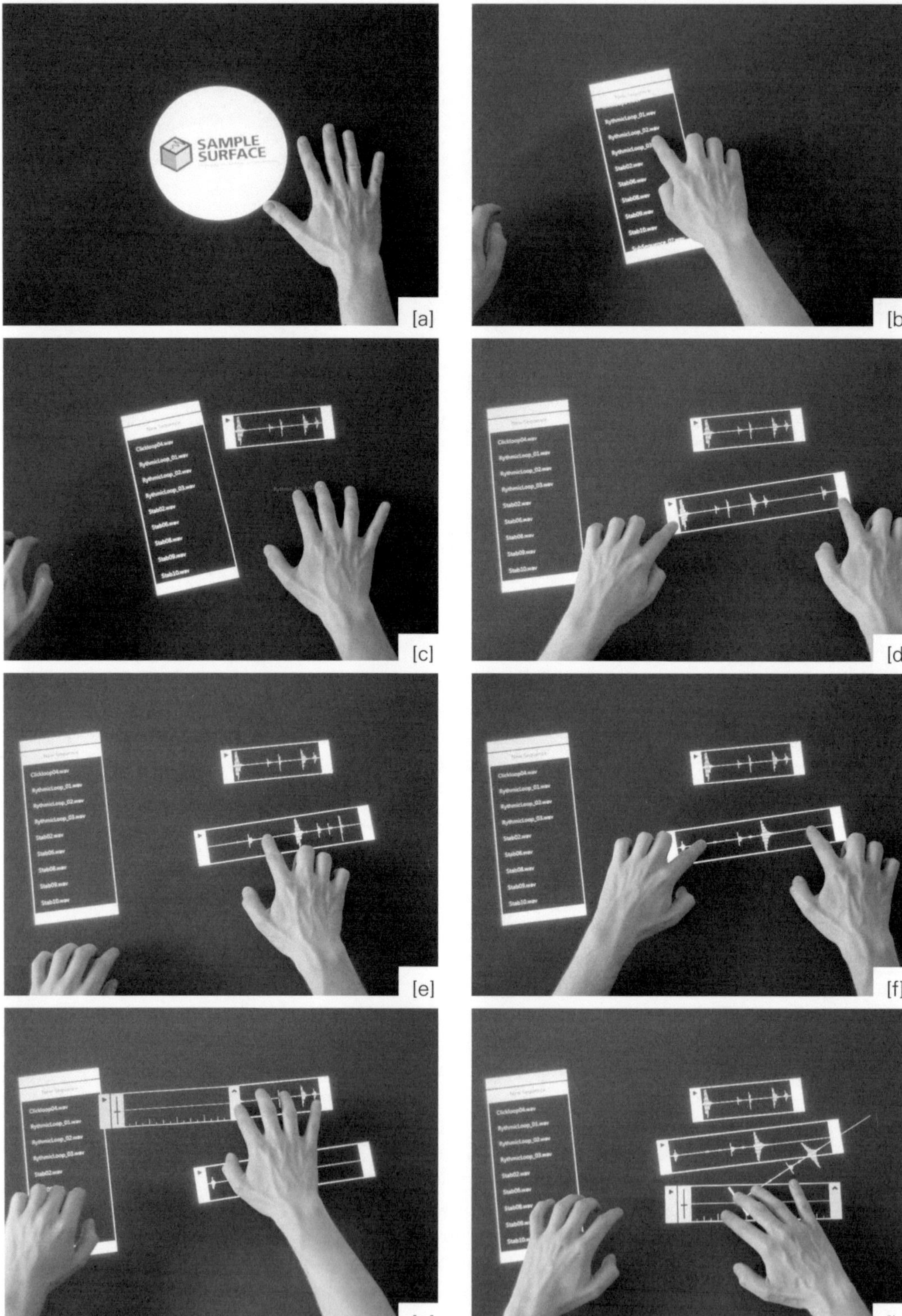
SAMPLE SURFACE
[a]
[b]
[c]
[d]
[e]
[f]
[g]
[h]

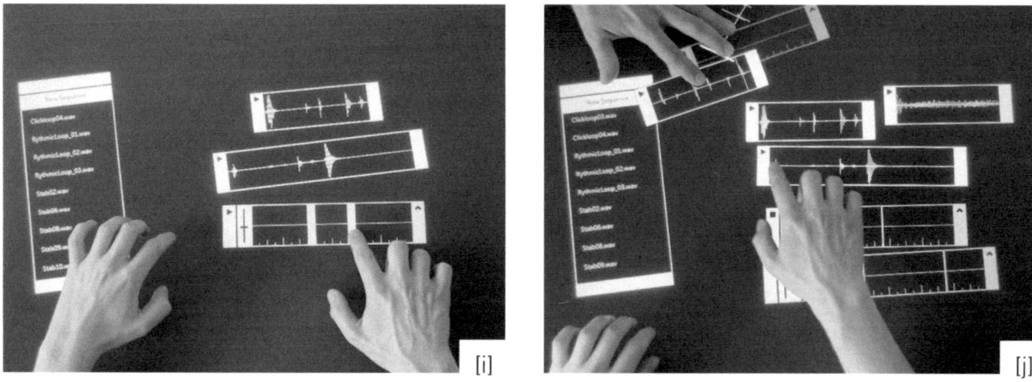

[i] [j]

```
1  OpenList          =1H(POINT(background)):OFF
2  ScrollList        =1F(LINE(sampleList)):ON
3  SelectSample      =3F(LINE_W(listEntry)) | 3F(LINE_E(listEntry))
4  Zoom              =JOIN[1F(LINE(wav))*1F(LINE(wav))] |
5                     SPLIT[1F(LINE(wav))*1F(LINE(wav))]:ON
6  MoveWav           =1F(LINE_W(wav)) | 1F(LINE_E(wav)):ON
7  ScaleElement      =JOIN[1F(LINE(edge))*1F(LINE(edge))] |
8                     SPLIT[1F(LINE(edge))*1F(LINE(edge))]:ON
9  MoveElement       =1F(MOVE(edge)) |
10                    1F(MOVE(edge))* 1F(MOVE(edge)):ON
11 DropSample        =3F(MOVE(wav)):ON
12 DeleteSample      =1F(POINT(sampleInSequence)):OFF
13 MoveSample        =1F(LINE(sampleInSequence)):ON
14 PlaySound         =1F(POINT(playButton)):OFF
15 AdjustVolume      =1F(MOVE(volumeBar)):ON
16 MinimizeSequence=1F(POINT(minimizeButton)):OFF
```

Bild 7.9: Interaktion bei SampleSurface unterscheidet stark zwischen der Anzahl der verwendeten Finger

Listing 7.8: Gesten in der Anwendung SampleSurface

eines Samples. Die dafür verwendete Geste `Zoom` auf Zeile 4 in Listing 7.8 ist syntaktisch gleich zu den Skaliergesten aus den schon betrachteten Anwendungen (siehe Bild 7.9f). Ein beliebiger Ausschnitt kann ausgewählt werden, indem dieser innerhalb des Samples mit einem Finger mit der Geste `MoveWav` bewegt wird (Listing 7.8, Zeile 6 und Bild 7.9e).

An den Kanten von Objekten wie Sample-Liste, Samples und Sequenzen werden diese mit der Geste `ScaleElement` skaliert beziehungsweise mit `MoveElement` bewegt (Listing 7.8, Zeile 7 und 9 sowie Bild 7.9d und g). Dabei erfolgt das Skalieren von Sequenzen nur in Taktschritten. Dadurch wird ein logisches Raster wie auf der zweiten semantischen Stufe in Bild 5.6, Seite 123 sichergestellt. Die Geste `DropSample` platziert ein Sample mittels drei Finger in einer Sequenz zum wiederholten Abspielen (Listing 7.8, Zeile 11 und Bild 7.9h). Die Samples in den Sequenzen wer-

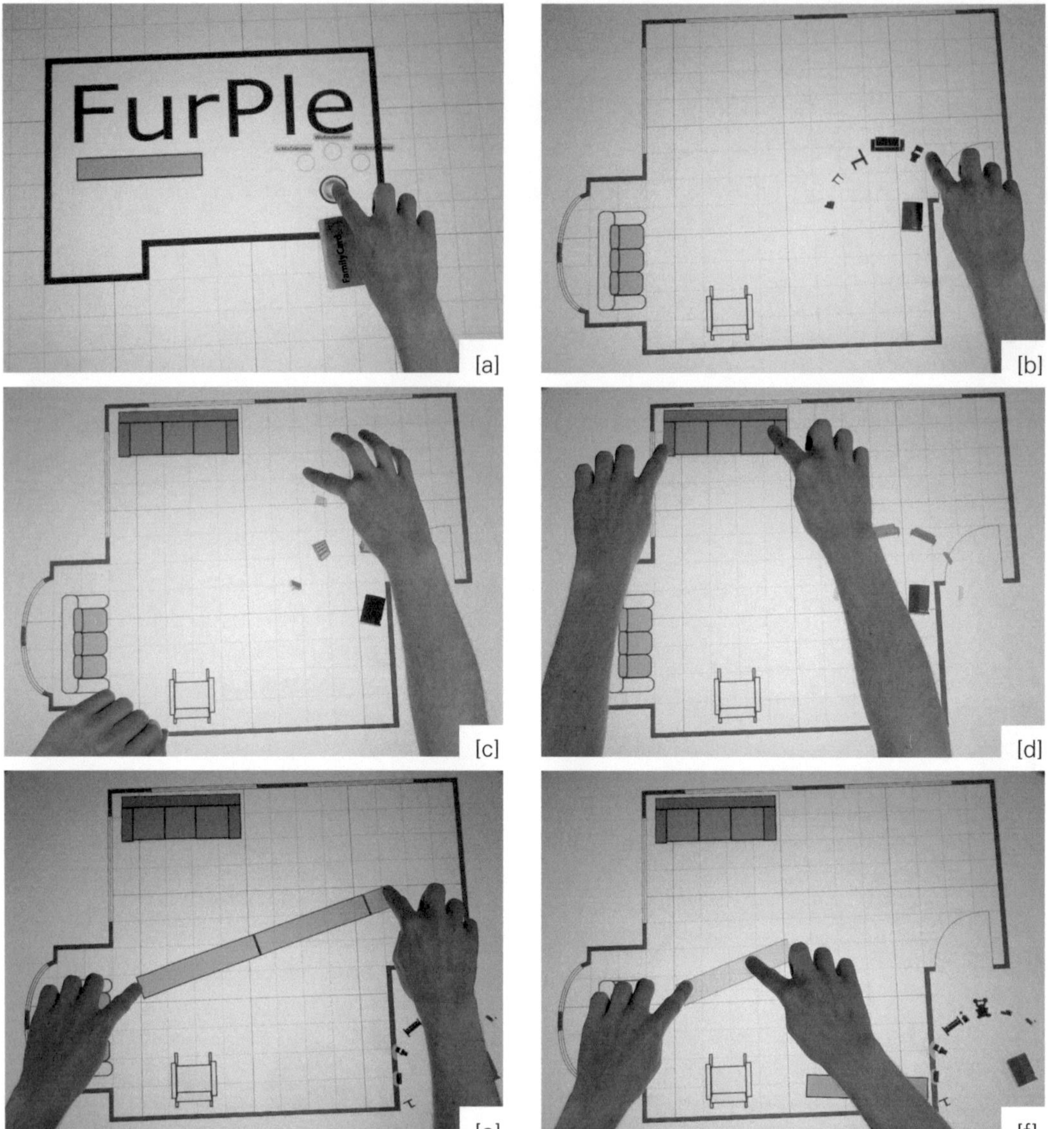

Bild 7.10: FurPle ermöglicht das Ausführen von Kopier- und Löschbefehlen mittels einfacher Manipulationsgesten

den synchronisiert gestartet. Wiederum wird das zeitlich logische Raster durch die Anwendung eingesetzt, damit eine stimmige Komposition erstellt werden kann. Durch Antippen eines Samples in einer Sequenz wird dieses mit der Geste `DeleteSample` daraus gelöscht (Listing 7.8, Zeile 12 und Bild 7.9i). Mit einem Finger wird das Sample durch die Geste MoveSample innerhalb der Sequenz verschoben (Listing 7.8, Zeile 13). Samples und Sequenzen werden mit der Geste `PlaySound` durch Antippen eines entsprechenden Play-Buttons gestartet und gestoppt (Listing 7.8, Zeile 14), die Lautstärke von Sequenzen lässt sich durch einen Slider durch die Geste `AdjustVolume` verändern (Listing 7.8, Zeile

```
1 Choose    =1F(POINT(category)):OFF
2 Scroll    =1F(MOVE(menu)):ON
3 Place     =1F(MOVE(menuObject)):ON
4 Move      =1F(MOVE(object)) | 2F(MOVE(object)):ON
5 Duplicate=SPLIT[1F(LINE(object))*1F(LINE(object))]:ON
6 Delete    =JOIN[1F(LINE(object))*1F(LINE(object))]:ON
```

Listing 7.9: Gesten in der Anwendung FurPle

15). Sequenzen können auch mit der Geste `MinimizeSequence` minimiert werden, wodurch diese auf einen dünnen Balken reduziert werden (Listing 7.8, Zeile 16).

In Bild 7.9 werden die besprochenen Gesten dargestellt. SampleSurface verfügt gegenüber den anderen Beispielanwendungen über die größte Menge an unterschiedlichen Gesten. Lexikalische Gesten sind `OpenList`, `SelectSample`, `DropSample`, `DeleteSample` und `MinimizeSequence`. Überwiegend manipulativ sind `MoveWav`, `ZoomWav`, `MoveElement`, `MoveSample`, `ScaleElement`, `AdjustVolume`. Die Geste `PlaySound` hat einen deiktisch-lexikalischen Charakter. SampleSurface wurde durch die Studenten Jakob Bahr und Joshua Peschke umgesetzt.

Furniture Planning (FurPle)

Furniture Planning (FurPle) unterstützt bei der virtuellen Einrichtung eines Raums mit Möbeln. Der dafür notwendige Grundriss wird zunächst durch Auflegen einer entsprechenden Identifikationskarte auf den Multitouch-Tisch von einem Server geladen (siehe Bild 7.10a). Möbel werden in Ringmenüs ausgewählt, die durch ein dafür zuständiges Tangible aufgerufen werden (siehe

b). Das Menü ist hierarchisch aufgebaut, wobei zunächst mit der Geste `Choose` durch Antippen eine Möbelklasse ausgewählt wird (Listing 7.9, Zeile 1). Danach kann mit der Geste `Scroll` durch eine Liste dazugehöriger Möbel gescrollt werden (Listing 7.9, Zeile 2). Durch das Antippen und Herausbewegen eines Objekts mit der Geste `Place` wird dieses im Grundriss platziert und kann anschließend mit der Geste `Move` weiterbewegt werden (Listing 7.9, Zeilen 3 und 4 sowie Bild 7.10c und d).

Durch das Skalieren eines Möbelstücks mit der Geste `Duplicate` wird dieses nicht vergrößert sondern dupliziert (Listing 7.9, Zeile 5). In Bild 7.10e wird gezeigt, wie diese Funktionalität durch unterschiedliche Transparenzen verdeutlicht wird. Das ursprüngliche Möbelstück behält dabei volle Deckkraft, die nach Beenden der Geste zu erstellenden Möbel erscheinen leicht transparent und noch nicht vollständig vervielfältigte Kopien besitzen eine sehr schwache Deckkraft. Analog dazu funktioniert das Löschen

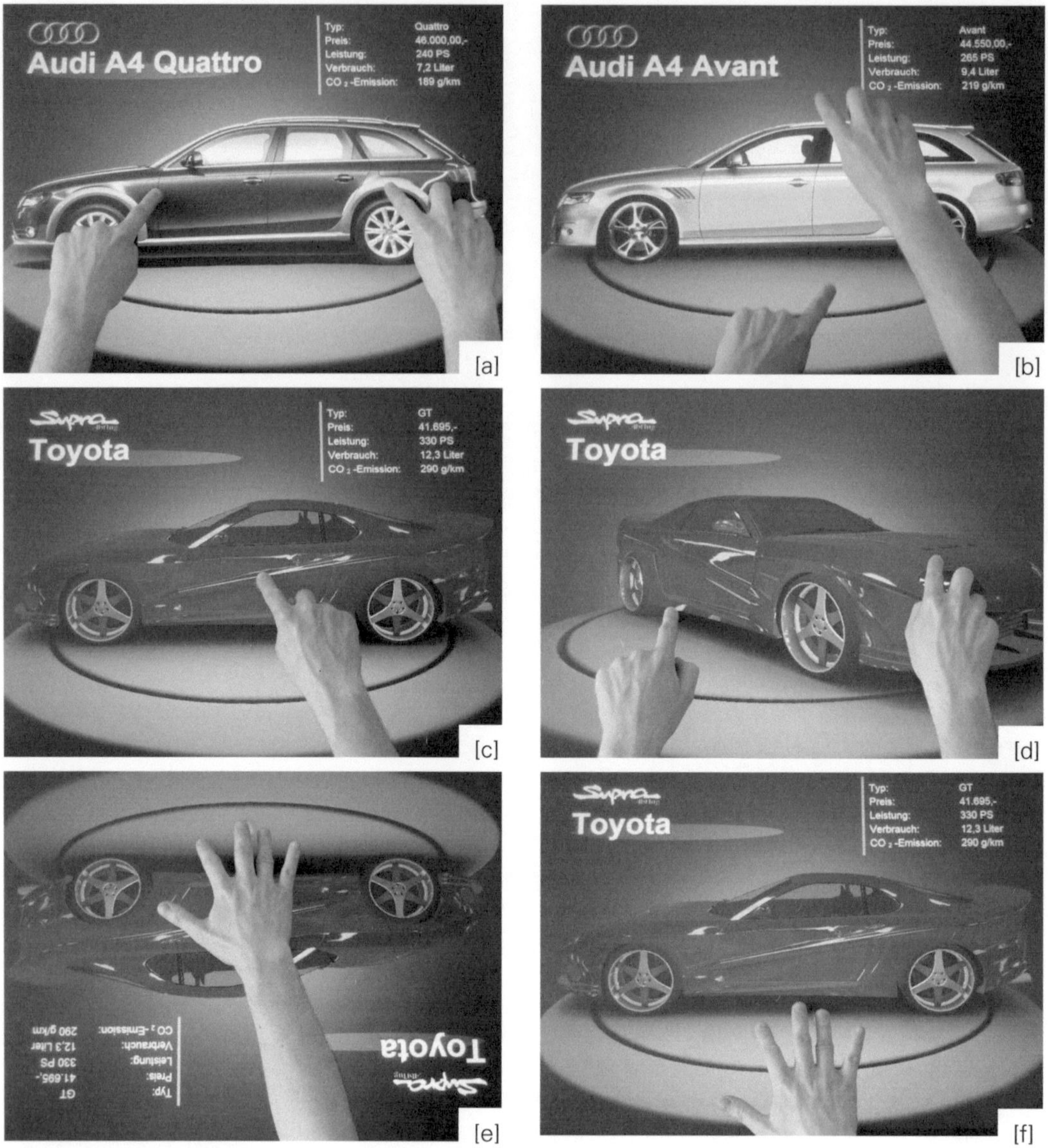

Bild 7.11: ShRoom greift das Konzept von Navigatable auf und ermöglicht es über Manipulationsgesten unterschiedliche Auto-Modelle auszuwählen

eines Objekts: Wird dieses mit zwei Fingern klein skaliert, so erhält es während des Skalierens eine schwache Deckkraft und verschwindet nach Beenden der Geste `Delete`, sofern es nicht wieder auf eine ausreichende Größe skaliert wurde (Listing 7.9, Zeile 6 und Bild 7.10f).

FurPle zeigt, wie sonst als manipulativ eingesetzte Gesten zu den lexikalischen Gesten `Delete` und `Duplicate` werden. Da die dahinter stehenden Befehle noch relativ nah an den ursprünglichen direkten Manipulationen sind, kann FurPle auf die vierte semantische Stufe in Bild 5.6, Seite 123 eingeordnet werden. Damit

```
1 Rotate     =1F(MOVE(car)):ON
2 Zoom       =JOIN[1F(LINE(car))*1F(LINE(car))] |
3             SPLIT[1F(LINE(car))*1F(LINE(car))]:ON
4 ModelUp    =SPLIT[1F(LINE_EAST(car))*1F(LINE_WEST(car))]:ON
5 ModelDown =JOIN[1F(LINE_EAST(car))*1F(LINE_WEST(car))]:ON
6 TypeUp     =SPLIT[1F(LINE_NORTH(car))*1F(LINE_SOUTH(car))]:ON
7 TypeDown   =JOIN[1F(LINE_NORTH(car))*1F(LINE_SOUTH(car))]:ON
8 SwitchSide=3F(LINE_NORTH):OFF
9 SwitchView=1F(HOLD(car)):OFF
```

Listing 7.10: Gesten in der Anwendung ShRoom

handelt es sich nur bei der Geste `Move` als direkte Manipulation um das normale Bewegen eines Objekts. Neben den deiktischen Gesten `Choose` und `Place` zur Auswahl von Möbelstücken wird die Geste `Scroll` zum Scrollen als navigative Geste verwendet.

Show Room (ShRoom)

Show Room (ShRoom) integriert die Open Source 3D-Engine OGRE [@OGRE 2013] in das Surface SDK von Microsoft zur Darstellung von Automodellen in einer Gesprächs- oder Verkaufssituation. Durch eine Haltegeste wird zwischen einer Detail- und einer Explorationsansicht gewechselt (siehe Bild 7.11c). Automodelle werden durch die Geste `Rotate` in der Explorationsansicht mit einem Finger um einen festen Rotationspunkt gedreht und, wie in Bild 7.11d dargestellt, mit zwei Fingern durch die Geste `Zoom` skaliert (Listing 7.10, Zeilen 1 bis 3).

In der Detailansicht erlauben die Gesten `ModelUp` und `ModelDown` das semantische Zoomen auf der horizontalen Achse zur Auswahl des Modells und die Gesten `TypeUp` und `TypeDown` auf der vertikalen Achse zur Auswahl eines dem Modell zugehörigen Typs (Listing 7.10, Zeilen 4 bis 7 sowie Bild 7.11a und b). Das semantische Zoomen wird dabei so interpretiert, dass mit größerer Skalierung die Modelle und Typen preislich teurer werden. Die Gesten werden dabei direkt auf dem Modell ausgeführt und kontinuierlich ausgewertet. Nach Erreichen eines bestimmten Abstands der Finger wird ein Modell- oder Typwechsel vollzogen. Dadurch kann auf die Auswahl in einer separaten Liste oder einem Menü verzichtet werden. In einer Gesprächssituation kann mit der Geste `SwitchSide` durch Schieben mit drei Fingern das Interface um 180° gedreht werden (Listing 7.10, Zeile 8 sowie Bild 7.11e und f). Die Geste `SwitchView` wechselt durch Halten eines Fingers auf dem Automodell zwischen dem Explorations- und dem Detailmodus (Listing 7.10, Zeile 9).

Die Gesten `TypeUp`, `TypeDown`, `ModelUp` und `ModelDown` zum Wechseln von Modellen haben eine willkürliche semantische

Domäne	Anwendung	Semantische Zuordnung	Individuelle Gesten	Syntaktische Kennzahl
3D-Inhalte	Navigatable	2 MAN, 4 NAV, 2 LEX	7	6,42
	Show Room	3 MAN, 6 LEX	9	10,33
Design	Tangible Design Helper	1 MAN, 2 NAV, 2 LEX, 1 IKO	5	3,92
	Furniture Planning	2 MAN, 1 NAV, 3 LEX	4	3,83
Planen	TagIt	2 MAN, 1 NAV, 1 DEI, 1 LEX, 1 IKO	5	3,75
	TimeTable	4 MAN, 3 NAV, 1 DEI	4	5,50
Sinnerschließung	My(veryown)Space	1 MAN, 1 NAV, 1 DEI, 2 LEX	5	3,83
	DRESDEN-concept	2 NAV, 4 LEX	5	3,67
Kollaboratives Arbeiten	Surface Reader	2 MAN, 4 NAV, 1 LEX, 1 IKO	7	6,08
	Sample Surface	11 MAN, 1 DEI, 6 LEX	13	13,08

Tabelle 7.2: Die behandelten Domänen in den Workshops reichen von 3D-Interaktion bis zu Design, Planen, Sinnerschließung und kollaborativer Arbeit (MAN: manipulative, NAV: navigative, DEI: deiktische, LEX: lexikalische, IKO: ikonische Gesten)

Bindung und daher lexikalischen Befehlscharakter. Im Modell aus Bild 5.6, Seite 123 sind diese daher auf der fünften Stufe einzuordnen. Die Gesten `SwitchView` und `SwitchSide` haben auch lexikalischen Charakter. Die navigativen Gesten `Rotate` und `Zoom` in der Explorationsansicht sind dagegen herkömmlicher gebunden.

Einordnung

Die umgesetzten Anwendungen demonstrieren die in Abschnitt 5.2.2, Seite 120 diskutierten semantischen Stufen von Manipulationsgesten. DRESDEN-concept befindet sich durch das radiale Gestaltungsraster dabei auf der ersten Stufe (siehe Bild 5.6, Seite 123). Die Informationen werden nicht frei auf der Oberfläche dargestellt, sondern sind stets am Zentrum ausgerichtet – alles dreht sich um die Mitte. Auf diese Weise wird Übersichtlichkeit beim gemeinsamen Betrachten verschiedener Inhalte gewährleistet. Manipulationsgesten werden dafür wie bei den Kreissegmenten auf das radiale Raster beschränkt. Animationen und Transitionen sorgen dafür, dass das zugrundeliegende Ordnungsprinzip für den Nutzer verständlich ist.

SampleSurface nutzt Manipulationsgesten auf der zweiten Stufe. Das Skalieren von Sequenzen ist nur in festgelegten Taktschritten möglich. Des Weiteren werden mehrere Sequenzen stets zum gleichen Zeitpunkt abgespielt, unabhängig davon, wann das

Symbol zum Abspielen angetippt wird. Dadurch wird ein einheitlicher Takt zwischen den Sequenzen sichergestellt. Bei TimeTable werden Manipulationen auf Basis der Datenbank an planbaren Ereignissen beschränkt. In der Zeitleiste werden mögliche Verschiebungen durch Pfeile dargestellt, andernfalls signalisiert ein Schloss, dass ein Ereignis nicht verschoben werden kann. Neben dieser dritten Stufe stellen die Zeitleisten auch ein Gestaltungsraster wie auf der ersten semantische Stufe dar, in dem eingefügte Ereignisse lediglich in einer Dimension verschoben werden können. FurPle demonstriert die auf der vierten semantischen Stufe angeordnete Funktionserweiterung von Manipulationsgesten. Das Skalieren von Möbelstücken führt zur Duplizierung oder zum Löschen. Bei Show Room werden den sonst zur Skalierung verwendeten Gesten willkürlich die Typ- und Modellauswahl zugeordnet. Aufgrund dieser Funktionszuordnung gemäß der fünften Stufe zeigt die Anwendung bei der ersten Benutzung entsprechende Hilfen, welche die Funktionalität erläutern.

7.1.3 Vergleich

In Tabelle 7.2 werden die zehn vorgestellten Anwendungen nach ihren Domänen zusammengefasst dargestellt (für die syntaktische Kennzahl siehe Abschnitt 7.4). Navigatable und Show Room behandeln die Übersetzung von flächigen Gesten auf 3D-Inhalte. Tangible Design Helper und Furniture Planning ermöglichen einen flexiblen, jedoch moderierten Design-Prozess. Tangibles verhindern dabei Konflikte bei der Bearbeitung, da diese jeweils einem Anwender die Bearbeitungsmöglichkeiten zuordnen. TagIt und TimeTable erlauben Planungsprozesse, wobei ebenso mit Tangibles gearbeitet wird. My(veryown)Space und DRESDEN-concept schaffen Arbeitsbereiche zur Sinnerschließung auf dem Multitouch-Tisch, die unabhängiges sowie gemeinsames Bearbeiten von Daten ermöglichen. SurfaceReader und SampleSurface erlauben die Konfiguration von Inhalten für das kollaborative Arbeiten, die von allen Seiten aus betrachtbar und synchronisierbar sind.

7.2 Abbildung von Maus-Interaktion auf flächige Gesten in DelViz

Informationsvisualisierungen spielen sowohl in Wissenschaft und Wirtschaft als auch im Alltag eine wichtige Rolle. Große Datenmengen und komplexe Zusammenhänge können durch diese leichter erfasst werden. Zahlreiche Visualisierungen bauen auf klassischen Techniken der Informationsvisualisierung auf, kombinieren diese miteinander oder nutzen völlig neue Konzepte. Sammlungen von Visualisierungsformen befinden sich zum Beispiel in Online-Bibliotheken wie »Visual Complexity« [Lima 2011] oder in der Periodentafel von Visualisierungsmethoden für das Management

[Lengler und Eppler 2007]. Geeignete Visualisierungsformen und Interaktionsmechanismen für einen bestimmten Anwendungskontext zu identifizieren stellt jedoch eine Herausforderung dar. Das Visualisierungswerkzeug DelViz (Deep Exploration and Lookup of Visualizations) unterstützt den Suchenden bei dieser Aufgabe und ermöglicht eine Recherche nach Informationsvisualisierungen aus verschiedenen Blickwinkeln. Darüber hinaus werden Zusammenhänge zwischen diesen Informationsvisualisierungen für die Analyse dargestellt. Dabei werden die zugrundeliegenden Daten, Visualisierungsmethoden und Interaktionsmechanismen betrachtet. Dadurch können sich manifestierende Paradigmen aufgezeigt werden, die bei der Erstellung einer Informationsvisualisierung hilfreich sind. Teile dieses Abschnitts bauen auf bereits publizierten Konferenz- und Workshopbeiträgen auf (siehe [Keck u. a. 2011a; Keck u. a. 2010; Keck u. a. 2011b]).

7.2.1 Datengrundlage und Suchkonzept

Als Datengrundlage steht DelViz eine Menge von 700 Visualisierungen zur Verfügung, die mit einem Titel, einer Beschreibung, einem Bild und einem weiterführenden Link in einer Datenbank abgelegt sind. Dabei werden sowohl Fundstücke aus dem Web als auch Einträge der Datenbank Visual Complexity [Lima 2011] genutzt, die bereits ein breites Spektrum an Visualisierungsformen enthält. Zur Strukturierung der Visualisierungen wird ein multidimensionales Klassifikationsschema verwendet (siehe Bild 7.12). Mit diesem Schema ist es möglich, bestehenden Visualisierungen verschiedene Schlagworte zuzuordnen. Das Schema enthält verschiedene Dimensionen von Informationsvisualisierungen in drei verschiedenen Kategorien. Diese Einteilung erfolgt in Anlehnung an das Referenzmodell der Informationsvisualisierung von Card et al. [Card u. a. 1999]. Nach diesem Modell sind verschiedene Einflussfaktoren zu berücksichtigen, die eine Informationsvisualisierung charakterisieren: die zugrundeliegenden Daten, die visuelle Repräsentation dieser und die Interaktion, durch die der Nutzer auf die Daten und die entstandene Visualisierung einwirken kann.

Um den Suchprozess bei der Konzeption des Werkzeugs zu berücksichtigen, werden zunächst einzelne Teilschritte einer Suche und verschiedene Suchstrategien betrachtet. Zur Veranschaulichung des Suchprozesses existieren zahlreiche Modelle aus der Informationswissenschaft und dem Forschungsfeld der Mensch-Computer-Interaktion. Ein komplexes Modell stellt der Prozess der Informationssuche nach Marchionini [Marchionini 2010] dar, der die Informationssuche in insgesamt acht Teilprozesse untergliedert. Diese umfassen neben dem Erkennen und Akzeptieren des Informationsproblems auch die Festlegung des Suchziels – beispielsweise das Finden eines bestimmten Mediums (Loo-

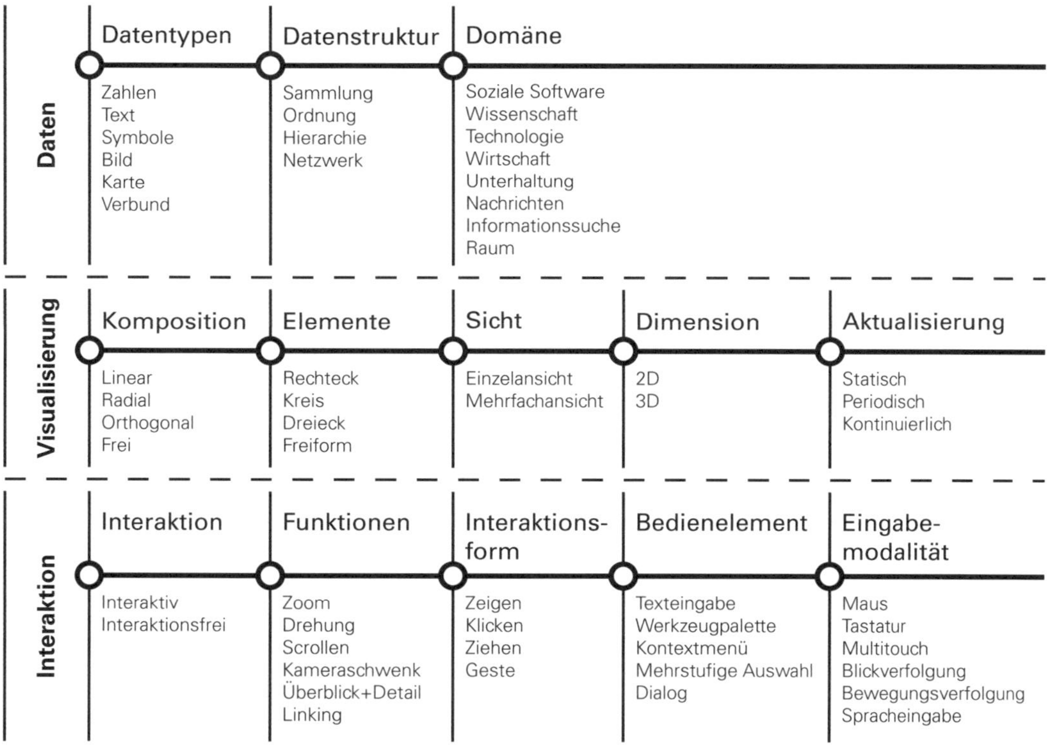

Bild 7.12: Das Klassifikationsschema von DelViz ordnet Tags nach den Ebenen Daten, Visualisierung und Interaktion in unterschiedliche Untergruppen, um eine Analyse der Zusammenhänge zwischen Informationsvisualisierungen zu ermöglichen (aus [Keck u. a. 2010])

kup) oder die Erkundung eines neuen Themengebiets (Exploration). Neben diesen Teilprozessen unterscheidet Marchionini verschiedene Suchstrategien: die analytische Strategie und die Browsing-Strategie. Bei der analytischen Strategie (Searching) geht der Nutzer zielgerichtet vor und hat eine klare Vorstellung seines Suchziels. Diese Strategie ist beispielsweise den Lookup-Aufgaben zuzuordnen. Im Gegensatz dazu lässt sich der Nutzer bei der Browsing-Strategie vom Informationsangebot leiten und nimmt eventuell auch Informationen auf, nach denen er nicht explizit gesucht hat, die aber dennoch nützlich erscheinen. Kann das Informationsbedürfnis nicht klar artikuliert werden oder entwickelt es sich erst im Laufe des Suchvorgangs, werden häufig beide Strategien kombiniert.

Durch die Klassifizierung der Visualisierungen sind Beziehungen zwischen diesen entstanden, die sich direkt oder indirekt ergeben und für eine weiterführende Analyse genutzt werden können. Direkte Beziehungen ergeben sich durch die Struktur des Schemas aus Kategorien, Dimensionen und den darin enthaltenen Schlagworten sowie durch die Zuordnung dieser Schlagworte zu einer Visualisierung. Die Anzahl der Visualisierungen, die mit einem Schlagwort direkt in Verbindung stehen, bestimmen die Quantität oder Popularität einer Ausprägung in einer bestimmten Dimensi-

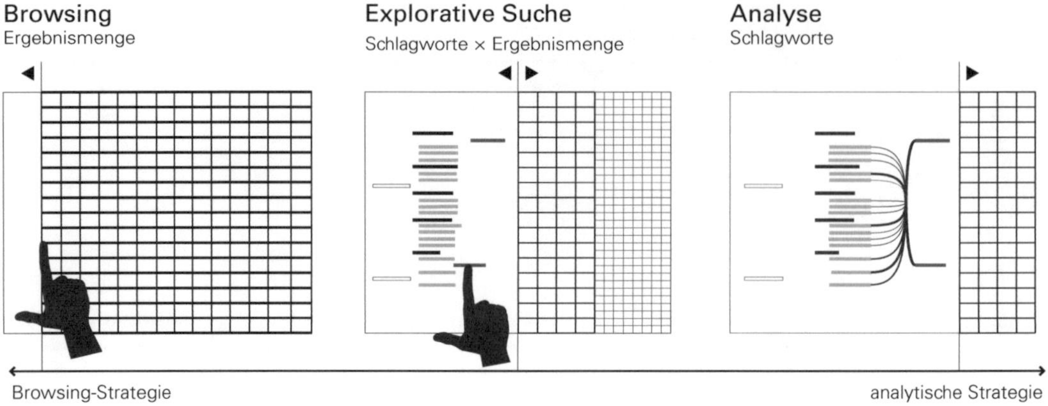

Bild 7.13: Aufteilung in die zwei flexiblen Bereiche »Schlagworte« und »Ergebnismenge« zur Unterstützung der Such- und Analyseaufgaben (aus [Keck u. a. 2011b])

on. Indirekte Beziehungen entstehen durch die Verwendung der gleichen Kombination von Schlagworten für unterschiedliche Visualisierungen.

DelViz unterstützt drei verschiedene Anwendungsfälle: Browsing, explorative Suche und Analyse der Visualisierungen. Während bei der Analyse die Darstellung der Schlagworte und der Beziehungen entscheidend ist, spielt bei der explorativen Suche ebenfalls die Repräsentation der Ergebnismenge eine wichtige Rolle. Die explorative Suche selbst wurde als ein wechselseitiger Prozess zwischen der analytischen Strategie und der Browsing-Strategie umgesetzt. Dies wird durch zwei Bereiche unterstützt, welche einerseits die Schlagworte und andererseits die Visualisierungen darstellen (siehe Bild 7.13 und Bild 7.14). Die beiden Bereiche können je nach zu lösender Aufgabe dynamisch vergrößert oder verkleinert werden, um verschiedene Detailstufen innerhalb der Bereiche einzustellen. Während bei der explorativen Suche häufig zwischen den beiden Bereichen gewechselt werden kann (siehe Bild 7.13, Mitte), steht beim einfachen Browsing die Darstellung der Visualisierungen im Vordergrund (siehe Bild 7.13, links).

Zur Unterstützung der Analyseaufgabe kann hingegen der Schlagwort-Bereich weiter vergrößert werden, wobei Verbindungslinien die Beziehungen zwischen Schlagworten visualisieren (siehe Bild 7.13, rechts). Die Helligkeit und Dicke der Linien werden durch die Häufigkeit der gemeinsamen Verwendung beeinflusst. Sobald der Bereich der Schlagworte zu klein skaliert wird, werden die Verbindungslinien wieder ausgeblendet. Bei Maximierung des Bereichs für die Ergebnismenge wird ebenso die Einteilung der Schlagworte in ihre Kategorien und Dimensionen deaktiviert, die in Bild 7.14 links zu sehen ist.

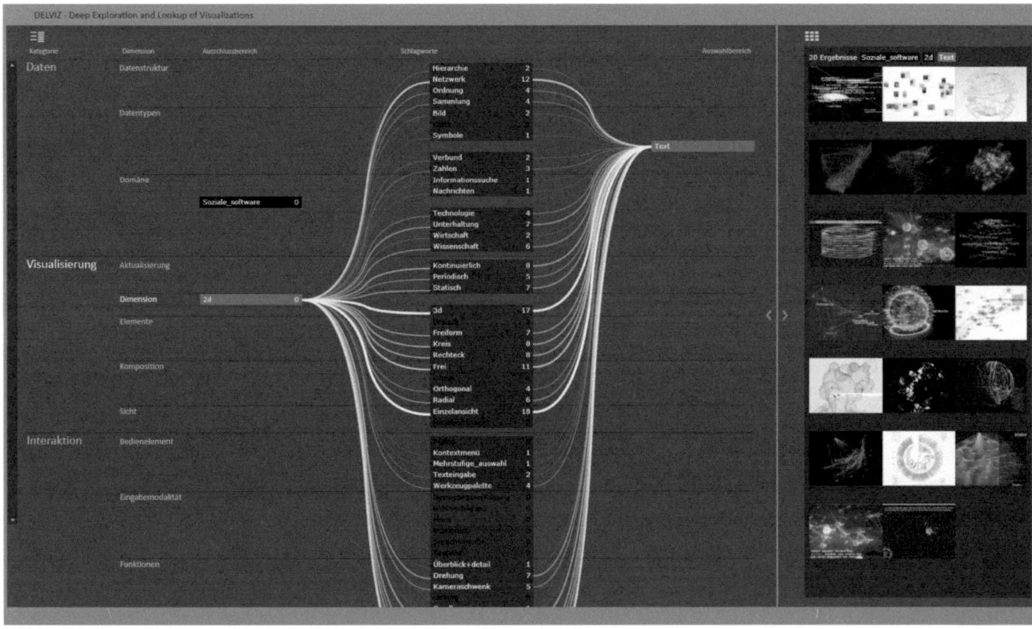

Bild 7.14: Das Suchinterface DelViz ohne Anpassungen für die Multitouch-Bedienung

7.2.2 Silverlight-Implementierung von GeForMT

Für den Einsatz in DelViz wurde GeForMT zunächst im Rahmen von Diplomarbeiten in der Programmiersprache C# implementiert [Henzen 2010] und danach auf Silverlight portiert und optimiert [Röpke 2012]. Im Gegensatz zum Template-basierten Ansatz der Gestenerkennung wird dabei eine vektorbasierte Analyse vorgenommen. Das so entstandene »GeForMT Rahmenwerk für Multitouch« (GeRahMT) benutzt eine Klasse als Controller, die den Parser und die Gestenerkennung initialisiert sowie die Registrierung von Gesten ermöglicht (siehe Listing 7.11, Zeilen 1 und 13-15).

Der Parser wird durch Grammatica erzeugt, einen Parser-Generator für EBNF-Sprachen, der in C# implementiert ist [@Cederberg 2010]. Der Ansatz zur Gestenerkennung, wie in Abschnitt 6.2.3, Seite 152 beschrieben, basiert auf den Arbeiten von Swigart und Signer et al. [Swigart 2005; Signer u. a. 2007] sowie Sezgin et al. [Sezgin u. a. 2001]. Der Objektbezug wird durch Wrapper-Klassen hergestellt (Touchables), die auf konkrete Interface-Elemente verweisen (siehe Listing 7.11, Zeilen 5-10).

Die Übersetzung der Interaktion mit DelViz auf flächige Gesten wurde im Rahmen einer Diplomarbeit und als Konferenzbeitrag veröffentlicht [Röpke 2012; Kammer u. a. 2012b]. DelViz verfügt über 27 Interaktionsmöglichkeiten mit der Maus. Die Interaktionsformen sind dabei einfaches Klicken (5 Funktionen), Doppelklicken (1 Funktion), Ziehen und Fallenlassen (2 Funktionen), Scrollen (2

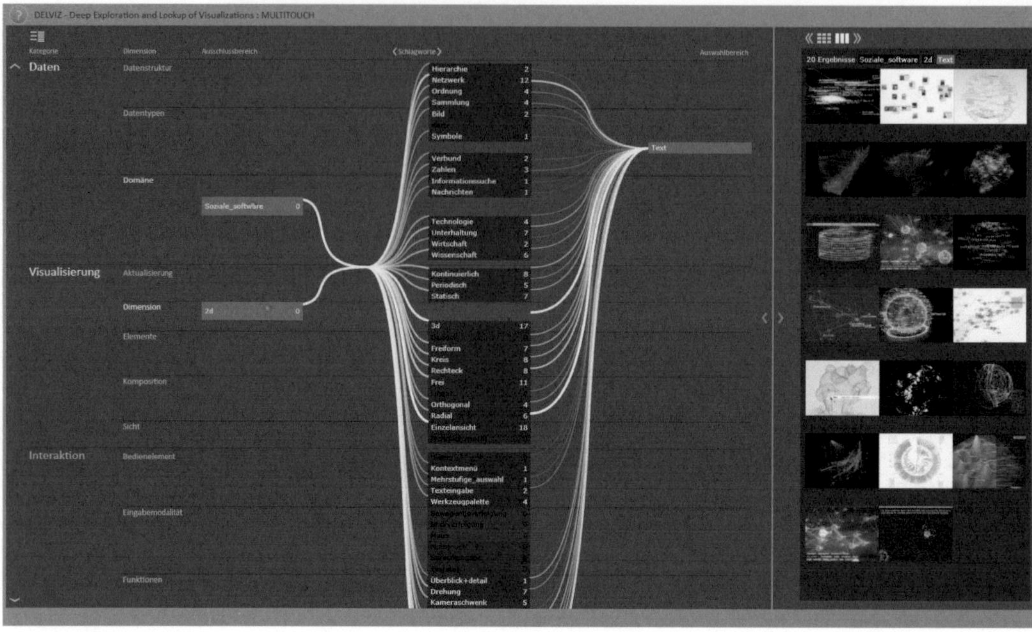

Bild 7.15: Veränderungen im Suchinterface DelViz bei der Adaption der Maus-Bedienung auf flächige Gesten: berührte Schlagworte werden vergrößert dargestellt und Pfeile zeigen Manipulationsrichtungen sowie die Anzahl der zu verwendenden Finger an

Funktionen) sowie Mouse-over (7 Funktionen). Insbesondere die große Anzahl von Funktionen durch Mouse-over, beispielsweise die Hervorhebung der Schlagworte, aber auch das Anzeigen der Bezier-Kurven, welche die gemeinsame Nennung von Schlagworten visualisieren (siehe Bild 7.14), stellt eine Herausforderung an die Übertragung auf flächige Gesten dar. Die Natürlichkeit und Direktheit der Eingabe fassen Albinsson und Zhai als Vorteile berührungsbasierter Benutzungsschnittstellen zusammen, da der Kontrollbereich berührungssensitiver Touchscreens direkt über dem Display liegt, so dass es keiner zusätzlichen Eingabegeräte bedarf [Albinsson und Zhai 2003]. Weiterhin sind diese in speziellen Situationen robuster als frei bewegliche Peripheriegeräte. Empirische Studien belegen, dass die Selektion von Objekten berührungsbasiert weitaus schneller und effizienter erfolgen kann als per Mauseingabe [Forlines u. a. 2007; Kin u. a. 2009].

DelViz ermöglicht die beidhändige Selektion mehrerer Schlagworte, um deren Zusammenhang mit Hilfe der Bezier-Kurven zu visualisieren (siehe Bild 7.15). Bei der Konzeption der Gesten wurden sogenannte De-facto-Standards berücksichtigt. Der Smartphone-Markt etabliert durch die Industrie einfache Gesten für Touchscreens, die mehrheitlich auf einem Finger beruhen und direkte Manipulationen (Verschieben und Selektieren) ermöglichen. DelViz nutzt diese Gesten beispielsweise zum Scrollen der Schlagwortliste. Geläufige Interaktionsmuster multitouchfähiger Anwendungen finden sich auch bei Saffer [Saffer 2008]. Wie in Abschnitt 4.4, Seite 95 beschrieben, besitzt komplexere

```
GeRahMTController.Instance.Initialize();

MainPageGestureListener mainPageListener =
   new MainPageGestureListener();

Dictionary<Int32, List<Touchable>> globalTouchDictionary =
   new Dictionary<Int32, List<Touchable>>();
Touchable globalTouchable = new Touchable("LayoutRoot");
List<Touchable> globalTouchableList = new List<Touchable>();
globalTouchableList.Add(globalTouchable);
globalTouchDictionary.Add(0, globalTouchableList);

GeRahMTController.Instance.registerListener(
   "One", mainPageListener, globalTouchDictionary);
   GeRahMTController.Instance.AddGesture(
      "One=LINE_NE;LINE_S:OFF;"
```

Listing 7.11: Programmierschnittstelle von GeRahMT

gestenbasierte Interaktion den Nachteil, dass zur Steuerung einer unbekannten Anwendung erst die verfügbaren Gesten zu erlernen sind. DelViz nutzt deshalb zusätzliche Icons, welche die Manipulationsrichtungen verdeutlichen und Interaktionsobjekte kenntlich machen. Pfeile verweisen dabei auf die Anzahl der Finger. Einfache Pfeile zeigen die Verwendung eines Fingers an, bei Doppelpfeilen sind es zwei. Wie beim Trackpad der Firma Apple wird so unterschieden, ob eine Interaktion einzelne Elemente oder die Anwendung global betrifft. Eine Wischgeste mit zwei Fingern wechselt beispielsweise zwischen den verfügbaren Ansichten der Ergebnismenge. Eine Haltegeste wird verwendet, um den Mouse-over-Zustand zu emulieren (vgl. [Esenther und Ryall 2006]). Schlagworte werden bei Berührung vergrößert, um die Präzision der Auswahl zu erhöhen (siehe im Vergleich Bild 7.14 und die in Bild 7.15 links ausgewählten Schlagworte). Ein Großteil der Multitouch-Frameworks bietet eine relativ geringe Menge von Standardgesten, die bei der Entwicklung einer Applikation einfach zu verwenden sind (siehe Abschnitt 6.1, Seite 147). Die Integration weiterer komplexerer Gesten ist ohne GeForMT nur mit einem hohen Entwicklungsaufwand realisierbar. Eine Erweiterung beziehungsweise Anpassung individuell implementierter Gesten kann ebenfalls nur mit erheblichem Programmieraufwand erfolgen. Tabelle 7.3 stellt den Funktionskatalog von DelViz mit einfachen und komplexen Gesten inklusive der Formalisierung dar.

Die Adaption bestehender auf Maus-Interaktion basierender Systeme stellt einige Herausforderungen an die Entwickler. Hybride Interfaces, die mehrere Interaktionsmodalitäten unterstützen, müssen unterschiedliche interaktive Hilfesysteme anbieten. Spe-

Geste	GeForMT-Ausdruck	Geste	GeForMT-Ausdruck
	SelectTag=1F(LINE_E(tagGrid)):ON SlideDetailViewPrev= 1F(LINE_E(ImageCanvas)):ON OpenHyperlink= 1F(LINE_E(hyperlink)):OFF		ZoomOut= JOIN[1F(LINE(MultiScaleImage))* 1F(LINE(MultiScaleImage))]:ON
	DeselectTag= 1F(LINE_W(tagGrid)):ON SlideDetailViewNext= 1F(LINE_W(ImageCanvas)):ON		SwitchResultViewNext= 2F(LINE_E~(MultiScaleImage)):OFF
	ScrollTagListDown= 1F(LINE_N~(LayoutRoot)):ON ScrollDescriptionTextDown= 1F(LINE_N~(RichTextBoxView)):ON		SwitchResultViewPrev= 2F(LINE_W~(MultiScaleImage)):OFF
	ScrollTagListUp= 1F(LINE_S~(LayoutRoot)):ON ScrollDescriptionTextUp= 1F(LINE_S~(RichTextBoxView)):ON	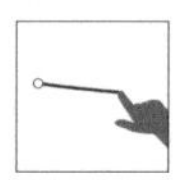	SwitchHistoryItemsNext= 1F(LINE_E~(MultiScaleImage)):ON
	PressTwoTags= 1F(HOLD(tagGrid))+ 1F(HOLD(tagGrid)):ON	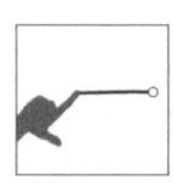	SwitchHistoryItemsPrev= 1F(LINE_W~(MultiScaleImage)):ON
	TagFeedforward= 1F(HOLD(tagGrid)):ON PressMultiScaleImage= 1F(HOLD(MultiScaleImage)):ON MainPageFeedforward= 1F(HOLD):ON		DragMultiScaleImage= 1F(MOVE(MultiScaleImage)):ON DragGridSplitter= 1F(MOVE(VerticalTemplate)):ON DragStartUpSlider= 1F(MOVE(startUpSlider)):ON
	TagHideBezierLines= 1F(POINT(tagGrid)):OFF OpenDetailView= 1F(POINT(MultiScaleImage)):OFF ExpandInfoGrid= 1F(POINT(InfoGrid)):OFF OpenDetailView= 1F(POINT(MultiScaleImage)):OFF OpenHelp= 1F(POINT(helpButton)):OFF CloseHelp= 1F(POINT(globalGrid)):OFF		CollapseInfoGrid= 1F(LINE_S(InfoGrid)):ON
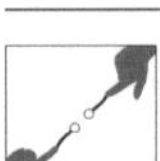	ZoomIn= SPLIT[1F(LINE(MultiScaleImage))*1F(LINE(MultiScaleImage))]:ON	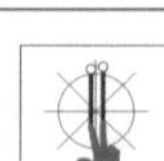	CloseDetailView= 2F(LINE_S(ImageCanvas)):OFF

zielle Designanpassungen oder Feedforward-Mechanismen sind dafür notwendig. Wie am Beispiel von DelViz gezeigt, lässt sich durch die formale Definition von Gesten die Entwicklung und Implementierung realisieren und vereinfachen.

7.3 Flächige Gesten im 3D-Framework Bildsprache LiveLab

Tabelle 7.3: Funktionen in DelViz, die auf Multitouch-Interaktion abgebildet wurden

Bei Bildsprache LiveLab (BiLL) handelt es sich um ein komponentenorientiertes Framework im Bereich der experimentellen Computergrafik [Wojdziak u. a. 2011a; Kammer u. a. 2011d; Kammer u. a. 2012d]. Die Arbeitsgruppe Technische Visualistik an der Technischen Universität Dresden nutzt BiLL um Visualisierungstechniken zur effektiven Darstellung von großen Datenmengen sowie Abbildungssysteme im Allgemeinen zu untersuchen. Beispielsweise werden zahlreiche Techniken der Renaissance-Malerei adaptiert. Die Bilder aus dieser Epoche stellen einen Dialog zwischen Maler und Betrachter her. Dazu dient die Komposition des Bilds, die auf dem Blickpunkt und den Intentionen des Malers beruht [Groh 2007]. Bilder aus der Renaissance setzen im Gegensatz zur herkömmlichen Computergrafik beispielsweise mehrere Perspektiven in einer Abbildung ein [Franke u. a. 2007].

7.3.1 Komponentenarchitektur

Die von der Arbeitsgruppe Technische Visualistik zur Aufbereitung von Informationsräumen erarbeiteten Theorien wurden zunächst isoliert voneinander prototypisch umgesetzt. Dabei wurden unterschiedlichste Werkzeuge und Systeme im Bereich der dreidimensionalen Computergrafik genutzt. Um die Kombinierbarkeit der Prototypen zu überprüfen, mussten diese in einer erweiterbaren Software-Lösung integriert werden. Für das benötigte Framework bestanden zahlreiche Anforderungen, die durch keine existierende Lösung abgedeckt wurden. Insbesondere die Echtzeitfähigkeit ist bei vielen Anwendungen im Bereich der dreidimensionalen Computergrafik nicht gegeben. Beispielsweise können Autodesk 3ds Max und Maya durch Plugins und Skripte erweitert werden, sind jedoch auf das Modellieren spezialisiert. Andererseits existieren zur Entwicklung von 3D-Spielen sogenannte Game Engines, die allerdings zahlreiche Einschränkungen in der Erweiterbarkeit und Modifizierbarkeit mit sich bringen. Die Ursache dafür ist die hohe Spezialisierung auf bestimmte Anwendungsfälle und Abläufe in der 3D-Darstellung. Für die unterschiedlichen Forschungsthemen wird jedoch eine generelle Lösung benötigt. Beispielsweise sind die zur Evaluierung durchzuführenden Studien mit Hilfe von Eyetrackern mit den genannten Werkzeugen nicht umsetzbar. Eyetracker werden in der Kognitionsforschung verwendet, um Aufmerksamkeitskarten zu erstellen. Diese werden genutzt,

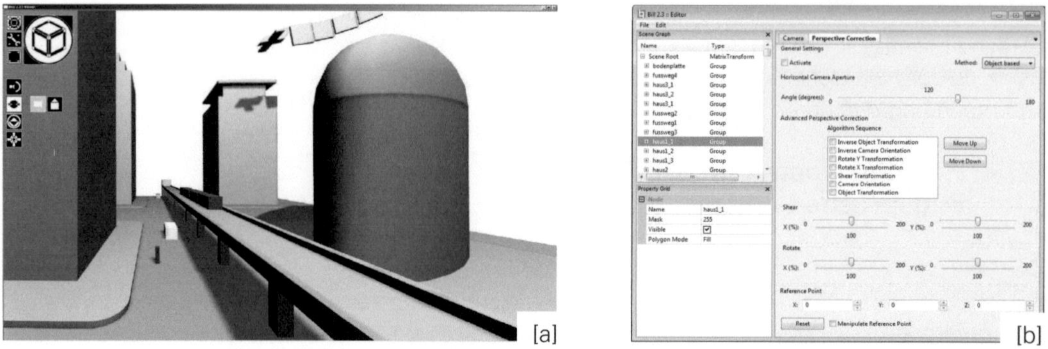

Bild 7.16: Aufteilung von BiLL in ein Viewer-Fenster und einen grafischen Editor für Maus- und Tastatur-Bedienung

um die Verarbeitung visueller Stimuli auszuwerten. Software für Eyetracker benötigen sehr performante Systeme, insbesondere wenn diese in Zusammenhang mit der Exploration dreidimensionaler Szenen in Echtzeit verwendet werden. Erste Anwendungen kombinieren flächige Gesten mit Eyetracking, wobei dieses zur Unterstützung von Selektionsaufgaben eingesetzt wird (siehe [Stellmach und Dachselt 2012]).

Zur Entwicklung von echtzeitfähiger 3D-Grafik-Software stellt die Programmiersprache C++ die besten Möglichkeiten zur Verfügung. Die Grafik-Hardware kann flexibel angesteuert werden und der OpenGL-Standard als hardwarenahe 3D-Schnittstelle ist sehr gut integriert, da dieser in reinem C umgesetzt ist. C++ verfügt darüber hinaus jedoch auch über das objektorientierte Programmierparadigma, das einen hohen Grad an Wiederverwendung und das Verwenden von Entwurfsmustern gewährleistet. Zur Entwicklung komponentenorientierter Software stellt die Programmiersprache damit eine sehr gute Grundlage bereit. Jedoch ist diese im Bereich von C++ oft auf eingebettete oder netzwerkzentrierte Systeme ausgerichtet. Bei proprietären Systemen hingegen fehlt die Stabilität und Zuverlässigkeit eines einheitlichen Komponentenstandards. Einer der ausgereiftesten und nutzerfreundlichsten Komponentenstandards wird durch die Open Services Gateway initiative (OSGi) spezifiziert [Gruber u. a. 2005]. Dieser Standard wird mit der Programmiersprache Java beschrieben und implementiert eine Erweiterung des bestehenden Modulsystems von Java. Komponenten werden als Bundles bezeichnet und werden typischerweise in komprimierten Archiv-Dateien veröffentlicht und installiert. Diese enthalten Binärdateien und alle notwendigen Ressourcen sowie eine Beschreibung des Bundles. Diese Beschreibung enthält Informationen über die Komponente, insbesondere Abhängigkeiten zu anderen Bundles oder Ressourcen. Dadurch lassen sich komplexe Systeme aus einzelnen Komponenten aufbauen.

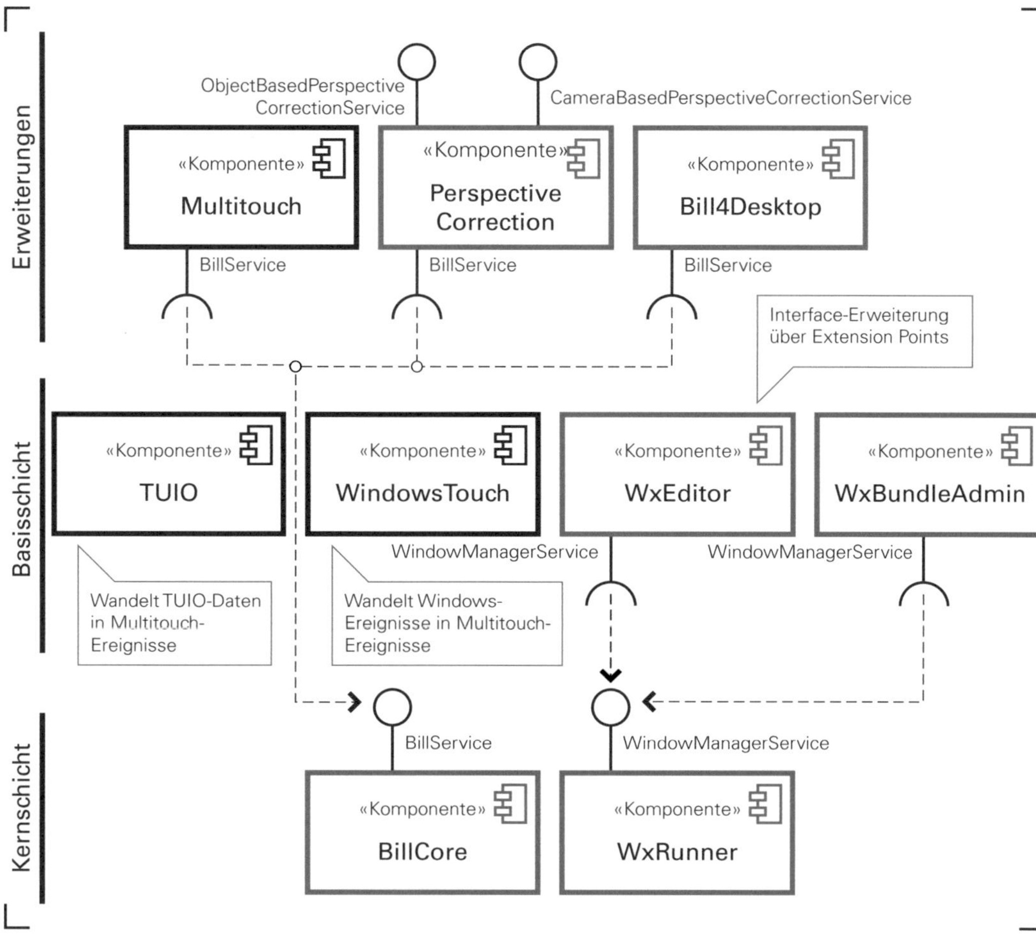

Bild 7.17: Serviceorientierte Architektur von Bildsprache LiveLab mit hervorgehobenen Komponenten der Multitouch-Schnittstelle (nach [Kammer u. a. 2012d])

Vollständige Implementierungen des OSGi-Standards in C++ sind ohne erheblichen Aufwand ausgeschlossen, da die Spezifikation explizit auf Eigenschaften der Programmiersprache Java beruht. Insbesondere Teile der Sicherheitsschicht stehen in anderen Sprachen nicht zur Verfügung. Ein Teil des ursprünglichen OSGi-Standards wurde bereits durch das Service Oriented Framework [@SOF 2012] und die Open Service Platform (OSP) implementiert [@Applied Informatics 2009]. Letztere ist eine kommerzielle Umsetzung und stellt das umfassendste OSGi-Framework in C++ dar. Es basiert auf den frei erhältlichen POCO C++ Bibliotheken [@Applied Informatics 2013]. Diese stellen eine plattformunabhängige Standardbibliothek für C++ dar, die den Standardbibliotheken von Java und .NET ähnelt.

Mit der Entscheidung für die Programmiersprache C++ geht eine Auswahl an verschiedenen Implementierungen von Szenengraphen einher. Die zwei aktuellsten und beliebtesten Systeme sind dabei OpenSG [Reiners u. a. 2002] und OpenSceneGraph (OSG) [Martz 2007]. Das erstgenannte wird insbesondere im akademischen Bereich verwendet, das zweitgenannte besitzt eine Vielzahl aktiver Entwickler und bietet umfangreiche Unterstützung durch Internetforen und Mailinglisten an. Die dadurch gewährleistete, schnelle Erlernbarkeit ist der Hauptgrund für die Verwendung von OSG im BiLL-Framework. Weitere Vorzüge stellen die gut strukturierte Schnittstelle und die regelmäßigen Aktualisierungen dar.

Das Framework wurde neu strukturiert und für verschiedene Anwendungsbereiche validiert [Kammer u. a. 2012c]. Die Architektur ist aufgrund der Abhängigkeiten der Komponenten in verschiedene Schichten aufgeteilt (siehe Bild 7.17). Auf der untersten Schicht befinden sich die Kernkomponenten, die insbesondere die Verbindung zur Komponentenlaufzeitumgebung und den verwendeten 3D-Visualisierungsbibliotheken (BillCore) sowie dem Toolkit für das grafische Interface WxWidgets (WxRunner) herstellen. Der BillCore instanziiert außerdem ein Viewer-Fenster, in dem 3D-Szenen dargestellt werden (siehe Bild 7.16a). In der Basisschicht befinden sich Komponenten, die weitere optionale Dienste für andere zur Verfügung stellen. Die Komponente WxEditor nutzt beispielsweise den WxRunner um das Editor-Fenster (siehe Bild 7.16b) zu erstellen. Über einen Erweiterungspunkt können Komponenten der darüber liegenden Schichten (Erweiterungen) beispielsweise eigene Eigenschaftsseiten in diesem Editor-Fenster anlegen. Die Komponente WxBundleAdmin stellt anderen Komponenten zwar keine weiteren Schnittstellen zur Verfügung. Der Anwender erhält jedoch die Möglichkeit, Komponenten in der Laufzeitumgebung durch Installieren, Starten und Stoppen zu administrieren.

7.3.2 Implementierung von GeForMT mit C++

Für die Forschungsfrage nach der Steuerung von 3D-Inhalten mittels flächiger Gesten (vgl. Navigatable und Show Room in Abschnitt 7.1, Seite 169) bietet sich die flexible Komponentenarchitektur von BiLL an. Die Integration einer Multitouch-Schnittstelle in BiLL erlaubt insbesondere die Austauschbarkeit von Parser und Gestenerkenner zur Überprüfung der Leistungsfähigkeit verschiedener Implementierungen. Zudem kann gemäß der Multitouch-Referenzarchitektur von Echtler und Klinker [Echtler und Klinker 2008] auch die Hardwareabstraktion durch verschiedene Komponenten austauschbar gestaltet werden.

Zur Generierung des Parser-Codes wird dabei ANTLR [Parr und Fisher 2011] genutzt. Die für GeForMT definierte Grammatik (siehe Abschnitt 5.2.1, Seite 109) wird dabei mit semantischen Aktionen angereichert, die ein plattformspezifisches Datenmodell erzeugen (siehe Anhang, Seite 258). Für die Gestenerkennung wurde auf die in

```
1  #include "Multitouch.h"
2  #include "Poco/AbstractDelegate.h"
3  .
4  .
5  .
6  public MyClass()
7  {
8      std::string gesture =
9          "caret=CONNECT_START[LINE_SW;LINE_SE]:OFF";
10     Multitouch::getInstance()->addGesture(
11         gesture,
12         new Poco::Delegate<MultitouchActivator, GestureEvent>(
13             this, &MyClass::handleGesture)
14     );
15 }
16 .
17 .
18 .
19 void MyClass::handleGesture(const void* sender,
20                             GestureEvent& aEvent)
21 {
22     std::cout << "Gesture Recognized: " << aEvent.identifier();
23 }
```

Listing 7.12: Programmierschnittstelle für Multitouch in Bildsprache LiveLab

der Referenzimplementierung in JavaScript erprobte Dreiteilung in pfadbasierten Gestenerkenner, Relationsgestenerkenner und nicht-pfadbasierten Gestenerkenner zurückgegriffen (siehe Abschnitt 6.2.3, Seite 152).

Insgesamt wurden drei Bundles für die Multitouch-Unterstützung umgesetzt (siehe Bild 7.17). Die Komponenten »TUIO« und »WindowsTouch« sorgen für die Anbindung an die Hardware, die entweder mit einem TUIO-Server oder mit der Windows-Touch-API arbeitet. Die beiden Komponenten sind daher dem Hardware Abstraction Layer in Bild 6.2, Seite 150 zuzuordnen. Die Komponente »Multitouch« kapselt die Referenzarchitektur für GeForMT einschließlich Parser, Gestenerkenner, Matching und dem Datenmodell. Innerhalb von Bildsprache LiveLab können sich hier andere Komponenten für Gesten- und Berührungsereignisse registrieren.

In Listing 7.12 wird gezeigt wie mit Hilfe der Multitouch-Erweiterung in BiLL eine Geste registriert werden kann. Dazu wird in Zeile 1 die Multitouch-Schnittstelle eingebunden, die als Singleton im Konstruktor bei Zeile 10 zum Hinzufügen einer formalen Geste genutzt wird. Die auf Zeile 12 angegebene Callback-Funktion wird beim erfolgreichen Erkennen der Geste ausgeführt und schreibt

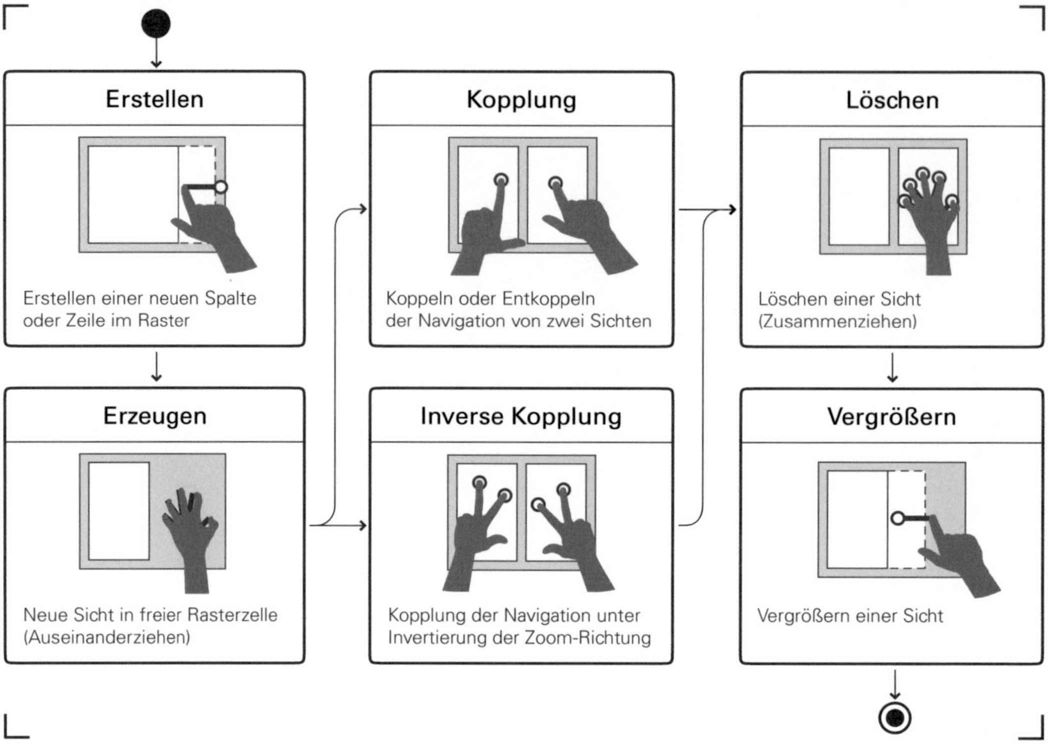

Bild 7.18: Gesteninteraktion mit koordinierten multiplen Sichten (aus [Franke u. a. 2013])

eine Meldung auf die Konsole (Zeile 22). Für die Definition des Callbacks wird eine Template-Klasse aus den POCO-Bibliotheken verwendet, mit denen BiLL umgesetzt ist (Zeile 2).

Ein Anwendungsfall für die Gestensteuerung in BiLL sind neben der Navigation im 3D-Raum und der Manipulation von 3D-Modellen auch die Steuerung von koordinierten multiplen Sichten [Franke u. a. 2013]. Die simultane Darstellung unterschiedlicher Sichten auf einen Datenbestand erlaubt es, unterschiedliche Merkmale aufzuzeigen und diese zu vergleichen. Bei einer sukzessiven Darstellung wird dieser Vergleich erschwert. Sichten auf eine 3D-Szene können dabei ähnlich wie Panels im Comic voneinander visuell über Rahmen abgegrenzt werden (vgl. [McCloud 2001]). In BiLL ist darüber hinaus die Kopplung von Sichten möglich, so dass aufgabenabhängig beispielsweise die Navigation in einer Sicht auf eine andere abgebildet wird. Verschiedene Kameraparameter können dabei berücksichtigt werden (siehe [Wojdziak u. a. 2011b]).

In den einzelnen Sichten kann beispielsweise das Gestenset der Anwendung Navigatable (siehe Abschnitt 7.1, Seite 171) verwendet werden. Bild 7.18 zeigt in einem Zustandsübergangsdiagramm einen exemplarischen Ablauf, wie mit Hilfe von Gesten das Raster

Geste	GeForMT-Ausdruck	Geste	GeForMT-Ausdruck
	ModifyColumn=1F(LINE(frame))		Couple= 1F(POINT(panel1))*1F(POINT(panel2))
	CreatePanel= SPLIT(5F(LINE(background))		CoupleInverse= 2F(POINT(panel1))*2F(POINT(panel2))
	DeletePanel= JOIN(5F(LINE(background))		

Tabelle 7.4: Gesten zur Manipulation von koordinierten multiplen Sichten in BiLL

von Panels verändert werden kann. Um keinen Konflikt mit den bestehenden objektbezogenen Gesten innerhalb einer Sicht zu erzeugen, wird der Rahmen um die Sicht als Objektbezug verwendet. Durch einfaches Antippen und Ziehen des Rahmens wird eine neue Spalte oder Zeile erzeugt. Das Ziehen des Rahmens um eine Sicht füllt diesen frei gewordenen Platz wieder aus. Wird in dem geschaffenen Freiraum eine Geste mit fünf auseinanderstrebenden Fingern ausgeführt, wird eine neue Sicht erstellt. Analog führt das Zusammenziehen von Fingern zum Löschen einer Sicht im Raster.

Werden zwei Sichten gleichzeitig mit jeweils einem Finger berührt, werden diese gekoppelt. In der Folge werden Interaktionen in einer Sicht auf die andere abgebildet. Dies vereinfacht zum Beispiel den Vergleich von zwei Objekten, da diese unter identischen Kameraparametern abgebildet werden. Dennoch verfügen beide Objekte weiterhin über eigene Sichten. Die Kopplung von Sichten lässt sich auch so modifizieren, dass gewisse Parameter invers übertragen werden. Durch das gleichzeitige Berühren zweier Sichten mit jeweils zwei Fingern lässt sich eine inverse Kopplung erzeugen. Dabei wird in einer Sicht hineingezoomt und in der gekoppelten herausgezoomt. Auf diese Weise wird in einer Sicht stets der Überblick über die Gesamtszene erhöht, während in der angekoppelten Sicht ins Detail gegangen wird.

Basierend auf den erfolgten Arbeiten kann innerhalb von BiLL die unter Abschnitt 5.1.1, Seite 103 thematisierte Herausforderung weiter erforscht werden, wie mit flächigen Gesten im dreidimensionalen Systemraum gearbeitet werden kann. Beispielsweise kann die Manipulation perspektivisch korrigierter Objekte im Vergleich zu nicht korrigierten Objekten untersucht werden.

7.4 Statistik und Zusammenfassung

Die formale Beschreibung erleichtert nicht nur die Programmierung und den flexiblen Austausch von Gesten. Ebenso lassen sich statistische Auswertungen durchführen und Anwendungen hinsichtlich der verwendeten Gesten vergleichen. Die Gestenvielfalt der betrachteten Anwendungen lässt sich bestimmen, indem die atomaren Bestandteile analysiert werden. Darauf aufbauend sind die verwendeten Relationen, Anzahl der Finger und sonstige Sprachbestandteile zu untersuchen. Durch die formale Beschreibung lassen sich Auswertungsalgorithmen konzipieren, die für ein gegebenes Gestenset eine syntaktische Kennzahl bestimmen. Für die vorgeschlagene Kennzahl wurde in Tabelle 7.2 die Berechnungsvorschrift aus Listing 7.13 gewählt.

$$|\,Gesten\,| \times \varnothing \left(\frac{|\,Individuelle\ Gesten\,|}{|\,Gesten\,|};\ \frac{|\,Offline\text{-}Gesten\,|}{|\,Gesten\,|};\ \varnothing\ Finger;\ \varnothing\ Atomare;\ \varnothing\ Richtungen;\ \varnothing\,(\varnothing\ Richtungen;\ \varnothing\ Bedingungen) \right)$$

Listing 7.13: Berechnung der syntaktischen Kennzahl für ein Gestenset

Als wichtigstes Unterscheidungsmerkmal zwischen den Gestensets wird von dieser Formel die Anzahl der Gesten angesehen. Dabei werden alternative Gesten für ein und dieselbe Funktion einzeln gezählt. Durch diesen Koeffizienten ergeben sich generell kleinere Kennzahlen für Gestensets mit geringem Umfang. Die Anzahl von Gesten wird mit einem Mittelwert multipliziert, der sich aus der durchschnittlichen Komplexität der verwendeten Gesten ergibt.

Zunächst werden syntaktisch gleiche Gesten der Gesamtzahl von Gesten gegenübergestellt. Gesten sind dann syntaktisch gleich, wenn diese sich lediglich in ihrem Objektbezug unterscheiden. Auf diese Weise werden Gestensets weniger komplex bewertet, die Interaktionsformen auf unterschiedlichen Interface-Elementen wiederholen.

Kontinuierlich ausgewertete Gesten nehmen in der Regel weniger komplexe Formen an und erlauben ein fortwährendes Feedback. Mit dem Verhältnis von Offline-Gesten zur Gesamtanzahl der Gesten wird denjenigen Anwendungen eine geringere Komplexität zugeschrieben, die weniger Offline-Gesten einsetzen.

Werden Gesten mit einer Vielzahl gleichzeitiger Berührungen eingesetzt, erhöht sich die syntaktische Kennzahl weiter. Gleiches gilt für die durchschnittliche Menge an atomaren Gesten und die verwendeten Richtungsangaben pro Geste. Schließlich werden die durchschnittlich verwendeten Operatoren für zeitliche Bezüge und räumlichen Bedingungsangaben in einem Durchschnitt zusammengefasst und danach mit in die Berechnung einbezogen.

Die berechnete Kennzahl ist ein Indikator, der Gestensets bezüglich ihrer Komplexität auf rein syntaktischer Ebene vergleichbar macht. Ein hoher Wert kann darauf verweisen, dass eine Anwendung einen höheren Einarbeitungsaufwand benötigt als solche mit einem niedrigeren Wert. Die in den Workshops entstandenen Prototypen besitzen in den meisten Fällen ein sehr begrenztes Funktionsspektrum. Die Kennzahlen bewegen sich daher zwischen Werten von 3,67 bis 13,08. Zum Vergleich besitzt das Gestenset von Graffiti eine Kennzahl von 49,25 (siehe Abschnitt 5.2.1, Seite 119). Das ist nicht nur der hohen Zahl von 26 individuellen Gesten geschuldet, sondern auch den komplexen Kombinationen atomarer Gesten mit zahlreichen Richtungseinschränkungen. Bei Reduzierung der Gestenzahl auf 6 individuelle Gesten (die Buchstaben A-F) würde sich immer noch ein Wert von 10,67 ergeben. Im Vergleich dazu nutzt SampleSurface 18 Gesten, wovon 13 syntaktisch gleich sind. Die Kennzahl von 13,08 ist gegenüber dem reduzierten Graffiti-Alphabet nur wenig höher, da erheblich weniger Einschränkungen und komplexe Kombinationen genutzt werden. Auch die Wiederverwendung von syntaktisch gleichen Gesten reduziert die Kennzahl bei SampleSurface. Der gegenteilige Effekt ist beim Vergleich der beiden 3D-Anwendungen Navigatable und Show Room festzustellen. Der erhebliche Unterschied zwischen der Kennzahl 6,42 (Navigatable) und 10,33 (Show Room) erklärt sich durch die fehlende Wiederverwendung von Gesten bei Show Room und den Verzicht auf Richtungseinschränkungen bei Navigatable. Show Room unterscheidet beispielsweise bei den semantischen Skalierungsaktionen nach den Richtungen, um Modelle und Typen auszuwählen.

In Bild 7.19 werden die syntaktischen Kennzahlen der zehn Workshop-Anwendungen aus Abschnitt 7.1, den Präzedenzfällen aus Abschnitt 5.3 sowie dem Praxisbeispiel DelViz aus Abschnitt 7.2 zusammenfassend gegenübergestellt. Um den Einfluss der gesamten Anzahl an Gesten auf die syntaktische Kennzahl zu zeigen, werden die Kennzahlen auch ohne diesen Faktor dargestellt (siehe Bild 7.20). Die vorgeschlagene Kennzahl kann ein intuitives Maß für die Komplexität eines Gestensets ersetzen. Andere Berechnungsvorschriften sind möglich und könnten durch Bewertungen von Experten oder Nutzern untersetzt werden. Dabei sind insbesondere die Gewichtungen der Aspekte Gestenanzahl, Wiederverwendung syntaktisch gleicher Gesten, Anteil von Offline-Gesten, Richtungs- und Zeiteinschränkungen und Vielfalt atomarer Gesten zu variieren. Im Anhang, Seite 269 sind die einzelnen

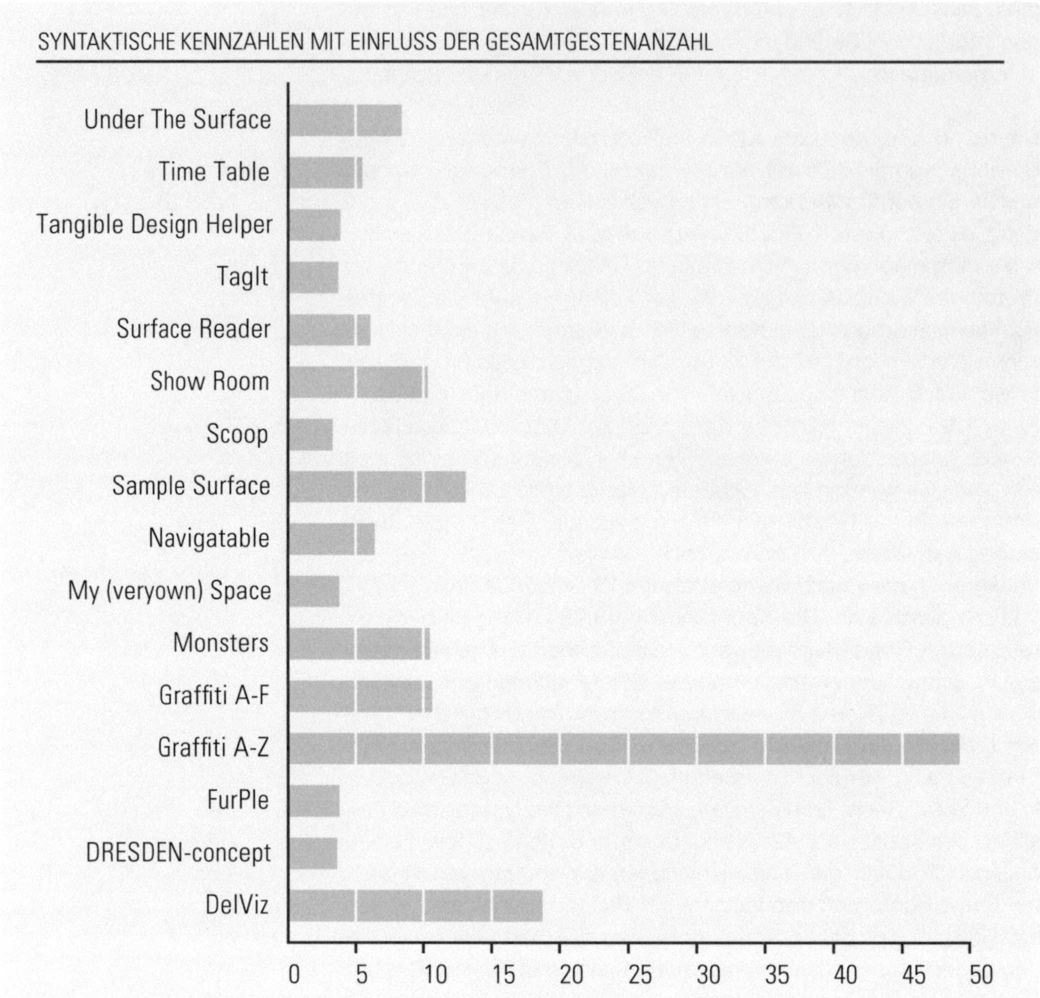

Bild 7.19: Syntaktische Kennzahlen der formalisierten Gestensets

Koeffizienten und Mittelwerte für die untersuchten Anwendungen nochmals tabellarisch aufgeführt.

Neben der vorgeschlagenen syntaktischen Kennzahl, die viele Aspekte innerhalb eines Gestensets miteinander verrechnet, sind auch detailliertere Analysen über mehrere Anwendungen hinweg möglich. Bild 7.21 stellt das Vorkommen einzelner Gestenbestandteile in den analysierten Anwendungen quantitativ dar. Von den 161 analysierten Gesten unterscheiden sich lediglich 76 in ihrer Syntax, bei Vernachlässigung des Objektbezugs. Auffallend ist auch der weitestgehende Verzicht auf Gesten, welche die komplette Hand benötigen. Am häufigsten werden Gesten aus Linien zusammengesetzt. In der Statistik wurde jedes Vorkommen einer mit `LINE` definierten atomaren Geste gezählt, wodurch komplexe, aus mehreren Linien zusammengesetzte Formen die Anzahl

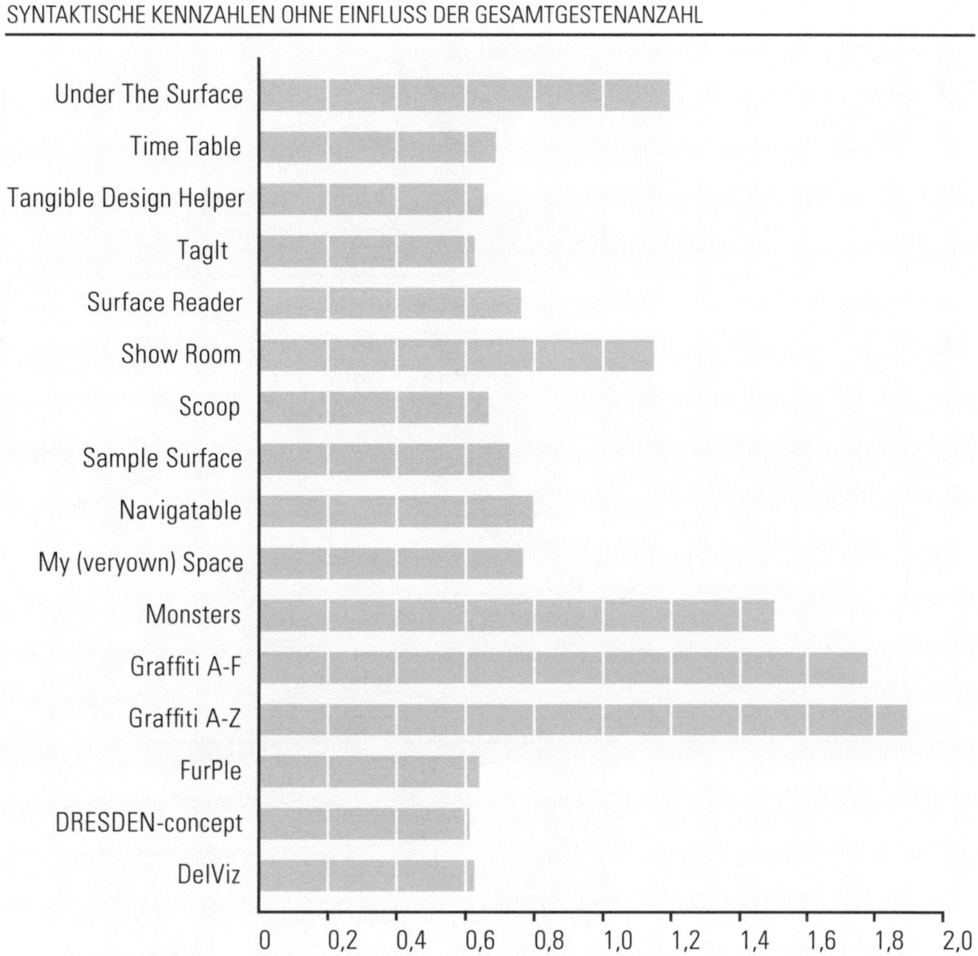

Bild 7.20: Syntaktische Kennzahlen der formalisierten Gestensets ohne Einberechnung der Gesamtgestenanzahl

erheblich erhöhen. Bei den zeitlichen und räumlichen Beziehungen ist eine Symmetrie zwischen `JOIN` und `SPLIT` festzustellen. Diese geht einher mit einer im Vergleich zur asynchronen Ausführung vorherrschenden synchronen Ausführung gleichzeitiger Gestenzüge. Andere Bedingungen sind bisher in den verwendeten Gesten unterrepräsentiert. Die hohe Anzahl von Offline-Gesten ist insbesondere auf das mit betrachtete Graffiti-Gestenset zurückzuführen. Bei den Einschränkungen für atomare Gesten sind vor allem die Richtungen nach Süden und nach Osten vorherrschend. Zahlreiche Gesten definieren also Bewegungen auf Multitouch-Oberflächen in Leserichtung und zum Nutzer hin.

GESTEN INSGESAMT

161

INDIVIDUELLE GESTEN

76

FINGERGESTEN

159

HANDGESTEN

2

ANALYSIERTE ANWENDUNGEN

Navigatable, Tangible Design Helper, SurfaceReader, TagIt, My (veryown) Space, DRESDEN-concept, SampleSurface, TimeTable, FurPle, Show Room, Graffiti, DelViz, Scoop, Monsters, Under The Surface

ATOMARE GESTEN

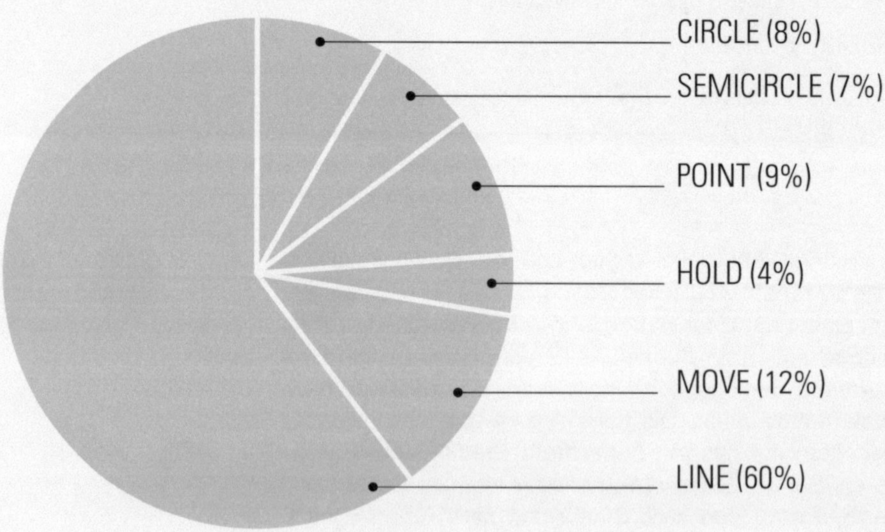

Bild 7.21: Statistik zu den Gestenbestandteilen der analysierten Anwendungen

ANZAHL RÄUMLICHER UND ZEITLICHER BEDINGUNGEN

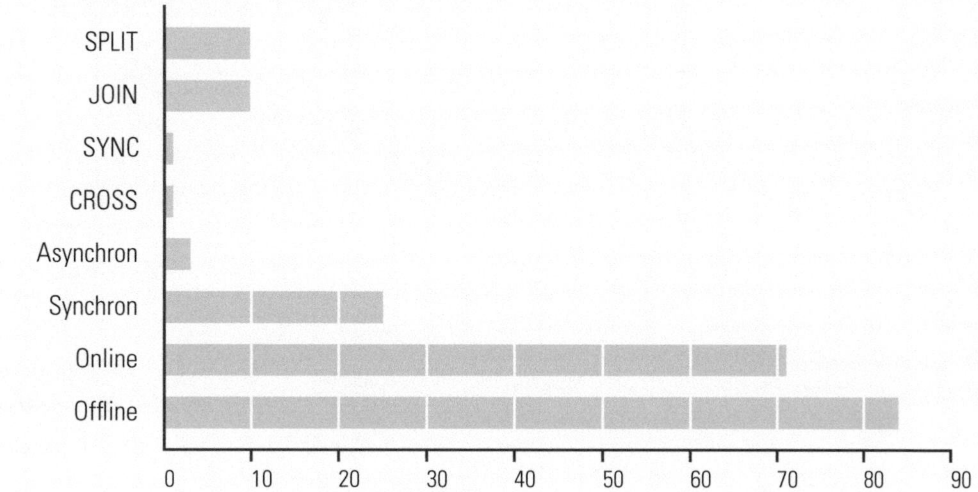

ANZAHL DER EINSCHRÄNKUNGEN ATOMARER GESTEN

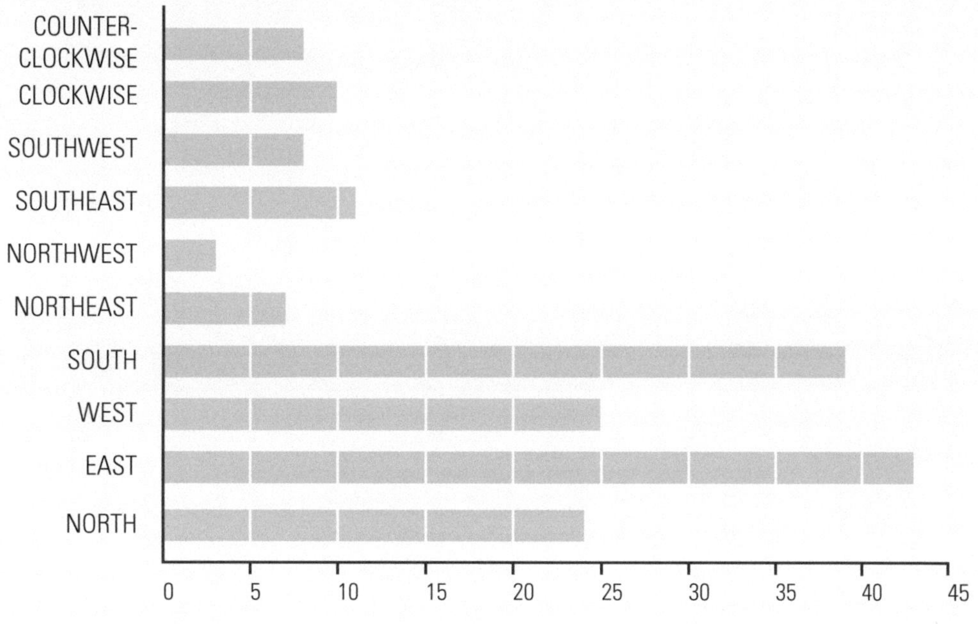

8 Weiterentwicklung der Formalisierung

In diesem Abschnitt werden weitere gestische Eingabeformen betrachtet, die sich als Anwendungsfelder für das semiotische Modell aus Kapitel 4, Seite 87 anbieten. Die konzeptionellen Überlegungen zur Formalisierung dieser Eingabeformen werden jeweils von einer Betrachtung verwandter Arbeiten und der Beschreibung von Experimenten mit Hilfe von Demonstratoren begleitet. Die Ansätze zur Formalisierung bieten sich für zukünftige wissenschaftlichen Arbeiten an (siehe Abschnitt 9.3, Seite 239)

Abschnitt 8.1 widmet sich räumlichen Gesten, insbesondere wenn diese direkt über einem Tisch mit interaktiver Oberfläche ausgeführt werden. Die multimodale Kombination mit flächigen Gesten, die mit GeForMT beschrieben sind, steht dabei im Fokus. In Abschnitt 8.2 werden Substanzen des Alltags betrachtet und wie diese neuartige Elementklassen für flächige Gesten inspirieren können. Schließlich werden in Abschnitt 8.3 elastische Oberflächen für die Interaktion thematisiert, die einen weiteren Freiheitsgrad für flächige Gesten zulassen und differenzierteres haptisches Feedback ermöglichen.

8.1 Räumliche Gesten

Im Gegensatz zu flächigen Gesten besitzen räumliche höhere Freiheitsgrade (siehe Bild 8.1). Die Erweiterung des vorliegenden Formalisierungsansatzes auf diese Form der gestischen Eingabe stellt daher eine Herausforderung dar. Insbesondere räumliche Gesten, die unmittelbar über einem Multitouch-Tisch ausgeführt werden, können multimodal mit durch GeForMT beschriebene Gesten kombiniert werden. Dieser Abschnitt basiert auf einer Bakkalaureatsarbeit sowie einer Workshop-Veröffentlichung [Henkens 2011; Kammer u. a. 2011b].

8.1.1 Verwandte Arbeiten

Die Entwicklung von multimodalen Systemen, die verschiedene Eingabeformen kombinieren, begann bereits um 1980 mit dem »Put-that-there-System« von Bolt [Bolt 1980]. Dieses kombinierte einfache Sprachkommandos mit Zeigegesten. Weitere multimodale Anwendungen wie XTRA [Wahlster 1991], GEORAL [Siroux u. a. 1997], SmartKom [Malaka u. a. 2004] und AMI [AMI Consortium 2010] schlossen daran an. Der Fokus ist dabei insbesondere die Einbindung von Sprache als weiterer Modalität. Während zum Beispiel durch Streitz et al. verschiedene Interaktionszonen definiert werden, wird die Kombination räumlicher und flächiger Gesten nicht betrachtet [Streitz u. a. 2003]. Schick et al. präsentie-

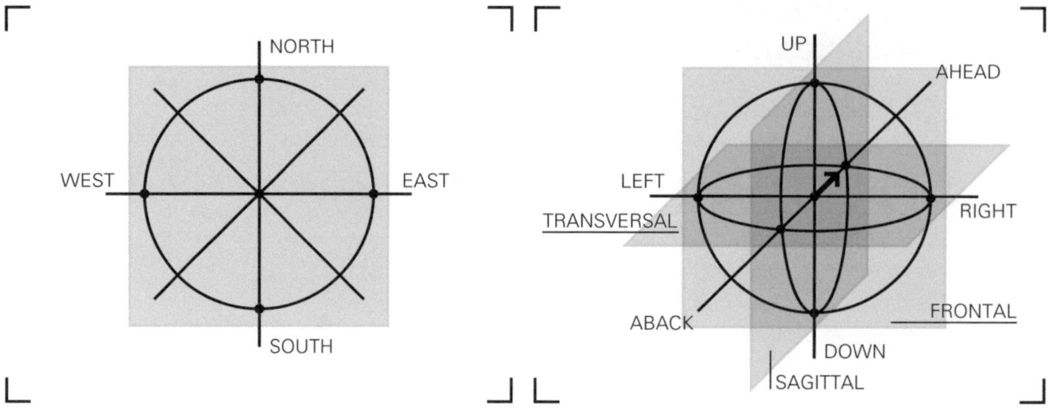

Bild 8.1: Freiheitsgrade und Interaktionsebenen besitzen bei räumlichen Gesten eine erhöhte Komplexität (nach [Kammer u. a. 2011b]

ren ein großflächiges Wand-System, das es Nutzern erlaubt, zwischen räumlicher und flächiger Interaktion zu wechseln [Schick u. a. 2009]. Die Gruppe um Parker vergleicht diese Interaktionstechniken im Bereich von großflächigen Tisch-Systemen in verschiedenen Nutzerstudien [Parker u. a. 2006]. Bei beiden Lösungen werden einfache deiktische Gesten verwendet, um Elemente auszuwählen und auf einer Fläche zu verschieben. Obwohl die Genauigkeit der Auswahl kleiner Objekte bei größerer Entfernung zunimmt, bevorzugen die Probanden räumliche Gesten zum Zeigen sowie eine Kombination mit flächigen Gesten. Der Aufwand ist geringer als wenn nur flächige Gesten zugelassen sind und die in den Studien gestellten Aufgaben konnten im Durchschnitt effizienter gelöst werden.

Neben den deiktischen Gesten existieren noch weitere Handbewegungen, um mit einem Rechner zu interagieren. Diese geeignet zu formalisieren stellt eine Herausforderung dar. Dabei ist zwischen einer größtmöglichen Natürlichkeit und technischer Erkennbarkeit abzuwägen. Epps et al. evaluieren das menschliche Verhalten im Bereich von Tabletop-Anwendungen und identifizieren einige häufig genutzte Handgesten: die flache Hand, die angewinkelte Hand, eine Faust oder »C« und »L« Formen der Hand [Epps u. a. 2006]. Im multimodalen Mudra-Framework kombinieren Hoste et al. flächige Gesten, die mit Midas beschrieben sind, mit anderen Formen der Eingabe [Hoste u. a. 2011]. In Abschnitt 3.1, Seite 62 wurden bereits verwandte Formalisierungsansätze beschrieben. Im Folgenden wird ein zu GeForMT ähnlicher, bildhafter Ansatz zur Beschreibung räumlicher Gesten entwickelt.

Für die Multitouch-Interaktion existieren bereits zahlreiche Defacto-Standards wie das Rotieren und Skalieren mit Hilfe von zwei Fingern. Systeme für die Erkennung räumlicher Gesten wie das iPoint-System des Fraunhofer Heinrich Hertz Instituts adaptieren teilweise diese Interaktionsformen [Barré u. a. 2009]. Zur

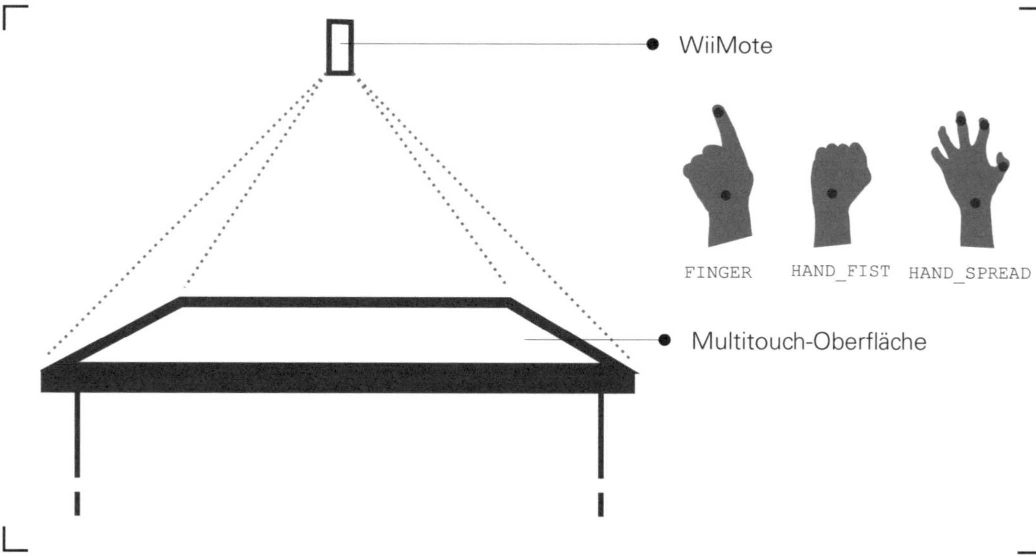

Bild 8.2: Aufbau zur Erkennung räumlicher Gesten über einem Multitouch-Tisch zur Kombination mit flächigen Gesten (nach [Kammer u. a. 2011b])

Auswahl von Objekten werden auch Greifgesten mit der ganzen Hand oder mit Daumen und Zeigefinger verwendet. Zusätzlich wird das Winken der flachen Hand erkannt, um beispielsweise in einer Anwendung zu navigieren.

8.1.2 Prototypischer Aufbau

In einer prototypischen Kartenanwendung wurde die Kombination von flächigen und räumlichen Gesten getestet (siehe Bild 8.3). Der Multitouch-Tisch wird zur Darstellung einer Karte aus Virtual Earth beziehungsweise Bing verwendet, die bewegt, vergrößert, rotiert und in der Horizontebene geneigt werden kann. Der Microsoft Surface® wird dabei mit Wiimote-Tracking kombiniert. Eine Wiimote wird als Infrarot-Kamera genutzt und über dem Tisch fixiert (siehe Bild 8.2). In der Umsetzung existiert bisher noch keine Möglichkeit, Gesten formal zu definieren, da zunächst die Interaktionskonzepte prototypisch evaluiert werden. Die Nutzerin trägt einen Handschuh mit vier Infrarot-Markern (IR-LEDs) auf dem Daumen, Zeigefinger, Ringfinger und Handgelenk. Dadurch lassen sich einfache Handformen für die Interaktion untersuchen. In der vorgeschlagenen Formalisierung werden diese durch `FINGER`, `HAND_FIST` und `HAND_SPREAD` beschrieben. Das Open-Source-Framework InfoStrat.VE [@InfoStrat 2010] wird genutzt, um auf den Karten-Service Bing zuzugreifen. Durch die WiimoteLib v1.7 wird auf die Daten der Wiimote zugegriffen [@Wiimote 2009]. Die Standard-Gesten zur Manipulation aus dem Surface SDK können dadurch mit räumlichen Gesten über dem Tisch kombiniert werden. Die flächigen Gesten können zum Skalieren, Rotieren und Bewegen der Karte verwendet werden (Bild 8.3a). Alternativ wird

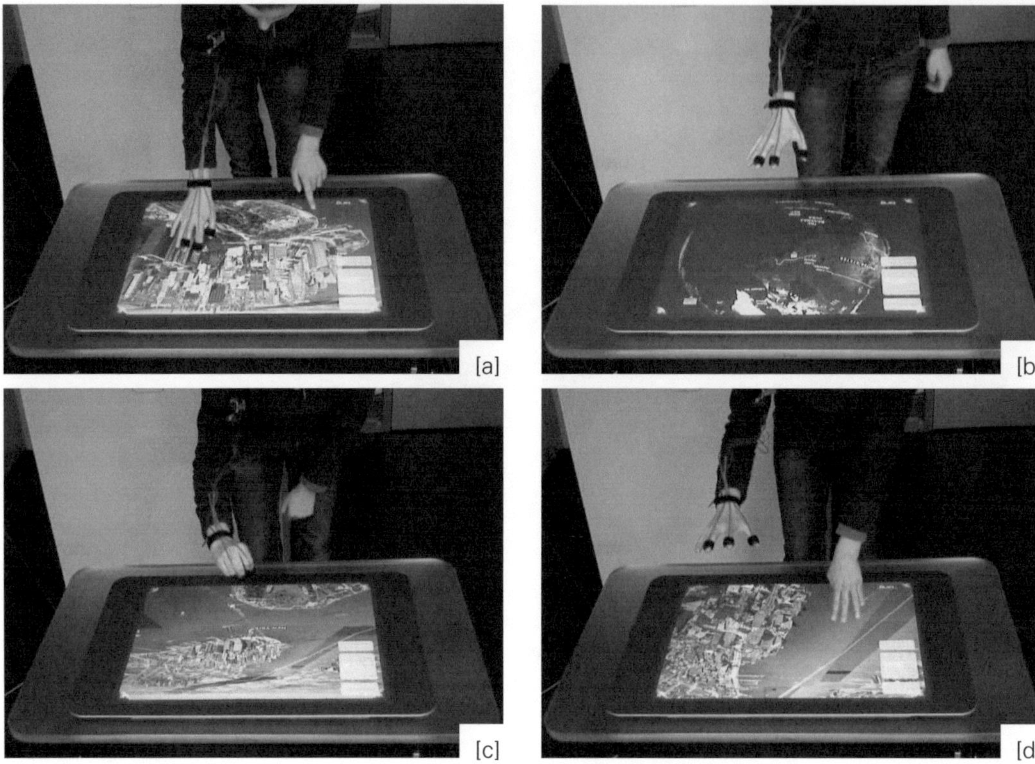

Bild 8.3: Kombination eines Multitouch-Tischs mit darüber ausgeführten räumlichen Gesten (aus [Kammer u. a. 2011b])

die ausgestreckte Hand über dem Tisch (`HAND_SPREAD`) in der sagittalen Ebene zum Skalieren der Karte verwendet (Bild 8.3b). Eine Greif-Geste (`HAND_FIST`) mit einer Bewegung in der Transversalebene verschiebt die Karte (Bild 8.3c). Eine Kombination von flächigen und räumlichen Gesten stellt die Geste in Bild 8.3d dar, bei der die Karte in der Horizontebene gekippt wird. Dabei wird mit einer Hand die Multitouch-Oberfläche berührt und danach die andere Hand über dem Tisch nach vorn bewegt. Als einfaches Feedback werden die aufgenommenen Infrarotpunkte auf der Karte dargestellt und bei zunehmender Entfernung zum Tisch vergrößert.

Die Kombination flächiger und räumlicher Gesten bietet die Möglichkeit, reichhaltigere Interaktionen zuzulassen und Alternativen für die Ausführung von Aktionen anzubieten. Zusätzliche Menüs oder Modi können vermieden werden, da mehr Möglichkeiten der Gestenerkennung zur Verfügung stehen, wie die Annäherung an eine Oberfläche oder Bewegungen davor. Dem Problem der falschen Erkennung einer räumlichen Geste, obwohl eine flächige Geste ausgeführt werden sollte, wird in dem Prototyp durch eine Geschwindigkeitsgrenze begegnet. Räumliche Gesten werden nur erkannt, wenn diese langsam ausgeführt werden. Ab einer bestimmten Geschwindigkeit wird davon ausgegangen, dass die

Oberfläche des Multitouch-Tischs das Ziel der Bewegung ist. Zusätzlich gibt es einen Bereich direkt über dem Tisch, der von der Erkennung räumlicher Gesten ausgeschlossen ist.

8.1.3 Formalisierungsansatz

Im Sinne einer syntaktischen Analyse ist die Identifizierung atomarer Gestenbestandteile der erste essentielle Schritt. Listing 8.1 zeigt eine EBNF-Grammatik, mit der grundlegende Handstellungen und -bewegungen formalisiert sind. Zunächst sind für die Formalisierung von räumlichen Gesten die entsprechenden Körperteile zu identifizieren, zum Beispiel der Kopf, Arme, Hände oder Finger (Listing 8.1, Regel 3). Im Gegensatz zum Multitouch-Bereich reicht die einfache Bezeichnung mit `FINGER` und `HAND` dabei allerdings nicht aus, da die Form der Hand zu berücksichtigen ist (Listing 8.1, Regel 4). Die Form kann die mit `FLAT` beschriebene flache Hand beziehungsweise eine durch `SPREAD` angegebene flache Hand mit gespreizten Fingern sein. Durch `FIST` wird die Hand in Form einer Faust beschrieben, eine gekrümmte Hand mit `CURVED` und eine angewinkelte mit `ANGLED`. Dazu kommt die Pose oder Ausrichtung der Handform (Listing 8.1, Regel 5). Dabei kann die Handfläche nach innen mit `IN` oder nach außen gerichtet mit `OUT` beschrieben werden. Durch `FRONT` wird angegeben, dass der Handrücken dem Agierenden zugerichtet ist, die Handfläche dementsprechend seiner Umgebung. Das Gegenteil ist die durch `REAR` beschriebene, auf den Agierenden gerichtete Handfläche. Schließlich kann die Handfläche nach oben, beschrieben mit `TOP`, oder nach unten, beschrieben mit `BOTTOM`, ausgerichtet sein. Eine Greifgeste würde dann beispielsweise als `HAND_FIST_FRONT` beschrieben werden.

Im nächsten Schritt ist die Bewegungsform und -richtung durch atomare Gesten zu formalisieren (Listing 8.1, Regel 9). Im Gegensatz zu den zwei Freiheitsgraden bei einer flächigen Geste sind für eine räumliche Geste bis zu sechs Freiheitsgrade zu berücksichtigen. Für die drei Ebenen im Raum (siehe Bild 8.1) werden zunächst nur sechs Bewegungsrichtungen vorgeschlagen. Sollte eine Anwendung präzisere Angaben benötigen, um Gesten grundsätzlich voneinander zu unterscheiden, muss hier eine Erweiterung stattfinden. Für geometrisch beschriebene Ausführungsformen wie `CIRCLE` muss durch Angabe von `TRANSVERSAL`, `FRONTAL` oder `SAGITTAL` entschieden werden, ob diese in der Transversal-, Frontal- oder Sagittal-Ebene stattfinden. Ansonsten ist die Geste nicht eindeutig beschrieben. Mit `UP` beziehungsweise `DOWN` wird die Aufwärtsbewegung und Abwärtsbewegung beschrieben. Die Verlagerung der Hand nach links wird durch `LEFT` oder nach rechts durch `RIGHT` angegeben. Bei nicht eindeutigen Beschreibungen kann die Vorwärtsverlagerung

```
complex     ::= gesture (operator gesture)* |
                relation'['gesture (operator gesture)*']'
gesture     ::= function['_'posture]'('atomfocus(','atomfocus)*)'
                | atomfocus(','atomfocus)*
function    ::= [integer]'FINGER' | [integer]'HAND'['_'form]
form        ::= 'FLAT' | 'SPREAD' | 'FIST' | 'CURVED' | 'ANGLED'
posture     ::= 'IN' | 'OUT' | 'FRONT' | 'REAR' | 'TOP' | 'BOTTOM'
atomfocus   ::= atom | atom'('focuslist')'
focuslist   ::= id(','id)*
id          ::= [A-Za-z0-9]+
atom        ::= identifier | vector['_'direction]
                | shape['_'plane]['_'direction]
operator    ::= '*' | '+' | ',' | ';'
relation    ::= 'CROSS' | 'JOIN' | 'SYNC' | 'APART' | 'CONNECT'
identifier  ::= 'MOVE' | 'POINT' | 'HOLD'
vector      ::= 'LINE'
shape       ::= 'CIRCLE' | 'SEMICIRCLE'
direction   ::= 'UP' | 'DOWN' | 'LEFT' | 'RIGHT' | 'AHEAD'
                | 'ABACK'
plane       ::= 'FRONTAL' | 'SAGITTAL' | 'TRANSVERSAL'
integer     ::= [1-9][0-9]*
```

Listing 8.1: EBNF-Grammatik für grundlegende Handstellungen und Handbewegungen (vgl. [Henkens 2011])

der Hand als Bewegung vom Agierenden weg durch Hinzufügen von AHEAD angegeben werden. Die Rückwärtsverlagerung der Hand zum Agierenden hin entsprechend mit ABACK. Gemeinsam mit einer Bewegungsform können so ähnlich wie bei GeForMT grundlegend räumliche Gesten mit Handstellungen und Richtungen ausgedrückt werden. SEMICIRCLE_SAGITTAL_AHEAD beschreibt beispielsweise eine gekrümmte Vorwärtsbewegung in der sagittalen Ebene.

Zur Kombination mit GeForMT können die zeitlichen Relationsoperatoren auf einer höheren Ebene wiederverwendet werden. Durch ein Semikolon wird die sequentielle Ausführung beschrieben, das Additions- und Multiplikationszeichen beschreiben asynchrone und synchrone Ausführungen von flächigen und räumlichen Gesten. Durch die Einführung von Namensräumen für die textuellen Beschreibungen können zudem mehrfach verwendete Schlüsselwörter unterschieden werden. Gesten werden den Namensräumen nach einem Doppelpunkt zugeordnet.

Listing 8.2 zeigt die formalen Beschreibungen von den im Prototyp verwendeten Gesten. Auf Zeile 1 ist das Manipulieren der Karte durch eine flächige Geste beschrieben, mit Hilfe des Namensraums TOUCH. Auf den Zeilen 2 und 3 sind Manipulationen mit räumlichen Gesten im Namensraum POINT angegeben.

```
1 ManipulateMap=TOUCH:1F(MOVE)*1F(MOVE)
2 ZoomMap      =POINT:HAND_SPREAD(MOVE)
3 MoveMap      =POINT:HAND_FIST(MOVE)
4 Tilt         =TOUCH:HOLD+POINT:HAND_SPREAD_TRANS(LINE_AHEAD)
```

Listing 8.2: Multimodale Kombination von Gesten auf und über einem Multitouch-Tisch

Schließlich werden beide Formen gestischer Eingabe auf Zeile 4 für das Kippen der Horizontebene kombiniert.

Eine Implementierung und Erweiterung der vorgeschlagenen Formalisierung ermöglicht das weitere Experimentieren mit diesen Eingabeformen. Weiterhin können mögliche Konflikte bei der Ausführung von Gesten bereits vor der Umsetzung festgestellt werden. Der benötigte Grad zur formalen Beschreibung von räumlichen Gesten kann je nach Anwendungsfall und Komplexität der Gesten unterschiedlich sein. Eine Voraussetzung für effektive Evaluationen ist auch das zuverlässige Erkennen von Bewegungen und Handstellungen. Ein weiterer Ansatz um verschiedene Handstellungen technisch zu erkennen basiert auf Silhouetten-Daten, die zur Auswertung einfacher Finger- und Handstellungen genutzt werden können (siehe Bild 8.4). Auf Basis der erkannten Finger und Handstellungen lassen sich in Kombination mit der Bewegungsausführung quasi-räumliche Interaktionen ausführen. Ein Ansatz und mathematisches Modell befindet sich bei [Herrmann 2011].

Bild 8.4: Gesten-Alphabet für Finger- und Handstellungen basierend auf Silhouetten-Daten (aus [Herrmann 2011])

8.2 Substanzen des Alltags

Das bei der Formalisierung flächiger Gesten erprobte semiotische Vorgehen eignet sich auch für die Erforschung und Systematisierung neuartiger interaktiver Elemente für die Eingabe mit flächigen Gesten. Diese ergeben sich beispielsweise aus Experimenten mit natürlichen Substanzen des Alltags. Die Ausführungen in diesem Abschnitt bauen auf bereits veröffentlichten Konferenz- und Workshopbeiträgen auf [Brade u. a. 2011a; Brade u. a. 2011b; Keck u. a. 2012; Brade u. a. 2013]. Der Umgang mit diesen Substanzen unterscheidet sich deutlich vom objektzentrierten und geometrischen Ansatz von GeForMT. Die Herausforderung für eine Formalisierung besteht im Erfassen einer »Manipulation informeller Mengen« [Groh 2011, S. 78] sowie weiterer händischer Interaktionsformen.

8.2.1 Verwandte Arbeiten

Die Übertragung von physischem Verhalten in digitale Welten ist ein breites Forschungsfeld. Das Gebiet der »Blended Interaction« erforscht, wie Nutzerschnittstellen gestaltet werden können, die aus dem alltäglichen Umgang bekannte Konzepte auf abstrakte technische Systeme übertragen [Jetter u. a. 2013]. Wilson et al. beschäftigen sich mit Modellierungstechniken, um physikalisches Verhalten auf einer Multitouch-Oberfläche mit Hilfe von Sensordaten zu simulieren [Wilson u. a. 2008]. Dabei wird flächige Eingabe durch Auswertung mehrere Kontakte auf dreidimensionale Objekte abgebildet.

Langner et al. nutzen physikalische Effekte, um Lernprogramme auf einem Tabletop spielerisch anzureichern [Langner u. a. 2010]. Dabei werden auch komplexe Gesten verwendet, wie zum Beispiel eine Schleudergeste mit zwei oder drei Fingern. Ähnliche Interaktionsformen wurden in den Präzedenzfällen in Abschnitt 5.3, Seite 127 beschrieben und formalisiert. Viele dieser Ansätze lassen sich unter dem von Jacob et al. geprägten Begriff der »Reality Based Interaction« zusammenfassen [Jacob u. a. 2008]. Auch hier wird bereits erworbenes Wissen und Erfahrungen aus der täglichen Welt aufgegriffen, anders als in herkömmlichen fensterbasierten Nutzerschnittstellen. Beispielsweise wird »naive Physik« eingesetzt, um einfache Prinzipien von Ursache und Wirkung auch im digitalen Bereich in Beziehung zu setzen. Döring et al. untersuchen die Auswirkung unterschiedlicher Materialeigenschaften auf begreifbare Nutzerschnittstellen mit Hilfe der Ikonographie [Döring u. a. 2012].

Bei der Gestaltung von natürlichen Benutzungsschnittstellen sind insbesondere die bereits vorhandenen Fähigkeiten und Kenntnisse der Nutzer zu berücksichtigen [Rasmussen 1983]. Beim Interaktionsdesign sollte daher auf den Fähigkeiten, die sich der Mensch im Laufe seines Lebens angeeignet hat, aufgebaut werden. Bekannte Handlungsmuster des Menschen, die bereits aufgrund der Erfahrungen aus dem Alltag erworben wurden, sollten angesprochen werden statt komplexere Fähigkeiten wie beispielsweise Klavierspielen oder der Umgang mit einem Datei-Explorer, die erst erlernt werden müssen (vgl. [George und Blake 2010]).

Die Methode der Metaphernproduktion unterstützt die beschriebenen Herangehensweisen [Groh u. a. 2012]. Die Übertragung von Metaphern auf einen konkreten Anwendungskontext ist ein Abwägungsprozess, der meist mehrere Iterationsschritte erfordert. Beispielsweise sind hier die fünf Designschritte nach Neale und Carroll zu nennen [Neale und Carroll 1997]. Für die Entdeckung neuer Metaphern finden sich in der Literatur nur wenige Hinweise. Vorranging werden dafür Brainstorming-Sitzungen genutzt [Neale und Carroll 1997; Hofmeester und Wixon 2010]. Die Metaphernproduktion basiert auf der Untersuchung alltäglicher Substanzen und Materialien mit dem Ziel, ihr Verhalten sowie

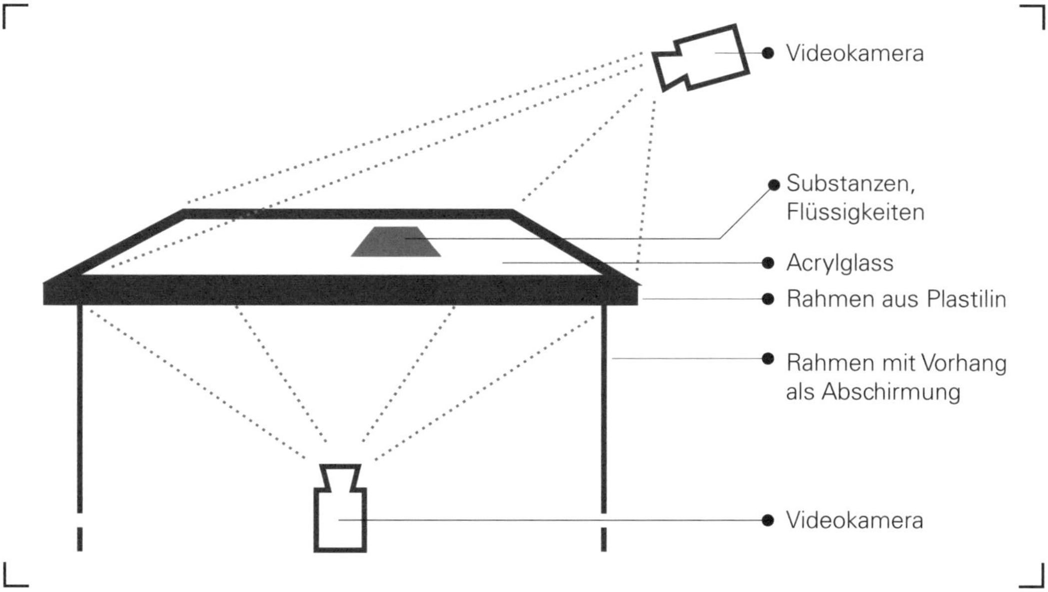

Bild 8.5: Aufbau des Explore-Tables zur Aufzeichnung von Experimenten mit Substanzen des Alltags auf einer Fläche (nach [Brade u. a. 2011a])

deren Angebotscharakter für das Interaktionsdesign nutzbar zu machen.

8.2.2 Experimente mit dem Explore Table

Im Rahmen der »Interface Exploration« wird der methodische Ansatz der Metaphernproduktion praktisch erprobt [Keck u. a. 2012]. Ziel dieses Ansatzes ist die Inspiration und methodische Hilfestellung bei der Entwicklung neuer Metaphern. Ein Werkzeug um für diese Methode Substanzen und Materialien des täglichen Lebens zu untersuchen ist der »Explore Table« (siehe Bild 8.5). Mit Hilfe von Video-Aufnahmen können physische Interaktionsformen und Affordanzen empirisch beobachtet und ausgewertet werden. Diese Anregungen und Inspirationen können auf begreifbare Nutzerschnittstellen als Metaphern übertragen werden. In den Experimenten werden technologische Restriktionen vorerst bewusst ausgeklammert, um den natürlichen Umgang mit Substanzen und die direkte Interaktion mit Inhalten in den Vordergrund zu stellen.

Der Prozess wurde in mehreren studentischen Workshops erprobt, sowohl mit dem Fokus auf die Interaktion in der Fläche als auch auf die Interaktion im Raum. Zunächst werden geeignete Substanzen oder Materialien mit handhabbarer Größe ausgewählt, zum Beispiel fluide Substanzen, Textilien oder Gummi. Diese sollen aus dem Alltag bekannt sein und dadurch bekannte Interaktionsmuster aufgreifen. Darauf aufbauend schließt sich ein dreistufiges Experiment an, in dem die Stoffe auf ihre Eigenschaften hin untersucht und schrittweise in die Richtung einer Interaktionsmetapher verfeinert werden. Im ersten Experiment wird der Untersuchungsgegenstand zunächst genauer analysiert und in verschiedenen Ausprägungen und Variationen betrachtet. In der Kategorie der fluiden Substanzen werden beispielsweise Stoffe mit unterschiedlicher Viskosität wie Seifenblasen, Öle, Wasser, Eier oder Gel untersucht.

In der Kategorie der Textilien zeigt ein Faden exemplarisch, dass ein Material auch verschiedene Ausprägungen unterschiedlicher Komplexität besitzen kann. Während ein einzelner Faden eine eindimensionale Struktur darstellt, entsteht durch Verknüpfung mehrerer Fäden eine zweidimensionale Struktur, beispielsweise Netze oder Stoffe. Ziel ist es möglichst viele Facetten und Zustände eines Stoffs kennenzulernen, welche in die Interaktionsmetapher übernommen werden können. Im zweiten Experiment werden die Eigenschaften der Substanzen bezüglich ihrer Passfähigkeit für verschiedene Datenstrukturen reflektiert. Sobald eine passende Datenstruktur identifiziert ist, wird diese zugrunde gelegt. Hier kann einerseits die Substanz selbst die Datenstruktur repräsentieren, zum Beispiel Faden als Repräsentant eines Datums. Andererseits kann die Substanz der Interaktion dienen, zum Beispiel Kugeln auf Stoff, Objekte im Wasser oder Eigelb im Eiweiß. Zur Erprobung der Eigenschaften kann eine freie, ungeordnete Datenstruktur zugrunde gelegt werden, die durch eine geeignete Interaktion in eine Ordnung gebracht wird. Im dritten Experiment werden verschiedene Interaktionsaufgaben wie Selektieren, Sammeln, Gruppieren, Sortieren und Filtern betrachtet und experimentell umgesetzt. Hier bietet sich die Kreativmethode des morphologischen Kastens an [Zwicky 1989], bei der verschiedene Varianten und Zustände des Stoffs mit den Interaktionsaufgaben kombiniert werden. Die Experimente werden gefilmt und die Substanzen anhand ihrer beobachteten Eigenschaften wie Verformbarkeit, Reversibilität und Interaktionsformen ausgewertet. Erst dann erfolgt die Auswahl einer geeigneten Technologie, um zunächst den natürlichen Umgang mit den Substanzen zu fokussieren und technologische Restriktionen auszuklammern. Bei der Übertragung auf eine Benutzungsschnittstelle gilt es, geeignete Abstraktionen der Struktur und des Verhaltens der physischen Substanzen zu finden, beziehungsweise physisches Verhalten der Stoffe auf stellvertretende Objekte abzubilden.

Die Methode der Interface Exploration dient der experimentellen Generierung von Metaphern zur natürlichen Interaktion. In den durchgeführten Workshops konnten damit neue Ansätze für Benutzungsschnittstellen aufgezeigt werden, die sich von Substanzen aus dem Alltag ableiten. Als größte Herausforderung bei dieser Methode hat sich die Abstraktion der gefundenen Substanz- und Materialeigenschaften gezeigt. Die Mehrzahl der Work-

	Vermischbarkeit	Flüchtigkeit	Plastizität	Sammelbarkeit	Abgeschlossenheit
Spektrum	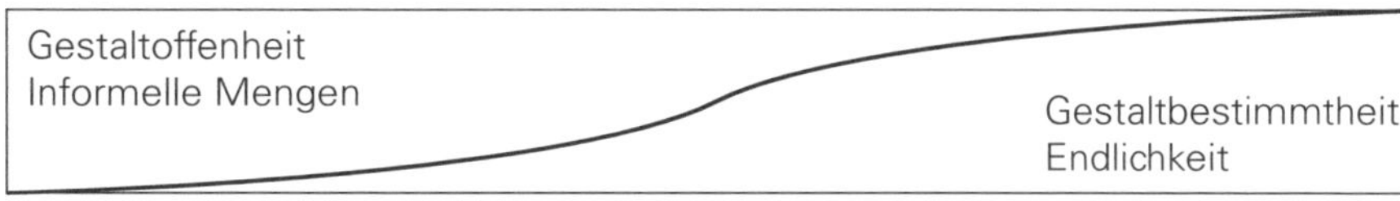				
Größe	grenzenlos	greifbar	greifbar	granular	greifbar
Verformbarkeit	verformbar	verformbar	verformbar	starr	starr
Interaktionsform	direkt	indirekt und direkt	direkt	direkt	indirekt und direkt
Verhalten	Ineinanderfließen	Trägheit	Trägheit	Starrheit	Starrheit
Reversibilität	irreversibel	irreversibel	irreversibel	reversibel	reversibel
Zustände	Vermischung	Einschlüsse	Verfestigung	Aufquellen	keine
Beispiel	Farbiges Öl	Seifenblasen	Eier	Reis	Magnete
Abbildung					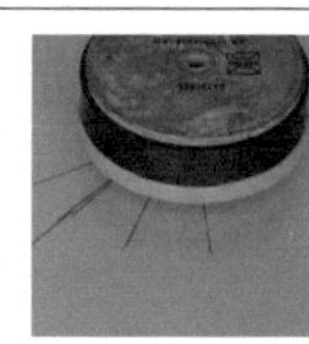

Tabelle 8.1: Objektklassen für natürliche Substanzen des Alltags (vgl. [Brade u. a. 2011b])

shop-Teilnehmer konnten ansprechende Verallgemeinerungen finden. Jedoch zeigte sich, dass Metaphern, die sehr nah an ihrem realen Vorbild übersetzt werden, zwar schnell verständlich sind, die Interaktionsbandbreite und Adaptierbarkeit auf verschiedene Anwendungsbereiche dabei aber einschränken. Dies scheint allgemein für Metaphern in der Mensch-Computer-Interaktion zu gelten (vgl. [Blackwell 2006]). Eine weitergehende Abstraktion der Metapher kann hingegen die Adaptierbarkeit und Interaktionsbandbreite erweitern und sich in gewissem Ausmaß auch von den physischen Naturgesetzen entkoppeln, um so die Möglichkeiten der Virtualität besser auszunutzen.

Menschen wissen durch ihre Erfahrung im Alltag wie mit Substanzen wie zum Beispiel Reis, Mehl oder Öl umgegangen wird. Bei der Betrachtung der verschiedenen natürlichen Substanzen aus dem Alltagsumfeld sind deren Eigenschaften zu unterscheiden. Dazu zählen die Größe der Substanzen, Verformbarkeit, Interaktionsform, Verhalten, Reversibilität und Zustandsübergänge, die durch äußere Einflüsse hervorgerufen werden (siehe Tabelle 8.1).

Die Größe des Objektes kann ausschlaggebend für die Wahrnehmung von Interaktionsmöglichkeiten sein. Objekte mittlerer Größe laden insbesondere zur Selektion und Manipulation ein, da sie mit ein oder zwei Händen bewegt und bearbeitet werden können. Kleine Objekte dagegen, wie beispielsweise Sand- oder Reiskörner, werden nicht einzeln selektiert, da die Finger im Verhältnis sehr groß und dadurch für eine exakte Manipulation zu unpräzise erscheinen. Sehr kleine Objekte werden somit als Mengen zusammengefasst, um für die Hände begreifbar zu werden.

Die Eigenschaft der Verformbarkeit ist meist mit dem Aggregatzustand des Stoffs gekoppelt. Die Ausprägung kann von flexibel bis starr reichen. Als flexibel können beispielsweise leicht verformbare Substanzen wie Flüssigkeiten, Teig oder Knetmasse betrachtet werden. Starre Objekte dagegen sind in ihrer Form unveränderbar und laden nur zu einer Veränderung der Position ein, bleiben aber in ihrer Form konstant und eigenständig. Dazwischen können beispielsweise Eier, bei denen das Eigelb formkonstant und das Eiweiß flexibel ist, oder Seifenblasen eingeordnet werden, die in einem Verbund ihre Blasenform behalten, diese aber veränderlich sind.

Bei der Interaktionsform werden drei verschiedene Möglichkeiten der Objektmanipulation unterschieden. Die direkte Interaktion erfolgt unmittelbar mit den Händen, wie beispielsweise das Kneten von Teig. Als indirekte Interaktion wird das Manipulieren von Objekten durch deren Umgebung oder umgebende Objekte bezeichnet. Zum Beispiel das Verschieben von metallischen Objekten durch gegensätzlich gepolte Magnete oder die Bewegung von schwimmenden Seifenblasen durch Wellenerzeugung. Eine dritte Möglichkeit ist die Bearbeitung von Objekten mit Werkzeugen wie zum Beispiel Messer, Stifte und Pinsel, um besonders filigrane Aufgaben zu erledigen oder die Interaktionsmöglichkeiten um zusätzliche Eigenschaften zu erweitern. Ein Strohhalm kann zum Beispiel zum Erzeugen von Seifenblasen dienen.

Beim Verhalten wird zwischen den Eigenschaften Ineinanderfließen, Trägheit und Starrheit unterschieden. Substanzen, die eine gewisse Trägheit mit sich bringen, zeigen nach dem direkten Interaktionsereignis weitergehendes Verhalten. Flüssigkeiten können beispielsweise nach der Berührung weiterhin ineinanderfließen. Starre Objekte wie zum Beispiel Zuckerwürfel bleiben in ihrem aktuellen Zustand.

Bei reversiblen Substanzen kann eine Interaktion rückgängig gemacht werden, wie beispielsweise bei der Verformung von Knete oder der Bewegung von Objekten durch Magnete. Bei irreversiblen physischen Substanzen besteht diese »Rückfahrkarte« nicht.

Wurde ein Ei geöffnet oder ist eine Seifenblase zerplatzt, kann der vorherige Zustand nicht wiederhergestellt werden. Der Mehrwert in der digitalen Welt gegenüber der physischen ist die Reversibilität aller Aktionen.

Beim Zustandsübergang geht es sowohl um die Vermischung und Kombination verschiedener Substanzen als auch um Änderungen des Stoffs durch äußere Einflüsse wie Temperatur oder Druck. Dabei ist eine Reaktion der Substanzen zu beobachten. Farbige Öle beziehungsweise Eigelb und Eiweiß können durch Vermischung einen neuen Zustand annehmen. Durch äußere Einflüsse kann sich der Aggregatzustand ändern, wodurch andere Interaktionsmöglichkeiten angeboten werden. Als Beispiel ist hier das Aufquellen von Reis durch Hinzufügen von Wasser oder das Verfestigen von Eiern durch Temperaturveränderungen zu nennen.

8.2.3 Formalisierungsansatz

Die folgenden drei Thesen motivieren eine Formalisierung der Interaktionsformen mit natürlichen Substanzen des Alltags, um bekanntes Verhalten in die Interface-Gestaltung übertragen zu können (siehe [Brade u. a. 2011b]).

Substanzen des Alltags können so abstrahiert werden, dass sie natürliche Verhaltensmuster im Interaktionsdesign suggerieren: Werden zum Beispiel Flüssigkeiten in Bezug auf Interaktion betrachtet, so können deren Vorteile (leichtes Manipulieren, Verändern) im Digitalen genutzt und die Nachteile (irreversibel, nicht formerhaltend) ausgeglichen werden.

Kontextinformationen lassen sich aus der Realität im Interaktionsdesign verwenden: Die Anzahl der Interaktionsmöglichkeiten eines Systems sowie deren Komplexität kann durch die zusätzliche Einbeziehung von Kontextinformationen deutlich verringert werden. Für digitale Interaktion können die Objekt-Kontext-Relationen aufgrund inhärenter Semantik zu vereinfachter Bedienung führen. Ein Beispiel hierfür ist das Verknüpfen von zwei Dateien. Fasst der Benutzer eine Datei an, werden alle kompatiblen Dateien fluid – also verknüpfbar angezeigt. Dateien, die nicht kompatibel sind, werden kantig und starr dargestellt.

Im Wege dieser Abstraktion werden sinnliche Dimensionen beibehalten: Die Nutzung derartiger kontextabhängiger Anpassungen des Verhaltens kann weiterhin dazu beitragen, die Zustandsänderungen besser zu verdeutlichen und damit begreifbarer zu machen. In der digitalen Welt ist bislang der Benutzer angehalten, den Objekten explizit Zustandsänderungen zuzuweisen. Je mehr Interaktionsschritte dafür nötig sind, umso ablen-

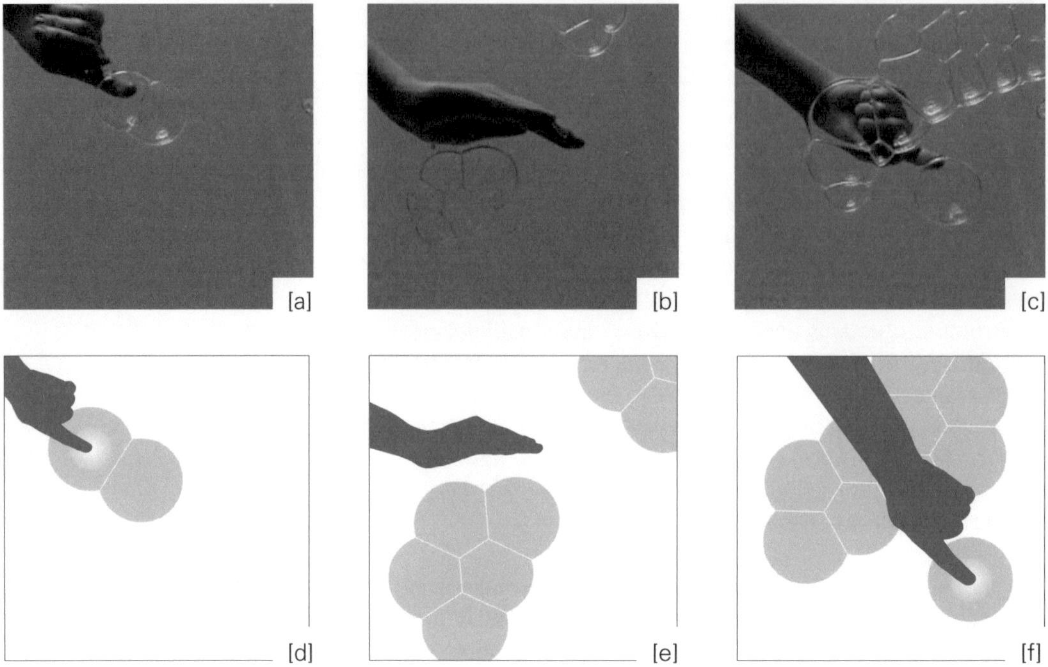

Bild 8.6: Experimente mit Seifenblasen auf dem Explore-Table (Videoaufnahme der Kamera unter der Glasplatte oben und Umsetzung als virtueller Prototyp unten)

kender ist dies von der eigentlichen Aufgabe. Die Integration physikalischer Verhaltensformen in die digitale Welt kann hingegen eine Verdeutlichung von Zusammenhängen bewirken. Anhand einer ausführlichen Analyse des Alltagsverhaltens von Substanzen sowie der Untersuchung von Aufgabencharakteristiken und Arbeitsprozessen kann eine geeignete Transformation von realen Eigenschaften und Verhaltensweisen in die digitale Welt erfolgen.

Aus den Beobachtungen und Beispielen sind zunächst bestimmte Objektklassen für die Formalisierung zu bilden. Dabei ist eine Dialektik zwischen endlichen, gestaltbestimmten Objekten und informellen, gestaltoffenen Mengen festzustellen (vgl. [Groh 2011, S. 76f]). Während gestaltbestimmte Elemente bisherige Interfaces dominieren, erlauben informelle Mengen neue Operationen zur Herstellung von Relationen. Ein Pol dieses Kontinuums stellen Flüssigkeiten dar, bei denen keine einzelnen Elemente identifizierbar sind, höchstens auf der molekularen Ebene. Diese Klasse kann mit der Vermischbarkeit bezeichnet werden. In der direkten Behandlung von Flüssigkeiten existieren keine Grenzen. Eine weitere Klasse ist die Flüchtigkeit. Döring et al. führen in dieser Klasse bestimmte Interaktionsformen und Abstufungen für die Interface-Gestaltung ein [Döring u. a. 2013]. Im Beispiel der Seifenblasen erfolgen Manipulationen aufgrund der Flüchtigkeit oft indirekt, wiederum etwa durch die Verdrängung von umgebenden Flüssigkeiten. Objekte in der Klasse Plastizität können wiederum teilweise verformt werden, wobei diese sich jedoch nicht auflösen wie flüchtige Objekte. In Tabelle 8.1 sind dieser Klasse Eier zugeordnet, denkbar sind aber auch Substanzen wie Ton zum Modellieren. In die Klasse der Sammelbarkeit fallen insbesondere Substanzen, die aus kleinen unabhängigen Partikeln wie Reis oder Sand bestehen. Diese ermöglichen es Anhäufungen zu bilden oder bestimmte Mengen zu verschneiden. Im Gegensatz zu den anderen Klassen existieren in der Regel auch weniger Binnenkräfte, durch welche sich die Substanzen selbst organisieren, wie zum Beispiel Flüssigkeiten oder Seifenblasen. Den Gegenpol zu den informellen, gestaltoffenen Mengen stellen abgeschlossene Objekte dar, die gestaltbestimmt sind. Dieser Klasse der Abgeschlossenheit sind in Tabelle 8.1 beispielsweise Magnete zugeordnet. Folglich lassen sich auch in dieser Klasse gewisse physikalische Eigenschaften kombinieren, die aus dem Alltag bekannt sind. Bild 8.6 zeigt die konkreten Ergebnisse eines Experiments mit Seifenblasen, das prototypisch in Flash digital umgesetzt wurde. Die Experimente mit den Seifenblasen wurden von Tristan Heinig und Ines Reiche durchgeführt. Auffallend ist dabei im Vergleich zu GeForMT, dass die indirekten Interaktionsformen eine entscheidende Rolle spielen (siehe Bild 8.6e). Zwar lässt sich GeForMT bei der Beschreibung der Berührungsform leicht erweitern. Jedoch ist der Objektbezug für die verschiedenen identifizierten Klassen im Rahmen zukünftiger Forschungsarbeiten zu optimieren.

8.3 Elastische Oberflächen

Im Rahmen der im vorangegangenen Abschnitt dargestellten Experimente mit dem Explore-Table entstanden Prototypen, die über die Möglichkeiten herkömmlicher Multitouch-Oberflächen hinausgehen. Die Installation »DepthTouch« benutzt eine elastische Oberfläche für die Interaktion mit digitalen Inhalten (siehe Bild 8.7). Dadurch wird sowohl ein haptischer Mehrwert generiert, als auch die Tiefe als zusätzlicher Interaktionsspielraum ergänzt [Peschke u. a. 2012; Gründer u. a. 2013].

8.3.1 Verwandte Arbeiten

Während traditionelle Tabletop-Systeme eine planare Multitouch-Oberfläche besitzen, finden sich im Forschungsumfeld neuartige Ansätze, die das haptische Erleben bei der Eingabe verstärken. Deformierbare Materialien, die ihre Form beibehalten, werden dabei länger erforscht als elastische Oberflächen, die nach einer Interaktion ihren ursprünglichen Zustand wieder einnehmen. Referenzsysteme, die mit permanenten Formveränderungen arbeiten, sind faltbare oder rollbare Bildschirme [Khalilbeigi u. a. 2011; Khalilbeigi u. a. 2012]. Dabei behält der Bildschirm jedoch eine planare Form. Andere Systeme wie »Photoelastic Touch« erlauben

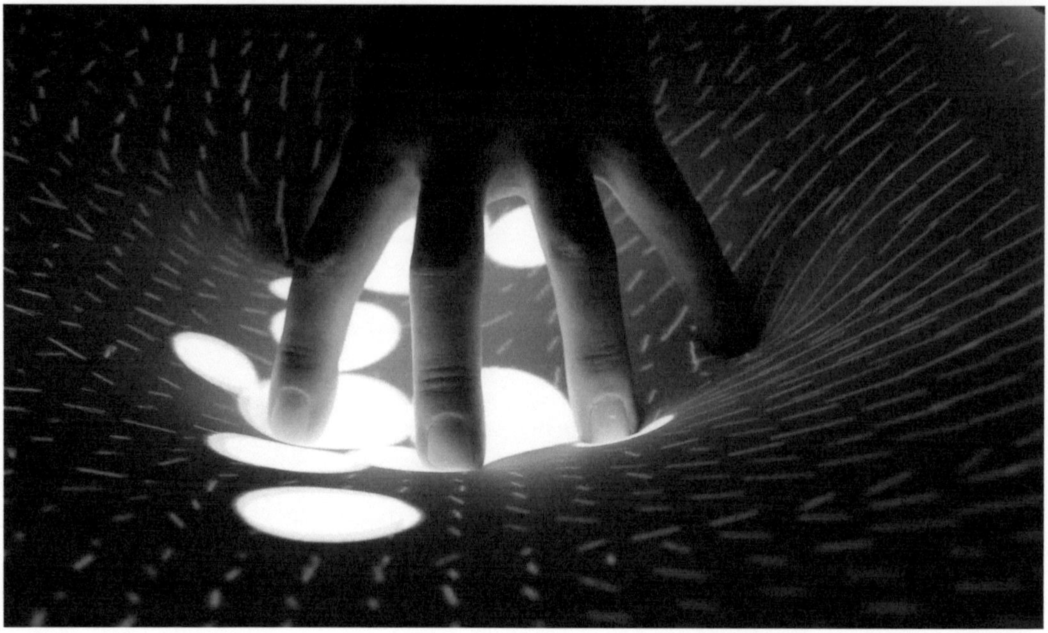

Bild 8.7: Eine elastische Oberfläche sorgt bei DepthTouch dafür, dass reicheres haptisches Feedback möglich ist (aus [Peschke u. a. 2012])

die permanente Veränderung nicht-planarer Oberflächen [Sato u. a. 2009]. Mit Hilfe von Partikeln unter einer Multitouch-Oberfläche und einer angeschlossenen Vakuumpumpe lässt sich auch dynamisch die Härte kontrollieren. Bei dem System »Relief« sorgen bewegbare Metallstifte für die Deformation einer Oberfläche, auf die ein Bild projiziert wird [Leithinger und Ishii 2010].

Elastische Oberflächen, die nur temporär deformiert werden, können wie »MudPad« mit magnetischen Flüssigkeiten arbeiten [Jansen u. a. 2011]. Das System ist jedoch relativ klein und erlaubt nur geringe Deformationen. Das eigentliche Ziel von MudPad ist das lokale taktile Feedback mittels Magneten, die Vibrationen erzeugen können. Der »Inflated Roly-Poly« arbeitet mit Deformationen an räumlichen Objekten als Interaktionstechnik [Kwon u. a. 2012]. Der Khronos-Projektor ist eine vertikal aufgebaute interaktive Oberfläche [Cassinelli und Ishikawa 2005]. Beim Drücken des genutzten deformierbaren Stoffs wird an jeder beliebigen Stelle lokal in der Zeit eines Videos navigiert. Ein ähnliches System ist Firewall, eine Installation, die das Abspielen von Musik in Zusammenhang mit sich verändernden Visualisierungen ermöglicht [@Sherwood 2012]. Ein dem DepthTouch ähnliches System ist Kreek, das drei Anwendungsbeispiele implementiert. Eine Partikelsimulation, eine geologische Simulation und einen Körperscanner [@Sterling 2012]. Mit dem eTable-System wurden bereits erste Nutzertests durchgeführt, die zeigen, dass das Berühren von Objekten in einer 3D-Visualisierung durch ein elastisches Display verbessert werden kann [Kingsley u. a. 2012].

Zwar erlauben Tiefenkameras wie die Microsoft Kinect die Interaktion im Raum. Diese erfolgt aber ohne haptisches Feedback aus der Umwelt. Den Interaktionsraum muss sich der Nutzer daher vorstellen, gegebenenfalls mit Hilfe einer planaren Projektion an einer Wand oder einem Bildschirm. Das Feedback ist dabei auf die Visualisierung von Händen oder der Körperposition beschränkt. Durch WILSON wurde das Potential einer Tiefenkamera als Berührungssensor untersucht [Wilson 2010]. DIPPON und KLINKER vergleichen die Genauigkeit ihres KinectTouch-Systems mit einem kapazitiven Multitouch-Monitor [Dippon und Klinker 2011]. Die Ergebnisse zeigen, dass ein integriertes System genauer ist als das Kinect-Setup, das aber für große Bildschirme noch eine ausreichende Genauigkeit bietet. Das Framework dSensingNI erlaubt es, Interaktion auf beliebigen Oberflächen mit Hilfe der Microsoft Kinect zu detektieren [Klompmaker u. a. 2012]. DepthTouch verbindet flächige und räumliche Interaktion durch eine elastische Membran zwischen virtueller und realer Welt (vgl. [Watanabe u. a. 2008]). Durch das Eindrücken der Oberfläche wird Tiefe als dritte Dimension direkt haptisch erlebbar. Als Inspiration für die experimentelle Installation diente die Vorgehensweise der Interface Exploration aus Abschnitt 8.2.

8.3.2 Der Prototyp DepthTouch

Der DepthTouch wurde nach einer Reihe von Experimenten mit Faden und Stoff entwickelt. Der Umgang mit Fäden ist bekannt aus dem täglichen Leben. Dazu gehören das Aufwickeln und Abwickeln, das Zusammenknüllen, Zerschneiden und Verknoten. Die eindimensionale Struktur des Fadens reicht in der digitalen Übertragung beispielsweise für Zeitstrahlen oder andere lineare Strukturen aus. In Netzen und Stoffen erweitern sich die Möglichkeiten für die zweidimensionale Anordnung von Objekten. Darüber hinaus erlauben Täler und Auswölbungen von elastischen Stoffen weitere Effekte zum Sammeln oder Verteilen von Objekten mit Hilfe einer dritten Dimension (siehe Bild 8.7).

Der DepthTouch folgt dem Aufbau optischer Tabletop-Systeme mit Hilfe von Rückprojektion (siehe Bild 8.8). Der Einsatz eines Spiegels vergrößert die Projektionsfläche. Dafür reicht ein einfacher Spiegel aus. Gegebenenfalls kann aber auch ein Oberflächenspiegel verwendet werden, der Reflexionen verhindert und ein helleres Bild wiedergibt. Die Projektionsfläche besteht aus hochelastischem Stoff, sogenanntem Lycra, Spandex oder auch Elastan. Dadurch ist die Oberfläche sehr flexibel deformierbar. Eine Kinect-Tiefenkamera am Boden des Tabletop-Systems nimmt das Tiefenbild auf, das durch Drücken und Ziehen des Stoffs entsteht. Dieses wird durch einen angeschlossenen Rechner weiterverarbeitet. Dadurch können die Experimente

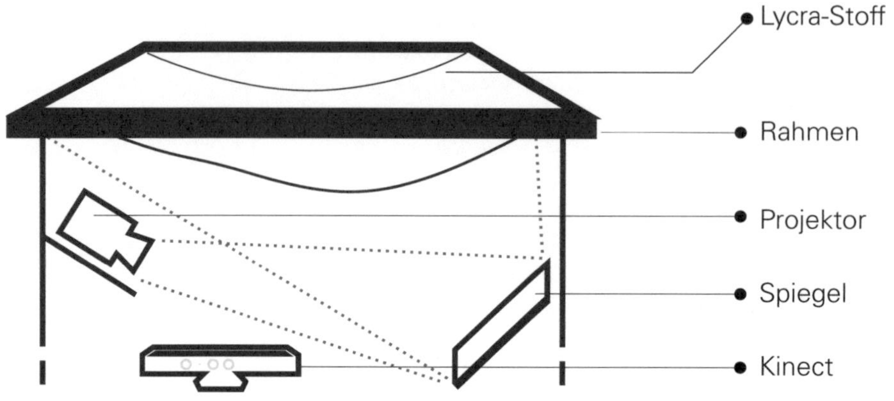

Bild 8.8: Der Aufbau von DepthTouch mit elastischer Oberfläche, Projektor, Spiegel und Tiefenkamera (nach [Peschke u. a. 2012])

aus der Realität im Virtuellen simuliert werden. Beispielsweise ahmen virtuelle Kugeln reales Verhalten nach. Diese werden durch die Manipulation des Stoffs beeinflusst, gesammelt und verteilt. Derzeit ist eine manuelle Kalibrierung notwendig, um das Tiefenbild auf die Projektionsfläche abzustimmen. Die Software von DepthTouch ist in Java mit Hilfe von Eclipse und den Processing-Bibliotheken programmiert. Zusätzlich werden Toxiclibs für die Vektor- und Matrix-Operationen genutzt [@Toxiclibs 2012]. Als Physik-Simulation wird die Bibliothek Fisica [@Fisica 2013] verwendet, die auf Box2D aufbaut [@Box2D 2013]. OpenKinect wird genutzt um das Tiefenbild der Kinect auszulesen. Die aktuelle Software ist ausbaufähig, um weitere Interaktionstechniken mit elastischen Tabletop-Oberflächen zu erproben. Dabei sind Druck und Tiefe weitere Parameter, die über die von GeForMT betrachteten Gesten hinausgehen. Der DepthTouch wurde von Joshua Peschke und Fabian Göbel im Rahmen eines studentischen Praktikums umgesetzt.

8.3.3 Formalisierungsansatz

Bevor mit einer Formalisierung gestischer Eingabe für elastische Displays begonnen werden kann, sind sowohl technologische und konzeptionelle als auch inhaltliche Fragestellungen zu klären. Diese Fragestellungen wurden bereits in einem Workshop-Beitrag veröffentlicht [Gründer u. a. 2013]. Im technologischen Bereich müssen das Material, die Projektion und das Tracking berücksichtigt werden. Elastisches Material wie Lycra oder gummibasierte Stoffe eignen sich als Projektionsfläche. Das Material sollte robust und unempfindlich gegenüber Verschmutzung sein. Die Austauschbarkeit und Reinigungsfähigkeit sollte aus hygienischen Gründen ebenfalls gegeben sein. Weitere Eigenschaften wie die Dichte der Fasern können auch von den verwendeten Werkzeu-

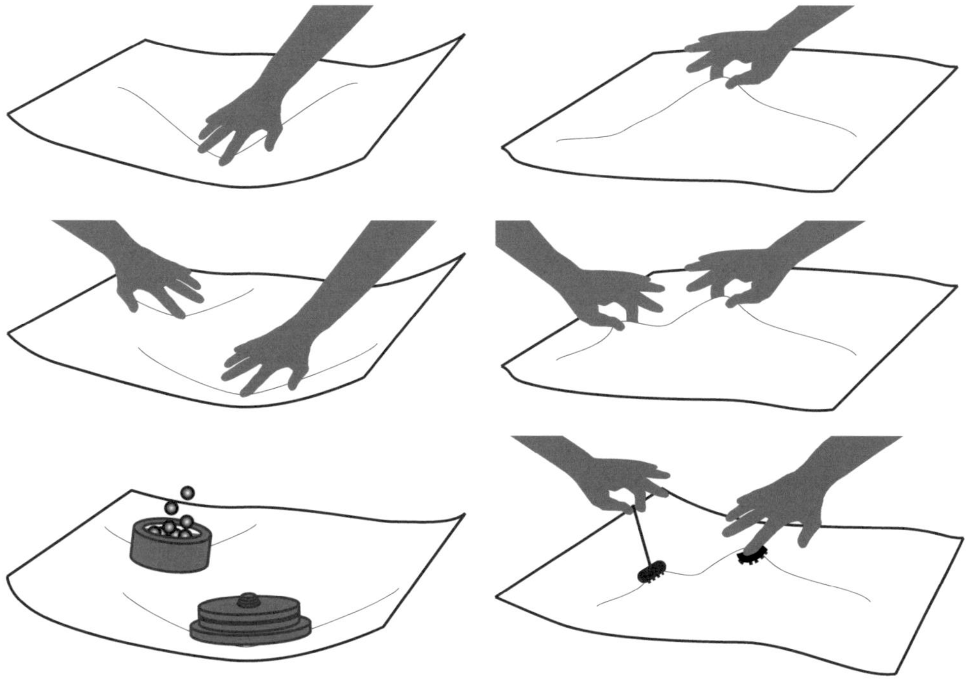

Bild 8.9: Elastische Oberflächen können mit Werkzeugen und Tangibles mit variablem Gewicht (Gravibles) angereichert werden (vgl. [Gründer u. a. 2013])

gen abhängen. Die Projektion von digitalen Inhalten ist aufgrund der derzeit nur passiv erhältlichen elastischen Projektionsflächen am besten durch Rückprojektion zu lösen, da dadurch Verdeckungen reduziert werden. Folglich muss ausreichend Abstand zwischen dem Projektor und der Oberfläche gewährleistet sein (siehe Bild 8.8). Der Aufbau lässt sich sowohl horizontal als auch vertikal realisieren. Durch die Deformierung der Oberfläche sind Algorithmen der Bildentzerrung anzuwenden (engl. *image warping*). Das Erkennen von Berührungen des elastischen Displays kann durch optisches Tracking mittels Tiefenkameras erfolgen. Eine Kombination verschiedener Sensoren ist ebenso möglich und kann das Tracking präziser machen und Verdeckungen vorbeugen.

Als Anwendungsdomänen kommen 3D-Daten in Frage, aber auch zeitabhängige und multivariate Daten. Der Khronos-Projektor oder Kreek nutzen lokale Verzerrungsalgorithmen um semantische Zoomtechniken anzubieten. Weiterhin sind Lernanwendungen denkbar, die physikalische Gesetze thematisieren, beispielsweise die Gravitation oder magnetische beziehungsweise elektrische Felder. Auch Graph-Manipulationen, bei denen Kanten zwischen Knoten durch großen Druck gelöscht werden, sind denkbar.

Als konzeptionelle Herausforderungen sind elastische Gesten, Haken und Gravibles zu nennen. Diese adressieren Herausforderun-

Kategorie	Drücken	Ziehen	Flächige Gesten
Objektmanipulation	Indirekt und direkt	Indirekt und direkt	Direkt
Statische Geste	Stoßen	Loslassen	Antippen, Halten
Dynamische Geste	Eine Hand oder mehrere Hände drücken Oberfläche	Eine Hand oder mehrere Hände ziehen Oberfläche	Flächige Gesten mit unterschiedlichen Druckniveaus
		Gezogene Gebiete werden zusammengeführt oder auseinandergezogen	
	Kombination der Techniken		

Tabelle 8.2: Klassifikation von Gesten für elastische Oberflächen

gen mit elastischen Oberflächen, wie zum Beispiel die fehlende Möglichkeit auch permanente Deformationen zu erzeugen. Haken dienen der Manipulation des elastischen Displays und gehen dabei über die Nutzung der Hände hinaus (siehe Bild 8.9f). Für das Einhängen von Haken bieten sich eher grobmaschigere Stoffe an. Ansonsten ist auch die Verwendung von Klettband denkbar, wobei der Stoff nicht in Mitleidenschaft gezogen wird. Haken können direkt an den Fingern, beispielsweise durch Handschuhe, angebracht werden. Diese erleichtern das Ziehen des Stoffs. Haken unter der Oberfläche, die autonom gesteuert werden, können das elastische Display tief eingedrückt halten.

Ähnliches leisten auch Gravibles, wobei es sich um Tangibles handelt, die auf großen elastischen Displays eingesetzt werden können und durch unterschiedliche Füllgewichte permanente Deformationen erzeugen (siehe Bild 8.9c). Ihre Identität kann durch Marker auf den Unterseiten durch die Hardware erkannt werden. Um an einem Platz gehalten zu werden, können Gravibles mit Haken wie Klettband kombiniert werden. Falls sich magnetische Fäden in dem verwendeten Stoff befinden, könnte ebenso ein Raster für die Platzierung magnetischer Gravibles verwendet werden. Gravibles können stapelbar sein beziehungsweise Flüssigkeiten oder Gewichte aufnehmen, um ihr Gewicht anzupassen.

Elastische Gesten unterstützen mithilfe von indirekter und direkter Objektmanipulation die natürliche Physik bei der Interaktion (siehe Bild 8.9a, b, d und e). Durch Simulation physikalischen Verhaltens können Objekte in Tälern der elastischen Oberfläche gesammelt und durch Auswölbungen verteilt werden. Spezielle Gesten mit mehreren Fingern können permanente Barrieren erzeugen, um die freie Bewegung von Objekten zu begrenzen. Sehr tiefes Eindrücken kann zur Erzeugung permanenter virtueller

Löcher dienen. Die Formalisierung dieser Gesten ist die zentrale Aufgabe bei der Anwendung des semiotischen Modells.

In Tabelle 8.2 werden Drücken, Ziehen und flächige Gesten für elastische Oberflächen unterschieden. Dabei wird die Rolle der Objektmanipulation hervorgehoben, die beim Drücken und Ziehen auch indirekt erfolgen kann. Flächige Gesten nutzen normalerweise die direkte Berührung von Objekten. Des Weiteren werden die statischen Formen hervorgehoben, die ohne eine kontinuierliche Bewegung der Hände auskommen. Dazu zählt bei flächigen Gesten das Antippen und Halten. Beim Drücken ist das kurze Antippen oder Anstoßen der Oberfläche zu identifizieren, wodurch diese in Vibration versetzt wird. Für das Ziehen erzeugt das schnelle Loslassen einen entsprechenden Effekt. Bei der dynamischen Ausführung von Interaktionen kann zwischen der Anzahl der beteiligten Hände unterschieden werden. Für das Ziehen kommen ebenso Interaktionen in Frage, bei denen die gezogenen Gebiete zueinandergeführt oder auseinandergezogen werden (vgl. [@Dand 2013]). Flächige Gesten können grundsätzlich wie mit GeForMT beschrieben auf einer elastischen Oberfläche ausgeführt werden. Als weiterer Parameter sollte dabei der Druck berücksichtigt werden (siehe Erweiterungen in Abschnitt 5.4.3, Seite 144).

Zur Formalisierung von elastischen Gesten lassen sich neben den durch GeForMT betrachteten Parametern der Position, Form, Anzahl der Finger und den Start- und Endzeitpunkten weitere identifizieren. Dazu gehören die Tiefe, Stärke und Höhe einer Interaktion, die sich aus den Minima und Maxima des aufgenommenen Tiefenbilds ergeben.

Interaktionsaufgaben im Bereich der Semantik sind vor allem deiktische und manipulative wie das Skalieren, Rotieren, Bewegen und Gruppieren. Auch navigative Funktionen lassen sich abbilden. Weniger unmittelbar einsetzbar sind lexikalische Befehlsgesten oder ikonische Zeichnungen. In jedem Fall ist auch der Einsatz von Werkzeugen wie Haken oder Operationen auf Objekten zu berücksichtigen.

9 Zusammenfassung

Ziel der vorliegenden Arbeit war die Entwicklung von Modellen und Werkzeugen für die gestische Eingabe in der Mensch-Computer-Interaktion. Dazu wurde die Semiotik als strukturierte Vorgehensweise zur Analyse von Zeichensystemen und Kommunikationsprozessen betrachtet. Des Weiteren erfolgte eine Literaturrecherche zur Gestenforschung, um den Untersuchungsgegenstand präzise beschreiben zu können. Das für die notwendige Formalisierung entwickelte allgemeine semiotische Modell wurde im Bereich der flächigen Gesten erprobt. Für die entwickelten Konzepte wurde eine Referenzarchitektur erarbeitet und anhand von Praxisbeispielen deren Anwendbarkeit nachgewiesen. Für zukünftige Forschungsarbeiten erfolgte die Diskussion möglicher Weiterentwicklungen der Formalisierung für räumliche Gesten, Substanzen des Alltags und elastische Oberflächen.

In diesem Kapitel werden in Abschnitt 9.1 die beschriebenen Forschungsarbeiten zusammengefasst. Die Ergebnisse werden in Abschnitt 9.2 diskutiert und reflektiert. Der Ausblick auf zukünftige Arbeiten in Abschnitt 9.3 schließt die Zusammenfassung dieser Arbeit ab.

9.1 Kapitelzusammenfassungen und Beiträge der Arbeit

Kapitel 1 dieser Arbeit führte in den Bereich der gestischen Eingabe in der Mensch-Computer-Interaktion ein und motivierte die im Weiteren behandelten Forschungsfragen. Dabei wurde einerseits die fehlende grundsätzliche Auseinandersetzung mit dem Thema der gestischen Eingabe durch die Informatik und Mensch-Computer-Interaktion benannt. Andererseits stellt die Entwicklung und Programmierung von Gesten aufgrund der gestiegenen Komplexität seitens der Verarbeitung eine große Herausforderung dar. Die gegenüber herkömmlichen Eingabegeräten fehlende formale Beschreibung wurde als Forschungsziel formuliert. Als Werkzeug zur Formalisierung von Gesten bot sich die Semiotik an, die eine allgemeine Herangehensweise an Zeichensysteme darstellt. Als praktisches Anwendungsfeld wurden flächige Gesten identifiziert, die auf zweidimensionalen, berührungsempfindlichen Oberflächen ausgeführt werden.

In Kapitel 2 wurden wichtige Grundlagen aus drei Fach- beziehungsweise Wissensbereichen für die Formalisierung gestischer Eingabe betrachtet. Für das methodische Vorgehen wurde dabei die Semiotik behandelt. Grundbegriffe wurden erläutert und das Verständnis für die wesentlichen Zeichenklassen gelegt, um sowohl angrenzende Fachdisziplinen und ihre semiotische Erschlie-

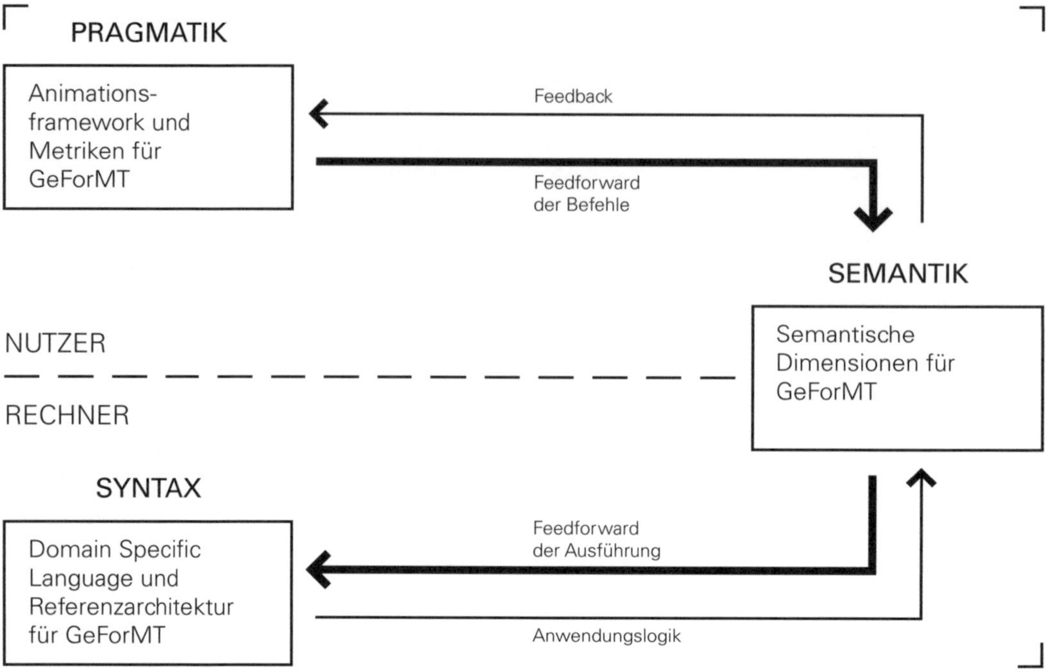

Bild 9.1: Praktische Beiträge der Dissertation im Bereich flächiger Gesten mit der Gestenformalisierung für Multitouch (GeForMT), reflektiert am semiotischen Modell zur Formalisierung gestischer Eingabe

ßung zu verstehen als auch den Bereich der gestischen Eingabe mit Hilfe der Semiotik erschließen zu können. Im Bereich der Gestenforschung wurden verschiedenste Perspektiven auf menschliche Gesten vorgestellt und systematisiert. Schließlich wurden ausgewählte Grundlagen aus Informatik und Mensch-Computer-Interaktion betrachtet und in einer Zusammenfassung Querverbindungen der betrachteten Wissensbereiche diskutiert.

Die Betrachtung verwandter und bereits existierender Formalisierungsansätze in Kapitel 3 zeigte für drei Bereiche gestischer Eingabe die Vielfalt der Herangehensweisen mit Hilfe der Informatik auf. Für den Bereich räumlicher Gesten und Sketching wurden exemplarisch jeweils drei Ansätze verglichen. Für flächige Gesten wurden mit sechs Vertretern alle wesentlichen bekannten Formalisierungsansätze betrachtet. Zusammenfassend konnte festgestellt werden, dass insbesondere eine bildhafte Herangehensweise an die Definition von Gesten bisher noch nicht vorliegt.

In Kapitel 4 wurde ein semiotisches Modell für die Formalisierung gestischer Eingabe entwickelt. Diese allgemeine Betrachtung diente zur Abgrenzung der semiotischen Kategorien Syntax, Semantik und Pragmatik und der Einordnung existierender Modelle der Mensch-Computer-Interaktion sowie Werkzeugen der Informatik.

Dieses semiotische Modell wurde in Kapitel 5 auf flächige Gesten angewendet (siehe Bild 9.1). Die Betrachtung der Syntax führte zur Definition einer formalen Grammatik zur Beschreibung flächiger Gesten. Im Bereich der Semantik wurden unterschiedliche Klassen von Gesten differenziert, mit denen Interaktionsziele in einer Anwendung voneinander abgegrenzt werden können. Für die Unterstützung der Pragmatik wurde ein Animations-Framework konzipiert, das formale Gestenbeschreibungen visualisiert.

Eine Referenzarchitektur für die Implementierung der Gestenformalisierung für Multitouch (GeForMT) wurde in Kapitel 6 erläutert. In diesem Zuge wurden existierende Multitouch-Frameworks ohne deklarative Möglichkeit zur Beschreibung von Gesten analysiert, um allgemeine Kriterien für die Unterstützung der Programmierer von Multitouch-Benutzungsschnittstellen abzuleiten. Die grundlegenden Architekturkomponenten wurden in einer Referenzimplementierung mit JavaScript umgesetzt. Das Kapitel wurde mit der Beschreibung eines Gesteneditors zur bildhaften Programmierung von flächigen Gesten abgeschlossen.

In Kapitel 7 wurde GeForMT als analytisches Werkzeug auf abgeschlossene Anwendungsfälle angewendet, um die Beschreibungsfähigkeit für Gesten zu zeigen, die unabhängig von der Formalisierung konzipiert wurden. Anhand zweier weiterer Praxisbeispiele wurde der produktive Einsatz der GeForMT-Schnittstelle gezeigt. Für das Suchinterface DelViz wurde einerseits die herkömmliche Steuerung mit Tastatur und Maus durch flächige Gesten ersetzt und erweitert. Andererseits wurde für das Framework Bildsprache LiveLab im 3D-Bereich die Voraussetzung geschaffen, flächige Gesten zur Steuerung dreidimensionaler Inhalte zu entwickeln. Darüber hinaus erfolgte die Entwicklung von Metriken, mit denen syntaktische Kennzahlen für Gestensets sowie statistische Auswertungen berechnet werden können.

Kapitel 8 zur Weiterentwicklung der vorgeschlagenen Formalisierung zeigte weitere Anwendungsfelder für das entwickelte semiotische Modell auf. Dabei erfolgte die Betrachtung räumlicher Gesten insbesondere im Hinblick auf die multimodale Kombination mit flächigen Gesten. Mit der Betrachtung natürlicher Substanzen des Alltags als Ausgangspunkt für neuartige gestische Interaktionsformen wurde insbesondere die Gestaltung von interaktiven Elementen in Frage gestellt. Händische Umgangsformen mit flüssigen oder granularen Substanzen erfordern auch für die Formalisierung weitergehende Arbeiten. Die Betrachtung elastischer Oberflächen für die Interaktion öffnet flächigen Gesten eine weitere Dimension. Darüber hinaus ist das haptisch differenziertere Feedback ein weiterer Vorteil, der in Zukunft genauer untersucht werden muss.

9.2 Diskussion und Bewertung

Die allgemeine semiotische Sichtweise auf gestische Eingabe bietet die Möglichkeit, die vorhandene Gestaltungs- und Entwicklungspraxis im Bereich der Mensch-Computer-Interaktion zu dokumentieren und zu konsolidieren. In diesem Sinne dient das vorgeschlagene semiotische Modell insbesondere auch dem Austausch mit anderen Wissenschaftsdisziplinen. Ob die Semiotik als verbindende Sichtweise dabei einen Beitrag leisten wird, lässt sich jedoch schwer voraussagen und letztlich auch nicht messen.

Die praktische Anwendung für die Formalisierung gestischer Eingabe bietet jedoch die Chance, dass explizite Zeichensysteme entwickelt werden. Zeichensysteme für gestische Eingabe werden zukünftig einen wichtigen Beitrag liefern können, die Mensch-Computer-Interaktion in diesem Bereich zu konsolidieren. Dazu gehören auch gemeinsame Schnittstellen für die Programmierung der sehr vielfältigen Eingabeformen. Im Gegensatz zu proprietären Schnittstellen ist die Entwicklung von Zeichensystemen ein offener Prozess, an dem sich Forscher, Anwender und Entwickler in der Industrie gemeinsam beteiligen können.

Die vorgeschlagene Formalisierung flächiger Gesten verfolgt einen bildhaften Ansatz. Im Gegensatz zu verwandten Formalisierungsansätzen stehen dabei nicht detaillierte Parameter im Mittelpunkt, sondern die grafische Ausführungsform von Gesten. Der Vorteil besteht in einer leicht zugänglichen Definition von Gesten, die sowohl für Gestalter als auch Programmierer geeignet ist. Der Nachteil dieses Ansatzes ist jedoch der fehlende, sehr detaillierte Eingriff in die Gestenerkennung, wie dies beispielsweise beim Midas-Framework der Fall ist [Scholliers u. a. 2011].

Die vorliegende Arbeit konzentrierte sich insbesondere auf die Formalisierung der Syntax flächiger Gesten. Dabei wurden insbesondere Aspekte der Eingabe betrachtet, jedoch existieren vielfältige wichtige Fragestellungen bezüglich der Ausgabe bei einer gestischen Nutzerschnittstelle. Die Visualisierung interaktiver Elemente, deren Gestaltung und Verhalten während der Interaktion, sind entscheidende Faktoren für die Verständlichkeit und Benutzbarkeit. Der Bereich der Pragmatik gestischer Nutzerschnittstellen könnte anhand des semiotischen Modells tiefergehend und einheitlich betrachtet werden. Außerdem bietet die Formalisierung der Syntax und der Interaktionsziele im Bereich der Semantik die Möglichkeit, für bestimmte Klassen von Gesten unterschiedliche grafische Unterstützungen anzubieten. Beispielsweise müssen lexikalische Gesten dem Nutzer aufwendiger erklärt werden als manipulative.

Die weitere Modellbildung kann die Entwicklung von formalen Richtlinien zur Gestaltung beinhalten. Diese können innerhalb neuer Werkzeuge verwendet werden, um den Autorenprozess für gestische Benutzungsschnittstellen zu verbessern. Ähnliche Ziele werden zum Beispiel mit Entwurfsmustern verfolgt, wie sie Remy et al. für kollaborative Szenarien mit Hilfe von Tabletop-Systemen beschreiben [Remy u. a. 2010].

9.3 Ausblick und zukünftige Arbeiten

Insbesondere für die in Kapitel 8 beschriebenen gestischen Eingabeformen ergeben sich umfangreiche weitere Forschungsarbeiten. Auch die multimodale Verknüpfung hat Auswirkungen auf eine Formalisierung. Ob ein allgemeines Modell für gestische Eingabe formulierbar ist, stellt eine interessante Forschungsfrage dar. Insbesondere ist offen, ob sich daraus auch für die Informationsverarbeitung effektive und modulare Modelle ableiten lassen. Ein existierender Ansatz in diesem Zusammenhang ist das Mudra-Framework [Hoste u. a. 2011] oder die Gesture Interface Specification Language [Echtler und Butz 2012]. Eine Kombination der Beschreibungssprache von GeForMT mit Tangibles (siehe Abschnitt 2.3.2, Seite 51) bietet für Tabletop-Systeme einen weiteren Beitrag.

Für die Entwicklung einer spezifischen Semiotik existieren darüber hinaus noch vielfältige weitere Anwendungsfelder. Die sogenannten magischen Linsen sind ein System, mit dem ein Informationsraum mit in der Hand gehaltenen Displays erforscht werden kann [Spindler u. a. 2010]. Das dafür entwickelte Interaktionsvokabular besteht aus dem vertikalen und horizontalen Bewegen des Displays, der Rotation oder dem Schütteln. Dieses bietet sich für die Entwicklung einer ähnlichen domänenspezifischen Sprache wie der von GeForMT an. Genaue Implementierungsdetails und die Evaluation einer solchen Beschreibung bedürfen weiterer Forschungsarbeit.

Eine weitere Forschungsfrage ergibt sich im Bereich der gegenseitigen Abbildbarkeit vorhandener Ansätze zur Formalisierung flächiger Gesten. Beispielsweise ist die Überführung des bildhaften Repertoires von GeForMT in die regelbasierte Darstellung von Midas zu überprüfen. Dadurch würden sich allgemeine Aussagen bezüglich der verschiedenen Beschreibungsmöglichkeiten ergeben. Die existierenden Konzepte, um flächige Gesten mit XML zu beschreiben, wurden bisher noch nicht praktisch erprobt (siehe Abschnitt 3.3.6, Seite 80). Ein solches Format würde sich beispielsweise anbieten, um mit GeForMT beschriebene Gesten für den Austausch mit anderen Frameworks zu archivieren. Die kontextfreie Grammatik von GeForMT erlaubt diese Konvertierung. In dem XML-Format könnten noch weitere Parameter und Randbedingungen abgelegt werden, die bisher in der kurzen und prägnanten DSL nicht angegeben werden. In diesem Zusammenhang bietet sich auch die Integration in andere domänenspezifische Ansätze und Frameworks an. Beispielsweise bietet das MARIA-Framework die Möglichkeit, Benutzungsschnittstellen einschließlich der visuellen Inhalte und der Interaktion abstrakt zu beschreiben und für verschiedene Endgeräte plattformbezogen umzusetzen [Paternò u. a. 2009].

Die formale Beschreibungssprache von GeForMT bietet noch weitere, bisher noch nicht tiefergehend behandelte Möglichkeiten. Beispielsweise kann für den in Abschnitt 6.3.3, Seite 164 beschriebenen Editor ein Modul zur Konfliktlösung zwischen den für eine Anwendung konzipierten Gesten entwickelt werden. Dieses kann aufbauend auf der formalen Beschreibung syntaktisch ähnliche oder gleiche Gesten detektieren und den Entwickler darüber informieren. Des Weiteren können basierend auf der Formalisierung weitere Gestaltungsrichtlinien und Heuristiken entwickelt werden, die beispielsweise für eine semiotische Evaluation einer gestischen Nutzerschnittstelle verwendet werden können (vgl. [Brejcha und Marcus 2013].

In den Präzedenzfällen in Abschnitt 5.3, Seite 127 wurden zahlreiche Fragen zu kognitiven Implikationen bei Multitouch-Interfaces aufgeworfen. Diese können im Rahmen psychologischer Studien detaillierter erörtert werden. Beispielsweise können in kollaborativen Szenarien Effekte auf die Bedienung untersucht werden, welche durch Aktionen von Partnern verursacht werden [Müller und Kammer 2013]. Generell stehen für die prototypischen Anwendungen in Abschnitt 7.1, Seite 169 Weiterentwicklungen und weitere Untersuchungen zur Gebrauchstauglichkeit aus. Bisher dienen diese nur zur Veranschaulichung von Domänen, in denen Multitouch-Benutzungsschnittstellen einen Mehrwert bieten können.

In der vorliegenden Arbeit wurde insbesondere ein Beitrag für die Formalisierung der Syntax flächiger Gesten geleistet. Im Bereich der Semantik könnten Ontologien genutzt werden, um in der Syntax verschiedene Gesten auf gleiche Funktionen abzubilden. Für oft verwendete Funktionen wie das Kopieren, Löschen und Einfügen könnten Anwendungen die jeweils von einem Nutzer bevorzugten Gesten abfragen und dadurch konsistent einsetzen.

Das vorgeschlagene allgemeine semiotische Modell zur Formalisierung gestischer Eingabe gibt bislang noch keine konkret strukturierte Vorgehensweise vor. Vorgehensmodelle bei der Softwareentwicklung dienen in der Regel dazu, standardisierte

Projektabläufe einschließlich der notwendigen Prozesse und Projektphasen zu definieren [Hindel u. a. 2006]. Zwar strukturiert das semiotische Modell die Herangehensweise bei der Analyse einer bestimmten gestischen Eingabeform im Bereich der Mensch-Computer-Interaktion. Anders als Vorgehensmodelle für Projekte werden dabei jedoch keine zeitlichen Vorgaben gemacht und Meilensteine definiert. Auf Grundlage weiterer Erfahrungen bei der semiotischen Formalisierung könnten genauere Vorgaben aufgestellt werden.

Anhang

Vergleichsmaterial Formalisierungsansätze

Antippen (Zeile 1), Ziehen (Zeile 2) und Spreizgeste (Zeile 3) ,mit GeForMT

```
1   Tap=1F(POINT(object)):[OFF]
2   Move=1F(MOVE(object))
3   Zoom=1F(LINE(object))*1F(LINE(object))
```

Antippen (Zeilen 1-8), Ziehen (Zeilen 10-16) und Spreizgeste (Zeilen 18-24) mit GDL:

```
1   name: Tap
2   validate
3      Touch state: TouchUp
4      Touch limit: 1
5      Touch time: 10 msec
6      Touch path bounding box: 1x1..100x100
7   return
8      Position
9
10  name: Move
11  validate
12     Touch state: TouchMove
13     Touch limit: 1..3
14     On same object
15  return
16    Position, Position changed
17
18  name: Zoom
19  validate
20     Touch state: TouchMove
21     Touch limit: 2
22     On same object and Distance between points: increasing
23  return
24    Distance changed
```

Antippen (Zeile 1), Ziehen (Zeile 2) und Spreizgeste (Zeile 3) mit Proton:

1 $D_1^s M_1^s * U_1^s$

2 $D_1^s M_1^s * U_1^s$

3 $D_1^s M_1^s * D_2^a (M_1^s | M_2^a) * (U_1^s M_2^a * U_2^a | U_2^a M_1^s * U_1^s)$

Antippen (Zeilen 1-11), Ziehen (Zeilen 13-24) und Spreizgeste (Zeilen 26-37) mit GISpL:

```
1  {
2     "name":"tap",
3     "flags":"oneshot",
4     "features":[
5       {
6         "type":"ObjectParent",
7         "filters":2,
8         "result":[]
9       }
10    ]
11 }
12
13 {
14    "name":"move",
15    "flags":"sticky",
16    "features":[
17       {
18          "type":"Motion",
19          "filters":31,
20          "constraints":[],
21          "result\":[]
22       }
23    ]
24 }
25
26 {
27    "name":"scale",
28    "flags":"sticky",
29    "features":[
30       {
31          "type":"RelativeAxisScale",
32          "filters":31,
33          "constraints":[],
34          "result":[]
35       }
36    ]
37 }
```

Antippen (Zeile 1-7), Ziehen (Zeilen 9-23) und Spreizgeste (Zeilen 25-42) mit Midas:

```
1  (defrule Tap
2     ?appear<-(Cursor(finger ?f)state ?*APPEAR*
3     ?disappear<-(Cursor(finger ?f)state?*DISAPPEAR*
4     (test (tShortlyAfter ?disappear ?appear))
5  =>
6     (printout t "A single tap detected at: "
7     ?appear.x "," ?appear.y))
8
9  (defrule Drag
10   (declare (salience 5))
11   ?eventList[]<-(setof Cursor (same: tuioId)
12     (within: 500) (min: 2) (retract: all_but_one))
13   ?image <- (Image)
14   (test (inside ?eventList[0].x ?eventList[0].y
15     ?image.x ?image.y ?image.width ?image.height))
16   (not (and (Cursor (x ?x) (y ?y)
17     {tuioId <> ?eventList[0]_tuioId})
18       (test (inside ?x ?y ?image_x ?image_y
19         ?image_width ?image_height))))
20 =>
21    (printout t "Drag detected!")
22    (assert (MyGesture (events ?eventList[])
23      (image ?image))))
24
25 (defrule Stretch
26   (declare (salience 6))
27   ?eventList0[]<-(setof Cursor (same: tuioId)
28     (within: 500) (min: 2) (retract: all_but_one))
29   ?eventList1[]<-(setof Cursor (same: tuioId)
30     (within: 500) (min: 2) (retract: all_but_one)
31     { (tuioId <> ?eventList0[0].tuioId) })
32   (test (tEqualAll ?eventList0[] ?eventList1[]))
33     ?image <- (Image)
34   (test (inside ?eventList0[0].x ?eventList0[0].y
35     ?image.x ?image.y ?image.width ?image.height))
36   (test (inside ?eventList1[0].x ?eventList1[0].y
37     ?image.x ?image.y ?image.width ?image.height))
38 =>
39    (printout t "Stretch detected!")
40    (assert (Stretch (events0 ?eventList0[])
41                     (events1 ?eventList1[])
42                     (image ?image))))
```

Antippen (Zeilen 1-19), Ziehen (Zeilen 21-45) und Spreizgeste (Zeilen 47-72) mit GDML:

```
1  <gdml>
2    <gesture name="tap">
3      <sequence>
4        <acquisition type="blob" />
5        <update>
6          <range max="10" />
7          <size maxDiameter="10" />
8          <duration max="250" />
9        </update>
10       <loss>
11         <event name="tap">
12           <var name="x" />
13           <var name="y" />
14           <var name="size" />
15         </event>
16       </loss>
17     </sequence>
18   </gesture>
19 </gdml>
20
21 <gesture name="move">
22     <comment>
23         A 'move' is considered to be a sustained finger down
24         incorporating movement away from the point of origin
25         (with potential return during the transition).
26     </comment>
27     <sequence>
28         <aquisition type="blob" />
29         <update>
30             <range min="5" />
31             <event name="move">
32                 <var name="x" />
33                 <var name="y" />
34                 <var name="size" />
35             </event>
36         </update>
37         <loss>
38             <event name="moveComplete">
39                 <var name="x" />
40                 <var name="y" />
41                 <var name="size" />
42             </event>
43         </loss>
44     </sequence>
45 </gesture>
```

```
<gesture name="zoom">
    <comment>
        A 'zoom' is considered to be two objects that move
        towards or away from each other in the same plane.
    </comment>
    <sequence>
        <compound>
            <gestureRef id="A" name="move">
            <gestureRef id="B" name="move">
        </compound>
        <onEvent name="move">
            <plane objects="A,B" maxVariance="5" />
            <event name="zoom">
                <var name="plane.distance" />
                <var name="plane.centre" />
            </event>
        </onEvent>
        <onEvent name="moveComplete">
            <plane objects="A,B" maxVariance="5" />
            <event name="zoomComplete">
                <var name="plane.distance" />
                <var name="plane.centre" />
            </event>
        </onEvent>
    </sequence>
</gesture>
```

Antippen (Regel 1-3), Ziehen (Regel 4-6) und Spreizgeste (Regeln 3-4) mit Framous:

1 $$\frac{t : F = \emptyset}{t : G = G \cup tap_1}$$

2 $$\frac{t : |F| = n \wedge tap_1 \in G}{t : G = (G \setminus \{tap_1\}) \cup \{tap_2(n)\}}$$

3 $$\frac{t : F = \emptyset \cup tap_2(n) \cup G}{t : (G = G \setminus \{tap_2(n)\}) \cup tap(n)}$$

4 $$\frac{t_1 : |F| = n}{t_1 : G = G \cup \{slide_1(n)\}}$$

5 $$\frac{t_2 : |F| = n \wedge v_x > 0 \wedge v_x(c) > v_y(c) \wedge slide \in G}{t_2 : (G = G \setminus \{slide(n)\}) \wedge slide(n)}$$

6 $$\frac{t_1 : tap(n) \otimes t_2 : slide(n)}{t_2 : slide(n)}$$

7 $$\frac{t_1 : |F| = n \geq 2}{t_1 : G = G \cup \{zoom(n)\}}$$

8 $$\frac{t_2 : |F| = n \wedge D^{t2} > D^{t1} \wedge zoom(n) \in G}{t_2 : (G = G \setminus \{zoom(n)\}) \wedge zoom(n)}$$

Fragebogen

TECHNISCHE UNIVERSITÄT DRESDEN

Professur für Mediengestaltung

Untersuchung zur Formalisierung von Multitouch-Gesten

Diese Befragung findet anonym und freiwillig statt. Die aufgezeichneten Daten lassen keine Rückschlüsse auf Ihre Person zu. Der Teilnehmer-Code dient dem Vergleich der Befragungsergebnisse über zwei Befragungen hinweg. Keine der Antworten dient der Beurteilung der individuellen Person im Sinne eines Leistungsnachweises.

1. Bitte füllen Sie zunächst das Deckblatt und die nächste Seite aus.
2. Ihnen werden nacheinander drei Videos von Multitouch-Gesten präsentiert. Zu jedem Video werden 7 unterschiedliche formale Beschreibungen angeboten. Diese sollen dahingehend bewertet werden, wie gut diese die dargebotene Geste beschreiben. Für jedes Video steht ausreichend Zeit zur Bewertung der Beschreibungen zur Verfügung.
3. Bitte blättern Sie jeweils nur so lange um, bis am Ende der Seite der Hinweis »Bitte erst nach Aufforderung umblättern« erscheint. **Nach der Aufforderung bitte nicht mehr zurückblättern!**

Teilnehmer-Code

1	2	3	4	5	6

Der Code setzt sich zusammen aus:

- Positionen 1-2: Die ersten beiden Buchstaben des Vornamens Ihres Vaters
- Positionen 3-4: Der Geburtsmonats Ihres Vaters, gegebenenfalls mit führender Null
- Positionen 5-6: Die ersten beiden Buchstaben des Vornamens Ihrer Mutter

Beispiel:

Der Vater heißt Fritz Müller und ist am 18.05.1954 geboren.
Die Mutter heißt Irene Müller.

Der persönliche Code für das Kennwort lautet dann: FR05IR

Hinweis: Sollten Umlaute vorkommen, werden diese wie einfaches a, o und u behandelt, also ä wird zu a, oder ö wird zu o, oder ü wird zu u.

25

Geschlecht **Alter**

	männlich		Jahre
	weiblich		

Studiengang

Haben Sie Erfahrung in der Programmierung von Multitouch-Gesten?

	Geschätzte Programmierzeit in Arbeitstagen

Verwendete Technologien und Frameworks (Mehrfachnennung möglich)

	C#		.NET
	Flash		Java
	Windows Presentation Foundation (WPF)		Processing
	TUIO		Windows 7 Touch Events
	Surface SDK		MT4j

Weitere bitte angeben:

Bitte erst nach Aufforderung umblättern!

Untersuchung zur Formalisierung von Multitouch-Gesten 2

Video 1

Ihnen wird ein Video einer Multitouch-Geste präsentiert. Bitte bewerten Sie die Formalisierungen entsprechend der vorgegebenen Kriterien bezüglich Genauigkeit und Prägnanz.

$D_1^S M_1^S * U_1^S$

ungenau ☐☐☐☐☐ präzise — umständlich ☐☐☐☐☐ einfach

```
{
  "name":"myGesture",
  "flags":"oneshot",
  "features":[
    {
      "type":"ObjectParent",
      "filters":2,
      "result":[]
    }
  ]
}
```

ungenau ☐☐☐☐☐ präzise — umständlich ☐☐☐☐☐ einfach

```
(defrule MyGesture
  ?appear<-(Cursor(finger ?f)state ?*APPEAR*
  ?disappear<-(Cursor(finger ?f)state?*DISAPPEAR*
  (test (tShortlyAfter ?disappear ?appear))
=>
  (printout t "A single tap detected at: "
  ?appear.x "," ?appear.y))
```

ungenau ☐☐☐☐☐ präzise — umständlich ☐☐☐☐☐ einfach

```
name: MyGesture
validate
   Touch state: TouchUp
   Touch limit: 1
   Touch time: 10 msec
   Touch path bounding box: 1x1..100x100
return
   Position
```

ungenau ☐☐☐☐☐ präzise — umständlich ☐☐☐☐☐ einfach

$$\frac{t : F = \emptyset}{t : G = G \cup tap_1}$$

$$\frac{t : |F| = n \wedge tap_1 \in G}{t : G = (G \setminus \{tap_1\}) \cup \{tap_2(n)\}}$$

$$\frac{t : F = \emptyset \cup tap_2(n) \cup G}{t : (G = G \setminus \{tap_2(n)\}) \cup tap(n)}$$

ungenau ☐☐☐☐☐ präzise — umständlich ☐☐☐☐☐ einfach

```
MyGesture=1F(POINT(object)):[OFF]
```

ungenau ☐☐☐☐☐ präzise — umständlich ☐☐☐☐☐ einfach

```
<gdml>
  <gesture name="myGesture">
    <sequence>
      <acquisition type="blob" />
      <update>
        <range max="10" />
        <size maxDiameter="10" />
        <duration max="250" />
      </update>
      <loss>
        <event name="tap">
          <var name="x" />
          <var name="y" />
          <var name="size" />
        </event>
      </loss>
    </sequence>
  </gesture>
</gdml>
```

ungenau ☐☐☐☐☐ präzise — umständlich ☐☐☐☐☐ einfach

Bitte erst nach Aufforderung umblättern!

Video 2

Ihnen wird ein Video einer Multitouch-Geste präsentiert. Bitte bewerten Sie die Formalisierungen entsprechend der vorgegebenen Kriterien bezüglich Genauigkeit und Prägnanz.

$D_1^S M_1^S * U_1^S$

ungenau ☐☐☐☐☐ präzise umständlich ☐☐☐☐☐ einfach

```
{
  "name":"myGesture",
  "flags":"sticky",
  "features":[
      {
        "type":"Motion",
        "filters":31,
        "constraints":[],
         "result\":[]
      }
   ]
}
```

ungenau ☐☐☐☐☐ präzise umständlich ☐☐☐☐☐ einfach

```
(defrule MyGesture
  (declare (salience 5))
  ?eventList[]<-(setof Cursor (same: tuioId)
    (within: 500) (min: 2) (retract: all_but_one))
  ?image <- (Image)
  (test (inside ?eventList[0].x ?eventList[0].y
    ?image.x ?image.y ?image.width ?image.height))
  (not (and (Cursor (x ?x) (y ?y)
    (tuioId <> ?eventList[0]_tuioId))
      (test (inside ?x ?y ?image_x ?image_y
        ?image_width ?image_height))))
=>
   (printout t "MyGesture detected!")
   (assert (MyGesture (events ?eventList[])
     (image ?image))))
```

ungenau ☐☐☐☐☐ präzise umständlich ☐☐☐☐☐ einfach

```
name: MyGesture
validate
   Touch state: TouchMove
   Touch limit: 1..3
   On same object
return
  Position, Position changed
```

ungenau ☐☐☐☐☐ präzise umständlich ☐☐☐☐☐ einfach

$$\frac{t_1 : |F| = n}{t_1 : G = G \cup \{aGesture_1(n)\}}$$

$$\frac{t_2 : |F| = n \wedge v_x > 0 \wedge v_x(c) > v_y(c) \wedge aGesture \in G}{t_2 : (G = G \setminus \{aGesture(n)\}) \wedge aGesture(n)}$$

$$\frac{t_1 : tap(n) \otimes t_2 : aGesture(n)}{t_2 : myGesture(n)}$$

ungenau ☐☐☐☐☐ präzise umständlich ☐☐☐☐☐ einfach

```
MyGesture=1F(MOVE(object))
```

ungenau ☐☐☐☐☐ präzise umständlich ☐☐☐☐☐ einfach

```
<gesture name="myGesture">
  <sequence>
    <aquisition type="blob" />
      <update>
        <range min="5" />
        <event name="move">
          <var name="x" />
          <var name="y" />
          <var name="size" />
        </event>
      </update>
      <loss>
        <event name="complete">
          <var name="x" />
          <var name="y" />
          <var name="size" />
        </event>
      </loss>
  </sequence>
</gesture>
```

ungenau ☐☐☐☐☐ präzise umständlich ☐☐☐☐☐ einfach

Bitte erst nach Aufforderung umblättern!

Video 3

Ihnen wird ein Video einer Multitouch-Geste präsentiert. Bitte bewerten Sie die Formalisierungen entsprechend der vorgegebenen Kriterien bezüglich Genauigkeit und Prägnanz.

$D_1^s M_1^s * D_2^a (M_1^s | M_2^a) * (U_1^s M_2^a * U_2^a | U_2^a M_1^s * U_1^s)$

ungenau ☐☐☐☐☐ präzise umständlich ☐☐☐☐☐ einfach

```
{
   "name":"myGesture",
   "flags":"sticky",
   "features":[
      {
         "type":"RelativeAxisScale",
         "filters":31,
         "constraints":[],
         "result":[]
      }
   ]
}
```

ungenau ☐☐☐☐☐ präzise umständlich ☐☐☐☐☐ einfach

```
(defrule MyGesture
  (declare (salience 6))
  ?eventList0[]<-(setof Cursor (same: tuioId)
    (within: 500) (min: 2) (retract: all_but_one))
  ?eventList1[]<-(setof Cursor (same: tuioId)
    (within: 500) (min: 2) (retract: all_but_one)
    { (tuioId <> ?eventList0[0].tuioId) })
  (test (tEqualAll ?eventList0[] ?eventList1[]))
    ?image <- (Image)
  (test (inside ?eventList0[0].x ?eventList0[0].y
    ?image.x ?image.y ?image.width ?image.height))
  (test (inside ?eventList1[0].x ?eventList1[0].y
    ?image.x ?image.y ?image.width ?image.height))
=>
   (printout t "MyGesture detected!")
   (assert (Stretch (events0 ?eventList0[])
                    (events1 ?eventList1[])
                    (image ?image))))
```

ungenau ☐☐☐☐☐ präzise umständlich ☐☐☐☐☐ einfach


```
name: MyGesture
validate
   Touch state: TouchMove
   Touch limit: 2
   On same object and Distance between points: increasing
return
  Distance changed
```

ungenau ☐☐☐☐☐ präzise umständlich ☐☐☐☐☐ einfach

$$\frac{t_1 : |F| = n \geq 2}{t_1 : G = G \cup \{myGesture(n)\}}$$

$$\frac{t_2 : |F| = n \wedge D^{t2} > D^{t1} \wedge myGesture(n) \in G}{t_2 : (G = G \setminus \{myGesture(n)\}) \wedge myGesture(n)}$$

ungenau ☐☐☐☐☐ präzise umständlich ☐☐☐☐☐ einfach

```
MyGesture=1F(LINE(object))*1F(LINE(object))
```

ungenau ☐☐☐☐☐ präzise umständlich ☐☐☐☐☐ einfach

```
<gesture name="myGesture">
    <sequence>
        <compound>
            <gestureRef id="A" name="move">
            <gestureRef id="B" name="move">
        </compound>
        <onEvent name="move">
            <plane objects="A,B" maxVariance="5" />
            <event name="gestureName">
                <var name="plane.distance" />
                <var name="plane.centre" />
            </event>
        </onEvent>
        <onEvent name="moveComplete">
            <plane objects="A,B" maxVariance="5" />
            <event name="complete">
                <var name="plane.distance" />
                <var name="plane.centre" />
            </event>
        </onEvent>
    </sequence>
</gesture>
```

ungenau ☐☐☐☐☐ präzise umständlich ☐☐☐☐☐ einfach

Bitte erst nach Aufforderung umblättern!

Video 4

Ihnen wird ein Video einer Multitouch-Geste präsentiert. Bitte versuchen Sie, die dargebotene Geste formal zu beschreiben. Es geht nicht um eine vollkommen korrekte Notationsform, sondern die allgemeine Struktur der Beschreibung.

Formalisierung

Bitte erst nach Aufforderung umblättern!

Beurteilung

Bitte beurteilen Sie die Notationsformen nach allgemeiner Komplexität und Lesbarkeit. Die Komplexität bezieht sich auf die Verständlichkeit des Aufbaus und die Menge der Regeln zur Formatierung und Klammerung. Lesbarkeit bezieht sich auf das verwendete Vokabular. Einfache Worte erzielen eine gute Lesbarkeit. Falls eine der Formalisierungen bereits vor der Untersuchung bekannt war, kreuzen Sie bitte das entsprechende Feld an. Zur Erinnerung wird die anfangs gezeigte Tap-Geste für alle Gestenbeschreibungen wiederholt.

$D_1^S M_1^S * U_1^S$

Komplexität sehr niedrig ☐☐☐☐☐ sehr hoch

Lesbarkeit sehr schlecht ☐☐☐☐☐ sehr gut

Notation bereits bekannt gewesen Ja ☐ ☐ Nein

```
{
  "name":"tap",
  "flags":"oneshot",
  "features":[
    {
      "type":"ObjectParent",
      "filters":2,
      "result":[]
    }
  ]
}
```

Komplexität sehr niedrig ☐☐☐☐☐ sehr hoch

Lesbarkeit sehr schlecht ☐☐☐☐☐ sehr gut

Notation bereits bekannt gewesen Ja ☐ ☐ Nein

```
(defrule Tap
  ?appear<-(Cursor(finger ?f)state ?*APPEAR*
  ?disappear<-(Cursor(finger ?f)state?*DISAPPEAR*
  (test (tShortlyAfter ?disappear ?appear))
=>
  (printout t "A single tap detected at: "
  ?appear.x "," ?appear.y))
```

Komplexität sehr niedrig ☐☐☐☐☐ sehr hoch

Lesbarkeit sehr schlecht ☐☐☐☐☐ sehr gut

Notation bereits bekannt gewesen Ja ☐ ☐ Nein

```
name: Tap
validate
   Touch state: TouchUp
   Touch limit: 1
   Touch time: 10 msec
   Touch path bounding box: 1x1..100x100
return
   Position
```

Komplexität — sehr niedrig ☐☐☐☐☐ sehr hoch

Lesbarkeit — sehr schlecht ☐☐☐☐☐ sehr gut

Notation bereits bekannt gewesen — Ja ☐ ☐ Nein

$$\frac{t : F = \emptyset}{t : G = G \cup tap_1}$$

$$\frac{t : |F| = n \wedge tap_1 \in G}{t : G = (G \setminus \{tap_1\}) \cup \{tap_2(n)\}}$$

$$\frac{t : F = \emptyset \cup tap_2(n) \cup G}{t : (G = G \setminus \{tap_2(n)\}) \cup tap(n)}$$

Komplexität — sehr niedrig ☐☐☐☐☐ sehr hoch

Lesbarkeit — sehr schlecht ☐☐☐☐☐ sehr gut

Notation bereits bekannt gewesen — Ja ☐ ☐ Nein

```
Tap=1F(POINT(object)):[OFF]
```

Komplexität — sehr niedrig ☐☐☐☐☐ sehr hoch

Lesbarkeit — sehr schlecht ☐☐☐☐☐ sehr gut

Notation bereits bekannt gewesen — Ja ☐ ☐ Nein

```
<gdml>
  <gesture name="tap">
    <comment>
      A 'tap' is considered to be equivalent to the single click
      event in a normal windows/mouse environment.
    </comment>
    <sequence>
      <acquisition type="blob" />
      <update>
        <range max="10" />
        <size maxDiameter="10" />
        <duration max="250" />
      </update>
      <loss>
        <event name="tap">
          <var name="x" />
          <var name="y" />
          <var name="size" />
        </event>
      </loss>
    </sequence>
  </gesture>
</gdml>
```

Komplexität — sehr niedrig ☐☐☐☐☐ sehr hoch

Lesbarkeit — sehr schlecht ☐☐☐☐☐ sehr gut

Notation bereits bekannt gewesen — Ja ☐ ☐ Nein

Nachbefragung

TECHNISCHE UNIVERSITÄT DRESDEN

Professur für Mediengestaltung

Nachbefragung zur Formalisierung von Multitouch-Gesten

Diese Befragung findet anonym und freiwillig statt. Die aufgezeichneten Daten lassen keine Rückschlüsse auf Ihre Person zu. Der Teilnehmer-Code dient dem Vergleich der Befragungsergebnisse über zwei Befragungen hinweg. Keine der Antworten dient der Beurteilung der individuellen Person im Sinne eines Leistungsnachweises.

Teilnehmer-Code

1	2	3	4	5	6

Der Code setzt sich zusammen aus:

- Positionen 1-2: Die ersten beiden Buchstaben des Vornamens Ihres Vaters
- Positionen 3-4: Der Geburtsmonats Ihres Vaters, gegebenenfalls mit führender Null
- Positionen 5-6: Die ersten beiden Buchstaben des Vornamens Ihrer Mutter

Beispiel:

Der Vater heißt Fritz Müller und ist am 18.05.1954 geboren.
Die Mutter heißt Irene Müller.

Der persönliche Code für das Kennwort lautet dann: FR05IR

Hinweis: Sollten Umlaute vorkommen, werden diese wie einfaches a, o und u behandelt, also ä wird zu a, oder ö wird zu o, oder ü wird zu u.

Beurteilung

Bitte beurteilen Sie nach der Programmierung von Multitouch-Gesten die folgenden Notationsformen erneut nach allgemeiner Prägnanz, Genauigkeit, Komplexität und Lesbarkeit. Die Komplexität bezieht sich auf die Verständlichkeit des Aufbaus und die Menge der Regeln zur Formatierung und Klammerung. Lesbarkeit bezieht sich auf das verwendete Vokabular. Einfache Worte erzielen eine gute Lesbarkeit. Das Beispiel zeigt jeweils eine Tap-Geste, dient aber nur zur Verdeutlichung der Struktur und Syntax.

```
Tap=1F(POINT(object)):[OFF]
```

Komplexität	sehr niedrig	☐	☐	☐	☐	☐	sehr hoch
Lesbarkeit	sehr schlecht	☐	☐	☐	☐	☐	sehr gut
Prägnanz	ungenau	☐	☐	☐	☐	☐	präzise
Genauigkeit	umständlich	☐	☐	☐	☐	☐	einfach

```
(defrule Tap
  ?appear<-(Cursor(finger ?f)state ?*APPEAR*
  ?disappear<-(Cursor(finger ?f)state?*DISAPPEAR*
  (test (tShortlyAfter ?disappear ?appear))
=>
  (printout t "A single tap detected at: "
  ?appear.x "," ?appear.y))
```

Komplexität	sehr niedrig	☐	☐	☐	☐	☐	sehr hoch
Lesbarkeit	sehr schlecht	☐	☐	☐	☐	☐	sehr gut
Prägnanz	ungenau	☐	☐	☐	☐	☐	präzise
Genauigkeit	umständlich	☐	☐	☐	☐	☐	einfach

$$\frac{t : F = \emptyset}{t : G = G \cup tap_1}$$

$$\frac{t : |F| = n \wedge tap_1 \in G}{t : G = (G \setminus \{tap_1\}) \cup \{tap_2(n)\}}$$

$$\frac{t : F = \emptyset \cup tap_2(n) \cup G}{t : (G = G \setminus \{tap_2(n)\}) \cup tap(n)}$$

Komplexität	sehr niedrig	☐	☐	☐	☐	☐	sehr hoch
Lesbarkeit	sehr schlecht	☐	☐	☐	☐	☐	sehr gut
Prägnanz	ungenau	☐	☐	☐	☐	☐	präzise
Genauigkeit	umständlich	☐	☐	☐	☐	☐	einfach

$D_1^S M_1^S * U_1^S$

Komplexität	sehr niedrig	☐☐☐☐☐	sehr hoch
Lesbarkeit	sehr schlecht	☐☐☐☐☐	sehr gut
Prägnanz	ungenau	☐☐☐☐☐	präzise
Genauigkeit	umständlich	☐☐☐☐☐	einfach

```
<gdml>
  <gesture name="tap">
    <comment>
      A 'tap' is considered to be equivalent to the single click
      event in a normal windows/mouse environment.
    </comment>
    <sequence>
      <acquisition type="blob" />
      <update>
        <range max="10" />
        <size maxDiameter="10" />
        <duration max="250" />
      </update>
      <loss>
        <event name="tap">
          <var name="x" />
          <var name="y" />
          <var name="size" />
        </event>
      </loss>
    </sequence>
  </gesture>
</gdml>
```

Komplexität	sehr niedrig	☐☐☐☐☐	sehr hoch
Lesbarkeit	sehr schlecht	☐☐☐☐☐	sehr gut
Prägnanz	ungenau	☐☐☐☐☐	präzise
Genauigkeit	umständlich	☐☐☐☐☐	einfach


```
name: Tap
validate
   Touch state: TouchUp
   Touch limit: 1
   Touch time: 10 msec
   Touch path bounding box: 1x1..100x100
return
   Position
```

Komplexität	sehr niedrig	☐☐☐☐☐	sehr hoch
Lesbarkeit	sehr schlecht	☐☐☐☐☐	sehr gut
Prägnanz	ungenau	☐☐☐☐☐	präzise
Genauigkeit	umständlich	☐☐☐☐☐	einfach

```
{
  "name":"tap",
  "flags":"oneshot",
  "features":[
    {
      "type":"ObjectParent",
      "filters":2,
      "result":[]
    }
  ]
}
```

Komplexität	sehr niedrig	☐☐☐☐☐	sehr hoch
Lesbarkeit	sehr schlecht	☐☐☐☐☐	sehr gut
Prägnanz	ungenau	☐☐☐☐☐	präzise
Genauigkeit	umständlich	☐☐☐☐☐	einfach

Beurteilung von GeForMT (Gestenformalisierung für Multitouch)

Sie haben im Rahmen der Veranstaltung GeForMT als abstrakte Beschreibung von Multitouch-Gesten kennengelernt. Bitte helfen Sie uns bei der Weiterentwicklung und Verbesserung.

Atomare Gesten

- ☐ Die existierenden Bewegungsformen und Richtungen sind ausreichend (MOVE, LINE, CIRCLE, SEMICIRCLE, Richtungsangaben an Windrose orientiert)
- ☐ Es gibt zu viele Möglichkeiten atomare Gesten zu definieren, nämlich: ______
- ☐ Es fehlen folgende Möglichkeiten: ______

Zeitliche und räumliche Relationen

- ☐ Die existierenden Relationen sind ausreichend ("*", "+", ",", ";", SYNC, SPLIT, JOIN, CROSS, AMONG, ASIDE, CLOSE, CONNECT)
- ☐ Es gibt zu viele Möglichkeiten Relationen zu definieren, nämlich: ______
- ☐ Es fehlen folgende Möglichkeiten: ______

Fokus bzw. Kontext der Geste

- ☐ Die Definition des Fokus ist angemessen gelöst
- ☐ Es existiert eine bessere Möglichkeit den Fokus einer Geste zu definieren: ______

Untersuchung zur Formalisierung von Multitouch-Gesten 5

Online- oder Offline-Auswertung

- ☐ Online- und Offline-Gesten können bisher angemessen durch die explizite Angabe in der Gestendefinition unterschieden werden
- ☐ Bei Nichtangabe sollte die Geste Online ausgewertet werden
- ☐ Bei Nichtangabe sollte die Geste Offline ausgewertet werden
- ☐ Die Unterscheidung sollte automatisch durch das Framework erfolgen (bspw. MOVE immer Online und LINE immer Offline)
- ☐ Es existiert eine bessere Möglichkeit diesen Unterschied zu definieren: ______

Sonstige Probleme und Verbesserungsvorschläge

______

Untersuchung zur Formalisierung von Multitouch-Gesten 6

Ablaufplan studentischer Workshops

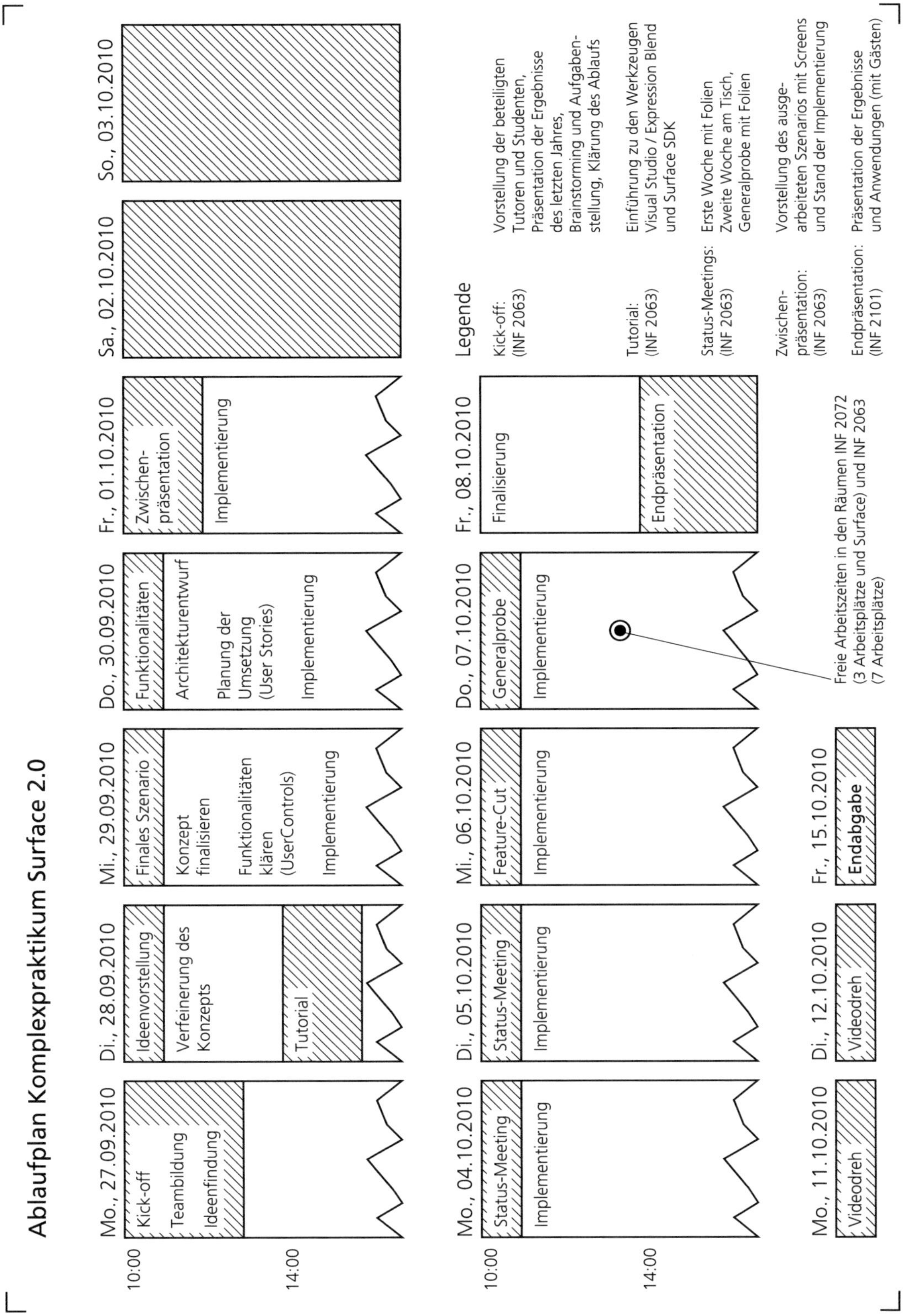

Grammatikdefinitionen

Grammatikdefinition für PEG.js (JavaScript)

```
definition = complex:complex opt:(option complex)*
   {
      var definition={options: []};
       definition.options.push(complex);
       for (var i=0;i&lt;opt.length;i++) {
          definition.options.push(opt[i][1]);
      }
      return definition;
   }

complex = gesture:gesture gestures:(operator gesture)*
   {
      var complex = {relation:null,gestures:[]};
      complex.gestures.push(gesture);
      for(var i=0;i&lt;gestures.length;i++){
         complex.gestures.push(gestures[i][1]);
         gestures[i][1].operation=gestures[i][0];
      }
      return complex;
   }
   /rel:relation'[' gesture:gesture gestures:(operator
   gesture)*']'
   {
      var complex = {relation:rel,gestures:[]};
      complex.gestures.push(gesture);
      for(var i=0;i&lt;gestures.length;i++){
         complex.gestures.push(gestures[i][1]);
         gestures[i][1].operation=gestures[i][0];
      }
      return complex;
   }

gesture = func:function'('afo:atomfocus afos:(','atomfocus)*')'
   {
      var gesture={funct:func,atomfocus: []};
      gesture.atomfocus.push(afo);
      for(var i=0;i&lt;afos.length;i++){
         gesture.atomfocus.push(afos[i][1]);
      }
      return gesture;
   }
   /afo:atomfocus afos:(','atomfocus)*
   {
      var gesture= {funct:null,atomfocus: []};
```

```
      gesture.atomfocus.push(afo);
      for(var i=0;i&lt;afos.length;i++){
        gesture.atomfocus.push(afos[i][1]);
      }
      return gesture;
   }

relation = 'CROSS' {return GeForMT.RELATION_TYPES.CROSS;}
   /'JOIN' {return GeForMT.RELATION_TYPES.JOIN;}
   /'SYNC' {return GeForMT.RELATION_TYPES.SYNC;}
   /'SPLIT' {return GeForMT.RELATION_TYPES.SPLIT;}
   /'CONNECT_START' {return GeForMT.RELATION_TYPES.CONNECT_START;}
   /'CONNECT_END'   {return GeForMT.RELATION_TYPES.CONNECT_END;}
   /'AMONG' {return GeForMT.RELATION_TYPES.AMONG;}
   /'ASIDE' {return GeForMT.RELATION_TYPES.ASIDE;}
   /'CLOSE' {return GeForMT.RELATION_TYPES.CLOSE;}

atomfocus = atom:atom'('focus:focuslist')'
   { return {atom:atom,focuslist:focus}; }
   /atom:atom
   { return {atom:atom,focuslist:[]}; }

focuslist = focus:focus list:(','focus)*
   {
      var focuslist=[];
      focuslist.push(focus);
      for(var i=0;i&lt;list.length;i++){
         focuslist.push(list[i][1]);
      }
      return focuslist;
   }

focus = focus:[A-Za-z0-9#.:=\|\[\]\*_-]+
   { return focus.join(""); }

function = num:integer?functionType:'F'
   {
      var func = {type:GeForMT.FUNCTION_TYPES.FINGER,number:null};
      if(typeof num != 'undefined') func['number']=num;
      return func;
   }
   /num:integer?functionType:'H'
   {
      var func = {type:GeForMT.FUNCTION_TYPES.HAND,number:null};
      if(typeof num != 'undefined') func['number']=num;
      return func;
   }
   /num:integer?functionType:'B'
```

```
    {
       var func = {type:GeForMT.FUNCTION_TYPES.BLOB,number:null};
       if(typeof num != 'undefined') func['number']=num;
       return func;
    }

operator = '*' { return GeForMT.OPERATION_TYPES.ASTERISK; }
    /'+' { return GeForMT.OPERATION_TYPES.PLUS; }
    /',' { return GeForMT.OPERATION_TYPES.COMMA; }
    /';' { return GeForMT.OPERATION_TYPES.SEMICOLON; }

option = '|' { return GeForMT.OPERATION_TYPES.OPTION; }

atom = identifier:identifier
    {
       var atom = {type:identifier};
       return atom;
    }
    /vector:vector directionType:('_'direction)?
    {
       var atom={type: vector, direction: null};
       if(typeof directionType != 'undefined')
       atom['direction']=directionType[1];
       return atom;
    }
    /shape:shape directionType:('_'direction)?rotationType:
    ('_'rotation)?
    {
       var atom={type: shape, direction: null, rotation: null};
       if(typeof directionType != 'undefined')
          atom['direction']=directionType[1];
       if(typeof rotationType != 'undefined')
          atom['rotation']=rotationType[1];
       return atom;
    }

identifier = 'MOVE' { return GeForMT.CONTACT_TYPES.MOVE; }
    / 'POINT'       { return GeForMT.CONTACT_TYPES.POINT; }
    / 'DEPOINT'     { return GeForMT.CONTACT_TYPES.DEPOINT; }
    / 'HOLD'        { return GeForMT.CONTACT_TYPES.HOLD; }

vector = 'LINE' { return GeForMT.VECTOR_TYPES.LINE; }

shape = 'CIRCLE'  { return GeForMT.SHAPE_TYPES.CIRCLE; }
    / 'SEMICIRCLE' { return GeForMT.SHAPE_TYPES.SEMICIRCLE; }

direction = 'NORTH' { return GeForMT.DIRECTION_TYPES.NORTH; }
    /'NORTHEAST'     { return GeForMT.DIRECTION_TYPES.NORTHEAST; }
```

```
    /'EAST'          { return GeForMT.DIRECTION_TYPES.EAST; }
    /'SOUTHEAST'     { return GeForMT.DIRECTION_TYPES.SOUTHEAST; }
    /'SOUTH'         { return GeForMT.DIRECTION_TYPES.SOUTH; }
    /'SOUTHWEST'     { return GeForMT.DIRECTION_TYPES.SOUTHWEST; }
    /'WEST'          { return GeForMT.DIRECTION_TYPES.WEST; }
    /'NORTHWEST'     { return GeForMT.DIRECTION_TYPES.NORTHWEST; }
    /'NE'            { return GeForMT.DIRECTION_TYPES.NORTHEAST; }
    /'SE'            { return GeForMT.DIRECTION_TYPES.SOUTHEAST; }
    /'SW'            { return GeForMT.DIRECTION_TYPES.SOUTHWEST; }
    /'NW'            { return GeForMT.DIRECTION_TYPES.NORTHWEST; }
    /'N~'            { return GeForMT.DIRECTION_TYPES.TEND_NORTH; }
    /'N'             { return GeForMT.DIRECTION_TYPES.NORTH; }
    /'E~'            { return GeForMT.DIRECTION_TYPES.TEND_EAST; }
    /'E'             { return GeForMT.DIRECTION_TYPES.EAST; }
    /'W~'            { return GeForMT.DIRECTION_TYPES.TEND_WEST; }
    /'W'             { return GeForMT.DIRECTION_TYPES.WEST; }
    /'S~'            { return GeForMT.DIRECTION_TYPES.TEND_SOUTH; }
    /'S'             { return GeForMT.DIRECTION_TYPES.SOUTH; }

rotation = 'CLOCKWISE' { return GeForMT.ROTATION_TYPES.CLOCKWISE;}
    /'CW'  { return GeForMT.ROTATION_TYPES.CLOCKWISE; }
    /'COUNTERCLOCKWISE'
           { return GeForMT.ROTATION_TYPES.COUNTERCLOCKWISE; }
    /'CCW' { return GeForMT.ROTATION_TYPES.COUNTERCLOCKWISE; }

integer = first_digit:[1-9] last_digits:[0-9]*
    {
        var digits=String(first_digit)+String(last_digits.join(""));
        return parseInt(digits,10);
    }
```

Grammatikdefinition für ANTLR mit semantischen Aktionen in C++

```
grammar Geformt;

options
{
    language=Cpp;
}

@parser::includes
{
    #include "Poco/NumberParser.h"
    #include "GeformtLexer.hpp"
    #include "GestureObjectModel.h"
    #include "Types.h"
```

```
   #include <iostream>
}

@lexer::includes { #include "Types.h" }

@lexer::namespace { Bill }
@parser::namespace { Bill }

@lexer::traits {
   class GeformtLexer;
   class GeformtParser;
   typedef antlr3::Traits< GeformtLexer, GeformtParser >
      GeformtLexerTraits;
   typedef GeformtLexerTraits GeformtParserTraits;
}

@context {
   private:
      Multitouch::GestureObjectModel* model;
   public:
      void setGestureObjectModel(
         Multitouch::GestureObjectModel* model);
}

@members {
   void GeformtParser::setGestureObjectModel(
      Multitouch::GestureObjectModel* model)
   {
      this->model = model;
   }
   Multitouch::Types::Operations getOperator(std::string lexme)
   {
      if(lexme=="*") return Multitouch::Types::SYNCHRONOUS;
      if(lexme=="+") return Multitouch::Types::ASYNCHRONOUS;
      if(lexme==",") return Multitouch::Types::COMPOSITE;
      if(lexme=="|") return Multitouch::Types::OPTION;
      if(lexme==";") return Multitouch::Types::SEQUENCE;

      return Multitouch::Types::NO_OPERATION;
   }
   bool deduceOnline(std::string lexme)
   {
      bool result = false;
      if(lexme=="ON") result = true;

      return result;
   }
}
```

```
definition
   :  ID '=' c1=complex (':' t1=TIME
      {
         $c1.value->isOnline = deduceOnline($t1.text);
         model->online = deduceOnline($t1.text);
      }
      )?
      {
         model->identifier = $ID.text;
         model->addOption($c1.value);
      }
      ( '|' c2=complex (':' t2=TIME
      {
         $c2.value->isOnline=deduceOnline($t2.text);
         model->online = deduceOnline($t2.text);
      }
      )?
      {
         model->addOption($c2.value);
      }
      )*
   ;

complex returns [Multitouch::ComplexGesture* value]
@init { $value=new Multitouch::ComplexGesture(); }
   :  g1=gesture
      {
         $value->composite.push_back($g1.value);
      }
      (OPERATOR g2=gesture
      {
         $value->composite.push_back($g2.value);
         $g2.value->operationType = getOperator($OPERATOR.text);
      }
      )*
   |  relation
      {
         $value->relationType = $relation.value;
      }
      '[' g1=gesture
      {
         $value->composite.push_back($g1.value);
      }
      (OPERATOR g2=gesture
      {
         $value->composite.push_back($g2.value);
         $g2.value->operationType = getOperator($OPERATOR.text);
      }
```

```
        )* ']'
    ;

gesture returns [Multitouch::AtomicGesture* value]
@init {
    Multitouch::Types::Contacts contactType =
        Multitouch::Types::FINGER;
    std::list<Multitouch::Touchable*> focusList;
    std::list<Multitouch::Atomar*> atomList;
    Multitouch::Types::Identifiers identifierType =
        Multitouch::Types::NO_IDENTIFIER;
    int numberOfContacts = 0;
    std::list<Multitouch::TouchTemplate*> templates;
    bool rotationInvariant = false;
}
@after {
    $value=new Multitouch::AtomicGesture(contactType, atomList,
        focusList, numberOfContacts, templates, rotationInvariant);
}
    :   function '(' a1=atomfocus
        {
            for(std::list<Multitouch::Touchable*>::iterator it =
                $a1.value.begin(); it != $a1.value.end(); ++it)
            {
                focusList.push_back(*it);
            }
            atomList.push_back($a1.atomar);
            numberOfContacts = $function.num;
            contactType = $function.value;
        }
        ( ',' a2=atomfocus
        {
            for(std::list<Multitouch::Touchable*>::iterator it =
                $a2.value.begin(); it != $a2.value.end(); ++it)
            {
                focusList.push_back(*it);
            }
            atomList.push_back($a2.atomar);
        }
        )* ')'
    |   a1=atomfocus
        {
            for(std::list<Multitouch::Touchable*>::iterator it =
                $a1.value.begin(); it != $a1.value.end(); ++it)
            {
                focusList.push_back(*it);
            }
            atomList.push_back($a1.atomar);
```

```
        }
        (',' a2=atomfocus
        {
           for(std::list<Multitouch::Touchable*>::iterator it =
              $a2.value.begin(); it != $a2.value.end(); ++it)
           {
              focusList.push_back(*it);
           }
           atomList.push_back($a2.atomar);
        }
        )*
    ;

atomfocus returns [std::list<Multitouch::Touchable*> value,
   Multitouch::Atomar* atomar]
@init {
   std::list<Multitouch::Touchable*> focusList;
}
    :  atom
        {
           $value = focusList;
           $atomar = new Multitouch::Atomar($atom.ident, $atom.dir,
              $atom.rot);
        }
        atom '(' focuslist ')'
        {
           $value = $focuslist.value;
           $atomar = new Multitouch::Atomar($atom.ident, $atom.dir,
              $atom.rot);
        }
    ;

focuslist returns [std::list<Multitouch::Touchable*> value]
    :  i1=ID
        { $value.push_back(new Multitouch::Touchable($i1.text)); }
        ( ',' i2=ID
        { $value.push_back(new Multitouch::Touchable($i2.text)); })*
    ;

function returns [Multitouch::Types::Contacts value, int num]
    :  INTEGER + 'F'
        {
           $value=Multitouch::Types::FINGER;
           $num=Poco::NumberParser::parse($INTEGER.text);
        }
    |  INTEGER + 'FINGER'
        {
           $value=Multitouch::Types::FINGER;
```

```
            $num=Poco::NumberParser::parse($INTEGER.text);
        }
    |   INTEGER + 'H'
        {
            $value=Multitouch::Types::HAND;
            $num=Poco::NumberParser::parse($INTEGER.text);
        }
    |   INTEGER + 'HAND'
        {
            $value=Multitouch::Types::HAND;
            $num=Poco::NumberParser::parse($INTEGER.text);
        }
    |   INTEGER + 'B'
        {
            $value=Multitouch::Types::BLOB;
            $num=Poco::NumberParser::parse($INTEGER.text);
        }
        INTEGER + 'BLOB'
        {
            $value=Multitouch::Types::BLOB;
            $num=Poco::NumberParser::parse($INTEGER.text);
        }
    ;

atom returns [Multitouch::Types::Identifiers ident,
    Multitouch::Types::Directions dir,
    Multitouch::Types::Rotations rot]
    :   identifier
        {
            $ident = $identifier.value;
            $dir=Multitouch::Types::NO_DIRECTION;
            $rot=Multitouch::Types::NO_ROTATION;
        }
    |   vector
        {
            $ident = $vector.value;
            $dir=Multitouch::Types::NO_DIRECTION;
            $rot=Multitouch::Types::NO_ROTATION;
        }
        ('_' direction
        { $dir=$direction.value; }
        )?
    |   shape
        {
            $ident = $shape.value;
            $dir=Multitouch::Types::NO_DIRECTION;
            $rot=Multitouch::Types::NO_ROTATION;
        }
```

```
        ('_' direction
        { $dir=$direction.value; }
        )? ('_' rotation
        { $rot=$rotation.value; }
        )?
    ;

identifier returns [Multitouch::Types::Identifiers value]
    :  'MOVE'     { $value=Multitouch::Types::MOVE; }
    |  'POINT'    { $value=Multitouch::Types::POINT; }
    |  'DEPOINT'  { $value=Multitouch::Types::DEPOINT; }
    |  'HOLD'     { $value=Multitouch::Types::HOLD; }
    ;

vector returns [Multitouch::Types::Identifiers value]
    :  'LINE'     { $value=Multitouch::Types::LINE; }
    ;

shape returns [Multitouch::Types::Identifiers value]
    :  'CIRCLE'      { $value=Multitouch::Types::CIRCLE; }
    |  'SEMICIRCLE'  { $value=Multitouch::Types::SEMICIRCLE; }
    ;

direction returns [Multitouch::Types::Directions value]
    :  'NORTH'      { $value=Multitouch::Types::NORTH; }
    |  'N'          { $value=Multitouch::Types::NORTH; }
    |  'NORTHEAST'  { $value=Multitouch::Types::NORTHEAST; }
    |  'NE'         { $value=Multitouch::Types::NORTHEAST; }
    |  'EAST'       { $value=Multitouch::Types::EAST; }
    |  'E'          { $value=Multitouch::Types::EAST; }
    |  'SOUTHEAST'  { $value=Multitouch::Types::SOUTHEAST; }
    |  'SE'         { $value=Multitouch::Types::SOUTHEAST; }
    |  'SOUTH'      { $value=Multitouch::Types::SOUTH; }
    |  'S'          { $value=Multitouch::Types::SOUTH; }
    |  'SOUTHWEST'  { $value=Multitouch::Types::SOUTHWEST; }
    |  'SW'         { $value=Multitouch::Types::SOUTHWEST; }
    |  'WEST'       { $value=Multitouch::Types::WEST; }
    |  'W'          { $value=Multitouch::Types::WEST; }
    |  'NORTHWEST'  { $value=Multitouch::Types::NORTHWEST; }
    |  'NW'         { $value=Multitouch::Types::NORTHWEST; }
    |  'S~'         { $value=Multitouch::Types::TEND_SOUTH; }
    |  'W~'         { $value=Multitouch::Types::TEND_WEST; }
    |  'N~'         { $value=Multitouch::Types::TEND_NORTH; }
    |  'E~'         { $value=Multitouch::Types::TEND_EAST; }
    ;

rotation returns [Multitouch::Types::Rotations value]
    :  'CLOCKWISE'        { $value=Multitouch::Types::CLOCKWISE; }
```

```
    |  'CW'                 { $value=Multitouch::Types::CLOCKWISE; }
    |  'COUNTERCLOCKWISE' {
       $value=Multitouch::Types::COUNTERCLOCKWISE; }
    |  'CCW'               {
       $value=Multitouch::Types::COUNTERCLOCKWISE; }
    ;

relation returns [Multitouch::Types::Relations value]
    :  'SYNC'           { $value=Multitouch::Types::SYNC; }
    |  'JOIN'           { $value=Multitouch::Types::JOIN; }
    |  'SPLIT'          { $value=Multitouch::Types::SPLIT; }
    |  'CROSS'          { $value=Multitouch::Types::CROSS; }
    |  'CONNECT_START' { $value=Multitouch::Types::CONNECT_START; }
    |  'CONNECT_END'   { $value=Multitouch::Types::CONNECT_END; }
    |  'ASIDE'          { $value=Multitouch::Types::ASIDE; }
    |  'AMONG'          { $value=Multitouch::Types::AMONG; }
    |  'CLOSE'          { $value=Multitouch::Types::CLOSE; }
    ;

OPERATOR
    :  '*'
    |  '+'
    |  ','
    |  '|'
    |  ';'
    ;

TIME    :  ('ON' | 'OFF')
        ;
ID
    :  ('a'..'z') ('a'..'z'|'A'..'Z'|'0'..'9'|'_')*
    ;

INTEGER
    :  ('0'..'9')+
    ;

WS :  (' '
    |  '\t'
    |  '\r'
    |  '\n') { $channel=HIDDEN; }
    ;
```

Statistische Auswertung Gestensets

Anwendung	Anzahl Gesten	Individuelle Gesten	Fingeranzahl	Summe Atome	Summe Richtungen	Summe Zeit	Summe Raum	Summe Offline	Atomare Gesten	Richtungen	Operatoren	Bedingungen	Kennzahl
DelViz	30	16	1,20	33	15	3	2	10	1,10	0,50	0,10	0,07	18,75
DRESDEN-concept	6	5	1,00	6	1	0	0	4	1,00	0,17	0,00	0,00	3,67
FurPle	6	4	1,33	8	0	2	2	1	1,33	0,00	0,33	0,33	3,83
Grafitti	26	26	1,04	96	120	0	1	26	3,69	4,62	0,00	0,04	49,25
GrafittiRedux	6	6	1,00	22	24	0	0	6	3,67	4,00	0,00	0,00	10,67
Monsters	7	7	1,00	19	23	0	0	7	2,71	3,29	0,00	0,00	10,50
My (veryown) Space	5	5	2,00	5	2	0	0	1	1,00	0,40	0,00	0,00	3,83
Navigatable	8	7	2,00	10	0	2	3	3	1,25	0,00	0,25	0,38	6,42
SampleSurface	18	13	1,61	22	3	5	4	7	1,22	0,17	0,28	0,22	13,08
Scoop	5	5	1,20	5	0	0	0	4	1,00	0,00	0,00	0,00	3,33
Show Room	9	9	1,89	15	9	6	6	6	1,67	1,00	0,67	0,67	10,33
Surface Reader	8	7	1,63	9	2	1	0	5	1,13	0,25	0,13	0,00	6,08
TagIt	6	5	1,17	7	1	1	0	2	1,17	0,17	0,17	0,00	3,75
Tangible Design Helper	6	5	1,17	7	2	1	0	2	1,17	0,33	0,17	0,00	3,92
Time Table	8	4	1,50	12	0	4	4	1	1,50	0,00	0,50	0,50	5,50
Under The Surface	7	7	3,86	10	0	3	0	5	1,43	0,00	0,43	0,00	8,42

Literatur

[Abrahams und Gurtovoy 2004] Abrahams, D. und Gurtovoy, A.: *C++ Template Metaprogramming: Concepts, Tools, and Techniques from Boost and Beyond*, Addison-Wesley Professional, 2004 (ISBN: 0321227255)

[Adams und Dijkstra 1966] Adams, J. A. und Dijkstra, S.: Short-term memory for motor responses, *Journal of Experimental Psychology*, 71(2), S, 314–318, 1966

[Albinsson und Zhai 2003] Albinsson, P.-A. und Zhai, S.: „High precision touch screen interaction", In: *Proceedings of the SIGCHI conference on Human factors in computing systems*, CHI'03, ACM, New York, NY, USA, S. 105–112, 2003 (ISBN: 1-58113-630-7)

[Andersen 2001] Andersen, P. B.: What Semiotics can and cannot do for HCI, *Knowledge-Based Systems*, 14(8), S, 419–424, 2001

[Annett, Grossman, Wigdor und Fitzmaurice 2011] Annett, M.; Grossman, T.; Wigdor, D. und Fitzmaurice, G.: „Medusa: a proximity-aware multi-touch tabletop", In: *Proceedings of the 24th annual ACM symposium on User interface software and technology*, UIST'11, ACM, New York, NY, USA, S. 337–346, 2011 (ISBN: 978-1-4503-0716-1)

[Anthony und Wobbrock 2010] Anthony, L. und Wobbrock, J. O.: „A lightweight multistroke recognizer for user interface prototypes", In: *Proceedings of Graphics Interface 2010*, GI'10, Canadian Information Processing Society, Toronto, Ont., Canada, Canada, S. 245–252, 2010 (ISBN: 978-1-56881-712-5)

[Appert und Zhai 2009] Appert, C. und Zhai, S.: „Using strokes as command shortcuts: cognitive benefits and toolkit support", In: *Proceedings of the SIGCHI Conference on Human Factors in Computing Systems*, CHI'09, ACM, New York, NY, USA, S. 2289–2298, 2009 (ISBN: 978-1-60558-246-7)

[Arvo und Novins 2000] Arvo, J. und Novins, K.: „Fluid sketches: continuous recognition and morphing of simple hand-drawn shapes", In: *Proceedings of the 13th annual ACM symposium on User interface software and technology*, UIST '00, ACM, New York, NY, USA, S. 73–80, 2000 (ISBN: 1-58113-212-3)

[Bahr u. a. 2011] Bahr, J.; Peschke, J.; Kammer, D.; Franke, I. S.; Steinhauf, J.; Kirchner, M.; Schönefeld, F. und Groh, R.: „SampleSurface: Kollaboratives Musizieren mit Multitouch-Unterstützung", In: Eibl, M. und Ritter, M. (Hrsg.): *Workshop-Proceedings der Tagung Mensch & Computer 2011*. überMEDIEN|ÜBERmorgen, Universitätsverlag Chemnitz, Chemnitz, S. 267–271, 2011

[Barré u. a. 2009] Barré, R. de la; Chojecki, P.; Leiner, U.; Mühlbach, L. und Ruschin, D.: „Touchless Interaction-Novel Chances and Challenges", In: Jacko, J. A. (Hrsg.): *Human-Computer Interaction. Novel Interaction Methods and Techniques*, Lecture Notes in Computer Science, Springer Berlin Heidelberg, S. 161–169, 2009 (ISBN: 978-3-642-02576-1, 978-3-642-02577-8)

[Bau u. a. 2010] Bau, O.; Ghomi, E. und Mackay, W.: Arpege: Design and Learning of multi-finger chord gestures, Technical Report, LRI, 2010, Online: http://www.lri.fr/ bibli/Rapports-internes/2010/RR1533.pdf/, Letzter Abruf: 30.07.2013

[Bau und Mackay 2008] Bau, O. und Mackay, W. E.: „OctoPocus: a dynamic guide for learning gesture-based command sets", In: *Proceedings of the 21st annual ACM symposium on User interface software and technology*, UIST '08, ACM, New York, NY, USA, S. 37–46, 2008 (ISBN: 978-1-59593-975-3)

[Bederson 2011] Bederson, B. B.: The promise of zoomable user interfaces, *Behaviour & Information Technology*, 30(6), S. 853–866, 2011

[Berners-Lee u. a. 2001] Berners-Lee, T.; Hendler, J. und Lassila, O.: The Semantic Web: a new form of Web content that is meaningful to computers will unleash a revolution of new possibilities, *Scientific american*, 284(5), S. 28–37, 2001

[Bertin 1974] Bertin, J.: *Graphische Semiologie : Diagramme, Netze, Kt.*, De Gruyter, Berlin N.Y., 1974 (ISBN: 9783110036602)

[Bimber u. a. 2000] Bimber, O.; Encarnacao, L. M. und Stork, A.: A multi-layered architecture for sketch-based interaction within virtual environments, *Computers & Graphics*, 24(6), S.851–867, 2000

[Blackwell 2006] Blackwell, A. F.: The reification of metaphor as a design tool, *ACM Transactions on Computer-Human Interaction (TOCHI)*, 13(4), S. 490–530, 2006

[Blickenstorfer 1995] Blickenstorfer, C. H.: Graffiti: Wow!, *Pen Computing Magazine*, S. 30–31, 1995

[Block u. a. 2010] Block, M.; Link, J. und Phleps, A.: „Design patterns for multitouch-TUIs", In: *Workshop on Engineering Patterns for Multitouch Interfaces, Engineering Interactive Computer Systems (EICS) 2010*, Berlin, S. 33–36, 2010

[Bolt 1980] Bolt, R. A.: „„Put-that-there": Voice and gesture at the graphics interface", In: *Proceedings of the 7th annual conference on Computer graphics and interactive techniques*, SIGGRAPH'80, ACM, New York, NY, USA, S. 262–270, 1980 (ISBN: 0-89791-021-4)

[Brade u. a. 2011a] Brade, M.; Kammer, D.; Keck, M. und Groh, R.: „Immersive data grasping using the explore table", In: *Proceedings of the fifth international conference on Tangible, embedded, and embodied interaction*, TEI'11, ACM, New York, NY, USA, S. 419–420, 2011 (ISBN: 978-1-4503-0478-8)

[Brade u. a. 2013] Brade, M.; Keck, M.; Gründer, T.; Kammer, D. und Groh, R.: „Exploring Natural Interaction: Using Real-World Materials to Inspire Interaction Design", In: *ACM SIGCHI Conference on Human Factors in Computing Systems - Workshop: Workshop: Blended Interaction - Envisioning Future Collaborative Interactive Spaces*, Paris - France, 2013

[Brade u. a. 2011b] Brade, M.; Keck, M.; Kammer, D.; Salmen, A. und Groh, R.: „Nutzung inhärenter Interaktionsangebote von Substanzen des Alltags", In: Eibl, M. und Ritter, M. (Hrsg.): *Workshop-Proceedings der Tagung Mensch & Computer 2011*. überMEDIEN|ÜBERmorgen, Universitätsverlag Chemnitz, Chemnitz, S. 37–41, 2011

[Brejcha und Marcus 2013] Brejcha, J. und Marcus, A.: „Semiotics of Interaction: Towards a UI Alphabet", In: Kurosu, M. (Hrsg.): *Human-Computer Interaction. Human-Centred Design Approaches, Methods, Tools, and Environments*, Lecture Notes in Computer Science, Springer Berlin Heidelberg, S. 13–21, 2013 (ISBN: 978-3-642-39231-3, 978-3-642-39232-0)

[Buxton 1986] Buxton, W.: „Chunking and phrasing and the design of human-computer dialogues", In: *Proceedings of the IFIP World Computer Congress*, IFIP World Computer Congress, Dublin, Ireland, S. 475–480, 1986

[Buxton 1983] Buxton, W.: Lexical and pragmatic considerations of input structures, *ACM SIGGRAPH Computer Graphics*, 17(1), S. 31–37, 1983

[Card u. a.1999] O A: *Readings in information visualization: using vision to think*, Morgan Kaufmann Publishers Inc., San Francisco, CA, USA, 1999 (ISBN: 1-55860-533-9)

[Card u. a.1980] Card, S. K.; Moran, T. P. und Newell, A.: The keystroke-level model for user performance time with interactive systems, *Communications of the ACM*, 23(7), S. 396–410, 1980

[Carpendale 2003] Carpendale, M.: Considering visual variables as a basis for information visualisation, *Computer Science TR# 2001-693*, 16, Dept. Computer Science, University of Calgary, 2003

[Cassell 1998] Cassell, J.: „A Framework for Gesture Generation and Interpretation", In: Cipolla, R. und Pentland, A. (Hrsg.): *Computer Vision for Human-Machine Interaction*, Cambridge University Press, S. 191–216, 1998 (ISBN: 9780521622530)

[Cassinelli und Ishikawa 2005] Cassinelli, A. und Ishikawa, M.: „Khronos projector", In: *ACM SIGGRAPH 2005 Emerging technologies*, SIGGRAPH'05, ACM, New York, NY, USA, 2005

[Charwat 1994] Charwat, H.: *Lexikon der Mensch-Maschine-Kommunikation 2*, verb. Aufl., Oldenbourg, München [u.a.], 1994 (ISBN: 9783486226188)

[Cho 2006] Cho, M.: A new gesture recognition algorithm and segmentation method of Korean scripts for gesture-allowed ink editor, *Information Sciences*, 176(9), S, 1290–1303, 2006

[Chomsky 1959] Chomsky, N.: On certain formal properties of grammars, *Information and control*, 2(2), S, 137–167, 1959

[Cobley 1997] Cobley, P.: *Introducing semiotics*, Totem Books, New York, 1997 (ISBN: 9781874166559)

[AMI Consortium 2010] AMI Consortium: AMI & AMIDA Projects 2004-2010, Final Report, 2010

[Coy u. a. 1991] O A: *Sichtweisen der Informatik (Theorie der Informatik)*, Auflage: 1992, Vieweg Verlagsgesellschaft, 1991 (ISBN: 3528052635)

[Crocker und Dickinson 1984] Crocker, P. und Dickinson, J.: Incidental psychomotor learning: the effects of number of movements, practice, and rehearsal, *Journal of Motor Behavior*, (16(1)), S, 61–75, 1984

[Crockford 2006] Crockford, D.: „JSON: The fat-free alternative to XML", In: *Proceedings of XML, 2006*, Online: http://json.org/fatfree.html/, Letzter Abruf: 30.07.2013

[Dachselt 2004] Dachselt, R.: *Eine deklarative Komponentenarchitektur und Interaktionsbausteine für dreidimensionale multimediale Anwendungen*, 1., Aufl., Der Andere Verlag, 2004 (ISBN: 3899592719)

[Dietz und Leigh 2001] Dietz, P. und Leigh, D.: „DiamondTouch: a multi-user touch technology", In: *Proceedings of the 14th annual ACM symposium on User interface software and technology*, UIST'01, ACM, New York, NY, USA, S. 219–226, 2001 (ISBN: 1-58113-438-X)

[Dippon und Klinker 2011] Dippon, A. und Klinker, G.: „KinectTouch: accuracy test for a very low-cost 2.5D multitouch tracking system", In: *Proceedings of the ACM International Conference on Interactive Tabletops and Surfaces*, ITS'11, ACM, New York, NY, USA, S. 49–52, 2011 (ISBN: 978-1-4503-0871-7)

[Dix u. a. 2003] Dix, A.; Finlay, J. E.; Abowd, G. D. und Beale, R.: *Human-Computer Interaction* 3. Aufl, Prentice Hall, 2003 (ISBN: 0130461091)

[Döring u. a. 2013] Döring, T.; Sylvester, A. und Schmidt, A.: „A design space for ephemeral user interfaces", In: *Proceedings of the 7th International Conference on Tangible, Embedded and Embodied Interaction*, TEI'13, ACM, New York, NY, USA, S. 75–82, 2013 (ISBN: 978-1-4503-1898-3)

[Döring, u. a. 2012] Döring, T.; Sylvester, A. und Schmidt, A.: „Exploring material-centered design concepts for tangible interaction", In: *CHI'12 Extended Abstracts on Human Factors in Computing Systems*, CHI EA'12, ACM, New York, NY, USA, S. 1523–1528, 2012 (ISBN: 978-1-4503-1016-1)

[Echtler und Butz 2012] Echtler, F. und Butz, A.: „GISpL: gestures made easy", In: *Proceedings of the Sixth International Conference on Tangible, Embedded and Embodied Interaction*, TEI'12, ACM, New York, NY, USA, S. 233–240, 2012 (ISBN: 978-1-4503-1174-8)

[Echtler und Klinker 2008] Echtler, F. und Klinker, G.: „A multitouch software architecture", In: *Proceedings of the 5th Nordic conference on Human-computer interaction: building bridges*, NordiCHI'08, ACM, New York, NY, USA, S. 463–466, 2008 (ISBN: 978-1-59593-704-9)

[Echtler u. a. 2010] Echtler, F.; Klinker, G. und Butz, A.: „Towards a unified gesture description language", In: *Proceedings of the 13th International Conference on Humans and Computers*, HC'10, University of Aizu Press, Fukushima-ken, Japan, S. 177–182, 2010

[Eco 1978] Eco, U.: *A Theory of Semiotics*, First Edition, Indiana University Press, 1978 (ISBN: 0253202175)

[Eco 2002] Eco, U.: *Einführung in die Semiotik*, 9. unveränd. A., UTB, Stuttgart, 2002 (ISBN: 3825201058)

[Eco 1986] Eco, U.: *Semiotics and the philosophy of language*, 1st Midland book ed., Indiana University Press, Bloomington Ind., 1986 (ISBN: 9780253203984)

[Eco 1979] Eco, U.: *The Role of the Reader: Explorations in the Semiotics of Texts*, Indiana University Press, 1979 (ISBN: 025320318X)

[Efron 1941] Efron, D.: *Gesture and environment : a tentative study of some of the spatio-temporal and „linguistic" aspects of the gestural behavior of eastern Jews and southern Italians in New York city, living under similar as well as different environmental conditions*, King's crown press, 1941

[Ekman und Friesen 1969] Ekman, P. und Friesen, W. V.: The Repertoire of Nonverbal Behavioral Categories: Origins, Usage, and Coding, *Semiotica*, 1(1), S, 49–98, 1969

[Engelbart und English 1968] Engelbart, D. C. und English, W. K.: „A research center for augmenting human intellect", In: *Proceedings of the December 9-11, 1968, fall joint computer conference*, part I, AFIPS'68 (Fall, part I), ACM, New York, NY, USA, S. 395–410, 1968

[Epps u. a. 2006] Epps, J.; Lichman, S. und Wu, M.: „A study of hand shape use in tabletop gesture interaction", In: *CHI'06 Extended Abstracts on Human Factors in Computing Systems*, CHI EA'06, ACM, New York, NY, USA, S. 748–753, 2006 (ISBN: 1-59593-298-4)

[Esenther und Ryall 2006] Esenther, A. und Ryall, K.: „Fluid DTMouse: better mouse support for touch-based interactions". In: *Proceedings of the working conference on Advanced visual interfaces*, AVI'06, ACM, New York, NY, USA, S. 112–115, 2006 (ISBN: 1-59593-353-0)

[Fitzmaurice u. a. 1995] Fitzmaurice, G. W.; Ishii, H. und Buxton, W. A. S.: „Bricks: laying the foundations for graspable user interfaces". In: *Proceedings of the SIGCHI Conference on Human Factors in Computing Systems*, CHI'95, ACM Press/Addison-Wesley Publishing Co., New York, NY, USA, S. 442–449, 1995 (ISBN: 0-201-84705-1)

[Fontoura u. a. 2003] Fontoura, M.; Lehman, T.; Nelson, D. und Truong, T.: „TSpaces services suite: Automating the development and management of Web Services". In: *Proceedings of the 12th International World Wide Web Conference*, 2003

[Ford 2004] Ford, B.: „Parsing expression grammars: a recognition-based syntactic foundation". In: *Proceedings of the 31st ACM SIGPLAN-SIGACT symposium on Principles of programming languages*, POPL'04, ACM, New York, NY, USA, S. 111–122, 2004 (ISBN: 1-58113-729-X)

[Forlines u. a. 2007] Forlines, C.; Wigdor, D.; Shen, C. und Balakrishnan, R.: „Direct-touch vs. mouse input for tabletop displays". In: *Proceedings of the SIGCHI conference on Human factors in computing systems*, CHI'07, ACM, New York, NY, USA, S. 647–656, 2007 (ISBN: 978-1-59593-593-9)

[Franke 2013] Franke, I.: „Der Geschäftsfall Multi-Touch". In: Schlegel, T. (Hrsg.): *Multi-Touch: Interaktion durch Berührung*, Xpert.press, Springer Vieweg, 2013 (ISBN 978-3642361128) (in press)

[Franke u. a. 2010] Franke, I. S.; Kammer, D.; Groh, R.; Happ, S.; Steinhauf, J. und Schönefeld, F.: Developing Multi-touch Software through Creative Destruction, *Mensch & Computer 2010 Entertainment Interfaces Track*, S, 45–51, 2010

[Franke u. a. 2013] Franke, I. S.; Wojdziak, J. und Kammer, D.: „Gestenbasierte Interaktion in koordinierten multiplen Sichten". In: *Tagungsband der Fachtagung Digital Engineering der IFF-Wissenschaftstage 2013*, 16. IFF-Wissenschaftstage 2012, Magdeburg, S. 213–220, 2013

[Franke u. a. 2007] Franke, I. S.; Zavesky, M. und Dachselt, R.: „Learning from Painting: Perspective-dependent Geometry Deformation for Perceptual Realism". In: *Proceedings of the 13th Eurographics Symposium on Virtual Environments (EGVE'07)*, Weimar, S. 117–120, 2007

[Franklin und Wolpert 2011] Franklin, D. W. und Wolpert, D. M.: Computational Mechanisms of Sensorimotor Control, *Neuron*, 72(3), S, 425–442, 2011

[Freeman u. a. 2009] Freeman, D.; Benko, H.; Morris, M. R. und Wigdor, D.: „ShadowGuides: visualizations for in-situ learning of multi-touch and whole-hand gestures". In: *Proceedings of the ACM International Conference on Interactive Tabletops and Surfaces*, ITS '09, ACM, New York, NY, USA, S. 165–172, 2009 (ISBN: 978-1-60558-733-2)

[Frisch u. a. 2011] Frisch, M.; Langner, R. und Dachselt, R.: „Neat: a set of flexible tools and gestures for layout tasks on interactive displays". In: *Proceedings of the ACM International Conference on Interactive Tabletops and Surfaces*, ITS '11, ACM, New York, NY, USA, S. 1–10, 2011 (ISBN: 978-1-4503-0871-7)

[Fröhlich u. a. 1995] Fröhlich, B.; Grunst, G.; Krüger, W. und Wesche, G.: The responsive workbench: a virtual working environment for physicians, *Computers in biology and medicine*, 25(2), S, 301–308, 1995

[Fröhlich u. a. 2009] Fröhlich, C.; Biermann, P.; Latoschik, M. und Wachsmuth, I.: „Processing Iconic Gestures in a Multimodal Virtual Construction Environment". In: Sales Dias, M.; Gibet, S.; Wanderley, M. und Bastos, R. (Hrsg.): *Gesture-Based Human-Computer Interaction and Simulation, Lecture Notes in Computer Science*, Springer Berlin / Heidelberg, S. 187–192, 2009

[Gabbay 1996] Gabbay, D. M.: *Labelled deductive systems*, Vol. 1., Clarendon, Oxford, 1996 (ISBN: 0198538332 9780198538332)

[Gabbay 1993] Gabbay, D. M.: „Labelled deductive systems: a position paper". In: Oikkonen, J. und Väänänen, J. (Hrsg.): *Lecture Notes in Logic*, Logic Colloquium'90: ASL Summer Meeting in Helsinki, Springer-Verlag, S. 66–68, 1993

[George und Blake 2010] George, R. und Blake, J.: „Objects, Containers, Gestures, and Manipulations: Universal Foundational Metaphors of Natural User Interfaces". In: *ACM SIGCHI Conference on Human Factors in Computing Systems - Workshop: Natural User Interfaces: The Prospect and Challenge of Touch and Gestural Computing*, Atlanta, Georgia, USA, 2010

[Ghezzi u. a. 2002] Ghezzi, C.; Jazayeri, M. und Mandrioli, D.: *Fundamentals of Software Engineering*, 2. Aufl, Prentice Hall, 2002 (ISBN: 0133056996)

[Gibbon u. a. 2003] Gibbon, D.; Gut, U.; Hell, B.; Looks, K.; Thies, A. und Trippel, T.: „A Computational Model of Arm Gestures in Conversation". In: *Proceedings of the 8th European Conference on Speech Communication and Technology*, EUROSPEECH 2003, S. 813–816, 2003

[Goldstein 2002] Goldstein, E. B.: *Wahrnehmungspsychologie*, 2. Aufl., Spektrum Akademischer Verlag, 2002 (ISBN: 3827410835)

[Görg 2009] Görg, M.: *A Framework for Abstract Representation and Recognition of Gestures in Multi-Touch Applications*, Diplomarbeit, Technische Universität Berlin, 2009

[Görg u. a. 2010] Görg, M. T.; Cebulla, M. und Garzon, S. R.: „A Framework for Abstract Representation and Recognition of Gestures in Multi-touch Applications". In: *2010 Third International Conference on Advances in Computer-Human Interactions*, 2010 Third International Conference on Advances in Computer-Human Interactions, St Maarten, Netherlands Antilles, S. 143–147, 2010

[Groh 2007] Groh, R.: *Das Interaktions-Bild : Theorie und Methodik der Interfacegestaltung*, TUDpress, Dresden, 2007 (ISBN: 9783938863053)

[Groh 2011] Groh, R.: „Was sieht die Hand?". In: Groh, R. und Zavesky, M. (Hrsg.): *Wieder mehr Sehen! - Aktuelle Einblicke in die Technische Visualistik*, TUDpress Verlag der Wissenschaft, Dresden, S. 75–80, 2011 (ISBN: 978-3942710398)

[Groh 1989] Groh, R.: *Zusammenhang von technisch-funktionaler Struktur und Produktgestalt,* Dissertation, Technische Universität Ilmenau, Ilmenau, 1989

[Groh u. a. 2012] Groh, R.; Gründer, T. und Keck, M.: Metaphernproduktion für Begreifbare Benutzerschnittstellen, *i-com*, 11(2), S, 44–49, 2012

[Groh u. a. 2010] Groh, R.; Kammer, D. und Franke, I.: „Students as Catalyst of the Knowledge Economy: Evolution of Synergies between Companies and Universities". In: *Proceedings of the 6th Annual European Computer Science Summit*, ECSS 2010, Prague, 2010

[Gross 2012] Gross, B.: How RCA lost the LCD-The company behind black-and-white and color TV failed to appreciate the vast potential of the liquid crystal display, *IEEE Spectrum*, 49(11), S, 38, 2012

[Grossman u. a. 2006] Grossman, T.; Hinckley, K.; Baudisch, P.; Agrawala, M. und Balakrishnan, R.: „Hover widgets: using the tracking state to extend the capabilities of pen-operated devices". In: *Proceedings of the SIGCHI Conference on Human Factors in Computing Systems*, CHI'06, ACM, New York, NY, USA, S. 861–870, 2006 (ISBN: 1-59593-372-7)

[Gruber u. a. 2005] Gruber, O.; Hargrave, B. J.; McAffer, J.; Rapicault, P. und Watson, T.: The Eclipse 3.0 platform: Adopting OSGi technology, *IBM Systems Journal*, 44(2), S. 289–299, 2005

[Gründer u. a. 2013] Gründer, T.; Kammer, D.; Brade, M. und Groh, R.: „Towards a Design Space for Elastic Displays". In: *ACM SIGCHI Conference on Human Factors in Computing Systems - Workshop: Displays Take New Shape: An Agenda for Future Interactive Surfaces*, Paris - France, 2013

[Hammond und Davis 2005] Hammond, T. und Davis, R.: LADDER, a sketching language for user interface developers, *Computers & Graphics*, 29(4), S, 518–532, 2005

[Hansen u. a. 2009] Hansen, T. E.; Hourcade, J. P.; Virbel, M.; Patali, S. und Serra, T.: „PyMT: a post-WIMP multi-touch user interface toolkit". In: *Proceedings of the ACM International Conference on Interactive Tabletops and Surfaces*, ITS'09, ACM, New York, NY, USA, S. 17–24, 2009 (ISBN: 978-1-60558-733-2)

[Hasu u. a. 2009] Hasu, M.; Mattelmäki, T. und Ylirisku, S.: „Strategic partnership as a design challenge: applying design competence to facilitate innovation-driven relationships and activities in public organization". In: *European Conference on Cognitive Ergonomics: Designing beyond the Product — Understanding*

Activity and User Experience in Ubiquitous Environments, ECCE'09, VTT Technical Research Centre of Finland, VTT, Finland, Finland, S. 26:1–26:4, 2009 (ISBN: 978-951-38-6340-1)

[Henkens 2011] Henkens, D.: *Kombination gestenbasierter Interaktion in multimodalen Anwendungen*, Bakkalaureat, Technische Universität Dresden, 2011

[Henkens 2012] Henkens, D.: *Konzeption eines Web-Frameworks zur Gestenerkennung auf Basis der Beschreibungssprache GeForMT*, Diplom, Technische Universität Dresden, 2012

[Henzen 2010] Henzen, C.: *Prototypische Konzeption eines Frameworks basierend auf einer formalen Beschreibungssprache für zweidimensionale Multitouch-Gesten*, Diplomarbeit, Technische Universität Dresden, 2010

[Herrmann 2011] Herrmann, M.: *Berührungsfreie gestenbasierte Interaktion auf Basis der Eigenschaften von Körpersilhouetten*, Beleg, Technische Universität Dresden, 2011

[Heydekorn u. a. 2011] Heydekorn, J.; Frisch, M. und Dachselt, R.: „Evaluating a User-Elicited Gesture Set for Interactive Displays". In: Eibl, M. (Hrsg.): *Mensch & Computer 2011: überMEDIEN|ÜBERmorgen*, Oldenbourg Verlag, München, S. 191–200, 2011

[Hickethier 1998] Hickethier, K.: *Geschichte des deutschen Fernsehens*, Metzler, Stuttgart; Weimar, 1998 (ISBN: 9783476013194; 3476013197;)

[Hinckley u. a. 1994] Hinckley, K.; Pausch, R.; Goble, J. C. und Kassell, N. F.: „Passive real-world interface props for neurosurgical visualization". In: *Proceedings of the SIGCHI Conference on Human Factors in Computing Systems*, CHI'94, ACM, New York, NY, USA, S. 452–458, 1994 (ISBN: 0-89791-650-6)

[Hindel u. a. 2006] Hindel, B.; Hörmann, K. und Müller, M.: *Basiswissen Software-Projektmanagement*, 2. überarb. und erw. A., Dpunkt Verlag, 2006 (ISBN: 3898643905)

[Hofmeester und Wixon 2010] Hofmeester, K. und Wixon, D.: „Using metaphors to create a natural user interface for microsoft surface". In: *CHI'10 Extended Abstracts on Human Factors in Computing Systems*, CHI EA'10, ACM, New York, NY, USA, S. 4629–4644, 2010 (ISBN: 978-1-60558-930-5)

[Holman und Vertegaal 2008] Holman, D. und Vertegaal, R.: Organic user interfaces: designing computers in any way, shape, or form, *Commun. ACM*, 51(6), S, 48–55, 2008

[Hornecker und Buur 2006] Hornecker, E. und Buur, J.: „Getting a grip on tangible interaction: a framework on physical space and social interaction". In: *Proceedings of the SIGCHI Conference on Human Factors in Computing Systems*, CHI'06, ACM, New York, NY, USA, S. 437–446, 2006 (ISBN: 1-59593-372-7)

[Hornecker u. a. 2012] Hornecker, E.; Habakuk Israel, J.; Brade, M. und Kammer, D.: Themenschwerpunkt Be-greifbare Interaktion, *i-com*, 11(2), S, 1–2, 2012

[Hoste u. a. 2011] Hoste, L.; Dumas, B. und Signer, B.: „Mudra: a unified multimodal interaction framework". In: *Proceedings of the 13th international conference on multimodal interfaces*, ICMI'11, ACM, New York, NY, USA, S. 97–104, 2011 (ISBN: 978-1-4503-0641-6)

[Ishii und Ullmer 1997] Ishii, H. und Ullmer, B.: „Tangible bits: towards seamless interfaces between people, bits and atoms". In: *Proceedings of the ACM SIGCHI Conference on Human factors in computing systems*, CHI'97, ACM, New York, NY, USA, S. 234–241, 1997 (ISBN: 0-89791-802-9)

[Jacob u. a. 2008] Jacob, R. J. K.; Girouard, A.; Hirshfield, L. M.; Horn, M. S.; Shaer, O.; Solovey, E. T. und Zigelbaum, J.: „Reality-based interaction: a framework for post-WIMP interfaces". In: *Proceedings of the SIGCHI Conference on Human Factors in Computing Systems*, CHI'08, ACM, New York, NY, USA, S. 201–210, 2008 (ISBN: 978-1-60558-011-1)

[Jähne 2002] Jähne, B.: *Digitale Bildverarbeitung*, Springer, Berlin; Heidelberg [u.a.], 2002 (ISBN: 9783540412601; 3540412603;)

[Jansen u. a. 2011] Jansen, Y.; Karrer, T. und Borchers, J.: „MudPad: tactile feedback for touch surfaces". In: *Proceedings of the 2011 annual conference extended abstracts on Human factors in computing systems*, CHI EA'11, ACM, New York, NY, USA, S. 323–328, 2011 (ISBN: 978-1-4503-0268-5)

[Jetter u. a. 2013] Jetter, H.-C.; Dachselt, R.; Reiterer, H.; Quigley, A.; Benyon, D. und Haller, M.: „Blended interaction: envisioning future collaborative interactive spaces". In: *CHI'13 Extended Abstracts on Hu-*

man Factors in Computing Systems, CHI EA'13, ACM, New York, NY, USA, S. 3271–3274, 2013 (ISBN: 978-1-4503-1952-2)

[Johnson u. a. 2007] Johnson, G.; Gross, M. D.; Hong, J. und Yi-Luen Do, E.: Computational Support for Sketching in Design: A Review, Foundations and Trends® in Human-Computer *Interaction*, 2(1), S, 1–93, 2007

[Kaltenbrunner u. a. 2005] Kaltenbrunner, M.; Bovermann, T.; Bencina, R. und Costanza, E.: „TUIO: A Protocol for Table-Top Tangible User Interfaces", In: *6th International Workshop on Gesture in Human-Computer Interaction and Simulation*, Vannes, France, 2005

[Kammer 2013] Kammer, D.: „Deklarative Programmierung von Multitouch-Gesten", In: Schlegel, T. (Hrsg.): *Multi-Touch: Interaktion durch Berührung*, Xpert.press, Springer Vieweg, 2013 (ISBN 978-3642361128) (in press)

[Kammer u. a. 2011a] Kammer, D.; Franke, I. S.; Groh, R.; Steinhauf, J.; Kirchner, M. und Schönefeld, F.: „The eleventh finger: levels of manipulation in multi-touch interaction", In: *Proceedings of the 29th Annual European Conference on Cognitive Ergonomics*, ECCE '11, ACM, New York, NY, USA, S. 141–148, 2011 (ISBN: 978-1-4503-1029-1)

[Kammer u. a. 2010a] Kammer, D.; Freitag, G.; Keck, M. und Wacker, M.: „Taxonomy and Overview of Multi-touch Frameworks: Architecture, Scope and Features", In: *Workshop on Engineering Patterns for Multi-touch Interfaces, Engineering Interactive Computer Systems (EICS) 2010*, Berlin, 2010

[Kammer u. a. 2012a] Kammer, D.; Henkens, D. und Groh, R.: „GeForMTjs: A JavaScript Library Based on a Domain Specific Language for Multi-touch Gestures", In: *Web Engineering - 12th International Conference*, ICWE 2012, Berlin, Germany, July 23-27, 2012. Proceedings, S. 444–447, 2012

[Kammer u. a. 2011b] Kammer, D.; Henkens, D.; Wojdziak, J. und Freitag, G.: „Formalization and Combination of Touch and Point Interaction", In: *Workshop on Engineering Patterns for Multitouch Interfaces, Engineering Interactive Computer Systems (EICS) 2011*, Pisa, Italy, 2011

[Kammer u. a. 2011c] Kammer, D.; Henzen, C.; Keck, M. und Taranko, S.: „GeForMT - Gestenformalisierung für MultiTouch", In: Groh, R. und Zavesky, M. (Hrsg.): *Wieder mehr Sehen! - Aktuelle Einblicke in die Technische Visualistik*, TUDpress Verlag der Wissenschaft, Dresden, S. 117–131, 2011 (ISBN: 978-3942710398)

[Kammer u. a. 2012] Kammer, D.; Keck, M.; Röpke, C. und Groh, R.: „Multitouch-Gestensteuerung für das neuartige Suchinterface DelViz", In: Reiterer, H. und Deussen, O. (Hrsg.): *Mensch & Computer 2012 – Workshopband: interaktiv informiert – allgegenwärtig und allumfassend!?*, Oldenbourg Verlag, München, S. 477–480, 2012

[Kammer u. a. 2013] Kammer, D.; Schmidt, D.; Keck, M. und Groh, R.: „Developing mobile interface metaphors and gestures", In: *Proceedings of the 15th international conference on Human-computer interaction with mobile devices and services*, MobileHCI'13, ACM, New York, NY, USA, S. 516–521, 2013 (ISBN: 978-1-4503-2273-7)

[Kammer u. a. 2012c] Kammer, D.; Müller, R.; Wojdziak, J.; Zavesky, M.; Weyprecht, P.; Schönefeld, F. und Groh, R.: „Innovationspotenzial validieren: Anwendungsgebiete für die 3D-Plattform Bildsprache LiveLab", In: *Innovationsforum open4INNOVATION2012 regional kooperativ-global innovativ Beiträge zum Fachforum*, Technische Universität Dresden, S. 80–85, 2012

[Kammer u. a. 2011d] Kammer, D.; Wojdziak, J.; Ebner, T. und Franke, I. S.: „Bildsprache LiveLab: Ein komponentenorientiertes Framework im Bereich der experimentellen Computergrafik", In: Groh, R. und Zavesky, M. (Hrsg.): *Wieder mehr Sehen! - Aktuelle Einblicke in die Technische Visualistik, TUDpress Verlag der Wissenschaft*, Dresden, S. 21–32, 2011

[Kammer u. a. 2012d] Kammer, D.; Wojdziak, J.; Ebner, T.; Franke, I. S. und Groh, R.: A component-oriented framework for experimental computer graphics, *Computer Standards & Interfaces*, 34(1), S, 93–100, 2012

[Kammer u. a. 2010b] Kammer, D.; Wojdziak, J.; Keck, M.; Groh, R. und Taranko, S.: „Towards a formalization of multi-touch gestures", In: *ACM International Conference on Interactive Tabletops and Surfaces*, ITS'10, ACM, New York, NY, USA, S. 49–58, 2010 (ISBN: 978-1-4503-0399-6)

[Kammer u. a. 2010c] Kammer, D.; Lamack, F. und Groh, R.: „Enhancing the expressiveness of fingers: multi-touch ring menus for everyday applications", In: *Proceedings of the First international joint conference on Ambient intelligence*, AmI'10, Springer-Verlag, Berlin, Heidelberg, S. 259–264, 2010 (ISBN: 3-642-16916-3, 978-3-642-16916-8)

[Kanstrup und Christiansen 2006] Kanstrup, A. M. und Christiansen, E.: „Selecting and evoking innovators: combining democracy and creativity", In: *Proceedings of the 4th Nordic conference on Human-computer interaction: changing roles*, NordiCHI '06, ACM, New York, NY, USA, S. 321–330, 2006 (ISBN: 1-59593-325-5)

[Karam und Schraefel 2005] Karam, M. und Schraefel, M. C.: A taxonomy of Gestures in Human Computer Interaction, *Monograph (Technical Report)*, 2005, Online: http://eprints.soton.ac.uk/261149/, Letzter Abruf: 31.07.2013

[Keck u. a. 2012] Keck, M.; Brade, M.; Gründer, T.; Kammer, D. und Groh, R.: „Interface Exploration zur Entwicklung natürlicher Benutzerschnittstellen", In: Reiterer, H. und Deussen, O. (Hrsg.): *Mensch & Computer 2012: interaktiv informiert – allgegenwärtig und allumfassend!?*, Oldenbourg Verlag, München, S. 385–388, 2012

[Keck u. a. 2011a] Keck, M.; **Kammer, D.**; Iwan, R.; Taranko, S. und Groh, R.: DelViz: Exploration of Tagged Information Visualizations Heiß, H.-U.; Pepper, P.; Schlingloff, H. und Schneider, J. (Hrsg.): *Tagungsband der INFORMATIK 2011 Lecture Notes in Informatics*, Band P192, Gesellschaft für Informatik e.V. (GI), S. 257–266, 2011 (ISBN: 978-3-88579-286-4)

[Keck u. a. 2010] Keck, M.; Kammer, D.; Wojdziak, J.; Taranko, S. und Groh, R.: „DelViz: Untersuchen von Visualisierungsformen durch eine Klassifizierung beruhend auf Social Tagging", In: Meißner, K. und Engelien, M. (Hrsg.): *Virtual Enterprises, Communities & Social Networks: Workshop GeNeMe'10 Gemeinschaften in Neuen Medien*, TUDpress, Dresden, S. 69–79, 2010

[Keck u. a. 2011b] Keck, M.; Koalick, G.; Kammer, D.; Taranko, S. und Wojdziak, J.: „DelViz: Ein Werkzeug zur Exploration von Visualisierungen", In: Groh, R. und Zavesky, M. (Hrsg.): *Wieder mehr Sehen! - Aktuelle Einblicke in die Technische Visualistik*, TUDpress Verlag der Wissenschaft, Dresden, S. 55–66, 2011

[Kendon 1980] Kendon, A.: Gesticulation and Speech: Two Aspects of the Process of Utterance, In: Key, M. R. (Hrsg.): *The Relationship of Verbal and Nonverbal Communication*, The Hague: Mouton and Co., S. 207–227, 1980

[Kendon 2004] Kendon, A.: *Gesture: Visible Action as Utterance*, Cambridge University Press, 2004 (ISBN: 0521542936)

[Khalilbeigi u. a. 2012] Khalilbeigi, M.; Lissermann, R.; Kleine, W. und Steimle, J.: „FoldMe: interacting with double-sided foldable displays", In: *Proceedings of the Sixth International Conference on Tangible, Embedded and Embodied Interaction*, TEI'12, ACM, New York, NY, USA, S. 33–40, 2012 (ISBN: 978-1-4503-1174-8)

[Khalilbeigi u. a. 2011] Khalilbeigi, M.; Lissermann, R.; Mühlhäuser, M. und Steimle, J.: „Xpaaand: interaction techniques for rollable displays", In: *Proceedings of the 2011 annual conference on Human factors in computing systems*, CHI'11, ACM, New York, NY, USA, S. 2729–2732, 2011 (ISBN: 978-1-4503-0228-9)

[Khandkar 2010] Khandkar, S. H.: *A Domain-Specific Language for Multi-Touch Gestures*, Master Thesis, University of Calgary, Calgary, Alberta, 2010

[Khandkar u. a. 2010] Khandkar, S. H.; Sohan, S. M.; Sillito, J. und Maurer, F.: „Tool support for testing complex multi-touch gestures", In: *ACM International Conference on Interactive Tabletops and Surfaces*, ITS'10, ACM, New York, NY, USA, S. 59–68, 2010 (ISBN: 978-1-4503-0399-6)

[Khandkar und Maurer 2010] Khandkar, S. und Maurer, F.: „A Domain Specific Language to Define Gestures for Multi-Touch Applications", In: Rossi, M.; Tolvanen, J.-P.; Sprinkle, J. und Kelly, S. (Hrsg.): *Proceedings of the 10th Workshop on Domain-Specific Modeling (DSM'10)*, The 10th Workshop on Domain-Specific Modeling, Aalto University School of Economics, B-120, Aalto-Print, 2010 (ISBN: 978-952-60-1043-4)

[Kin u. a. 2009] Kin, K.; Agrawala, M. und DeRose, T.: „Determining the benefits of direct-touch, bimanual, and multifinger input on a multitouch workstation". In: *Proceedings of Graphics Interface 2009*, GI'09, Canadian Information Processing Society, Toronto, Ont., Canada, Canada, S. 119–124, 2009 (ISBN: 978-1-56881-470-4)

[Kin u. a. 2012] Kin, K.; Hartmann, B.; DeRose, T. und Agrawala, M.: „Proton: multitouch gestures as regular expressions". In: *Proceedings of the 2012 ACM annual conference on Human Factors in Computing Systems*, CHI'12, ACM, New York, NY, USA, S. 2885–2894, 2012 (ISBN: 978-1-4503-1015-4)

[Kin u. a. 2012b] Kin, K.; Hartmann, B.; DeRose, T. und Agrawala, M.: „Proton++: a customizable declarative multitouch framework". In: *Proceedings of the 25th annual ACM symposium on User interface software and technology*, UIST'12, ACM, New York, NY, USA, S. 477–486, 2012 (ISBN: 978-1-4503-1580-7)

[Kingsley u. a. 2012] Kingsley, P.; Rossiter, J. und Subramanian, S.: „eTable: A Haptic Elastic Table for 3D Multi-touch Interactions", *Seminararbeit*, University of Bristol, 2012, Online: http://seis.bris.ac.uk/~pk8266/downloads/eTable_conference_paper.pdf/, Letzter Abruf: 19.12.2012

[Klinkhammer u. a. 2011] Klinkhammer, D.; Nitsche, M.; Specht, M. und Reiterer, H.: „Adaptive personal territories for co-located tabletop interaction in a museum setting". In: *Proceedings of the ACM International Conference on Interactive Tabletops and Surfaces*, ITS'11, ACM, New York, NY, USA, S. 107–110, 2011 (ISBN: 978-1-4503-0871-7)

[Klompmaker u. a. 2012] Klompmaker, F.; Nebe, K. und Fast, A.: „dSensingNI: a framework for advanced tangible interaction using a depth camera". In: *Proceedings of the Sixth International Conference on Tangible, Embedded and Embodied Interaction*, TEI '12, ACM, New York, NY, USA, S. 217–224, 2012 (ISBN: 978-1-4503-1174-8)

[Kopp u. a. 2006] Kopp, S.; Krenn, B.; Marsella, S.; Marshall, A.; Pelachaud, C.; Pirker, H.; Thórisson, K. und Vilhjálmsson, H.: „Towards a Common Framework for Multimodal Generation: The Behavior Markup Language". In: Gratch, J.; Young, M.; Aylett, R.; Ballin, D. und Olivier, P. (Hrsg.): *Intelligent Virtual Agents*, Lecture Notes in Computer Science, Springer Berlin / Heidelberg, S. 205–217, 2006

[Kramer 1998] Kramer, A.: „Classifying two dimensional gestures in interactive systems". In: Wachsmuth, I. und Fröhlich, M. (Hrsg.): *Gesture and Sign Language in Human-Computer Interaction*, Lecture Notes in Computer Science, Springer Berlin/Heidelberg, S. 37–48, 1998

[Kranstedt u. a. 2002] Kranstedt, A.; Kopp, S. und Wachsmuth, I.: MURML: A Multimodal Utterance Representation Markup Language for Conversational Agents, *Technical report SFB 360 Situated Artifical Communicators*, Universität Bielefeld, 2002

[Krueger 1991] Krueger, M. K.: *Artificial Reality 2*, 2. Aufl, Addison-Wesley Professional, 1991 (ISBN: 0201522608)

[Krueger u. a. 1985] Krueger, M. W.; Gionfriddo, T. und Hinrichsen, K.: „VIDEOPLACE - an artificial reality". In: *Proceedings of the SIGCHI Conference on Human Factors in Computing Systems*, CHI'85, ACM, New York, NY, USA, S. 35–40, 1985 (ISBN: 0-89791-149-0)

[Kurtenbach und Buxton 1993] Kurtenbach, G. und Buxton, W.: „The limits of expert performance using hierarchic marking menus". In: *Proceedings of the INTERACT'93 and CHI'93 Conference on Human Factors in Computing Systems*, CHI'93, ACM, New York, NY, USA, S. 482–487, 1993 (ISBN: 0-89791-575-5)

[Kurtenbach u. a. 1994] Kurtenbach, G.; Moran, T. P. und Buxton, W.: Contextual Animation of Gestural Commands, *Computer Graphics Forum*, 13(5), S, 305–314, 1994

[Kwon u. a. 2012] Kwon, H.; Bae, S.-H.; Kim, H. und Lee, W.: „Inflated roly-poly". In: *Proceedings of the Sixth International Conference on Tangible, Embedded and Embodied Interaction*, TEI'12, ACM, New York, NY, USA, S. 189–192, 2012 (ISBN: 978-1-4503-1174-8)

[Lahey u. a. 2011] Lahey, B.; Girouard, A.; Burleson, W. und Vertegaal, R.: „PaperPhone: understanding the use of bend gestures in mobile devices with flexible electronic paper displays". In: *Proceedings of the*

SIGCHI Conference on Human Factors in Computing Systems, CHI'11, ACM, New York, NY, USA, S. 1303–1312, 2011 (ISBN: 978-1-4503-0228-9)

[Lambeck u. a. 2012] Lambeck, C.; Kammer, D.; Weyprecht, P. und Groh, R.: „Bridging the gap: advances in interaction design for enterprise applications in production scenarios", In: *Proceedings of the International Working Conference on Advanced Visual Interfaces*, AVI'12, ACM, New York, NY, USA, S. 765–768, 2012 (ISBN: 978-1-4503-1287-5)

[Lambeck u. a. 2013] Lambeck, C.; Kammer, D. und Groh, R.: „Discovering Potentials in Enterprise Interface Design - A review of our latest case studies in the enterprise domain", In: *Proceedings of the 15th International Conference on Enterprise Information Systems, SCITEPRESS*, Angers/ France, S. 148–153, 2013 (ISBN: 978-989-8565-61-7)

[Langner u. a. 2010] Langner, R.; Brosz, J.; Dachselt, R. und Carpendale, S.: „PhysicsBox: playful educational tabletop games", In: *ACM International Conference on Interactive Tabletops and Surfaces*, ITS'10, ACM, New York, NY, USA, S. 273–274, 2010 (ISBN: 978-1-4503-0399-6)

[Langworthy u. a. 2009] Langworthy, D.; Lovering, B. und Box, D.: *The „Oslo" modeling language draft specification*, October 2008, Addison-Wesley, Upper Saddle River, N.J, 2009 (ISBN: 9780321606518 0321606515 0321606353 9780321606358)

[Lao u. a. 2009] Lao, S.; Heng, X.; Zhang, G.; Ling, Y. und Wang, P.: „A gestural interaction design model for multi-touch displays", In: *Proceedings of the 23rd British HCI Group Annual Conference on People and Computers: Celebrating People and Technology*, BCS-HCI'09, British Computer Society, Swinton, UK, UK, S. 440–446, 2009

[Latoschik 2001] Latoschik, M. E.: „A gesture processing framework for multimodal interaction in virtual reality", In: *Proceedings of the 1st international conference on Computer graphics, virtual reality and visualisation*, AFRIGRAPH'01, ACM, New York, NY, USA, S. 95–100, 2001 (ISBN: 1-58113-446-0)

[Laufs u. a. 2010] Laufs, U.; Ruff, C. und Weisbecker, A.: MT4j – An open source platform for multi-touch software development, *Interactive Systems in Healthcare*, (1, 2010), 2010

[Lee 2010] Lee, J. C.: In search of a natural gesture, *XRDS*, 16, S. 9–12, 2010

[Lee und Hirota 1980] Lee, T. und Hirota, T.: Encoding specificity principle in motor short-term memory for movement extent, *Journal of Motor Behavior*, 12(1), S. 63–7, 1980

[Leithinger und Ishii 2010] Leithinger, D. und Ishii, H.: „Relief: a scalable actuated shape display", In: *Proceedings of the fourth international conference on Tangible, embedded, and embodied interaction*, TEI'10, ACM, New York, NY, USA, S. 221–222, 2010 (ISBN: 978-1-60558-841-4)

[Lengler und Eppler 2007] Lengler, R. und Eppler, M. J.: „Towards a periodic table of visualization methods of management", In: *Proceedings of the IASTED International Conference on Graphics and Visualization in Engineering*, GVE'07, ACTA Press, Anaheim, CA, USA, S. 83–88, 2007 (ISBN: 978-0-88986-627-0)

[Lepinski u. a. 2010] Lepinski, G. J.; Grossman, T. und Fitzmaurice, G.: „The design and evaluation of multi-touch marking menus", In: *Proceedings of the SIGCHI Conference on Human Factors in Computing Systems*, CHI'10, ACM, New York, NY, USA, S. 2233–2242, 2010 (ISBN: 978-1-60558-929-9)

[Li 2010a] Li, Y.: „Gesture search: a tool for fast mobile data access", In: *Proceedings of the 23nd annual ACM symposium on User interface software and technology*, UIST'10, ACM, New York, NY, USA, S. 87–96, 2010 (ISBN: 978-1-4503-0271-5)

[Li 2010b] Li, Y.: „Protractor: a fast and accurate gesture recognizer", In: *Proceedings of the SIGCHI Conference on Human Factors in Computing Systems*, CHI'10, ACM, New York, NY, USA, S. 2169–2172, 2010 (ISBN: 978-1-60558-929-9)

[Lilienthal und Züllighoven 1997] Lilienthal, C. und Züllighoven, H.: Application-oriented usage quality: the tools and materials approach, *interactions*, 4(6), S, 35–41, 1997

[Lima 2011] Lima, M.: *Visual Complexity: Mapping Patterns of Information*, Princeton Architectural Press, 2011 (ISBN: 1568989369)

[Luojus und Vilkki 2008] Luojus, S. und Vilkki, O.: „Development of user-driven research methods as the starting point for living lab activities". In: *Proceedings of the 5th Nordic conference on Human-computer interaction: building bridges*, NordiCHI'08, ACM, New York, NY, USA, S. 589–590, 2008 (ISBN: 978-1-59593-704-9)

[Machover 1994] Machover, C.: Four Decades of Computer Graphics, *IEEE Comput. Graph. Appl.*, 14(6), S. 14–19, 1994

[Magill 2011] Magill, R.: *Motor learning and control: concepts and applications*, 9th ed., McGraw-Hill, New York, 2011 (ISBN: 9780073523804)

[Malaka u. a. 2004] Malaka, R.; Haeussler, J. und Aras, H.: „SmartKom mobile: intelligent ubiquitous user interaction". In: *Proceedings of the 9th international conference on Intelligent user interfaces*, IUI'04, ACM, New York, NY, USA, S. 310–312, 2004 (ISBN: 1-58113-815-6)

[Marchionini 2010] Marchionini, G.: *Information Seeking in Electronic Environments*, Paperback., Cambridge University Press, 2010 (ISBN: 0521586747)

[Martell 2002] Martell, C.: „Form: An extensible, kinematically-based gesture annotation scheme". In: *Proceedings of the 2002 International Conference on Language Resources and Evaluation*, LREC 2002, S. 183–187, 2002

[Martz 2007] Martz, P.: OpenSceneGraph Quick Start Guide,2007, Online: http://www.lulu.com/items/volume_51/767000/767629/3/print/OSGQSG.pdf/, Letzter Abruf: 01.08.2013

[McCloud 2001] McCloud, S.: *Comics richtig lesen*, Carlsen, 2001 (ISBN: 3551748179)

[McNeill 2007] McNeill, D.: *Gesture and thought*, University of Chicago Press; University Presses Marketing [distributor], Chicago, Ill.; Bristol, 2007 (ISBN: 9780226514635 0226514633 0226514625 9780226514628)

[McNeill 1995] McNeill, D.: *Hand and mind : what gestures reveal about thought*, University of Chicago Press, Chicago, 1995 (ISBN: 9780226561349)

[Merrill u. a. 2007] Merrill, D.; Kalanithi, J. und Maes, P.: „Siftables: towards sensor network user interfaces". In: *Proceedings of the 1st international conference on Tangible and embedded interaction*, TEI'07, ACM, New York, NY, USA, S. 75–78, 2007 (ISBN: 978-1-59593-619-6)

[Milde und Gut 2002] Milde, J.-T. und Gut, U.: „The TASX-environment: an XML-based toolset for time aligned speech corpora". In: In: *Proceedings of the 2002 International Conference on Language Resources and Evaluation*, LREC 2002, S. 1922–1927, 2002

[Monteiro u. a. 2013] Monteiro, I. T.; Souza, C. S. de und Leitão, C. F.: „Metacommunication and Semiotic Engineering: Insights from a Study with Mediated HCI". In: Marcus, A. (Hrsg.): *Design, User Experience, and Usability. Design Philosophy, Methods, and Tools*, Lecture Notes in Computer Science, Springer Berlin Heidelberg, S. 115–124, 2013 (ISBN: 978-3-642-39228-3, 978-3-642-39229-0)

[Morris 1988] Morris, C. W.: *Grundlagen der Zeichentheorie*, Fischer-Taschenbuch-Verl., Frankfurt am Main, 1988 (ISBN: 3596274079; 3596274060;)

[Müller und Kammer 2013] Müller, R. und Kammer, D.: „Does the anticipation of a partner's reaction affect action planning? Spatial action-effect compatibility in a joint task.". In: *CogSci 2013 Proceedings*, COGSCI 2013 - The Annual Meeting of the Cognitive Science Society, Poster presented at the CogSci 2013, Berlin, S. 4059, 2013 (ISBN: 978-0-9768318-9-1)

[Müller 1998] Müller, C.: *Redebegleitende Gesten: Kulturgeschichte, Theorie, Sprachvergleich*, Spitz, Berlin, 1998 (ISBN: 9783870617479)

[Müller u. a. 2012] Müller, M.; Franke, I. S.; Kammer, D. und Groh, R.: „Business Oriented Design of Collaborative Applications". In: *Workshop Designing Collaborative Interactive Spaces (DCIS 2012) at AVI 2012*, HCI Group, Univ. of Konstanz, 2012

[Murphy 1942] Murphy, G.: EFRON, DAVID. Gesture and Environment. Pp. x, 184. New York: King's Crown Press, 1941. $2.25, *The ANNALS of the American Academy of Political and Social Science*, 220(1), S, 268–269, 1942

[Murugappan u. a. 2009] Murugappan, S.; Sellamani, S. und Ramani, K.: „Towards beautification of freehand sketches using suggestions". In: *Proceedings of the 6th Eurographics Symposium on Sketch-Based Interfaces and Modeling*, SBIM '09, ACM, New York, NY, USA, S. 69–76, 2009 (ISBN: 978-1-60558-602-1)

[Nake 1993] Nake, F.: *Die erträgliche Leichtigkeit der Zeichen: Ästhetik, Semiotik, Informatik*, Agis-Verlag, Baden-Baden, 1993 (ISBN: 9783870070380)

[Nake und Grabowski 2001] Nake, F. und Grabowski, S.: Human–computer interaction viewed as pseudo-communication, *Knowledge-Based Systems*, 14(8), S, 441–447, 2001

[De Nardi 2008] De Nardi, A.: *Grafiti - Gesture Recognition mAnagement Framework for Interactive Tabletop Interfaces*, Master degree thesis, University of Pisa, 2008

[Neale und Carroll 1997] Neale, D. C. und Carroll, J. M.: The role of metaphors in user interface design, *Handbook of human-computer interaction*, S, 441–462, 1997

[Nespoulous u. a. 1986] O A: *The Biological Foundations of Gesture: Motor and Semiotic Aspects*, Lawrence Erlbaum Associates, Hillsdale, N.J, 1986 (ISBN: 0898596459)

[Norman 2002] Norman, D. A.: *The Design of Everyday Things Basic*, Pbk., Perseus Books, 2002 (ISBN: 0465067107)

[Norman und Draper 1986] Norman, D. A. und Draper, S. W.: *User Centered System Design: New Perspectives on Human-computer Interaction*, CRC Press, 1986 (ISBN: 0898598729)

[Norman und Nielsen 2010] Norman, D. A. und Nielsen, J.: Gestural interfaces: a step backward in usability, *interactions*, 17(5), S, 46, 2010

[Nöth 2000] Nöth, W.: *Handbuch der Semiotik*, 2., vollständig neu bearbeitete und erw. Aufl., Metzler, Stuttgart, 2000 (ISBN: 9783476012265)

[Nöth 2002] Nöth, W.: Semiotic Machines, *Cybernetics & Human Knowing*, 9(1), S. 5–21, 2002

[Paternò u. a. 2009] Paternò, F.; Santoro, C. und Spano, L. D.: MARIA: A universal, declarative, multiple abstraction-level language for service-oriented applications in ubiquitous environments, *ACM Transactions on Computer-Human Interaction*, 16(4), S, 1–30, 2009

[Panofsky 1998] Panofsky, E.: *Deutschsprachige Aufsätze*, Akad.-Verl., Berlin, 1998

[Parker u. a. 2006] Parker, J. K.; Mandryk, R. L. und Inkpen, K. M.: Integrating Point and Touch for Interaction with Digital Tabletop Displays, *IEEE Computer Graphics and Applications*, 26(5), S, 28–35, 2006

[Parr und Fisher 2011] Parr, T. und Fisher, K.: LL(*): the foundation of the ANTLR parser generator, *SIGPLAN Not.*, 47(6), S, 425–436, 2011

[Pavlovic u. a. 1997] Pavlovic, V. I.; Sharma, R. und Huang, T. S.: Visual interpretation of hand gestures for human-computer interaction: a review, *IEEE Transactions on Pattern Analysis and Machine Intelligence*, 19(7), S, 677–695, 1997

[Peschke u. a. 2012] Peschke, J.; Göbel, F.; Gründer, T.; Keck, M.; Kammer, D. und Groh, R.: „DepthTouch: an elastic surface for tangible computing". In: *Proceedings of the International Working Conference on Advanced Visual Interfaces*, AVI'12, ACM, New York, NY, USA, S. 770–771, 2012 (ISBN: 978-1-4503-1287-5)

[Pöpel u. a. 2011] Pöpel, C.; Reckter, H. und Geiger, C.: „Innovative Computerbasierte Musikinterfaces III (ICMI)". In: Eibl, M. und Ritter, M. (Hrsg.): *Workshop-Proceedings der Tagung Mensch & Computer 2011*. überMEDIEN|ÜBERmorgen, Universitätsverlag Chemnitz, Chemnitz, S. 219–220, 2011

[Preim und Dachselt 2010] Preim, B. und Dachselt, R.: Interaktive Systeme: Band 1: Grundlagen, Graphical User Interfaces, Informationsvisualisierung, Springer, Heidelberg, 2010 (ISBN: 9783642054020 3642054021)

[Prillwitz 1989] Prillwitz, S.: HamNoSys Version 2.0: Hamburg notation system for sign languages: An introductory guide, *Signum*, 1989

[Quek 1995] Quek, F.: Eyes in the interface, *Image and Vision Computing*, 13(6), S. 511–525, 1995

[Raab 2002] Raab, M.: T-ECHO: model of decision making to explain behaviour in experiments and simulations under time pressure, *Psychology of Sport and Exercise*, 3(2), S. 151–171, 2002

[Ramakers u. a. 2012] Ramakers, R.; Vanacken, D.; Luyten, K.; Coninx, K. und Schöning, J.: „Carpus: a non-intrusive user identification technique for interactive surfaces". In: *Proceedings of the 25th annual ACM symposium on User interface software and technology*, UIST'12, ACM, New York, NY, USA, S. 35–44, 2012 (ISBN: 978-1-4503-1580-7)

[Ramanahally u. a. 2009] Ramanahally, P.; Gilbert, S.; Niedzielski, T.; Velázquez, D. und Anagnost, C.: „Sparsh UI: A Multi-Touch Framework for Collaboration and Modular Gesture Recognition". In: *ASME-AFM 2009 World Conference on Innovative Virtual Reality*, ASME-AFM 2009 World Conference on Innovative Virtual Reality, Chalon-sur-Saône, France, S. 137–142, 2009

[Raskin 2000] Raskin, J.: *The Humane Interface: New Directions for Designing Interactive Systems*, Addison-Wesley Professional, 2000 (ISBN: 0201379376)

[Rasmussen 1983] Rasmussen, J.: Skills, Rules, and Knowledge; Signals, Signs and Symbols, and Other Distinctions in Human Performance Models, *IEEE Trans. Systems, Man, and Cybernetics*, MSC-13, S. 257–267, 1983

[Reiners u. a. 2002] Reiners, D.; Voß, G. und Behr, J.: „OpenSG: Basic Concepts". In: *1. OpenSG Symposium*, Darmstadt, 2002

[Remy u. a. 2010] Remy, C.; Weiss, M.; Ziefle, M. und Borchers, J.: „A Pattern Language for Interactive Tabletops in Collaborative Workspaces". In: *EuroPLoP '10: Proceedings of the 15th European Conference on Pattern Languages of Programs*, Irsee Monastery, Germany, 2010

[Röpke 2012] Röpke, C.: *Gestensteuerung für ein neuartiges Suchinterface*, Diplom, Technische Universität Dresden, 2012

[Rubine 1991] Rubine, D.: Specifying gestures by example, *SIGGRAPH Comput. Graph.*, 25(4), S, 329–337, 1991

[Saffer 2008] Saffer, D.: *Designing gestural interfaces*, 1st ed., O'Reilly Media, Sebastopol Calif., 2008 (ISBN: 9780596518394)

[Sato u. a. 2009] Sato, T.; Mamiya, H.; Koike, H. und Fukuchi, K.: „PhotoelasticTouch: transparent rubbery tangible interface using an LCD and photoelasticity". In: *Proceedings of the 22nd annual ACM symposium on User interface software and technology*, UIST '09, ACM, New York, NY, USA, S. 43–50, 2009 (ISBN: 978-1-60558-745-5)

[Sato u. a. 2012] Sato, T.; Takahashi, N.; Matoba, Y. und Koike, H.: „Interactive surface that have dynamic softness control". In: *Proceedings of the International Working Conference on Advanced Visual Interfaces*, AVI'12, ACM, New York, NY, USA, S. 796–797, 2012 (ISBN: 978-1-4503-1287-5)

[Schacht 2010] Schacht, M.: *Natürliche Interaktion mit Tangible User Interfaces*, Belegarbeit, Technische Universität Dresden, 2010

[Schick u. a. 2009] Schick, A.; van de Camp, F.; Ijsselmuiden, J. und Stiefelhagen, R.: „Extending touch: towards interaction with large-scale surfaces". In: *Proceedings of the ACM International Conference on Interactive Tabletops and Surfaces*, ITS'09, ACM, New York, NY, USA, S. 117–124, 2009 (ISBN: 978-1-60558-733-2)

[Scholliers u. a. 2011] Scholliers, C.; Hoste, L.; Signer, B. und De Meuter, W.: „Midas: a declarative multi-touch interaction framework". In: *Proceedings of the fifth international conference on Tangible, embedded, and embodied interaction*, TEI'11, ACM, New York, NY, USA, S. 49–56, 2011 (ISBN: 978-1-4503-0478-8)

[Schöning 2003] Schöning, U.: *Theoretische Informatik - kurzgefasst*, Spektrum, Akad. Verl., Heidelberg ; Berlin, 2003 (ISBN: 9783827410993; 3827410991;)

[Schönrich 1999] Schönrich, G.: *Semiotik zur Einführung*, Junius, Hamburg, 1999 (ISBN: 3885063042 9783885063049)

[Schumpeter 2008] Schumpeter, J.: *Capitalism, socialism, and democracy*, 1st Harper Perennial Modern Thought ed., HarperPerennial, New York, 2008 (ISBN: 9780061561610)

[Sezgin u. a. 2001] Sezgin, T. M.; Stahovich, T. und Davis, R.: „Sketch based interfaces: early processing for sketch understanding", In: *Proceedings of the 2001 workshop on Perceptive user interfaces*, PUI'01, ACM, New York, NY, USA, S. 1–8, 2001

[Shannon und Weaver 1949] Shannon, C. und Weaver, W.: *The mathematical theory of communication*, University of Illinois Press, Urbana, IL, 1949

[Shneiderman und Plaisant 2009] Shneiderman, B. und Plaisant, C.: *Designing the User Interface: Strategies for Effective Human-Computer Interaction*, 5th revised edition. International Version, Addison-Wesley Longman, Amsterdam, 2009 (ISBN: 0321601483)

[Signer u. a. 2007] Signer, B.; Kurmann, U. und Norrie, M. C.: „iGesture: A General Gesture Recognition Framework", In: *Ninth International Conference on Document Analysis and Recognition*, Ninth International Conference on Document Analysis and Recognition, ICDAR 2007, S. 954–958, 2007

[Siroux u. a. 1997] Siroux, J.; Guyomard, M.; Multon, F. und Rémondeau, C.: „Multimodal references in GEORAL Tactile", In: *Referring Phenomena in a Multimedia Context and their Computational Treatment*, ReferringPhenomena ,97, Association for Computational Linguistics, Stroudsburg, PA, USA, S. 39–43, 1997

[Sommer 2002] Sommer, M.: *Suchen und Finden: lebensweltliche Formen*, 1. Aufl., Suhrkamp, Frankfurt am Main, 2002 (ISBN: 9783518583265)

[Souza 2005] Souza, C. S. de: *The semiotic engineering of human-computer interaction*, MIT Press, Cambridge, Mass., 2005 (ISBN: 0262042207 9780262042208)

[Spano 2011] Spano, L. D.: „A model-based approach for gesture interfaces", In: *Proceedings of the 3rd ACM SIGCHI symposium on Engineering interactive computing systems*, EICS'11, ACM, New York, NY, USA, S. 327–330, 2011 (ISBN: 978-1-4503-0670-6)

[Spano u. a. 2012] Spano, L. D.; Cisternino, A. und Paternò, F.: „A Compositional Model for Gesture Definition", In: Winckler, M.; Forbrig, P. und Bernhaupt, R. (Hrsg.): *Human-Centered Software Engineering*, Lecture Notes in Computer Science, Springer Berlin Heidelberg, S. 34–52, 2012 (ISBN: 978-3-642-34346-9, 978-3-642-34347-6)

[Spindler u. a. 2010] Spindler, M.; Tominski, C.; Schumann, H. und Dachselt, R.: „Tangible views for information visualization", In: *ACM International Conference on Interactive Tabletops and Surfaces*, ITS '10, ACM, New York, NY, USA, S. 157–166, 2010 (ISBN: 978-1-4503-0399-6)

[Starkes u. a. 1987] Starkes, J. L.; Deakin, J. M.; Lindley, S. und Crisp, F.: Motor versus verbal recall of ballet sequences by young expert dancers, *Journal of Sport Psychology*, 9(3), S. 222–230, 1987

[Steffen 1999] Steffen, D.: *Design Als Produktsprache: Der Offenbacher Ansatz in Theorie und Praxis*, Form Verlag, 1999 (ISBN: 393131734X)

[Steimle u. a. 2013] Steimle, J.; Jordt, A. und Maes, P.: „Flexpad: highly flexible bending interactions for projected handheld displays", In: *Proceedings of the SIGCHI Conference on Human Factors in Computing Systems*, CHI'13, ACM, New York, NY, USA, S. 237–246, 2013 (ISBN: 978-1-4503-1899-0)

[Steinicke u. a. 2011] Steinicke, F.; Benko, H.; Daiber, F.; Keefe, D. und de la Rivière, J.-B.: „Touching the 3rd dimension (T3D)", In: *CHI'11 Extended Abstracts on Human Factors in Computing Systems*, CHI EA'11, ACM, New York, NY, USA, S. 161–164, 2011

[Stellmach und Dachselt 2012] Stellmach, S. und Dachselt, R.: „Look & touch: gaze-supported target acquisition", In: *Proceedings of the 2012 ACM annual conference on Human Factors in Computing Systems*, CHI'12, ACM, New York, NY, USA, S. 2981–2990, 2012 (ISBN: 978-1-4503-1015-4)

[Streitz u. a. 2003] Streitz, N.; Röcker, C.; Prante, T.; Stenzel, R. und van Alphen, D.: „Situated Interaction with Ambient Information: Facilitating Awareness and Communication in Ubiquitous Work Environments", In: *Tenth International Conference on Human-Computer Interaction (HCI International 2003)*, 2003

[Swigart 2005] Swigart, S.: *Easily Write Custom Gesture Recognizers for Your Tablet PC Applications*, Tablet PC Technical Articles, Microsoft Corporation, November 2005

[Tang und VanSlyke 1987] Tang, C. W. und VanSlyke, S. A.: Organic electroluminescent diodes, *Applied Physics Letters*, 51(12), S. 913–915, 1987

[Trippel u. a. 2004] Trippel, T.; Gibbon, D.; Thies, A.; Milde, J.-T.; Looks, K.; Hell, B. und Gut, U.: „CoGesT: a formal transcription system for conversational gesture", In: *Proceedings of LREC 2004*, LREC 2004, S. 2215–2218, 2004

[Ullmer 1997] Ullmer, B. A.: *Models and Mechanisms for Tangible User Interfaces*, University of Illinois, Urbana-Champaign, Illinois, 1997

[Valkov u. a. 2011] Valkov, D.; Steinicke, F.; Bruder, G. und Hinrichs, K.: „2d touching of 3d stereoscopic objects", In: *Proceedings of the SIGCHI Conference on Human Factors in Computing Systems*, CHI'11, ACM, New York, NY, USA, S. 1353–1362, 2011 (ISBN: 978-1-4503-0228-9)

[Vanacken 2012] Vanacken, D.: *Touch-based Interaction and Collaboration in Walk-up-and-use and Multi-user Environments*, Dissertation, Hasselt University Library, 2012

[Verganti 2009] Verganti, R.: *Design Driven Innovation: Changing the Rules of Competition by Radically Innovating What Things Mean*, Harvard Business Review Press, 2009 (ISBN: 1422124827)

[Vilhjálmsson u. a. 2007] Vilhjálmsson, H. u. a.: „The Behavior Markup Language: Recent Developments and Challenges", In: Pelachaud, C.; Martin, J.-C.; André, E.; Chollet, G.; Karpouzis, K. und Pelé, D. (Hrsg.): *Intelligent Virtual Agents*, Lecture Notes in Computer Science, Springer Berlin / Heidelberg, S. 99–111, 2007

[Wachsmuth und Fröhlich 1998] Wachsmuth, I.; Fröhlich, M.: *Gesture and sign language in human-computer interaction: international Gesture Workshop*, Bielefeld, Germany, September 17-19, 1997: proceedings, Springer, Berlin; New York, 1998 (ISBN: 9783540644248)

[Wahlster 1991] Wahlster, W.: „User and Discourse Models for Multimodal Communication", In: Sullivan, J. W. und Tyler, S. W. (Hrsg.): *Intelligent User Interfaces*, ACM Press, S. 45–67, 1991

[Walther-Franks u. a. 2008] Walther-Franks, B.; Schwarten, L.; Teichert, J.; Krause, M. und Herrlich, M.: „User Detection for a Multi-touch Table via Proximity Sensors", In: IEEE Tabletops and Interactive Surfaces 2008, IEEE Computer Society, Los Alamitos, CA, USA, 2008

[Watanabe u. a. 2008] Watanabe, Y.; Cassinelli, A.; Komuro, T. und Ishikawa, M.: „The deformable workspace: A membrane between real and virtual space", In: *3rd IEEE International Workshop on Horizontal Interactive Human Computer Systems*, 2008. TABLETOP 2008, 3rd IEEE International Workshop on Horizontal Interactive Human Computer Systems, 2008. TABLETOP 2008, S. 145–152, 2008

[Wellner 1993] Wellner, P.: Interacting with paper on the DigitalDesk, Commun. ACM, 36(7), S, 87–96, 1993

[Werning 2005] Werning, M.: „Right and wrong reasons for compositionality", In: Werning, M.; Machery, É. und Schurz, G. (Hrsg.): *The compositionality of meaning and content*, Ontos Verlag, Frankfurt, S. 285–309, 2005

[Wexelblat 1998] Wexelblat, A.: „Research challenges in gesture: Open issues and unsolved problems", In: Wachsmuth, I. und Fröhlich, M. (Hrsg.): *Gesture and Sign Language in Human-Computer Interaction*, Lecture Notes in Computer Science, Springer Berlin / Heidelberg, S. 1–11, 1998

[Wigdor 2011] Wigdor, D.: *Brave NUI world: designing natural user interfaces for touch and gesture*, Morgan Kaufmann, Burlington, Mass, 2011 (ISBN: 9780123822314)

[Wigdor u. a. 2009] Wigdor, D.; Williams, S.; Cronin, M.; Levy, R.; White, K.; Mazeev, M. und Benko, H.: „Ripples: utilizing per-contact visualizations to improve user interaction with touch displays", In: *Proceedings of the 22nd annual ACM symposium on User interface software and technology*, UIST'09, ACM, New York, NY, USA, S. 3–12, 2009 (ISBN: 978-1-60558-745-5)

[Wilberg und Salmela 1973] Wilberg, R. B. und Salmela, J. H.: Information load and response consistency in sequential short-term motor memory, *Perceptual and Motor Skills*, 37(1), S. 23–29, 1973

[Wilson 2010] Wilson, A. D.: „Using a depth camera as a touch sensor", In: *ACM International Conference on Interactive Tabletops and Surfaces*, ITS'10, ACM, New York, NY, USA, S. 69–72, 2010 (ISBN: 978-1-4503-0399-6)

[Wilson u. a. 2008] Wilson, A. D.; Izadi, S.; Hilliges, O.; Garcia-Mendoza, A. und Kirk, D.: „Bringing physics to the surface". In: *Proceedings of the 21st annual ACM symposium on User interface software and technology*, UIST'08, ACM, New York, NY, USA, S. 67–76, 2008 (ISBN: 978-1-59593-975-3)

[Wirth 2011] Wirth, N.: *Grundlagen und Techniken des Compilerbaus*, Oldenbourg, München, 2011 (ISBN: 3486709518 9783486709513)

[Wobbrock u. a. 2009] Wobbrock, J. O.; Morris, M. R. und Wilson, A. D.: „User-defined gestures for surface computing". In: *Proceedings of the SIGCHI Conference on Human Factors in Computing Systems*, CHI'09, ACM, New York, NY, USA, S. 1083–1092, 2009 (ISBN: 978-1-60558-246-7)

[Wobbrock u. a. 2007] Wobbrock, J. O.; Wilson, A. D. und Li, Y.: „Gestures without libraries, toolkits or training: a $1 recognizer for user interface prototypes". In: *Proceedings of the 20th annual ACM symposium on User interface software and technology*, UIST'07, ACM, New York, NY, USA, S. 159–168, 2007 (ISBN: 978-1-59593-679-0)

[Wojdziak u. a. 2011a] Wojdziak, J.; Kammer, D.; Franke, I. S. und Groh, R.: „BiLL: an experimental environment for visual analytics". In: *Proceedings of the 3rd ACM SIGCHI symposium on Engineering interactive computing systems*, EICS'11, ACM, New York, NY, USA, S. 259–264, 2011 (ISBN: 978-1-4503-0670-6)

[Wojdziak u. a. 2011b] Wojdziak, J.; Zavesky, M.; Starke, M. und Groh, R.: „Coordinated interaction for enhanced perception in multiple views". In: *Proceedings of the ACM SIGGRAPH Symposium on Applied Perception in Graphics and Visualization*, APGV'11, ACM, New York, NY, USA, S. 120–120, 2011 (ISBN: 978-1-4503-0889-2)

[Wu u. a. 2010] Wu, Y.; Hernandez, F.; Ortega, F.; Clarke, P. J. und France, R.: „Measuring the effort for creating and using domain-specific models". In: *Proceedings of the 10th Workshop on Domain-Specific Modeling*, DSM'10, ACM, New York, NY, USA, S. 14:1–14:6, 2010 (ISBN: 978-1-4503-0549-5)

[Yee 2009] Yee, W.: „Potential Limitations of Multi-touch Gesture Vocabulary: Differentiation, Adoption, Fatigue". In: Jacko, J. (Hrsg.): *Human-Computer Interaction. Novel Interaction Methods and Techniques*, Lecture Notes in Computer Science, Springer Berlin / Heidelberg, S. 291–300, 2009

[Zwicky 1989] Zwicky, F.: *Entdecken, Erfinden, Forschen im morphologischen Weltbild*, Verlag Baeschlin, Glarus, 1989 (ISBN: 385546037X 9783855460373)

Webreferenzen

Online-Quellen sind mit dem Präfix @ gekennzeichnet.

[@ANTLRWorks 2013] ANTLRWorks: The ANTLR GUI Development Environment, 2013, Online: http://antlr3.org/works/, Letzter Abruf: 20.08.2013

[@Applied Informatics 2013] Applied Informatics: POCO C++ Libraries, 2013, Online: http://pocoproject.org/, Letzter Abruf: 30.07.2013

[@Applied Informatics 2009] Applied Informatics: The Applied Informatics Open Service Platform, 2009, Online: http://www.appinf.com/download/OpenServicePlatform.pdf/, Letzter Abruf: 30.07.2013

[@BITKOM 2010] BITKOM: Digitale Geräte haben analoge Unterhaltungselektronik verdrängt, 2010, Online: http://www.bitkom.org/de/presse/66442_64969.aspx/, Letzter Abruf: 30.07.2013

[@Box2D 2013] Box2D – A 2D Physics Engine for Games, 2013, Online: http://box2d.org/, Letzter Abruf: 14.08.2013

[@Breezemultitouch 2010] Google Project Hosting: breezemultitouch - Multi-touch framework for WPF 3.5, 2010, Online: http://code.google.com/p/breezemultitouch/, Letzter Abruf: 31.07.2013

[@Brubeck u. a. 2013] Brubeck, M.; Moon, S. und Schepers, D.: Touch Events version 1 W3C Working Draft 24 January 2013, 2013, Online: http://www.w3.org/TR/touch-events/, Letzter Abruf: 30.07.2013

[@Buxton 2012] Buxton, W.: Multi-Touch Systems that I Have Known and Loved, 2012, Online: http://www.billbuxton.com/multitouchOverview.html/, Letzter Abruf: 30.07.2013

[@Cederberg 2010] Cederberg, P.: Grammatica :: Parser Generator, 2010, Online: http://grammatica.percederberg.net/, Letzter Abruf: 30.07.2013

[@Dand 2013] Dand, D.: Obake: Interactions With a 2.5D Elastic Display. dhairya dand, 2013, Online: http://dhairyadand.com/sec/?page=projects&id=obake/, Letzter Abruf: 20.08.2013

[@Echtler 2012] Echtler, F.: GISpL: Gestural Interface Specification Language, 2012, Online: http://gispl.org/, Letzter Abruf: 14.08.2013

[@Eclipse Foundation 2012] The Eclipse Foundation: Xtext - language development made easy, 2012, Online: http://www.eclipse.org/Xtext/, Letzter Abruf: 01.08.2013

[@Eclipse Modeling 2013a] Eclipse Modeling Framework Project, 2013, Online: http://www.eclipse.org/modeling/emf/, Letzter Abruf: 19.08.2013

[@Eclipse Modeling 2013b] Eclipse Modeling Project, 2013, Online: http://www.eclipse.org/modeling/, Letzter Abruf: 19.08.2013

[@Farseer 2013] Farseer Physics Engine, 2013, Online: http://farseerphysics.codeplex.com/, Letzter Abruf: 14.08.2013

[@Fisica 2013] Fisica by Ricard Marxer, 2013, Online: http://www.ricardmarxer.com/fisica/, Letzter Abruf: 19.08.2013

[@Flash Builder 2013] Adobe Flash Builder, 2013, Online: http://www.adobe.com/de/products/flash-builder.html/, Letzter Abruf: 14.08.2013

[@Friedman-Hill 2013] Friedman-Hill, E.: Jess®, the Rule Engine for the Java™ Platform, 2013, Online: http://www.jessrules.com/, Letzter Abruf: 14.08.2013

[@Generoso 2011] Generoso: MIRIA SDK - Multi device Input UI controls for Silverlight and Moonlight - Home, 2011, Online: http://miria.codeplex.com/, Letzter Abruf: 31.07.2013

[@Impressx GmbH 2011] impressx GmbH: impressx, 2011, Online: http://www.impressx.com/, Letzter Abruf: 31.07.2013

[@InfoStrat 2010] InfoStrat.VE - Bing Maps 3D for WPF and Microsoft Surface, 2010, Online: http://bingmapswpf.codeplex.com/, Letzter Abruf: 19.08.2013

[@GStreamer 2013] GStreamer: open source multimedia framework, 2013, Online: http://gstreamer.freedesktop.org/, Letzter Abruf: 14.08.2013

[@Hoste 2012] Hoste, L.: Midas: A Declarative Multi-Touch Interaction Framework, 2012, Online: http://soft.vub.ac.be/~lhoste/dokuwiki/doku.php/research/midas/, Letzter Zugriff: 14.08.2013

[@Ideum 2013] Ideum: Gestureworks - Multitouch software framework: build gesture-driven apps, Gestureworks - Multitouch software framework: build gesture-driven apps, 2013, Online: http://gestureworks.com/, Letzter Abruf: 31.07.2013

[@Khandkar 2011] Khandkar, S. H.: GestureToolkit, 2011, Online: http://gesturetoolkit.codeplex.com/, Letzter Abruf: 14.08.2013

[@Kin 2012] Kin, K.: Proton – A Declarative Multitouch Framework, 2012, Online: http://vis.berkeley.edu/software/proton_multitouch_framework/proton/, Letzter Abruf: 14.08.2013

[@Lee 2012] Lee, R.: Gesturecons - Icons For Multi-Touch Interfaces, 2012, Online: http://gesturecons.com/, Letzter Abruf: 01.08.2013

[@Majda 2011] Majda, D.: PEG.js – Parser Generator for JavaScript, 2011, Online: http://pegjs.majda.cz/, Letzter Abruf: 01.08.2013

[@NUIGroup Authors 2009a] NUIGroup Authors: Gesture Recognition - NUI Group Community Wiki, 2009, Online: http://wiki.nuigroup.com/Gesture_Recognition/, Letzter Abruf: 01.08.2013

[@NUIGroup Authors 2009b] NUIGroup Authors: Multitouch Technologies,2009, Online: http://www.multigesture.net/wp-content/uploads/2009/07/First_Edition_Community_Release.pdf/, Letzter Abruf: 01.08.2013

[@OGRE 2013] OGRE – Open Source 3D Graphics Engine, 2013, Online: http://www.ogre3d.org/, Letzter Abruf: 19.08.2013

[@Rusadi 2011] Rusadi, F. I.: npTuioClient, 2011, Online: https://github.com/fajran/npTuioClient/, Letzter Abruf: 01.08.2013

[@Sherwood 2012] Sherwood, A.: Firewall, 2012, Online: http://aaron-sherwood.com/works/firewall/, Letzter Abruf: 01.08.2013

[@Sizzle 2012] Sizzle: Sizzle JavaScript Selector Library, 2012, Online: http://sizzlejs.com/, Letzter Abruf: 01.08.2013

[@Sterling 2012] Sterling, B.: Augmented Reality: Kreek Prototype 2.0, Kinect-controlled interface by Stephanie Paeper, Daniel Dormann, Lukas Höh and Mathias Demmer (klangfiguren.com), Wired Beyond the Beyond, 2012, Online: http://www.wired.com/beyond_the_beyond/2012/05/augmented-reality-kreek-prototype-2-0-kinect-controlled-interface/, Letzter Abruf: 01.08.2013

[@SOF 2012] SOF – Service Oriented Framework, 2012, Online: http://sof.tiddlyspot.com/, Letzter Abruf: 14.08.2013

[@Surface SDK 2012] Microsoft® Surface® 2.0 SDK and Runtime, 2012, Online: http://www.microsoft.com/en-us/download/details.aspx?id=26716, Letzter Abruf: 19.08.2013

[@Thiruvengadam 2009] Thiruvengadam, M. V.: IntelliPad An Intelligent Notepad, 2009, Online: http://intellipad.wikidot.com/, Letzter Abruf: 01.08.2013

[@Touchlib 2007] Touchlib - A software library for creating multitouch FTIR displays - Google Project Hosting, 2007, Online: http://touchlib.googlecode.com/, Letzter Abruf: 14.08.2013

[@Toxiclibs 2012] Toxiclibs, 2012, Online: http://toxiclibs.org/, Letzter Abruf: 19.08.2013

[@Wardley 2008] Wardley, S.: Innovation, the Future and Why Nothing is Ever Simple, In: *Future of Web Apps*, London, 2008, Online: http://www.viddler.com/v/bca56abd/, Letzter Abruf: 12.08.3013

[@Wiimote 2009] Managed Library for Nintendo's Wiimote, 2009, Online: http://wiimotelib.codeplex.com/, Letzter Abruf: 19.08.2013

[@WPF 2013] Microsoft Developer Network: Windows Presentation Foundation, 2013, Online: http://msdn.microsoft.com/de-de/library/ms754130.aspx/, Letzter Abruf: 01.08.2013

Eigene Veröffentlichungen

Die wichtigsten Veröffentlichungen und die Autorenposition sind **fett** hervorgehoben.

Workshop-Beiträge

[Brade u. a. 2013] Brade, M.; Keck, M.; Gründer, T.; **Kammer, D.** und Groh, R.: „Exploring Natural Interaction: Using Real-World Materials to Inspire Interaction Design". In: *ACM SIGCHI Conference on Human Factors in Computing Systems - Workshop: Workshop: Blended Interaction - Envisioning Future Collaborative Interactive Spaces*, Paris - France, 2013

[Gründer u. a. 2013] Gründer, T.; **Kammer, D.**; Brade, M. und Groh, R.: „Towards a Design Space for Elastic Displays". In: *ACM SIGCHI Conference on Human Factors in Computing Systems - Workshop: Displays Take New Shape: An Agenda for Future Interactive Surfaces*, Paris - France, 2013

[Kammer u. a. 2012c] Kammer, D.; Keck, M.; Röpke, C. und Groh, R.: „Multitouch-Gestensteuerung für das neuartige Suchinterface DelViz". In: Reiterer, H. und Deussen, O. (Hrsg.): *Mensch & Computer 2012 – Workshopband: interaktiv informiert – allgegenwärtig und allumfassend!?*, Oldenbourg Verlag, München, S. 477–480, 2012

[Müller u. a. 2012] Müller, M.; Franke, I. S.; **Kammer, D.** und Groh, R.: „Business Oriented Design of Collaborative Applications". In: *Workshop Designing Collaborative Interactive Spaces (DCIS 2012) at AVI 2012*, HCI Group, Univ. of Konstanz, 2012

[Bahr u. a. 2011] Bahr, J.; Peschke, J.; **Kammer, D.**; Franke, I. S.; Steinhauf, J.; Kirchner, M.; Schönefeld, F. und Groh, R.: „SampleSurface: Kollaboratives Musizieren mit Multitouch-Unterstützung". In: Eibl, M. und Ritter, M. (Hrsg.): *Workshop-Proceedings der Tagung Mensch & Computer 2011. überMEDIEN|ÜBERmorgen*, Universitätsverlag Chemnitz, Chemnitz, S. 267–271, 2011

[Brade u. a. 2011d] Brade, M.; Keck, M.; **Kammer, D.**; Salmen, A. und Groh, R.: „Nutzung inhärenter Interaktionsangebote von Substanzen des Alltags". In: *Eibl, M. und Ritter, M. (Hrsg.): Workshop-Proceedings der Tagung Mensch & Computer 2011. überMEDIEN|ÜBERmorgen*, Universitätsverlag Chemnitz, Chemnitz, S. 37–41, 2011

[Keck u. a. 2011a] Keck, M.; **Kammer, D.**; Iwan, R.; Taranko, S. und Groh, R.: DelViz: Exploration of Tagged Information Visualizations Heiß, H.-U.; Pepper, P.; Schlingloff, H. und Schneider, J. (Hrsg.): *Tagungsband der INFORMATIK 2011 Lecture Notes in Informatics*, Band P192, Gesellschaft für Informatik e.V. (GI), S. 257–266, 2011 (ISBN: 978-3-88579-286-4)

[Kammer u. a. 2011b] Kammer, D.; Henkens, D.; Wojdziak, J. und Freitag, G.: „Formalization and Combination of Touch and Point Interaction". In: *Workshop on Engineering Patterns for Multitouch Interfaces, Engineering Interactive Computer Systems (EICS) 2011*, Pisa, Italy, 2011

[Kammer u. a. 2010a] Kammer, D.; Freitag, G.; Keck, M. und Wacker, M.: „Taxonomy and Overview of Multi-touch Frameworks: Architecture, Scope and Features". In: *Workshop on Engineering Patterns for Multitouch Interfaces, Engineering Interactive Computer Systems (EICS) 2010*, Berlin, 2010

Konferenzbeiträge

[Kammer u. a. 2013] **Kammer, D.**; Schmidt, D.; Keck, M. und Groh, R.: „Developing mobile interface metaphors and gestures". In: *Proceedings of the 15th international conference on Human-computer interaction with mobile devices and services*, MobileHCI'13, ACM, New York, NY, USA, S. 516–521, 2013 (ISBN: 978-1-4503-2273-7)

[Müller und Kammer 2013] Müller, R. und **Kammer, D.**: „Does the anticipation of a partner's reaction affect action planning? Spatial action-effect compatibility in a joint task.". In: *CogSci 2013 Proceedings*, COGSCI 2013 - The Annual Meeting of the Cognitive Science Society, Poster presented at the CogSci 2013, Berlin, S. 4059, 2013 (ISBN: 978-0-9768318-9-1)

[Lambeck u. a. 2013] Lambeck, C.; **Kammer, D.** und Groh, R.: „Discovering Potentials in Enterprise Interface Design - A review of our latest case studies in the enterprise domain". In: *Proceedings of the 15th International Conference on Enterprise Information Systems, SCITEPRESS*, Angers/ France, S. 148–153, 2013 (ISBN: 978-989-8565-61-7)

[Kammer u. a. 2013b] **Kammer, D.**; Wojdziak, J. und Groh, R.: „Interactive Color Perspective for 3D Graphics Applications: Enhancing Depth Perception and the Understanding of Object Relations". In: Stephanidis, C. (Hrsg.): *HCI International 2013 - Posters' Extended Abstracts*, Communications in Computer and Information Science, Springer Berlin Heidelberg, S. 483–487, 2013 (ISBN: 978-3-642-39472-0, 978-3-642-39473-7)

[Wojdziak u. a. 2013] Wojdziak, J.; **Kammer, D.** und Groh, R.: „Sequential Art in Real-Time 3D Applications". In: Stephanidis, C. (Hrsg.): *HCI International 2013 - Posters' Extended Abstracts*, Communications in Computer and Information Science, Springer Berlin Heidelberg, S. 292–296, 2013 (ISBN: 978-3-642-39475-1, 978-3-642-39476-8)

[Franke u. a. 2013] Franke, I. S.; Wojdziak, J. und **Kammer, D.**: „Gestenbasierte Interaktion in koordinierten multiplen Sichten". In: *Tagungsband der Fachtagung Digital Engineering der IFF-Wissenschaftstage 2013*, 16. IFF-Wissenschaftstage 2012, Magdeburg, S. 213–220, 2013

[Kammer u. a. 2012d] **Kammer, D.**; Müller, R.; Wojdziak, J.; Zavesky, M.; Weyprecht, P.; Schönefeld, F. und Groh, R.: „Innovationspotenzial validieren: Anwendungsgebiete für die 3D-Plattform Bildsprache LiveLab". In: *Innovationsforum open4INNOVATION2012 regional kooperativ-global innovativ Beiträge zum Fachforum*, Technische Universität Dresden, S. 80–85, 2012

[Keck u. a. 2012] Keck, M.; Brade, M.; Gründer, T.; **Kammer, D.** und Groh, R.: „Interface Exploration zur Entwicklung natürlicher Benutzerschnittstellen". In: *Reiterer, H. und Deussen, O. (Hrsg.): Mensch & Computer 2012: interaktiv informiert – allgegenwärtig und allumfassend!?*, Oldenbourg Verlag, München, S. 385–388, 2012

[Kammer u. a. 2012b] Kammer, D.; Henkens, D. und Groh, R.: „GeForMTjs: A JavaScript Library Based on a Domain Specific Language for Multi-touch Gestures". In: *Web Engineering - 12th International Conference, ICWE 2012, Berlin, Germany, July 23-27, 2012. Proceedings*, S. 444–447, 2012

[Peschke u. a. 2012] Peschke, J.; Göbel, F.; Gründer, T.; Keck, M.; **Kammer, D.** und Groh, R.: „DepthTouch: an elastic surface for tangible computing". In: *Proceedings of the International Working Conference on Advanced Visual Interfaces*, AVI'12, ACM, New York, NY, USA, S. 770–771, 2012 (ISBN: 978-1-4503-1287-5)

[Lambeck u. a. 2012] Lambeck, C.; **Kammer, D.**; Weyprecht, P. und Groh, R.: „Bridging the gap: advances in interaction design for enterprise applications in production scenarios". In: *Proceedings of the International Working Conference on Advanced Visual Interfaces*, AVI'12, ACM, New York, NY, USA, S. 765–768, 2012 (ISBN: 978-1-4503-1287-5)

[Freitag u. a. 2011] Freitag, G.; **Kammer, D.**; Tränkner, M.; Wacker, M. und Groh, R.: „Liquid: Library for Interactive User Interface Development". In: *Mensch & Computer 2011: überMEDIEN|ÜBERmorgen*, Mensch und Computer, Oldenbourg Verlag, Chemnitz, S. 202–210, 2011

[Kammer u. a. 2011a] Kammer, D.; Franke, I. S.; Groh, R.; Steinhauf, J.; Kirchner, M. und Schönefeld, F.: „The eleventh finger: levels of manipulation in multi-touch interaction". In: *Proceedings of the 29th Annual European Conference on Cognitive Ergonomics*, ECCE'11, ACM, New York, NY, USA, S. 141–148, 2011 (ISBN: 978-1-4503-1029-1)

[Wojdziak u. a. 2011] Wojdziak, J.; **Kammer, D.**; Franke, I. S. und Groh, R.: „BiLL: an experimental environment for visual analytics". In: *Proceedings of the 3rd ACM SIGCHI symposium on Engineering interactive computing systems*, EICS'11, ACM, New York, NY, USA, S. 259–264, 2011 (ISBN: 978-1-4503-0670-6)

[Brade u. a. 2011c] Brade, M.; Keck, M.; **Kammer, D.** und Groh, R.: „Es gibt Reis!" - Untersuchung der bildhaften Mischung von Substanzen aus dem Alltag für die Interfacegestaltung, *Computer als Medium - Hyperkult 20*, S. 51–53, 2011

[Brade u. a. 2011b] Brade, M.; Kammer, D.; Keck, M. und Groh, R.: „Immersive data grasping using the explore table", In: *Proceedings of the fifth international conference on Tangible, embedded, and embodied interaction*, TEI '11, ACM, New York, NY, USA, S. 419–420, 2011 (ISBN: 978-1-4503-0478-8)

[Kammer u. a. 2010b] Kammer, D.; Wojdziak, J.; Keck, M.; Groh, R. und Taranko, S.: „Towards a formalization of multi-touch gestures", In: *ACM International Conference on Interactive Tabletops and Surfaces*, ITS'10, ACM, New York, NY, USA, S. 49–58, 2010 (ISBN: 978-1-4503-0399-6)

[Kammer u. a. 2010c] **Kammer, D.**; Lamack, F. und Groh, R.: „Enhancing the expressiveness of fingers: multitouch ring menus for everyday applications", In: *Proceedings of the First international joint conference on Ambient intelligence*, AmI'10, Springer-Verlag, Berlin, Heidelberg, S. 259–264, 2010 (ISBN: 3-642-16916-3, 978-3-642-16916-8)

[Groh u. a. 2010] Groh, R.; **Kammer, D.** und Franke, I.: „Students as Catalyst of the Knowledge Economy: Evolution of Synergies between Companies and Universities", In: *Proceedings of the 6th Annual European Computer Science Summit*, ECSS 2010, Prague, 2010

[Keck u. a. 2010] Keck, M.; **Kammer, D.**; Wojdziak, J.; Taranko, S. und Groh, R.: „DelViz: Untersuchen von Visualisierungsformen durch eine Klassifizierung beruhend auf Social Tagging", In: Meißner, K. und Engelien, M. (Hrsg.): *Virtual Enterprises, Communities & Social Networks: Workshop GeNeMe'10 Gemeinschaften in Neuen Medien*, TUDpress, Dresden, S. 69–79, 2010

[Franke u. a. 2010] Franke, I. S.; **Kammer, D.**; Groh, R.; Happ, S.; Steinhauf, J. und Schönefeld, F.: Developing Multi-touch Software through Creative Destruction, *Mensch & Computer 2010 Entertainment Interfaces Track*, S. 45–51, 2010

Journal- und Buchbeiträge

[Kammer 2013] Kammer, D.: „Deklarative Programmierung von Multitouch-Gesten", In: Schlegel, T. (Hrsg.): Multi-Touch: Interaktion durch Berührung, Xpert.press, Springer Vieweg, 2013 (ISBN 978-3642361128) (in press)

[Hornecker u. a. 2012] Hornecker, E.; Habakuk Israel, J.; Brade, M. und **Kammer, D.**: Themenschwerpunkt Be-greifbare Interaktion, *i-com*, 11(2), S. 1–2, 2012

[Kammer u. a. 2012a] **Kammer, D.**; Brade, M.; Franke, I.; Helmert, J. R.; Geelhaar, J. und Couture, N.: Erfinderworkshops, TANGINT/FR, CogITo, *i-com*, 11(2), S. 3–4, 2012

[Kammer u. a. 2012e] Kammer, D.; Wojdziak, J.; Ebner, T.; Franke, I. S. und Groh, R.: A component-oriented framework for experimental computer graphics, *Computer Standards & Interfaces*, 34(1), S. 93–100, 2012

[Kammer u. a. 2011c] Kammer, D.; Henzen, C.; Keck, M. und Taranko, S.: „GeForMT - Gestenformalisierung für MultiTouch", In: Groh, R. und Zavesky, M. (Hrsg.): *Wieder mehr Sehen! - Aktuelle Einblicke in die Technische Visualistik*, TUDpress Verlag der Wissenschaft, Dresden, S. 117–131, 2011 (ISBN: 978-3942710398)

[Kammer u. a. 2011d] **Kammer, D.**; Wojdziak, J.; Ebner, T. und Franke, I. S.: „Bildsprache LiveLab: Ein komponentenorientiertes Framework im Bereich der experimentellen Computergrafik", In: Groh, R. und Zavesky, M. (Hrsg.): *Wieder mehr Sehen! - Aktuelle Einblicke in die Technische Visualistik*, TUDpress Verlag der Wissenschaft, Dresden, S. 21–32 , 2011

[Keck u. a. 2011b] Keck, M.; Koalick, G.; **Kammer, D.**; Taranko, S. und Wojdziak, J.: „DelViz: Ein Werkzeug zur Exploration von Visualisierungen", In: Groh, R. und Zavesky, M. (Hrsg.): *Wieder mehr Sehen! - Aktuelle Einblicke in die Technische Visualistik*, TUDpress Verlag der Wissenschaft, Dresden, S. 55–66, 2011

[Taranko u. a. 2011] Taranko, S.; Wuttig, D.; Eschrich, B.; **Kammer, D.** und Keck, M.: „ScriMT – eine multitouch-basierte Layoutprototyping Anwendung", In: Groh, R. und Zavesky, M. (Hrsg.): *Wieder mehr Sehen! - Aktuelle Einblicke in die Technische Visualistik*, TUDpress Verlag der Wissenschaft, Dresden, S. 81–89, 2011

[Wojdziak u. a. 2011b] Wojdziak, J.; **Kammer, D.**; Zavesky, M.; Münch, T.; Ebner, T. und Franke, I. S.: „Nichtlineare Abbildungssysteme in interaktiven Echtzeitumgebungen", In: Groh, R. und Zavesky, M. (Hrsg.): *Wieder mehr Sehen! - Aktuelle Einblicke in die Technische Visualistik*, TUDpress Verlag der Wissenschaft, Dresden, S. 9–20, 2011

Betreute studentische Arbeiten

Die folgenden studentischen Arbeiten und Seminare wurden im Rahmen der vorliegenden Dissertation begleitet und betreut.

[Seminar 2013] *Forschungsseminar Mediengestaltung*, Masterstudiengang Medieninformatik, Technische Universität Dresden, Sommersemester 2013

[Henkens 2012] Henkens, D.: *Konzeption eines Web-Frameworks zur Gestenerkennung auf Basis der Beschreibungssprache GeForMT*, Diplomarbeit, Technische Universität Dresden, 2012

[Röpke 2012] Röpke, C.: *Gestensteuerung für ein neuartiges Suchinterface*, Diplomarbeit, Technische Universität Dresden, 2012

[Henkens 2011] Henkens, D.: *Kombination gestenbasierter Interaktion in multimodalen Anwendungen*, Bakkalaureat, Technische Universität Dresden, 2011

[Herrmann 2011] Herrmann, M.: *Berührungsfreie gestenbasierte Interaktion auf Basis der Eigenschaften von Körpersilhouetten*, Belegarbeit, Technische Universität Dresden, 2011

[Müller 2011] Müller, M.: *Anwendungsfälle einer Gestensteuerung auf Basis von Tiefeninformationen*, Belegarbeit, Technische Universität Dresden, 2011

[Surface 2011] *Workshop Microsoft Surface 2.0 und Kinect*, Komplexpraktikum, Technische Universität Dresden, Wintersemester 2011/2012

[Henzen 2010] Henzen, C.: *Prototypische Konzeption eines Frameworks basierend auf einer formalen Beschreibungssprache*, Diplomarbeit, Technische Universität Dresden, 2010

[Flash 2010] *Multitouchfähige Webapplikationen mit Flash*, Komplexpraktikum, Technische Universität Dresden, Wintersemester 2010/2011

[Meißner 2010] Meißner, R.: *Entwicklung neuartiger Bedienelemente für berührungsempfindliche Systeme*, Diplomarbeit, Technische Universität Dresden, 2010

[Schacht 2010] Schacht, M.: *Natürliche Interaktion mit Tangible User Interfaces*, Belegarbeit, Technische Universität Dresden, 2010

[Surface 2010] *Workshop Microsoft Surface 2.0*, Komplexpraktikum, Technische Universität Dresden, Wintersemester 2010/2011

[Seminar 2010] *Basale Multi-touch-Interaktion*, Hauptseminar und Komplexpraktikum, Technische Universität Dresden, Sommersemester 2010

[Wuttig 2010] Wuttig, D.: *Entwicklung einer Schnittstelle zur Integration von Interaktionselementen in die Forschungsumgebung Bildsprache LiveLab 2.0*, Diplomarbeit,Technische Universität Dresden, 2010

[Seminar 2009] *Gesten auf Tangible User Interfaces*, Proseminar, Technische Universität Dresden, Wintersemester 2009/2010

[Surface 2009] *Workshop Microsoft Surface*, Komplexpraktikum, Technische Universität Dresden, Wintersemester 2009/2010

Abbildungsverzeichnis

Tabellen

Verzeichnis der Code-Beispiele